Johannes Reimer

Leben. Rufen. Verändern.

Chancen und Herausforderungen gesellschaftstransformativer Evangelisation heute

Transformationsstudien Band 5

francke

Reihe Transformationsstudien / Francke

Herausgeber: Tobias Faix & Johannes Reimer

Die Reihe Transformationsstudien ist ein interdisziplinäres Projekt, in dem die Fachbereiche Theologie, Sozialwissenschaften und Diakonie verbunden werden. Sie beschäftigt sich mit der Wechselwirkung von gesellschaftlichen Veränderungen, Theologie und Kirche

Band 5: „Leben. Rufen. Verändern."

Bibliografische Information Der Deutschen Bibliothek
Die Deutsche Bibliothek verzeichnet diese Publikation in der Deutschen Nationalbibliografie; detaillierte bibliografische Daten sind im Internet über http://dnb.ddb.de abrufbar.

ISBN 978-3-86827-356-4

35037 Marburg an der Lahn
Umschlaggestaltung: Verlag der Francke-Buchhandlung GmbH / Sven Gerhardt
Umschlagbild: © iStockphoto.com / Eneri LLC
Satz: Verlag der Francke-Buchhandlung GmbH
Druck und Bindung: CPI Moravia Books, Korneuburg

www.francke-buch.de

Inhaltsverzeichnis

Vorwort 7

Abkürzungen 10

1 Evangelisation – Fragen, Fragen, Fragen 11
1. Evangelisation im Aufwind 11
2. Aufbruch oder doch nur Strohfeuer? 13
3. Evangelisation heute – Chancen und Herausforderungen 14
4. Neu-Evangelisierung verlangt nach Neubesinnung 24
5. Freimut ist gefragt 25

2 Auf das rechte Verständnis kommt es an 27
1. Ein umstrittener Begriff 27
2. Was heißt Evangelisation in der Bibel? 29
3. Evangelisation als Veränderungsprozess 32
4. Gesellschaftstransformierende Evangelisation 34

3 Was setzt Evangelisation voraus? Zur Theologie der Evangelisation 36
1. Evangelisation – ein theologisches Mandat 36
2. Von Gott her denken 36
3. Evangelisieren wie Jesus evangelisiert hat 49
4. Evangelisation in der Kraft des Geistes 63
5. Evangelisation als Werk des dreieinigen Gottes 68

4 Missionale Gemeinde – Gottes Agent der Evangelisation 70
1. Gemeinde – Gottes Botschafter an Christi statt 70
2. Missionale Gemeinde – was ist damit gemeint? 70
3. Gemeinde mit einem ganzheitlichen Auftrag 76
4. Die evangelistische Perspektive der missionalen Gemeinde 81
5. Missionale Perspektive – was ändert sich? 88

5 Aus der Geschichte lernen 89
1. Gesellschaftstransformierende Evangelisation – was sagt die Geschichte? 89
2. Evangelisation in der Urgemeinde 96
3. Das Missionsparadigma der Alten Kirche 109
4. Evangelisation im Zeichen der Macht 125
5. Allein aus Gnaden – Evangelisation und Reformation 140
6. Das Missionsparadigma der Aufklärung 150
7. Evangelisation in der Postmoderne 160
8. Evangelisation im Wandel der Zeit 164

6 Grundlagen der Gemeindeevangelisation 166
1. Zur Handlungstheorie der Evangelisation 166
2. Das Evangelium als Fundament und Botschaft 167
3. Der Absolutheitsanspruch Jesu 169
4. Evangelisation und Ethik 170
5. Evangelisation geschieht durch Evangelisten 172
6. Hingabe als unbedingte Voraussetzung 175
7. Ortsbezug als Rahmenbedingung 178
8. Liebeswerke als Grundlage 180
9. Dialog – man hört zu, wenn man reden will 182
10. Transformation als Ziel der Evangelisation 184
11. Evangelisation und Leiden 185
12. Evangelisation in der Kraft des Heiligen Geistes 187

7 Evangelistische Kommunikation 189
1. Evangelisation als Kommunikationsvorgang 189
2. Modelle der Kommunikation 190
3. Ein Grundmodell des Kommunikationsprozesses 194
4. Religiöse Ansprechbarkeit: der Hörer als Ansatzpunkt 199
5. Evangelistische Kommunikation – Wege und Möglichkeiten 203
6. Kommunikation als Transfervorgang 210
7. Evangelistische Kommunikation in der Mediengesellschaft 213

8 Methoden evangelistischer Verkündigung ... 226
1. Die Unterscheidung ist wichtig ... 226
2. Präsentische Evangelisation ... 227
3. Proklamative Evangelisation ... 231
4. Integrative Evangelisation ... 235
5. Evangelisation als Prozess ... 237
6. Zyklus evangelistischer Verkündigung (ZeV) ... 239
7. Ein praktisches Beispiel ... 244

9 Willkommenskultur ... 247
1. Gemeinde – jeder ist willkommen ... 247
2. Was zeichnet eine Willkommenskultur aus? ... 248
3. Die Prioritäten stimmen ... 252
4. Chancenwerk: Gnade als Grundgesinnung der Hoffnung .. 254
5. Gemeinde als lernende Organisation ... 255
6. Partizipation – das Herz der Willkommenskultur ... 256
7. Gemeinsames Mahl – Ausdruck der Willkommenskultur 257

10 Persönliche Evangelisation ... 259
1. Der persönliche Ansatz ... 259
2. Voraussetzungen ... 261
3. Nur im Team kommt man zum Ziel ... 269
4. Zum Programm der persönlichen Evangelisation in der Gemeinde ... 270
5. Das persönliche Gespräch über Jesus ... 274
6. Von der persönlichen Beziehung zum gemeinsamen Freundeskreis ... 275
7. Hilfe, mein Freund will sich bekehren ... 277
8. Nacharbeit ... 278

11 Der Hauskreis – Gemeindezelle in Aktion ... 279
1. Offene Häuser – Evangelisation in der Antike ... 279
2. Was ist ein Hauskreis? ... 280
3. Wo finden Hauskreise statt? ... 280
4. Wie fängt man einen evangelistischen Hauskreis an? ... 281
5. Ganzheitlicher Hauskreis – der Weg zur Vertrauensmultiplikation ... 282

12 Evangelistischer Gottesdienst ... 284
1. Gottesdienst als Mitte der Gemeinde ... 284
2. Evangelistischer Gottesdienst – die Perspektive muss stimmen ... 285
3. Was macht einen evangelistischen Gottesdienst aus? ... 293
4. Ortsbezug und kulturelle Relevanz ... 299
5. Struktur und Form ... 301
6. Evangelistischer Gottesdienst ist nicht alles ... 307

13 Leitung und Evangelisation ... 308
1. Ohne Leitung geht es nicht ... 308
2. Evangelisten – Gottes besondere Boten ... 308
3. Begabung und Berufung zum Evangelisten ... 309
4. Mitarbeiter in der Evangelisation ... 313

Nachwort ... 334

Bibelstellen-Register ... 336

Personen-Register ... 340

Sachregister ... 345

Bibliografie ... 349

Vorwort

Mit großer Dankbarkeit habe ich die vielen positiven nationalen wie internationalen Rückmeldungen auf mein Buch „Die Welt umarmen. Theologie des gesellschaftsrelevanten Gemeindebaus“[1] wahrgenommen und freue mich, dass es viele positive Veränderungsprozesse in Gemeinden angestoßen hat. Nicht nur eine nach innen fokussierte Gemeinde hat den Wandel in Richtung gesellschaftstransformierender Mission vollzogen. Dafür bin ich dankbar. Neben den vielen positiven Stimmen haben sich allerdings auch solche Stimmen zu Wort gemeldet, die in meinem Entwurf eine Abkehr von der Evangelisation erspähen und für viel Unruhe in den Reihen der Evangelikalen sorgen. Dieses Buch ist eine Antwort auf solche Stimmen und zugleich ein Versuch, Klarheit in die Frage nach der rechten Art der Evangelisation der missionalen und gesellschaftsrelevanten Gemeinde zu bringen. Nichts wäre so fatal wie die Meinung, missionaler Gemeindebau könne auf Evangelisation verzichten. Vielmehr gilt: Evangelisation ist das eigentliche Anliegen des gesellschaftsrelevanten Gemeindebaus. Wer Gemeinde baut, wie Jesus sie bauen will, dem wird es immer auch um die Nachfolge Jesu gehen. Der Vorwurf, missionaler und gesellschaftsrelevanter Gemeindebau verzichteten auf die persönliche Nachfolge des einzelnen Christen, ist aus der Luft gegriffen. Wie sonst will man denn Gemeinde bauen, wenn nicht aus Nachfolgern Jesu? Nein, allen Vermutungen unserer Kritiker entgegen – uns geht es um Evangelisation! Dabei gilt zu klären, was denn Evangelisation im Konzept der Mission Gottes ist und wie sie im Vollzug der Gemeindearbeit geschehen kann. Uns geht es um Evangelisation der Gemeinde Jesu, einer Gemeinde, die Gottes Auftrag ernst nimmt, biblisch begründet ist und nicht modischen oder zeitbedingten Phänomenen nacheifert. Wie der lateinamerikanische Missiologe Orlando Costas vor mehr als dreißig Jahren verlangen auch wir einmal mehr nach der Integrität in der Mission, einer Mission, die immer den ganzen Heilswillen Gottes im Auge hat und deshalb ganzheitlich sein muss.[2] Das wird nach einem

1 Reimer 2009.

2 Costas 1978:1ff.

bewussten Neudenken der Mission verlangen, wie das immer wieder in der neueren Zeit gefordert wurde.[3] Schließlich weist die Geschichte der Kirche deutliche Spuren subvertierter Evangelisation auf.[4] Das Festhalten an zum „Kanon der protestantischen Mission“[5] erhobenen und an den klassischen verbalen und von der Konfrontation geprägten Methoden der Evangelisation hat sich nicht als hilfreich erwiesen.

Ich gehe diesen Fragen in den vier Teilen dieses Werkes nach. Der ausführlichen Einführung folgt sowohl eine theologische Auseinandersetzung mit dem Begriff und der Aufgabe der Evangelisation als auch ein Überblick über die historische Praxis der Evangelisation, woraus Fragen an die Theologie und Praxis resultieren. Die anschließende Handlungstheorie der Gemeindeevangelisation nimmt die Impulse aus der Theologie und Evangelisationsgeschichte auf und legt den Grund für die Praxis gesellschaftsrelevanter und -transformierender Evangelisation. Das Buch schließt mit praktischen Beispielen von Gemeinden, die das, was ich hiermit unter gesellschaftstransformierender Evangelisation verstehe, leben.

Es ist mein Wunsch und Gebet, dass die hier vorgestellten Gedanken sich sowohl bei der theoretischen als auch gemeindepraktischen Auseinandersetzung mit dem Thema als hilfreich erweisen. Dankbar bin ich all denen, die mich für Evangelisation gewonnen haben. Allen voran gilt mein Dank meinem Lehrer an der Bibelschule Wiedenest Karl Beyer. Er hat jene evangelistische Leidenschaft in mein Herz gepflanzt, die bis heute anhält. Dann bin ich meinem heimgegangenen theologischen Lehrer David J. Bosch verpflichtet. Seine ungezwungene Bereitschaft, in kreativer Spannung zu leben und unbequeme Fragen zu stellen und dann nach Antworten in der Schrift und Geschichte zu suchen, haben mich tief geprägt. Auch dieses Buch trägt unverkennbar die Handschrift dieses Einflusses.

Und schließlich danke ich den vielen Menschen, die meiner Verkündigung des Evangeliums gelauscht haben und dem Ruf in die Nachfolge gefolgt sind. Im Laufe der letzten Jahre waren es viele Tausende Frauen und Männer auf allen fünf Kontinenten, die die Worte meiner evangelistischen Predigt verstanden haben und Jesus als ihrem Herrn

---

3 So Johnson 1987:7ff; Johnson 2002:118ff; u. a.

4 Siehe dazu unter anderem Stone 2007:111-170.

5 Johnson 2002:120.

und Heiland gefolgt sind. Sie waren es, die, wie keiner sonst, mich gelehrt haben, das Evangelium vom Reich Gottes weise in die Herzen der Menschen zu verkündigen. Es waren einfache, kaum gebildete Menschen, aber auch umfassend gebildete Wissenschaftler, Frauen wie Männer, Ältere wie Jugendliche, Menschen mit schweren Bindungen und solche, die glaubten, von aller Bindung frei zu sein, Religiöse und Agnostiker, Atheisten und Spiritisten. Zu sehen, wie das Evangelium in ihren Herzen Gestalt gewinnt, und sie auf dem Weg zur Bekehrung und Wiedergeburt begleiten zu dürfen, das war und ist für mich das allerschönste Erlebnis in meinem Dienst. Und damit dieses Erlebnis auch weiterhin eine Herzensfreude für Jesu Nachfolger bleibt, habe ich dieses Buch geschrieben.

Johannes Reimer, im Frühling 2013

Abkürzungen

DBW – Dietrich Bonhoeffer Werke

EBG – Evangelistisch begabte Gemeindeglieder

EHK – Evangelistischer Hauskreis

GWA – Gemeinwesenarbeit

GWM – Gemeinwesenmediation

LE – Lebensstil Evangelisation

LV – Lausanner Verpflichtung

OA – Offener Abend

PE – Persönliche Evangelisation

RL – Reales Leben

VR – Virtuelle Realität

ZEV – Zyklus evangelistischer Verkündigung

1 Evangelisation – Fragen, Fragen, Fragen

1. Evangelisation im Aufwind

Wer hätte es noch vor wenigen Jahren gedacht – man kann in Europa und sogar in Deutschland wieder über Evangelisation reden, ohne dabei schief angesehen zu werden. Und das nicht nur in Freikirchen und der Gemeinschaftsbewegung! Seit Jahren eine umstrittene Erscheinung[6], werden in der neuesten Homiletik, vor allem aus dem Bereich der Landeskirchen, deutliche Signale gesetzt, die evangelistische Predigt in der Volkskirche zu rehabilitieren.[7] Dieses Umdenken setzte in den frühen Siebzigerjahren des 20. Jahrhunderts ein. Die großen Kirchen entdecken wieder die Evangelisation als unbedingt notwendigen Dienst der Kirche.[8] Kirche der Zukunft kann es, so scheint es, für immer mehr Menschen in der Kirche selbst nicht mehr ohne die Beantwortung der von Jürgen Abromeit gestellten Frage geben „Wie kann Christus auch der Herr der Religionslosen werden?"[9] In einer Welt, in der das Volk der Volkskirche den Rücken zuwendet, muss sie sich fragen lassen, wie aus einer Volkskirche eine Missionskirche werden kann.[10]

---

6 Das liegt wohl zum einen an der geschichtlich festgeschriebenen Unklarheit, was denn nun unter der evangelistischen Verkündigung zu verstehen sei (Poetsch 1981:7ff), zum anderen aber auch an jener volkskirchlichen Theologie, die der Evangelisation keinen Raum bietet, sie somit in den zuweilen engen Raum des Pietismus abschiebt und darin bekämpft. Siehe hierzu einen hervorragenden Überblick zur Geschichte der missionarischen Predigt in Husar 1987. Vorbildlich verweist Poetsch (1981:15ff) auf eine Reihe von Missverständnissen, die – sollte die evangelistische Predigt wieder zu Ehren in der Kirche kommen – erst aus dem Weg geräumt werden müssen.

7 So z. B. bei Thimme 1979; Bub 1990.

8 Siehe hierzu die hervorragende DTh Dissertation von Friedemann Walldorf, *Die Neu-Evangelisierung Europas* (2002). Walldorf stellt römisch-katholische, protestantisch-ökumenische und evangelikale Konzepte zur Evangelisation, wie sie seit den Siebzigerjahren des letzten Jahrhunderts entwickelt wurden, einander gegenüber. Die Genese dieser Konzepte weist deutlich auf das wachsende Interesse für Evangelisation in Europa hin. Diese Entwicklung hat sich allerdings noch kaum auf die praktisch-theologischen Konzeptionen ausgewirkt.

9 Abromeit 2005:69ff.

10 Ebd.

Es ist zu hoffen, dass sich dieser Trend auch auf eine neue Begeisterung für die evangelistische Verkündigung und Predigt auswirkt. Unmissverständlich machte der ehemalige evangelische Bischof Wolfgang Huber in seiner Rede auf dem Kongress für Christliche Führungskräfte in Leipzig vor ein paar Jahren klar: Evangelisation ist wieder eine der wichtigsten Prioritäten der Kirche. Und er liegt damit ganz auf der Linie des Zukunftskonzepts der EKD mit dem bezeichnenden Titel „Kirche in Freiheit", welches im Juli 2006 der Kirche zur Diskussion vorgestellt wurde. Egal, was man von den einzelnen Aussagen dieses Grundsatzdokuments halten mag, es öffnet der Evangelisation wieder Tor und Tür.[11] Die Kirche will wieder von Gott in der Welt reden![12]

Oder: Wer hätte sich vor wenigen Jahren vorstellen können, dass eine der ersten Hochschulen für Evangelisation in Europa in der katholischen Erzdiözese Wien entstehen würde. Hier bietet die Akademie für Evangelisation seit 2002 eine katholische Vollausbildung zum Evangelisten an.[13] Das erklärte Ziel dieser Einrichtung ist die Förderung der Evangeliumsverkündigung in Europa.[14] In der Tat ist hier eine beachtliche Werkstatt zur kreativen Verkündigung des Evangeliums entstanden, ganz im Sinne des verstorbenen Papstes Johannes Paul II., der sich seit 1972 immer wieder für die Neu-Evangelisierung Europas einsetzte.[15]

Auch außerhalb der beiden großen Kirchen wird in Deutschland verstärkt über Evangelisation nachgedacht. Von einer „Evangelisation im Gegenwind", so der Titel des Vortrag-Bandes von der 12. Studientagung des AfeT aus dem Jahre 2001[16], kann heute nur noch bedingt die Rede sein. „Evangelisation ist wieder im Kommen" ist auch der Titel einer viel beachteten Magisterarbeit von Martin Werth, die er an der Ruhr-Universität in Bochum geschrieben hat.[17]

---

11 Siehe den vollen Text der Diskussionsvorlage in: www.ekd.de/download/kirche-der-freiheit.pdf.

12 Siehe hierzu auch das überaus lesenswerte Dokument der EKD unter der gleichnamigen Überschrift „Reden von Gott in der Welt" (EKD 2000).

13 Akademie für Evangelisation, Schenkenstraße 2, 1010 Wien.

14 www.emmanuel.at/institutions/academies/institut/index_html.

15 Siehe dazu Walldorf 2002:47ff.

16 Klement 2002.

17 www.ruhr-uni-bochum.de/pressemitteilungen-2001/msg00014.html.

2. Aufbruch oder doch nur Strohfeuer?

Diese positive Einschätzung zum Aufbruch der Evangelisation wird bei Weitem nicht von allen geteilt. Immer noch genießt Evangelisation in vielen Kirchen und noch mehr in der Gesellschaft einen eher zweifelhaften Ruf. Man verbindet damit religiösen Zwang und Intoleranz, Fanatismus und Fundamentalismus. Klassische Evangelisten, die Evangelisation vor allem als konfrontative Verkündigung verstehen, haben es in unserer in jede Richtung offenen Kultur schwer, ihren Dienst als menschenfreundlich, ja gar notwendig, darzustellen. So gesehen gibt es immer noch den Gegenwind und man hat sogar berechtigt den Eindruck, dieser wird stärker.

Dabei hängt die Ablehnung der Evangelisation in der Gesellschaft, so scheint es, auch mit der Art und Weise zusammen, wie sie gedacht und durchgeführt wurde und zum Teil immer noch wird.[18] In einer Zeit massiver Kritik der institutionalisierten Kirche und bewusster Abkehr der Massen von der Kirche, die mit dem Abdrängen der religiösen Orientierung ins Private verbunden ist,[19] kann Evangelisation unmöglich nach dem alten „Masterplan"[20] geschehen. Wir leben in einer posttraditionalistischen Gesellschaft, in der jeder Einzelne zwischen verschiedenen Optionen der Lebensgestaltung wählen muss.[21] Religion ist da offensichtlich nur eine unter vielen Optionen und die christliche Religion nur eine unter mehreren miteinander konkurrierenden missionarischen Glaubensvorstellungen. Es genügt offensichtlich nicht, nur zu fragen, was die Evangelisation in unserem Land bremst;[22] unsere Evangelisationspraxis selbst müsste neu bedacht werden. Evangelisation muss neu entdeckt und ihre Aufgabe neu formuliert werden, wie Donald C. Posterski mit Recht für die gesamte westliche Welt fordert.[23]

Die evangelisierende Gemeinde, die sich den Menschen zuwendet, die Christus nicht kennen, wird sich wohl bewusst den Menschen in ihren jeweiligen Gegebenheiten stellen müssen. Voßhenrich hat recht,

---

18 Nel 2007:98.

19 Voßhenrich 2007:74f.

20 So der Titel des evangelikalen Bestsellers von Robert E. Coleman „*Des Meisters Plan für Evangelisation*" aus dem Jahre 1984.

21 Kumlehn 2000:12.

22 Siehe hierzu das Buch von Pflaum, *Evangelisation – was bremst da?* (1980).

23 Posterski 1989:Titel.

wenn er die Christen auffordert: „Die Fragen der Zeit müssen auch die Fragen des Christentums sein, das ebensowenig wie aus seiner Haut aus seiner Zeit kann.“[24] Damit ist nun auch eine Aufforderung verbunden, Evangelisation als zeitgemäße, kontextbewusste Verkündigung zu denken. Will der Aufbruch zur Evangelisation mehr sein als nur das berühmte Strohfeuer, dann wird zu klären sein, wie Evangelisation heute und unter den Konditionen einer postmodernen und multioptionalen Kultur stattfinden kann.

3. Evangelisation heute – Chancen und Herausforderungen

Das Ergebnis-Dokument der 1990er Dekade für Evangelisation, die im Jahre 2000 in Großbritannien zu Ende ging, formuliert unter der bezeichnenden Überschrift „20 from 10“ zwanzig Einsichten aus zehn Jahren[25] Evangelisation in England, die auch heute noch, Jahre danach, und auch für uns in Deutschland genauso aktuell geblieben sind. Sie zeigen, wo die Herausforderungen und Chancen der Evangelisation in der westlichen Welt zu Beginn des 21. Jahrhunderts liegen. Diese theologischen, ekklesiologischen und kommunikativen Einsichten können auch uns in Deutschland helfen, wieder mit mehr Erfolg zu evangelisieren. Ich fasse diese Einsichten in mehreren Blöcken zusammen und gewinne im Weiteren daraus meine Fragen, die wir dann im Verlauf des Buches versuchen werden zu beantworten.

3.1. Evangelisation – eine Frage der Theologie

Das britische Dokument konstatiert nach zehn Jahren „gesegneter Erntezeit“ einfach und treffend: „Evangelisation ist Gottes Werk.“ Gott will und Gott tut Evangelisation, und wo Gott nicht am Werk ist, da kann von Evangelisation keine Rede sein. Evangelisation muss daher als wesentliches Element der Mission Gottes in der Welt verstanden werden, so die Briten. Die *missio Dei* ist eine *missio evangelii*! Jede Unterscheidung zwischen Mission und Evangelisation ist damit problematisch, und wenn sie doch vorgenommen wird, dann kann das

24 Voßhenrich 2007:25.

25 Siehe die deutsche Übersetzung in: www.ekir.de/gmd/download/20aus10/20aus10.htm.

nur funktional geschehen. Evangelisation ist ein integraler Bestandteil dessen, was Gott in der Welt tut. In den Worten des „20 from 10"-Dokuments heißt das: „Evangelisation ist ein Teil ganzheitlicher Mission." Man kann sie nicht einfach als Wortgeschehen, als Verkündigung oder gar Predigt aus dem Ganzen des missionarischen Wirkens herausnehmen. Gerade da, wo man den Einbezug der Evangelisation in das Zeugnis der Christen vor Ort einbindet, wo Wort und Tat zu einer Einheit werden, ist die evangelistische Verkündigung am erfolgreichsten. Nicht zuletzt deshalb stellte die Analyse der Dekade zur Evangelisation fest, dass „Lokale Initiativen die Besten sind." Hier im sozialen Geflecht örtlicher Gegebenheiten, wo Worte an ihrem inkarnativen Gehalt gemessen werden können oder, mit anderen Worten, der Glaube an seinen praktischen Früchten im Lebensalltag erkannt werden kann, da fruchtet auch evangelistische Verkündigung am ehesten. Das Dokument folgert aus zehn Jahren Beobachtung: „Persönliche Beziehungen sind grundlegend in der Evangelisation."

Die Analyse der Dekade der Evangelisation bestätigt damit den inkarnativen Charakter der Evangelisation, wie sie Jesus praktiziert hat. Das und nicht weniger behaupten ihre Autoren. In Johannes 1,1-12 lesen wir: „Am Anfang war das Wort und das Wort war bei Gott und das Wort war Gott … und es wurde Fleisch … und lebte unter uns … und wir sahen Seine Herrlichkeit." Der Zusammenhang zwischen der Kommunikation des Wortes und der Inkarnation, der Fleischwerdung des Wortes, für die effektive Vermittlung des Glaubens ist unverkennbar: Das Wort gewinnt konkrete geschichtliche und kulturelle Gestalt und erst so sehen die Menschen in seiner Umgebung Gottes Herrlichkeit. Die Gestaltgebung findet bei Jesus im Dienst statt. „Er ist gekommen, um zu dienen, nicht um sich dienen zu lassen (Mt. 20,28). Christus ist ein Diener der Juden geworden, unter denen er wirkte (Röm. 15,8). Sein Zeugnis ist allem anderen voran das eines Dieners. An den Früchten seines Dienstes will er sich messen lassen, nicht allein an der Gewalt seines Wortes. Als die Jünger des Johannes zu Jesus gesandt werden, um zu fragen, ob er derjenige sei, auf den Israel warten solle, antwortet er: „Geht hin und sagt Johannes wieder, was ihr hört und seht: Blinde sehen und Lahme gehen, Aussätzige werden rein und Taube hören, Tote stehen auf und Armen wird das

Evangelium gepredigt" (Mt. 11,4-5).[26] Wo das Evangelium bezeugt wird, gehört Dienst an den Menschen zur Speerspitze. Das britische Dokument konstatiert daher: „Christliches Zeugnis im Alltag ist das Herzstück wirksamer Evangelisation." Wo dieses Zeugnis fehlt, wo Christen ihre Beziehungen zu den Menschen nicht aus der Kraft des Evangeliums leben, sind evangelistische Bemühungen eher erfolglos.

Die Einsichten aus England stellen eine Reihe von Fragen an die Theologie der Evangelisation, wie sie in vielen Kirchen und Gemeinden gelehrt wird. Lienhard Pflaum machte in der theologischen Haltung der Christen einen der wesentlichen Gründe für die Schwerfälligkeit der Kirche in der Verkündigung des Evangeliums aus.[27] Die breite Mehrheit der Kirchenmitglieder, so Pflaum, vermag nicht in der Evangelisation eine Priorität zu sehen, weil sie diesen Auftrag nicht versteht.[28] Wo aber die Evangelisation nicht als Auftrag der Gemeinde verstanden wird, wo es kein klares Evangelisationsverständnis gibt, da wird auch die evangelistische Praxis unklar. Das kann sowohl im Bezug auf die weitverbreitete Ablehung der Evangelisation in den Landeskirchen, als auch auf die Ablehnung einer gesellschaftsrelevanten Evangelisation in vielen Freikirchen bezogen werden. Ob man jede Konfrontation des Zeitgenossen mit dem Evangelium ablehnt oder diesen mit dem Evangelium vor den Kopf stößt – das Ergebnis ist das Gleiche. Evangelisation findet weder in einer totalen Identifikation der Gemeinde mit der Kultur, noch in einer totalen Ablehung der Kultur durch die Gemeinde statt. Evangelisation meint die Teilnahme der Gemeinde an der Mission Gottes vor Ort, konstatieren die Briten. Daraus ergeben sich unsere Fragen:

26 Zum inkarnativen Charakter der *missio Christi*, siehe Johannes Reimer 2009:154ff.

27 Pflaum 1980:13. Auch anderswo wirkt sich die fehlende theologische Fundierung der Evangelisation negativ in den Bilanzen der Gemeindeevangelisation aus. Ausdrücklich verweist Donald C. Palmer in seiner Analyse der Evangelisation der Pfingstgemeinden in Kolumbien darauf hin, dass der evangelistische Erfolg der Gemeinden durch mangelhafte theologische Klarheit gebremst wurde (Palmer 1974:139f).

28 Für die USA gibt Comfort (1995:81) an, dass fast ¾ der Mitglieder christlicher Kirchen keine persönliche Aufgabe in der Evangelisation sehen. In Deutschland werden die Zahlen noch niedriger sein.

a. Wenn Evangelisation eingebettet ist in das Konzept der *missio Dei* und deshalb nie losgelöst vom Gesamtzeugnis der Gemeinde vor Ort gesehen werden kann, was ist dann der Unterschied zwischen Mission und Evangelisation?

b. Wenn Evangelisation grundsätzlich inkarnativen Charakter hat, wie sieht dann die evangelistische Verkündigung aus? Geht es um Wort und Tat, Wort nach der Tat, beides?

c. Wenn Evangelisation die Verortung des Evangeliums in den konkreten Kontext der Menschen meint, welchen Wert haben dann allgemeine, überörtliche evangelistische Initiativen wirklich?

Diese und ähnliche Fragen gehen an den Kern der Sache. Sie nicht zu stellen, wäre fatal. Kann es sein, dass wir heute nichts *mehr* brauchen als eine Theologie der Evangelisation, die dem missionarischen Wesen der Kirche selbst entspringt und daher nicht losgelöst vom Gesamtzeugnis des Leibes Christi gedacht und praktiziert werden darf?[29] Kann es sein, dass wir eine gesellschaftsrelevante und gesellschaftstransformierende Verkündigung brauchen, die sich anschickt, dem *gesamten* Menschen zu dienen, und ihn auf diese Weise zum Leben im Alltag befähigt?

Wir werden dieser Frage nachgehen müssen.

3.2. Evangelisation und das Gemeindeverständnis

Ein zweiter Block von Einsichten aus der Analyse der Ergebnisse der Evangelisationsdekade in England bezieht sich auf das evangelistische Wesen der Kirche selbst. Das Dokument folgert: „Evangelisation ist das eigentliche Kerngeschäft der Kirche. Hört sie auf zu evangelisieren, so hört sie auf, Kirche zu sein. Denn sie ist, um es mit den Worten des Zweiten Vatikanischen Konzils zu sagen ‚von ihrem Wesen her missionarisch'."[30]

Dabei geht es weniger darum, dass die Kirche sich in der Evangelisation selbst darstellt, folgern die Briten in „20 from 10". Man wird

29 Genau das vermutet Malan Nel, wenn er die evangelistische Müdigkeit der Kirchen darauf zurückführt, dass diese ihre Theologie der Evangelisation nicht missional fassen (Nel 2007:98).

30 www.ekir.de/gmd/download/20aus10/20aus10_2.htm.

den Eindruck jedoch nicht los, dass die Einsicht, der Evangelisation wieder mehr Raum zu geben, in manch einer Kirche erst unter dem Druck des kirchlichen Ausverkaufs zu wachsen scheint. Der Kirche fehlen die Mitglieder und damit auch die Geldzahler. Wird deshalb wieder für Evangelisation geworben? Wer glaubt, man bräuchte nur mehr zu evangelisieren, und dann würden die Schäfchen schon im eigenen Stall bleiben, der täuscht sich. Evangelisation darf nicht zum Werbeinstrument für den Kirchenerhalt missbraucht werden. So kann und wird Evangelisation nicht funktionieren. Zu tief ist das Misstrauen des modernen Menschen gegenüber der institutionalisierten Kirche.

Vielmehr sollten die Kirchen in der Evangelisation ihr eigentliches Wesen wiederentdecken, ihr eigentliches Kerngeschäft aufnehmen und somit zu der ihnen von Gott gegebenen Kernkompetenz zurückkehren. So wird die Kirche wieder attraktiv werden für die ideologisch längst desillusionierte Gesellschaft, die sich geradezu danach sehnt, Antworten auf die Fragen nach Sein und Sinn zu bekommen.[31]

„Gute Evangelisation ist Einladung und nicht Konfrontation", folgern britische Evangelikale nach zehn Jahren intensiver evangelistischer Verkündigung. Aber einladen kann man nur dann, wenn die Einladung auch hält, was sie verspricht. Ohne eine attraktive Kirche, die das ist, was sie eigentlich sein sollte, nämlich ein Ort des Heils in Jesus Christus, wäre das unmöglich.

Diese Beobachtungen fordern heraus. In unserer Studie werden wir auf die Frage eine Antwort finden müssen, wie die Korrelation zwischen dem jeweiligen Gemeindeverständnis und der Evangelisation aussieht. Wir fragen daher:

a. Kann es sein, dass die Rückkehr zur evangelistischen Kompetenz eine Klärung des Gemeindebegriffes voraussetzt? Kann eine Kirche evangelisieren, die sich nicht mehr ganz sicher ist, wer und wozu sie da ist?

b. Kann es sein, dass der Erfolg der Evangelisation der Kirche an ihrem Zeugnis in der Gesellschaft gemessen werden kann und ihr Zeugnis die Summe dessen darstellt, was die einzelnen Gemeinde-

31 Posterski 1989:31-48.

glieder in ihrem Alltag den Menschen vorleben? Ist dieses Alltagszeugnis gar das Herzstück der Evangelisation? Nicht der beste Pastor, der beste Evangelist, sondern das Zeugnis der Lokalgemeinde bürgt für den evangelistischen Erfolg.

c. Kann es sein, dass recht verstandene Evangelisation immer eine Aufgabe der ganzen Gemeinde ist? Wo immer man die Aufgabe der Evangelisation zum Anliegen entsprechend ausgebildeter und dann bezahlter Personen macht, zum Beispiel der Evangelisten und Pastoren, wo immer man die Evangelisation professionalisiert, stellen sich bald Ermüdungserscheinungen ein. Die Abgabe der eigenen Verantwortung an andere resultiert oft in der Abnahme der Leidenschaft. Das ist in Fragen der Evangelisation nicht anders. Wenn das einzelne Gemeindeglied nur noch dafür zuständig ist, dass die entsprechenden Finanzen für die Evangelisation zusammenkommen, dann nimmt die Leidenschaft für die Verlorenen deutlich ab. Und es ist diese missionarische Leidenschaft, die letztlich den evangelistischen Erfolg oder Misserfolg einer Gemeinde ausmacht, wie Johannes Hansen bemerkt?[32] Ist dem so, dann werden wir der Frage nachgehen müssen, wie denn die ganze Gemeinde für Evangelisation gewonnen werden kann.

d. Kann es sein, dass ein evangelisationsarmes Gemeindeverständnis letztlich im falschen Leitungsverständnis seinen Ausdruck gefunden hat und somit die Evangelisation abbremst? Wo gehören denn Evangelisten zur Gemeindeleitung? Wo werden Gemeindeglieder effektiv zur Evangelisation angeleitet und wer tut es? Welche Rolle kommt dem Evangelisten im Leitungskonzept der Gemeinde zu? Oder ist der Evangelist eher Mitarbeiter eines freien Werks, den man von Zeit zu Zeit „einkauft". So gut solche Gastauftritte in den Gemeinden auch sein mögen, so wichtig ist die Berufung und Erziehung von eigenen Gemeindemitarbeitern mit ausgesprochen evangelistischen Begabungen. Nur so kann Evangelisation zu einem zentralen Anliegen der Gemeinde werden und lokale Stoßkraft haben. Stimmt das?

32 Hansen 1980:78ff.

3.3 Evangelisation und Einheit der Christen

Das britische Dokument unterstreicht die Tatsache, dass Evangelisation da besonders erfolgreich ist, wo man diese in der Einheit der Kinder Gottes vor Ort betreibt. Ganz im Sinne des hohepriesterlichen Gebets Jesu, der zu seinem Vater betet: „Ich bitte aber nicht allein für sie, sondern auch für die, die durch ihr Wort an mich glauben werden, damit sie alle eins seien. Wie du, Vater, in mir bist und ich in dir, so sollten auch sie in uns sein, damit die Welt glaube, dass du mich gesandt hast" (Joh. 17,20-21). Die Einheit der Christen und die Glaubensrezeptivität der Welt werden hier von Jesus in einen unmittelbaren Zusammenhang gestellt. Diese Korrelation zwischen der Einheit des Leibes Jesu und der Evangelisation gilt es neu zu verstehen, wenn wir effektiv evangelisieren wollen.

Empirische Studien nicht nur aus England bestätigen eine solche Annahme aufs Deutlichste, beispielsweise in Lateinamerika. Hier sind im Laufe der letzten Jahre Hunderttausende von Menschen in großangelegten Evangelisationskampagnen zum Glauben an Jesus gekommen. Die wichtigste Voraussetzung dafür sehen die Leiter in der gewollten und praktizierten Einheit der Christen vor Ort. „Im Durchschnitt brauchen wir drei Jahre an einem gegebenen Ort, um alle Christen dazu zu bewegen, in der Evangelisation zusammenzuarbeiten", berichtete mir einer der Leiter der nationalen Evangelisationsinitiative in Guatemala. „Ohne eine solche Einheit fangen wir aber keine Kampagne an. Sie hätte nur begrenzte Möglichkeiten", setzte er nach. Der allgegenwärtige evangelistische Erfolg scheint diesem Bruder recht zu geben. In Nigeria praktiziert die dortige Bewegung „New Life for All" seit Jahrzehnten die Verwirklichung ihres zentralen Evangelisationsprinzips, das da heißt: „Konzentration aller auf Evangelisation bewirkt Multiplikation."[33] Und auch hier sind Millionen von Menschen zum Glauben gekommen. Einheit zahlt sich evangelistisch aus.

Wieder ergeben sich aus dem Gesagten eine Reihe von Fragen für unsere Studie.

a. Wenn Evangelisation die Einheit der Christen voraussetzt, dann stellt die gegenwärtige Lage der Christen in vielen Orten unseres Landes eines der größten Hindernisse auf dem Weg zur erfolgrei-

33 Zum Konzept, siehe Peters 1977:55-162.

chen Evangelisation dar. Gemeinden grenzen sich voneinander ab und sogar innerhalb einer Gemeinde herrschen nicht selten Streit und Zwist. Wie kann die erforderliche Einheit hergestellt werden?

b. Wenn die Einheit unter den Christen eine wichtige Voraussetzung für die Evangelisation ist, dann muss ein gemeinsames Fundament für die Christen vor Ort gefunden werden. Wo finden wir ein solches Fundament? Kann, ja muss es vielleicht sogar ein gemeinsames theologisches Bekenntnis sein? Oder ist es der missionarische Einsatz, wie die britische Studie vorschlägt?

c. Wenn Einheit der Christen nur dank gemeinsamer Konzentration auf den Auftrag Gottes möglich ist, welchen Wert haben dann denominationelle Bemühungen, Gemeinden eigener Prägung zu bauen? Welche Konsequenzen ziehen wir daraus für unsere Theorie und Praxis der Evangelisation?

3.4. Evangelisation und Kontext

Nichts ist so wahr wie ein heute weitverbreitetes Interesse der Menschen an Spiritualität, Transzendenz und außersinnlichen Erfahrungen. Das von uns mehrfach zitierte britische Dokument verweist auf dieses Phänomen bereits für die zweite Hälfte der 90er-Jahre. Heute ist das Interesse der Menschen an den Fragen des Glaubens allgegenwärtig.

Natürlich heißt das nicht, dass man dabei automatisch auch an den Kirchen interessiert ist. Das sogar eher nicht. Diese werden allgemein nur selten als mögliche Quelle für spirituelle Erfahrungen gehandelt. Offensichtlich hat *die* Kirche vielerorts den Zugang zu den Menschen verloren. Ihre Erscheinung, Formen und Sprache werden als archaisch, überholt, unwirklich und praxisfremd angesehen.

Die gesellschaftliche Irrelevanz der Kirche und ihrer Verkündigung hat wesentlich damit zu tun, dass sie häufig kulturell irrelevant ist. Die Verkündigung des Evangeliums ist allem anderen voran ein Übersetzungsvorgang. Und effektive Übersetzung berücksichtigt den Verstehenshorizont der Menschen. Dieser Horizont wird von der gelebten Kultur bestimmt. Und diese ist im permanenten Wandel begriffen, gerade und vor allem in Europa. Seit dem Zweiten Weltkrieg haben mehrere Völkerbewegungen unseren Kontinent durchzogen. Als Folge der Globalisierung findet eine weitere Durchmischung der europäischen Bevölkerung statt. Das Ergebnis sind transmigrante Kulturen, die den Prozess der Subkulturierung der Gesellschaft noch beschleunigen.

„Eine sich ändernde Kultur erfordert veränderte Zugangsmöglichkeiten", konstatiert das britische „20 from 10"-Dokument. Eine Feststellung, die nicht nur aus der Praxis der Evangelisation, sondern auch aus ihrer theoretischen Grundlegung im Neuen Testament zu belegen wäre. Wer Menschen mit dem Evangelium erreichen will, der hat dafür zu sorgen, dass Gottes ewiges Wort Fleisch in konkreter soziokultureller Gestalt wird. Nur so werden die Menschen das Evangelium verstehen können. Den Griechen ein Grieche, den Juden ein Jude zu werden, darin erblickte schon der Apostel Paulus den richtigen Weg zum Herzen der Menschen in seiner evangelistischen Predigt (1Kor. 9,16ff).

Die Behauptungen der Evangelisationsstudie fordern auch uns heraus. Wir werden uns folgenden Fragen stellen müssen:

a. Wenn Evangelisation im Rahmen einer bestimmten Kultur Erfolg versprechen soll, muss sie dann nicht vor allem kontextuell betrieben werden? Würde das bedeuten, dass man sich von den klassischen Methoden der Evangelisation je nach Kontext verabschieden müsste?

b. Wenn der kontextsensitiven Evangelisation Priorität eingeräumt werden muss, kann sich dann die Gemeinde aus dem Kontext zurückziehen? Kann man kontextuell evangelisieren, wenn man selbst nicht am Leben der Menschen vor Ort teilnimmt?

c. Wenn die Evangelisation die Teilnahme der Gemeinde am Leben der Gesellschaft voraussetzt, bedeutet das dann im Endeffekt die Aufgabe der Andersartigkeit und den Verlust der Identität der Gemeinde als Kontrastgesellschaft?

3.5. Evangelisation und die Vielfalt der Methoden

„Einen wesentlichen evangelistischen Zugang zu den Menschen in der heutigen Welt stellt das gelebte Zeugnis der Menschen dar", konstatieren die Briten in den zehn Jahren ihrer Evangelisationsdekade. Wo Menschen den Glauben an Jesus erfahren und dann diesen in den Begriffen ihrer Kultur weitersagen, da entsteht jene Höhenluft für das Evangelium, die eine erfolgreiche Evangelisation auszeichnet. Dahinter stehen nicht bestimmte Methoden, sondern geistliches Leben in vielerlei Gestalt. Die Instrumente einer so verstandenen Evangelisation sind persönliches Zeugnis, Gespräch in der kleinen Gruppe, Verkündigung in Wort und Tat und Weiteres mehr.

Daraus ergeben sich Fragen für unsere Studie. Welche Methoden sind heute noch geeignet, um Menschen mit dem Evangelium bekannt zu machen und sie so zum Glauben an Jesus Christus zu führen?

a. Kann es sein, dass das Festhalten an einer bestimmten Methode der Evangelisation die Evangelisation eher schwierig macht? Ist Methodenfetischismus in Sachen Evangelisation kontraproduktiv?

b. Wenn es im Grunde des Einsatzes des ganzen Leibes Christi mit seinen unterschiedlichen Gaben bedarf, um Menschen für Jesus zu gewinnen, kann man sich da noch wirklich auf den einen oder anderen Zugang allein konzentrieren, ohne zugleich einen wesentlichen Teil der Gemeindeglieder ohne evangelistische Beschäftigung zu lassen? Auch wenn nicht jedes Glied am Leib redet, so führen sie doch alle zur Öffnung eines Menschen für die Aufnahme des Wortes. Jedes Glied am Leib Christi sollte daher seinen Dienst mit einer ausgesprochen evangelistischen Zielsetzung tun. Welche Methoden nehmen den ganzen Leib Christi in den evangelistischen Einsatz mit?

c. Kann es sein, dass die veränderte kulturelle Landschaft im Westen uns dazu zwingt, nach interkulturellen und transkulturellen Zugängen zur Evangelisation zu fragen? Ist die Tatsache, dass die meisten deutschen Kirchen und Gemeinden monokulturell und ethnokonfessionell geprägt sind, eines der Hindernisse für Evangelisation im immer pluriformer und multikultureller werdenden

Kontext? Nur Menschen unserer Kultur zu evangelisieren, ist heute angesichts der transmigranten Entwicklungen, gerade in der Jugendkultur, eine völlig falsche Haltung. Wer die heutige Jugend mit dem Evangelium erreichen möchte, der wird kulturüberschreitend arbeiten müssen. Was bedeutet das aber praktisch?

4. Neu-Evangelisierung verlangt nach Neubesinnung

Wir stehen heute am Anfang einer faszinierenden Zeit, die der Gemeinde Jesu in Deutschland ungeahnte Chancen und Möglichkeiten für die Evangelisation bietet. Diese zu verstehen und zu ergreifen ist das Gebot der Stunde. Der Gegenwind für die Evangelisation wird heute leider viel zu oft von den Gemeinden selbst verursacht, die sich in eine nonkonformistische Theologie hüllen und jeden Versuch, sich der Welt, also ihrer Umgebung, mit einem evangelistischen und gesellschafts-transformierenden Angebot zu nähern, allzu schnell verteufeln. Eine Neubesinnung auf Evangelisation im Sinne der Mission Gottes ist vonnöten. Die viel beschworene Neuevangelisierung Europas[34] kann gelingen, aber nur, wenn die christliche Gemeinde sich „reformissionieren" lässt. Mark Driscoll hat diesen Ausdruck vorgeschlagen. Neuevangelisierung Europas wird Reformission voraussetzen. Er versteht darunter eine bewusste Rückkehr der Kirche zum Missionsverständnis Jesu.[35] Freilich wird eine solche Rückkehr auch die Radikalität meinen, die Jesu Mission auszeichnete. Driscoll spricht deshalb von einer radikalen Reformission.[36] Eine halbherzige Neubesinnung vermag nicht zu tragen.

An Versuchen dieser Art hat es gerade uns Evangelikalen nie gemangelt. Evangelikaler Aktionismus hat nur vorübergehend zu begeistern vermocht. Jahre und Dekaden der Evangelisation kommen und gehen ohne wesentliche Veränderung in Kirche und Gesellschaft. Gefragt ist also eine konsequente Neubesinnung. Wir werden neu nach Sinn, Wesen und Praxis der Evangelisation fragen müssen, wenn wir uns anschicken, Europa neu zu evangelisieren. Und wir

34 Zu den vielfältigen Ansätzen in den evangelischen, römisch-katholischen und ökumenischen Kreisen hat Friedemann Walldorf eine überaus lesenswerte Studie vorgelegt. Siehe Walldorf 2002.

35 Driscoll 2006:15. Siehe auch Lukasse 2010:88.

36 Driscoll 2006:Titel.

werden *gemeinsam* fragen müssen. Das schließt dann alle bekennenden Christen ein.

Entsprechend ist auch dieses Buch aufgebaut. Ich frage nach und scheue mich nicht, auch und gerade hinter den evangelikalen Zaun zu blicken. Neu-Evangelisierung Europas ist schon lange nicht mehr ein rein evangelikales Anliegen, was es sicher auch noch nie war, sondern ein gesamtkirchliches. Und in diesem Sinn ist dann auch der gesamte Leib Christi zu befragen, ohne konfessionelle Ängstlichkeiten und ohne jene Ignoranz, die zuweilen gerade uns Evangelikale auszeichnet.

5. Freimut ist gefragt

Johann Lukasse, der bekannte belgische Evangelist und Gemeindegründer, sieht das größte Hindernis für die Evangelisation in Europa im Fehlen von Freimut, den eigenen Glauben unter den Mitmenschen zu bezeugen.[37] Nichts zeichnete das Zeugnis der ersten Christen stärker aus als ein solcher Freimut. Gerade unter dem enormen Druck der sich ausweitenden Verfolgung beteten die Christen in Jerusalem: „Und nun, Herr, sieh an ihr Drohen und gib deinen Knechten, mit allem Freimut zu reden dein Wort“ (Apg. 4,29). Und Gott hörte ihr Gebet. Lukas berichtet: „Und als sie gebetet hatten, erbebte die Stätte, wo sie versammelt waren; und sie wurden vom heiligen Geist erfüllt und redeten das Wort Gottes mit Freimut“ (Apg. 4,31).

Nein, die Urgemeinde war offensichtlich nicht freimütiger als die Christen heute. Auch ihnen fehlte Freimut. Deshalb baten sie Gott darum und erhielten, worum sie baten. Fehlender Freimut weist deutlich auf eine mangelhafte Beziehung zwischen der Gemeinde und ihrem Herrn hin. Offensichtlich ist die Bitte um ein freimütiges Zeugnis nicht Gegenstand des Gebets und der Fürbitte. Und wo wenig gebetet wird, da ist als Folge auch wenig Kraft und Freimut. „Ihr habt nicht, weil ihr nicht bittet“, sagt der Apostel Jakobus und fügt hinzu: „... und ihr bittet und bekommt nichts, weil ihr übel bittet, um es in euren eigenen Lüsten zu vergeuden“ (Jak. 4,2b-3). Freimut ist ein Geschenk, das dem gegeben wird, der bittet, um zu geben, der sich von der Leidenschaft eines evangelistischen Lebensstils erfassen lässt.

Der Gemeinde in Europa fehlt Leidenschaft, weil sie viel zu sehr mit

37 Lukasse 2010:99.

sich selbst beschäftigt ist. Die Konzentration auf die eigenen Bedürfnisse hat ihr Gebet für den Nächsten und damit auch ihren Einsatz für den Verlorenen verstummen lassen und ihre Evangelisation zur Randnotiz des Gemeindealltags heruntergebrochen.

Ich bete um einen solchen Freimut für die Christen in unserem Land. Sich den aufgeworfenen Fragen zu stellen, wird nicht ohne ein großzügiges Geschenk der Freimut gehen. Zu schnell werden kirchen- und gemeindepolitische, theologisch-konfessionelle und pragmatische Erwägungen jede Besinnung zunichte machen wollen. Lassen Sie sich davon nicht beeindrucken. Fragen Sie nach! Forschen Sie nach! Evangelisation ist es überaus wert, dass auch Sie es wagen. Schließlich ist es auch Ihr Auftrag. Ich lade Sie jedenfalls dazu ein, mit mir zusammen von Grund auf neu zu fragen. Wenn die Fragen und Schlussfolgerungen der Evangelisationsergebnisse der letzten Jahre, wie sie in diesem Kapitel reflektiert wurden, auch nur im Ansatz nachdenkenswert sind, dann müssen wir es wagen, ganz von vorne zu beginnen und den Evangelisationsauftrag für uns neu zu entdecken.

2 Auf das rechte Verständnis kommt es an

1. Ein umstrittener Begriff

Die Untersuchung zur Dekade der Evangelisation in England hat gezeigt, dass es wesentlich darauf ankommt, was man unter Evangelisation versteht. Diese Behauptung wird auch anderswo bestätigt. Der deutsche Missionswissenschaftler Georg Vicedom schrieb schon 1967: „Die Verkündigung der christlichen Botschaft ist ein vielseitiger Vorgang. Sie wird wesentlich davon bestimmt, was der Botschafter Jesu Christi unter dem Wort Gottes versteht und welches Ziel er mit seiner Verkündigung verbindet.“[38]

Was ist nun Evangelisation? Was meint „Verkündigung des Wortes Gottes“ an Menschen, die Jesus nicht kennen? In welcher Beziehung stehen Mission und Evangelisation? Auf die Antwort kommt es an.

Der Begriff Evangelisation hat im Laufe der letzten Jahre eine enorme Wandlung erfahren. Was Evangelisation ist und wie man zu evangelisieren habe, darüber scheiden sich die Geister.[39] Walter Klaiber bemerkt dazu:

> „Eine kleine Umfrage unter Theologen und Nichttheologen würde uns mit Sicherheit deutlich machen, daß das Wort Evangelisation mit einer erheblichen Bedeutungsbreite gebraucht wird.“[40]

Die einen verstehen unter Evangelisation vor allem verbale Verkündigung von Gottes rettendem Handeln in Jesus Christus.[41] Andere weigern sich in der Verkündigung den eigentlichen Endzweck der Evangelisation zu sehen.[42] Für sie ist Evangelisation Kommunikation des

---

38 Vicedom 1967:134.

39 Watson 1976:28; Bosch 2011:480. Barrett (1987:42-45) zählte bereits Ende der 1980er-Jahre neunundsiebzig Evangelisationsdefinitionen, die heute noch um einige ergänzt worden sind.

40 Klaiber 1990:15.

41 So z. B. in der „Amsterdam Affirmation“, der von Dr. Billy Graham einberufenen „International Conference for Itinerant Evangelists“ Anfang der 1980er-Jahre. Siehe Ferm 1959:24-32; Scharpff 1964:1; Douglas o.J.:xv-xvi; Vicedom 1967:135; Klaiber 1990:31; u. a.

42 McGavran 1990:48.

Evangeliums im weiteren Sinne[43] und sie hat erst dann ihr eigentliches Ziel erreicht, wenn Menschen im Glauben auf die Verkündigung geantwortet haben, unter die Herrschaft Jesu getreten sind und in der Gemeinschaft mit anderen Gläubigen ihm folgen.[44] David J. Bosch wehrt sich gegen eine solche Definition, die für ihn auf diese Weise zur bloßen „kirchlichen Propaganda ... mit dem obersten Ziel der Vergrößerung der Mitgliedschaft einer bestimmten Kirche ..."[45] wird. Wiederum andere identifizieren Evangelisation mit Mission und postulieren als Ziel der Mission bzw. Evangelisation die „Umwandlungen aller Dinge in den Zustand, wie Gott ihn ursprünglich wollte (Kol. 1,20).[46] Eine solche Evangelisation wird dann als „apostolische Evangelisation" beschrieben.[47] Hans-Werner Gensichen unterstreicht den Gedanken, dass die Welt durch die Mission „ihrem eschatologischen Telos zugeführt werden soll".[48] Evangelistische Verkündigung wird hier als Verkündigung in Wort und Tat gesehen.[49] Und wiederum andere mögen Evangelisation als ein „Leben teilen"[50] beschreiben. Nicht zuletzt in der Befreiungstheologie ist das Teilen des Lebens mit dem Armen ein unbedingtes Zeichen der Evangelisation. Leonardo Boff schreibt dazu:

> „Es ging mir darum zu zeigen, dass die Befreiung im Mittelpunkt der Botschaft und des Handelns Jesu steht. Vom historischen Jesus sprechen, heißt festzuhalten. Dass er eine persönliche Option für die Armen trifft, dass er in den Unterdrückten die ersten Adressaten seiner guten Nachricht sieht und dass uns aus dem Gesamt seines Programms und seiner Praxis ein Raum für Freiheit und ein Aufruf zur Befreiung ergeben ..."[51]

---

43 Hesselgrave 2010:5.

44 Hesselgrave 1991:79-92; McGavran 1990:55; Wagner 1990:9; Mak-Arthur 1996:19.

45 Bosch 1987:104. Seine Bedenken und Position übernimmt auch Klaus Schäfer (2003:88, 97, 98, 100, 101).

46 Kasdorf 1976:58ff; Kallestad 2002:113; Reimer 2009:147ff; Gordon 2004:41; Bosch 1991:411; Nussbaum 2009:96; Werth 2010:62-64.

47 Sinclair 2006:132f.

48 Genschen 1971:27.

49 Frost 2008:59; Reimer 2009:140; Werth.

50 Feldkeller 1999:32.

51 Boff 1986:5.

Für Boff ist damit Evangelisation ein befreiender Einsatz für die Armen.

Dieser kurze Überblick über mögliche Definitionen ist bei Weitem nicht vollständig. Verwirrend ist er dagegen schon. Was Evangelisation ist, steht nicht von vornherein fest. Nach Eilenberger sind „Begriffliche Notstände ... Symptome kultureller Desorientierung.[52] Man wird daher nicht umhinkönnen, den Begriff zu definieren. Wie Mission insgesamt, ist auch die Vorstellung von der Evangelisation längst von der allgemeinen Krise heimgesucht worden. Und diese betrifft den Grund, warum wir evangelisieren, das Ziel, worauf hin wir evangelisieren, und das Werk, wie wir in der Praxis vorgehen.[53]

Wir gehen dabei folgendermaßen vor. Erstens, wir nähern uns dem Begriff Evangelisation über eine biblische Wortstudie. Und zweitens, wir ordnen ihn ein in einen biblisch-theologischen Zusammenhang.

2. Was heißt Evangelisation in der Bibel?

Unser deutsches Wort Evangelisation entstammt dem griechischen *euaggelizesthai*, was so viel wie „die Gute Nachricht überbringen" heißt (siehe: Lk. 4,18f; Röm. 1,15).[54] Das Verb entstammt dem Begriff Evangelium, griechisch *euaggelion* – Die Gute Nachricht. Im Neuen Testament ist Evangelium immer als „Gute Nachricht vom ..." näher definiert. Folgende fünf Varianten stehen dabei zur Verfügung:

52 Eilenberger 2011:1-2.

53 Zur Grundlagenkrise der Mission ist viel geschrieben worden. Siehe u. a. Gensichen 1971:27ff; Bosch 2011:1ff; u. a. Bosch verweist darauf, dass diese Krise sowohl externe, weltpolitische Gründe hat, so z. B. im Phänomen der Globalisierung und damit verbundenen Säkularisierung auf der einen und missionarischen Ausbreitung der Weltreligionen auf der anderen Seite, als auch interne, kirchenbezogene Gründe. Es ist dabei erstaunlich, wie wenig die Fragestellung in den Entwürfen zur Systematischen Theologie Beachtung findet. Die meisten dieser Entwürfe sehen es nicht einmal für gegeben, ein besonderes Kapitel der Mission und Evangelisation zu widmen. Siehe u. a. Barackmann 2002. Ein gutes Bild des Ringens um die Lösung der Grundlagenkrise der Evangelisation geben die Dokumente der Lausanner Bewegung für Weltevangelisation wieder. Hier hat man in den Jahren nach dem Lausanner Kongress für Weltevangelisation im Jahre 1974 intensiv darum gerungen, zur biblischen Kozeption der Evangelisation zurückzukehren. Siehe den Originaltext der Dokumente in Stott 1996:1-250.

54 Der Begriff kommt im NT zweiundfünfzig mal vor und steht in der Regel für die Verkündigung einer guten Botschaft. Siehe Watson 1976:29; Klaiber 1990:25.

a. Evangelium vom Reich (Mt. 4,23; 9,35);
b. Evangelium Gottes (Mk. 1,14; 1Thes. 2,2);
c. Evangelium Jesu Christi (Mk. 1,1; 2Kor. 4,4);
d. Evangelium des Evangelisten (2Kor. 4,3; 1Thes. 1,5);
e. Evangelium für alle (Mk. 13,10; 16,15).

Damit wird das Evangelium sowohl auf seinen Sender (Gott, Jesus Christus), den Überbringer (Evangelisten), den Adressaten (für alle), als auch auf seinen Inhalt (vom Reich Gottes) näher beschrieben.[55] Es ist, wie der Apostel Paulus schreibt, die „Heilsbotschaft von Tod und Auferstehung Jesu zu unserer Rettung und zu erneuerter Gemeinschaft untereinander und mit Gott."[56] Die Gute Nachricht, die hier weitergegeben wird, ist eine Nachricht, die das Reich Gottes ankündigt.[57] Wo das Evangelium ankommt, wird die Königsherrschaft Gottes etabliert. Wo das Evangelium angenommen wird, da stellen sich die Menschen unter diese Herrschaft und vollziehen damit einen Herrschaftswechsel. Ab jetzt bestimmt Gott, wo es im Leben des Menschen langgeht. Evangelisieren heißt somit, Menschen unter die Herrschaft Gottes zu bringen! Und diese Herrschaft schließt alle Bereiche des Lebens ein.

Am deutlichsten wird dieser Zusammenhang im Selbstverständnis Jesu, der sich als Überbringer der Freudenbotschaft im Sinne des vom Propheten Jesaja angekündigten messianischen Boten versteht (Jes. 61,1ff; Mt. 11,5; Lk. 4,18f).[58]

Die Überbringer des Evangeliums werden Evangelisten (griechisch *euaggelistes*) genannt (Apg. 21,8; 2Tim. 4,5; Eph. 4,11). Ihre Aufgabe ist es, das Evangelium zu verkündigen (Röm. 16,25; 1Kor. 1,18-2,5; 15,14). Der Verkündiger (griechisch *kerys*) überbringt die Gute Nachricht vom Reich Gottes. Diese Nachricht ist eine Botschaft, die sich in Konzepten und Denkkonstrukten äußert. Im Neuen Testament wird ein solches Konstrukt *logos*, zu deutsch Wort, genannt (Apg. 4,29; 11,19; 13,46; 14,29 u. a.). Dahinter verbirgt sich Gottes Ratschluss (Eph. 1,3) oder in einfachen Worten das, was Gott für richtig hält. Wenn ein Mensch sich der Herrschaft Gottes unterstellt, dann akzep-

55 Vgl. Werth 2010:5.
56 Werth 2010:8.
57 Ebd:7.
58 Siehe hierzu Näheres in Klaiber 1990:26-28; Werth 2010:7f.

tiert er Gottes Vorstellungen vom Leben und diese Vorstellungen beginnen in seinem Leben zu wirken und zu wachsen (Apg. 6,7; 12,24; 19,20). Es verändert das Leben eines solchen Menschen in vielfacher Hinsicht.

Zum einen wird der unter die Herrschaft Gottes gekommene Mensch einer Gemeinschaft zugefügt – der Gemeinde. Der Apostel Paulus drückt das mit einem deutlichen Bild aus, dem Bild vom Leib. Danach werden Menschen, die vom Geist Gottes erfüllt werden, in den Körper der Gemeinde eingepfropft (1Kor. 12,13). Sie werden damit Mitglieder der Gemeinde Jesu, einer Gemeinschaft, die in der Bibel *ekklesia* (Versammlung der Herausgerufenen) genannt wird (Apg. 2,32ff; Mt. 16,18). *Ekklesia* steht dabei für eine Versammlung der zur Verantwortung für die Welt herausgerufenen Gemeinde.[59] Sie ist die Botschafterin an Christi statt, die der Welt verkündigen soll, dass er, Gott, sich mit der Welt versöhnt hat (2Kor. 5,18). Sie ist die „Gerechtigkeit, die vor Gott gilt“ (2Kor. 5,21), Licht der Welt und Salz der Erde (Mt. 5,13-15). In der Gemeinde wird sichtbar, was Gott in und mit der Welt will. Wenn der Mensch sich der Herrschaft Gottes unterstellt, dann wird er in die Gemeinde Jesu integriert. Evangelisation ohne Gemeindebau macht also wenig Sinn.

Und mit der Integration in die Gemeinde wird der Mensch *zweitens* zu einem vitalen Glied dieses missionarischen Kollektivs. Als Mensch unter der Herrschaft Gottes ist er „Gottes Werk, geschaffen zu guten Werken, die Gott zuvor bestimmt hat, dass wir darin wandeln sollen“ (Eph. 2,10). Jeder Evangelisierte ist damit auch berufen. Und jeder Berufene ist auch gesandt, andere unter die Herrschaft Gottes zu rufen. Am Tag, an dem sich der Mensch der Autorität Gottes unterstellt, schafft Gott eine neue Person. Wer in Christus ist, der ist eine neue Person (2Kor. 5,17), die vom Geist Gottes Gaben erhalten hat, die der Herr Jesus Christus in bestimmten Diensten einsetzen will (1Kor. 12,4-6).

Evangelisation ist somit ein Jüngerschaftsprozess, der aus dem Menschen, der abseits vom Willen Gottes gelebt hat (Eph. 2,1-2), einen Nachfolger Jesu Christi macht, der durch das göttliche Handeln zum Zeugen der Herrschaft Gottes geworden ist (Apg. 1,8). Die Entscheidung des Menschen, sich der Herrschaft Gottes zu unterstellen,

59 Reimer 2009:36-40.

ist eine Entscheidung, die einer Einberufung eines Soldaten gleichkommt. Wer sich für ein Leben mit Gott entscheidet, verpflichtet sich, das Werk Gottes zu tun. Evangelisation macht den Menschen zu einem Missionar. Wer Jesus nachfolgt, der tut auch das, was Jesus getan hätte, wäre er an seiner Stelle. Jesus selbst hat das einmal so ausgedrückt: „Wie der Vater mich gesandt hat, so sende auch ich euch." Christen sind gesandt, so zu leben, wie Jesus gelebt hat. Sie sind seine Jünger, seine Nachfolger und seine Botschafter (2Kor. 5,18). Erst wenn Menschen das geworden sind, ist der Prozess der Evangelisation abgeschlossen.

Evangelisation ist der Prozess der Veränderung des Menschen und damit auch *drittens* seiner Umwelt in das ursprünglich von Gott vorgesehene Bild. Jünger Jesu sollen die Nationen, die Völker zu Nachfolgern Jesu machen (Mt. 28,18-20).

3. Evangelisation als Veränderungsprozess

Evangelisation so verstanden ist Bau des Reiches Gottes in der Lebenswelt des Menschen. Diese Lebenswelt gestaltet sich im Rahmen einer bestimmten Gesellschaft. Wir reden deshalb auch von der Evangelisation als gesellschaftstransformierender Kraft. Ist diese Lebenswelt anderskulturell gestaltet, müssen wir als Evangelisten Kulturgrenzen überschreiten, dann reden wir von interkultureller Evangelisation. Eine solche Evangelisation setzt Kulturkompetenz und Gesellschaftskompetenz auf der Seite des Evangelisten voraus, die Bereitschaft, sich in den betroffenen kulturell-gesellschaftlichen Raum zu begeben und hier den Menschen zu dienen und in einem kreativen Dialog nach Wegen zu suchen, ihren Lebensraum zu verändern,[60] jenen „Gesamtlebenszusammenhang"[61], der als „Ensemble vorfindlicher Gestaltungen ... in die wir immer schon hineingeboren bzw. sozialisiert werden"[62], unser Leben prägt.

Dieser Raum muss auf vier Ebenen gesehen werden: der materiellen, der sozialen, der kognitiven und der religiösen Ebene.[63] Dabei laufen die Gestaltungskräfte in diesem sozialen Raum von innen nach außen:

60 Sinclair 2006:126-132.

61 Daiber 1997:155.

62 Witte 2001:280.

63 Siehe dazu die Darstellung in Reimer 2009:189-193.

Die Religion beeinflusst das Denken, das Denken setzt die Normen sozialen Verhaltens und diese wiederum finden ihre Gestalt in materiellen Objektivationen. Alle Kulturen sind somit letztendlich von der jeweiligen Religion abhängig. Interkulturelle Evangelisation kann deshalb nur als Dialog und Konfrontation mit dem Glauben des Kulturraumes stattfinden. Man kann die Menschen in ihrem Lebensraum nicht an der Religion vorbei evangelisieren. Damit wird interkulturelle Evangelisation auch als interreligiöses Gespräch und Evangelisation an Andersgläubigen qualifiziert.

Allerdings ist es nie einfach, an den religiösen Kern einer Kultur vorzustoßen, denn während die Gestaltungskräfte einer Kultur von innen nach außen verlaufen, gewinnt man nur dann Kenntnis und Einfluss in einer Kultur, wenn man sich auf den umgekehrten Weg von außen nach innen begibt. Kulturübergreifende Evangelisation wird sich daher auf allen vier Ebenen bewegen müssen, wenn sie den Menschen erreichen will.

Und beginnen muss sie auf der Ebene des materiellen Daseins. Hier sind die guten Werke, hier ist der diakonische Dienst anzusiedeln. Hier schafft man sichtbare Zeichen der Liebe Gottes, „gute Werke, die die Menschen sehen können" (Mt. 5,16). Und von hier aus kommt es dann zum Gespräch über soziale Normen und Denkvoraussetzungen und dann schließlich zum sinngebenden Zentrum der Kultur – den Glaubensüberzeugungen! In anderen Worten, unser Dienst an den Menschen schafft das nötige Vertrauensverhältnis, das Gespräch; der Dialog mit den Menschen legt Grundlagen zum Verständnis der Anliegen des Reiches Gottes; unser gelebtes Zeugnis weckt Neugier und Interesse an Gott und unsere Verkündigung ruft schließlich zu der Lebensübergabe an Jesus Christus.

Eine evangelistische Kirche ist somit immer auch eine Kirche für andere. Freilich hat die Anpassung an den Lebensraum der Menschen ihre Grenzen. Traurig stellt Christian Möller in seinem Buch zum Gemeindeaufbau fest, dass der Weg, auf dem sich die Kirche anschickte eine Kirche für andere zu sein, zu einem „Boulevard, auf dem sich die Kirche der Welt anbiedert"[64] geworden ist. Evangelisation darf niemals zur billigen Propaganda der Kirche verkommen, sondern muss sich der Aufgabe stellen, die Welt der Menschen mit dem Evangelium

64 Möller 2004:23.

durchdringen zu wollen. So kann die Kirche ihre in ihrem Wesen begründete gesellschaftliche Relevanz[65] zum Ausdruck bringen.

4. Gesellschaftstransformierende Evangelisation

Evangelisation ist somit eine gesellschaftstransformierende Aktion. Sie ist ganzheitlich und prozessorientiert. Sie sucht die Nähe der Menschen und findet grundsätzlich auf gleicher Augenhöhe mit den Adressaten statt. Sie weigert sich, Menschen zum Glauben zu zwingen, sondern versteht sich als persönliche, kontextbewusste und ganzheitliche Einladung an die Betroffenen, Gott in ihrem Leben zu folgen.

Eine solche Evangelisation nimmt die gesellschaftlichen Voraussetzungen, den Kontext, ernst. Sie folgt nicht einfach den evangelistischen Vorgaben aus der Vergangenheit. Diese kamen in der Regel aus dem christlichen Westen. Sie wurden von Weißen formuliert und setzten eine christliche Gesellschaft in Euro-Amerika voraus. Doch diese „christliche Welt" gibt es so nicht mehr. Europa und Amerika sind längst selbst zum Missionsfeld geworden. Die hier einmal entwickelten Konzepte fruchten nicht mehr. Es hat also wenig Sinn, noch lauter im Sinne unserer Väter zu evangelisieren. Wir müssen hinter diese evangelistische Geräuschkulisse aus der Vergangenheit kommen, „behind the white noise", wie Tom Montgomery-Fate es so treffend formulierte.[66]

Natürlich ist die Frage berechtigt, ob das hier beschriebene ganzheitliche Unternehmen überhaupt Evangelisation ist. An anderer Stelle würde man eher von Mission oder gar Transformation reden.[67] Nur wenn unsere Vorstellungen sich theologisch begründen lassen, werden sie sich auch in der Praxis bewähren. Und haben sie sich in der Praxis bewährt, so wird man ernsthafte Anfragen an anderslautende theologische Überzeugungen stellen dürfen. In den nächsten beiden Kapiteln dieses Buches gehen wir diesen Fragen nach: Wir befragen die Heilige Schrift nach ihren Grundlagen für Evangelisation und wir sehen uns

65 Vgl. Gräb 1997.

66 Montgomery-Fate 1997:30ff.

67 Nach Hardmeier ist Transformation ein Vorhaben, in dem „... die Missionstätigkeit darauf zielt, den einzelnen Menschen und die gesamte ihn umgebende Lebenswirklichkeit umzuwandeln und in Übereinstimmung mit dem Willen Gottes zu bringen" (Hardmeier 2009:15).

die großen Linien der Kirchen- und Missionsgeschichte unter dem Blickwinkel der gelebten Evangelisation an. So erhoffe ich mir eine solide Grundlage für das Unternehmen gesellschaftsrelevanter Evangelisation.

3 Was setzt Evangelisation voraus? Zur Theologie der Evangelisation

1. Evangelisation – ein theologisches Mandat

Evangelisation muss theologisch reflektiert werden, wenn sie dem Anspruch gerecht werden will, ein Werk Gottes zu sein. Donald A. MacGavran beklagte bereits 1988 den notorischen Mangel an theologischer Reflexion der Evangelisation an den Seminaren und Bibelschulen seines Landes.[68] Für ihn war effektive Evangelisation nur infolge gesunder theologischer Reflexion denkbar.[69] Ein hoher Anspruch, dem nicht einmal er selbst mit seiner stark von soziologischen und kommunikationswissenschaftlichen Erkenntnissen getragenen Gemeindewachstumstheorie gerecht wurde. Seither hat sich nur wenig geändert. Evangelistik gehört nur an wenigen deutschen theologischen Schulen zum Fächerkatalog. Wir tun gut daran, dem Appell MacGavrans zu folgen (auch wenn nicht immer seiner Praxis) und nach biblisch-theologischen Grundlagen der Evangelisation zu fragen. Dabei beginnen wir da, wo alles Reden über Gottes Werk beginnen muss – bei Gott selbst.

2. Von Gott her denken

2.1. In Gott gegründet

Evangelisation hat ihren Grund in Gott. Wer über Evangelisation nachdenkt, muss sich grundsätzlich mit der Mission Gottes beschäftigen.[70] Schließlich geht es um seine Gute Nachricht an die Welt und damit um seine Absicht mit der Welt. Und die Mission Gottes ist nicht anders als die Mission des dreieinigen Gottes zu fassen. Er, der Vater, Sohn und Heilige Geist, ist ein Gott der Mission. Georg F. Vicedom schreibt: „Erst wenn wir begriffen haben, dass die ganze Intention der

---

68 MacGavran 1988:1ff.

69 Ebd:4-6.

70 Werth 204:222ff. Eine Überzeugung, die sich wie ein roter Faden durch die Theologie eines Karl Barth, Dietrich Bonhoeffer oder Jürgen Moltmann zieht, wie Thorsten Prill (2010:8ff) in seiner Untersuchung zeigt.

Bibel die Rettung und damit Mission ist, bekommt jedes theologische Denken und jede kirchliche Arbeit ihre Ausrichtung."[71] Wir müssen somit Evangelisation von der Mission des dreieinigen Gottes her denken.

Mission steht im Zentrum der Offenbarung Gottes in der Schrift und somit auch im Zentrum der Theologie im Neuen Testament.[72] Und dieses Heilshandeln Gottes ist im Neuen Testament trinitarisch angelegt, wie Ulrich Wilkens es am Beispiel des lukanischen Doppelwerkes deutlich gemacht hat.[73] Hahn spricht von der „impliziten trinitarischen Struktur des neutestamentlichen Zeugnisses".[74] Es macht daher Sinn, vom „dreieinigen Gott als Ursprung der Evangelisation" zu reden.[75] Dabei verstehen wir die Dreieinigkeit Gottes perichoretisch als reziproke Interiorität,[76] die davon ausgeht, dass jede Person der Dreieinigkeit in der anderen wesensmäßig vorhanden ist, ohne jedoch dabei aufzuhören, eine eigene Person zu sein. Hier wird zyklisches Denken appliziert, das die Gleichzeitigkeit der Wirklichkeit an unterschiedlichen Punkten einer routierenden Bewegung möglich macht.

Wir finden dieses Denken vor allem in der johanneischen Theologie. Hier ist der Vater im Sohn und der Sohn im Vater gedacht (Joh. 17,21). Göttliche Einheit wird als ein Ineinandersein definiert. Zugleich löst dieses Ineinandersein die Eigenständigkeit des Vaters und Sohnes nicht auf.[77]

Wer Evangelisation vom Wesen Gottes her zu begründen sucht, der wird ein Dreifaches berücksichtigen müssen:

a. den missiologischen Horizont, auf dessen Hintergrund Evangelisation stattfindet, oder die *Mission des Vaters;*

---

71 Vicedom 2002:29.

72 Marshall 2004:36; Wright 2006:50; Escobar 2003:85ff; Schnabel (2002) konzipiert seine Monografie zum Thema „Urchristliche Mission" als eine Theologie des Neuen Testaments. Mission gewinnt hier eine zentrale Rolle.

73 Wilkens 2005:139ff.

74 Hahn 2002:290.

75 Werth 2004:222.

76 Volf 1998:209.

77 Zur Begründung einer solchen Festlegung, siehe Reimer 2009:132-135.

b. die methodologische Form der Evangelisation in der Welt oder die *Mission des Christus* und

c. die theologische Handlungstheorie der Evangelisation, die sich in der Mission des Geistes äußert.[78]

Diese drei Eckpunkte ergeben jenen theologischen Denkrahmen, der eine biblische Reflexion der Evangelisation auf gesunde Beine stellt. Es ist ein trinitarischer Zyklus, der die einzelnen Positionen im Sinne der Trinität als reziproke Interiorität versteht, was jegliche Voranstellung der drei Prinzipien gegeneinander ausschließt. Es ist, um in den Worten des Kirchenvaters Johannes von Damaskus zu sprechen, ein perfekter Rundtanz, eine *perichoresis*, ganz im Sinne der vorangegangenen Ausführungen.

Evangelisation ist Gottes Anliegen und Gottes Werk.[79] Er ist der Ursprung und der primäre Agent der Mission und damit auch der Evangelisation. Eine Theologie der Evangelisation der Kirche muss bei Gott festmachen. Samuel Escobar schreibt mit Recht: „Die biblische Überzeugung, dass Gott in der Welt aktiv ist, aktiv in der Geschichte der Menschen durch Menschen, die er beruft und sendet – das ist das Herzstück der Mission."[80]

Der missiologische Horizont der Evangelisation ist Gottes eigenes Wirken in der Welt. Seine Ziele und seine Absichten sind entscheidend. Was der missionarische Gott in der Welt und mit der Welt vorhat, ist allein und letztendlich die Gute Nachricht. Das Evangelium ist immer zuerst und allein sein Evangelium! Eine Theologie der Evangelisation, die hier ihren Ausgangspunkt findet, wird deshalb nicht umhinkönnen, nach dem missionarischen Herzen Gottes zu fragen.

Für eine Theologie der Evangelisation bedeutet das wenigstens ein Dreifaches:

a. Wenn Evangelisation Gottes ureigenes Anliegen und Werk ist, dann darf keine menschliche Institution sich seines Werkes einfach

78 Zur trinitarischen Begründung der Evangelisation, siehe Werth 2004:222-237. Werth spricht dabei vom Grund, Mitte und Kraft der Mission; Siehe auch Reimer 2009:130ff.

79 Vicedom 2002:32; Johnson 1987:47-49.

80 Escobar 2006:86 (Übersetzung von mir).

bemächtigen, auch die Gemeinde nicht. Evangelisation kann und muss in seinem Sinne geschehen.

b. Wenn Evangelisation Gottes primäres Anliegen, das Herz seiner Mission in der Welt ist, dann muss sie auch in der Gemeinde ihren zentralen Platz wiederfinden.

c. Wenn Gott selbst der primäre Agent der Evangelisation ist, dann kann die evangelisierende Gemeinde sich ihm nur anschließen. Sie ist gut beraten, das Evangelium nicht nur in seinem Sinne, sondern auch in seinem Gefolge weiterzugeben.

2.2. Gottes Liebe in Aktion

Gott ist in der Welt missionarisch aktiv. Warum engagiert er sich für diese Welt? Was bewegt ihn, wenn er sich selbst zum Evangelisten für die Welt macht? Die einfache Antwort lautet – Gott will die Welt, die er geschaffen hat und liebt, retten (Joh. 3,16)! Seine Liebe zur Welt ist das starke Motiv seiner Mission.[81] Das Evangelium ist eine Liebesbotschaft, die Gute Nachricht eines Liebenden, der den Zustand seiner Geliebten sieht und ihr zu Hilfe eilt.

Wer Evangelisation denken will, muss die Liebe Gottes zur Welt verstehen. Und diese Liebe durchzieht wie ein roter Faden die Bücher des Alten wie des Neuen Testaments. Gott handelt in der Welt, weil er sie liebt. So bringt der Prophet Jesaja (63,9) den eigentlichen Grund des Heilshandelns Gottes an Israel zum Ausdruck: „Der Herr erlöste sie. Weil er sie liebte und Erbarmen mit ihnen hatte. Er nahm sie auf und trug sie allezeit von alters her." Gott erlöste, weil er liebt und Erbarmen hat. Das ist der eigentliche Grund der Mission Gottes in der Welt. Gott nahm Israel auf „von alters her", sagt der Prophet Jesaja. Seine Liebe ist damit von Anfang an da. Er liebt nicht sporadisch, bedingt, wie wir Menschen es tun. Er liebt immer. Und der Grund dafür ist seine eigene Entscheidung. Er liebt, weil er sich entschieden hat zu lieben. Er hat uns Menschen dazu erwählt, geliebt zu werden.

81 Zu der Auseinandersetzung zum Thema Missionsmotive, siehe: Freitag 1950:1ff. Zur Begründung der Mission aus der Liebe Gottes, siehe unter anderem: Wrogemann 2003:295-313; Sundermeier 2002:1247.

Der Apostel Paulus formuliert: In Christus hat Gott „uns erwählt, ehe der Welt Grund gelegt war …“ (Eph. 1,4). Gott hat sich von Anfang an dazu entschieden, uns zu lieben. Ja noch mehr, Liebe gehört zum eigentlichen Wesen Gottes – Er ist die Liebe (1Joh. 4,7).

Evangelisation ist ein Akt der Liebe. Gottes Gute Nachricht setzt seine Liebe zu uns Menschen voraus. Und diese Liebe ist seit der Grundlegung der Welt da. Gottes Liebe kann nur tragen, weil sie langmütig ist (1Kor 13,3ff). Sie denkt nicht in engen Zeiträumen. Sie hat Zeit. Viel Zeit. Nicht, weil sie nicht auf einmal verändern könnte. Nein. Sie kann. Er kann. Und wenn er es nicht tut, dann nur, weil er uns zur Selbständigkeit erzieht. Weil er liebt, können wir lieben lernen (1Joh. 4,7f).

Die Liebe Gottes zur Welt begründet sein Erbarmen mit der Welt. David Bosch unterstreicht die Tatsache, da kein anderes Kennzeichen des Handelns Gottes in seinem Sohn Jesus Christus so gravierend ausgeprägt ist wie das des „Erbarmens“.[82] Jesus ist Gottes Liebesgeschenk an die Welt (Joh. 3,16). Und diese Liebe Gottes nimmt sich der Schwächsten und Ärmsten in der Gesellschaft an. Ja darin findet sie ihre eigentliche Berufung (Lk. 4,18ff).

Wer Evangelisation aus der Perspektive der *missio dei* betreiben will, der wird in den Liebesstrom Gottes einsteigen müssen. Man kann sein Evangelium nur liebend an die Welt weitergeben. Und zwar aus Liebe zu ihm und aus Liebe zum Nächsten. Das wird überdeutlich, wenn Jesus seinen Jüngern die unzertrennbare Einheit dieses Doppelgebotes der Liebe deutlich macht (Mk. 12,28-34 par).[83] Gott lieben und den Nächsten wie sich selbst – ist, essenziell gesehen, gleich. Wer nichts in der Welt liebt, wird auch nichts in der Welt verändern! Wer nichts in der Welt liebt, wird immer große Mühe haben, für die Welt sein Leben zu opfern. Liebe ist der Grund, das Hauptmotiv der Evangelisation. Ohne Liebe geht es nicht. Konsequenterweise nimmt David J. Bosch an, dass das Hauptmotiv der Mission der ersten Christen Liebe zur Welt war und Johannes 3,16 den textualen Grund für ihre Motivation bildet.[84] Und Michael Green, der sich wie kein anderer mit der Evangelisation der Urgemeinde auseinandersetzte, schreibt:

82 Bosch 1980:56.

83 Zur Diskussion des Doppelgebotes gerade auf dem Hintergrund der Reichsgottes-Theologie Jesu, siehe Wilkens 2002:252ff.

84 Bosch 2011:224ff.

„Zweifelsohne war das Hauptmotiv der Evangelisation ein theologisches. Diese Männer verbreiteten ihre Botschaft nicht, weil es für sie ratsam war oder weil es der sozialen Verantwortung entsprach. Sie taten es nicht in erster Linie aus humanitären Gründen oder aus Nützlichkeitserwägungen. Sie taten es um der überwältigenden Erfahrung der Liebe Gottes willen, die sie durch Jesus empfangen hatten. Die Erkenntnis, dass die letzte Triebkraft der Welt Liebe war und dass diese Liebe sich bis zum Gipfel der Selbstentäußerung um des Menschen willen erniedrigt hatte, übte auf die, die daran glaubten, eine unauslöschbare Wirkung aus."[85]

Man denke da zum Beispiel an den Apostel Paulus. Wie ein Jubelschrei eines eben freigesetzten Menschen klingen seine Worte, wenn er den Galatern schreibt: „Der Sohn Gottes hat mich geliebt und sich selbst für mich gegeben." Diese Liebe Gottes wusste er durch den Geist Gottes in sein Herz ausgegossen (Röm. 5,5). Und diese Liebe trieb ihn und seine Mitarbeiter an, das Evangelium Gottes bis in die letzten Winkel des Römischen Reiches zu tragen.

Nächstenliebe ist bei Jesus und später bei den Jüngern kein theoretisch-philosophisches Gedankenkonstrukt. Sie ist vielmehr eingebettet in die Lebenspraxis. Ulrich Wilkens hat sich die unterschiedlichen Texte aus der Verkündigung Jesu genauer angesehen und resumiert: „Alle Sprüche dieser Reihe legen das Gebot der Nächstenliebe in Lev. 19,18 im Blick auf seine Erfüllung in der Lebenspraxis im Licht der Königsherrschaft aus."[86] Weder Jesus noch seine Jünger haben rein theoretisch geliebt. Nein, es ging vielmehr um real empfundene, tätige Liebe.

Nirgendwo sonst kann man diese Praxis besser studieren als am Beispiel des Lebens und des Dienstes Jesu Christi. Evangelistische Verkündigung setzt bei Jesus immer die Nächstenliebe voraus. Ja, das Gebot der Nächstenliebe bestimmt wesentlich, wann, wie und warum er redet und handelt. Die Liebe zum Nächsten ist bei ihm Motor und Korrelativ für Evangelisation und Mission. Sie bestimmt die Rahmenbedingungen seines Einsatzes für das Evangelium vom Reich Gottes.

85 Green 1970:173.
86 Wilkens 2002:258.

Er liebt die Welt, weil sein Vater die Welt liebt, und deshalb ist er bereit, sein Leben zur Versöhnung der Welt zu geben.[87]

Für eine praktische Theologie der Evangelisation hat diese Erkenntnis folgende Konsequenzen:

a. Evangelisation gründet auf der Liebe Gottes zu seiner Welt. In der Liebe zur Welt liegt das Hauptmotiv der Evangelisation. Wer evangelisieren will, der wird Gottes Liebe zur Welt verstehen müssen.

b. Evangelisation geschieht da, wo die Liebe Gottes zur tätigen Nächstenliebe wird. Wer seinen Nächsten nicht liebt, kann nicht evangelisieren. Evangelisation setzt wahre Liebe zur Welt und den Menschen voraus.

2.3. Mittel zum Zweck

Gott liebt die Welt und er selbst kommt zu ihr, um sie zurück in seine Nähe zu bringen. Er ist ihr Schöpfer. Er weiß, was ihr guttut. Und er weiß, was ihr fehlt. Und was der von ihm abgefallenen Welt fehlt, ist er – ihr Schöpfer und Erhalter. Sie ist wie ein verwahrloster Garten, der längst jede Form und Ordnung verloren hat und in dem allerlei Parasiten längst ihr Unwesen treiben und damit jede gute Frucht ersticken. Ein ehemaliger Vorzeigegarten, der seine Schönheit verloren hat, weil der Gärtner in ihm nicht mehr das Sagen hat. Es ist sein Garten. Man hat ihn ihm entrissen und Gott schickt sich an, seinen Garten zurückzuholen. Man kann es auch anders sagen: Gott geht es um seine Königsherrschaft in der Welt. Evangelisation geschieht in dieser Welt nicht zweck- und ziellos. Vielmehr geht es Gott darum, seine Herrschaft in der Welt wiederherzustellen. Evangelisation kann deshalb nur im Rahmen des Aufbaus des Reiches Gottes in der Welt gedacht werden.[88]

Um nichts anderes ging es Jesus. Er begann seine öffentliche Tätigkeit mit den Worten: „Tut Buße, denn das Himmelreich ist nahe herbeigekommen!" (Mt. 4,17). Er predigte das Evangelium vom Reich.

87 Bosch 2011:35ff.

88 Siehe an dieser Stelle die Ausführungen von Walter Klaiber 1990:34-58.

Gottes Herrschaft und Reich sind das „zentrale Thema Jesu“[89]. Er predigte die Nähe der Königsherrschaft und proklamierte ihre Gegenwart in seiner eigenen Person.[90] In ihm ist Gottes Herrschaft vollkommen. Er ist, er handelt und redet, was sein Vater im Himmel will. Und weil der Vater im Garten dieser Welt aufräumen will – tut Jesus das. Er heilt Kranke, treibt Dämonen aus und setzt somit Zeichen des anbrechenden Reiches Gottes. Sein missionarisches Selbstverständnis ist reich-gottes-zentriert. Deutlich wird das unter anderem in Jesu Rede zu Jesaja 61,1-2 in der Synagoge seiner Heimatstadt (Lk. 4,18ff). Der Prophet sagt:

> „Der Geist des Herrn, Jahwes, ist auf mir, weil Jahwe mich gesalbt hat, um den Sanftmütigen frohe Botschaft zu bringen, weil er mich gesandt hat, um zu verbinden, die zerbrochenen Herzens sind, Freiheit auszurufen den Gefangenen und Öffnung des Kerkers den Gebundenen; um auszurufen das Jahr der Annehmung Jahwes und den Tag der Rache unseres Gottes und zu trösten alle Trauernden; um den Trauernden Zions aufzusetzen und ihnen zu geben Kopfschmuck statt Asche, Freudenöl statt Trauer, ein Ruhmesgewand statt eines verzagten Geistes; damit sie genannt werden Terebinthen der Gerechtigkeit, eine Pflanzung Jahwes, zu seiner Verherrlichung.“

Dieser Text wurde in der rabbinischen Tradition auf den endzeitlichen Messias bezogen. Wenn ein frommer Jude ihn las, dann dachte er an die Wiederherstellung der Herrschaft von JHWH. Jetzt las Jesus den Text. Alle Anwesenden richteten ihren Blick auf ihn. Er schloss die Rolle und sagte: „Heute ist dieses Wort in Erfüllung gegangen.“ Er hätte auch gleich sagen können: „Ich bin der Messias, auf den ihr wartet. Mit mir ist das angenehme Jahr des Herrn gekommen. Mit mir bricht das Reich Gottes an.“

Deutlich qualifiziert Jesus seinen Dienst mit dem Anbruch des „angenehmen Jahres des Herrn“, des Jubeljahres, jenes 50. Jahres, das laut Lev. 25,19ff Israel zu einer totalen Neudefinition der Gesellschaft auf-

---

89 Wilkens 2002:131.

90 Kümmel 1976:30-35; Goppelt 1978:104ff; Wilkens 2002:131ff.

rief.[91] Das Reich Gottes, das Jesus propagiert und das nun mit ihm anbricht, ist in jeder Hinsicht ein wirkliches Reich. Es umschließt alle Bereiche des Lebens, genau so, wie es im Jubeljahr erwartet wurde. Und da ging es um die Wiederherstellung eines lebenswerten und für alle Einwohner Israels zugänglichen sozialen Raumes.

Konsequenterweise spart die Verkündigung Jesu den Alltag nicht aus, sondern geradezu umgekehrt: Alltagsfragen durchdringen seine Verkündigung. Überdeutlich kommt das Königreich in Jesu Gleichnisreden zum Ausdruck.[92] Er greift diese aus dem Lebensalltag der Menschen heraus, kleidet sie in eine allgemeinverständliche Sprache und setzt damit Erwartungen in seinen Hörern frei, auch im eigenen Leben Erneuerung zu erfahren.

Die Verkündigung und Lebensgestaltung Jesu geschehen in deutlicher Beziehung zu der Königsherrschaft Gottes.[93] Wenn Jesus seine Jünger lehrt, wie sie in Zukunft beten sollen, dann beginnt das Gebet mit den Worten: „Unser Vater im Himmel. Geheiligt werde dein Name. Es komme deine Königsherrschaft" (Lk. 11,2b).

Gott will die Welt so transformieren, dass sie seiner Vorstellung entspricht. Jesus verzichtete zwar, ganz im Unterschied zu den entsprechenden Schulen seiner Zeit, auf eine inhaltliche Festlegung, wie denn diese Welt aussehen würde.[94] Seine Vorstellung wird vom alles umfassenden „Neu" überschattet.[95] Aber gerade in dieser Qualifizierung des Reiches Gottes als „Neu" ist deutlich die Verheißung des Propheten Jesaja herauszuhören, der den Mund Gottes sagen hört: „Siehe, nun schaffe ich Neues" (Jes. 43,19). Immer wieder nimmt Jesus das Bild des Propheten vom eschatologischen Mahl auf (Mt. 8,11; Mk. 14,25 par, Lk. 22,29f; u. a.), das Gott den Völkern bei der Vollendung der Zeiten vorbereitet (Jes. 25,6). Jesus nimmt die alttestamentliche Verheißung des Reiches Gottes auf.[96] Er setzt das Wissen um die Gestalt

---

91 Zur Frage nach der Bedeutung des Jubeljahres für die Theologie der Mission bei Jesus siehe Reimer 2009:146-149.

92 Wilkens 2002:163-183; siehe auch Capon 1985.

93 Siehe zum Thema unter anderem: Barclay 1970:115-167; Beasley-Murray 1986; u. a.

94 Siehe Näheres bei Goppelt 1978:123.

95 Siehe z. B. Markus 2,24/Par.

96 Die deutliche Abhängigkeit in der Erwartung der kommenden Gottesherrschaft von Texten im sogenannten Deuterojesaja ist sowohl für die spätjüdische Literatur als auch für Jesus nachgewiesen. Siehe hierzu: Wilkens 2002:134ff.

des Reiches bei seinen Hörern voraus. Und woran werden seine Zuhörer gedacht haben? Sicher an die Aussagen Jesajas zum eschatologischen Friedensreich.

Die mit Gott versöhnte Welt hat eine konkrete, sichtbare Gestalt. In Jesaja 65,17-25 wird diese neue Welt Gottes plastisch dargestellt. Hier heißt es:

> „Denn siehe, ich schaffe einen neuen Himmel und eine neue Erde, sodass man an die früheren nicht mehr gedenkt und sie nicht mehr in den Sinn kommen werden; sondern ihr sollt euch alle Zeit freuen und frohlocken über das, was ich erschaffe: Denn siehe ich erschaffe Jerusalem zum Jubel und sein Volk zur Freude. Und ich selbst werde frohlocken über Jerusalem und mich freuen über mein Volk, und es soll kein Klagelaut und kein Wehgeschrei mehr darin vernommen werden. Es soll dann nicht mehr Kinder geben, die nur ein paar Tage leben, noch Alte, die ihre Jahre nicht erfüllen, sondern wer hundertjährig stirbt, wird noch als junger Mann gelten, und wer nur hundert Jahre alt wird, soll als ein vom Fluch getroffener Sünder gelten. Sie werden Häuser bauen und sie auch bewohnen, Weinberge pflanzen und auch deren Früchte genießen. Sie werden nicht bauen, damit es ein anderer bewohnt, und nicht pflanzen, damit es ein anderer isst; denn gleich dem Alter der Bäume wird das Alter meines Volkes sein, denn was ihre Hände erarbeitet haben, werden meine Auserwählten auch verbrauchen. Sie werden sich nicht vergeblich mühen und Kinder für einen jähen Tod zeugen; denn sie sind der Samen der Gesegneten des Herrn und ihre Sprösslinge mit ihnen. Und es wird geschehen: Ehe sie rufen, will ich antworten; während sie noch reden, will ich sie erhören. Wolf und Lamm werden einträchtig weiden, und der Löwe wird Stroh fressen wie das Rind, und die Schlange wird sich von Staub nähren. Sie werden nicht Schaden noch Verderben anrichten auf meinem ganzen heiligen Berg, spricht der Herr."

Gottes neue Welt, wie sie vom Propheten gesehen wird, ist eine sozial gerechte Welt. Wer in dieser Welt lebt, der wird nicht benachteiligt, der lebt vom Werk seiner Hände, der hat ein Dach über seinem Kopf und ist medizinisch bestens versorgt. Es ist eine Welt, in der der Segen regiert. Gottes Segen! Eine Welt, in der die Harmonie sogar in die Welt der Tiere eingezogen ist. Eine Welt, in der Gottes Gegenwart näher ist als Worte es auszudrücken vermögen. Diese gerechte Welt ist Gottes erklärtes Missionsziel.

Gott baut sein Reich! Das ist die Gute Nachricht – das Evangelium. Und wer mitbauen will, wer evangelisieren will, wird nichts anderes bauen können als eben sein Reich.

Für eine praktische Theologie der Evangelisation hat diese Erkenntnis mehrfache Konsequenzen:

a. Evangelisation ist dem Bau des Reiches Gottes untergeordnet. Gott baut sein Reich und Evangelisation dient diesem und nur diesem Zweck. Zweckloses Evangelisieren kann es im Sinne der Heiligen Schrift nicht geben.

b. Evangelisation als Mittel zum Bau des Reiches Gottes ist immer ein ganzheitlicher Akt. Sie geschieht in Wort und Tat. Sie zielt auf die Veränderung des ganzen Menschen und seiner Lebenswelt.

c. Evangelisation ist ein Akt des Aufbaus des Reiches Gottes inmitten der Welt. Sie ist damit ein öffentliches Ereignis. Sie bringt Licht und Salz in die Welt (Mt. 5,13-15), mit ihr wird die Gerechtigkeit, die vor Gott gilt, sichtbar (2Kor. 5,21). Evangelisation findet somit immer im sozio-kulturellen Raum, dem Lebensraum der Menschen, statt. Sie entzieht sich diesem Raum nicht, sondern geradezu umgekehrt – sie gehört in die Mitte dieses Raumes.

d. Evangelisation drängt damit auf eine soziale Gestalt, die dem Reich Gottes entspricht. Wo evangelisiert wird, da werden Menschen in der Gemeinde zusammenkommen, um modelhaft nach den Kategorien des Reiches Gottes zu leben. Evangelisation und Gemeindebau gehören zusammen.

2.4. Evangelisation als Mission der Gemeinde

Gott vollzieht seine Mission in der Welt durch Menschen.[97] Sie

97 Werth 2010:285.

hat er in die Welt gesetzt, um die Welt sinnvoll zu gestalten (Gen. 1,26ff). Mit ihnen baut er sein Volk, das Volk seines Eigentums, ein Volk, das zum Segen für alle Völker werden soll (Gen. 12,1-3). Und sie sind es schließlich, die er in Christus zu seinem neuen Volk zusammenstellt, einem Volk, das er als priesterliches Königtum für sich beruft, um durch seinen Einsatz seinen Missionswillen in der Welt zu verwirklichen.[98] In ihm wird die Gerechtigkeit, die vor Gott gilt, zur sozialen Gestalt (2Kor. 5,18-21). Wir reden an dieser Stelle von der Gemeinde, der *ekklesia*, der aus der Welt zur Verantwortung für die Welt berufenen Gemeinschaft der Gläubigen.[99] Sie ist Gottes missionarisches Instrument. Gottes Anliegen, seine Königsherrschaft in der Welt zu etablieren, korrespondiert mit dem Aufbau seines Volkes. Reich und Volk des Reiches gehören zusammen. Emil Brunner schreibt:

> „Die Kirche ist zunächst nichts anderes als das Organ, der Träger der Verkündigung. Alles, was dieser Verkündigung dient, ist Kirche, und nichts anderes als diese Funktion ist es, was Kirche zu Kirche macht: verkündigende Existenz als das geschichtliche Kontinuum der Offenbarung. Freilich müssen wir dabei im Auge behalten, dass diese Verkündigung sich nicht im Verbalen erschöpfen kann. Darum sagen wir ‚verkündigende *Existenz*'. Es gilt ja nicht nur Worte auszurichten, sondern das Leben, in dem Gott sich selbst mitgeteilt hat, weiterzutragen."[100]

Gemeinde Gottes ist also seine verkündigende Existenz, Kommunikationsträger, Botschafterin an Christi statt, die der Welt Versöhnung predigen soll (2Kor. 5,18f). Außerhalb einer solchen Existenz hört sie auf, Gemeinde zu sein.[101] Gemeinde kann man somit nur im Rahmen der Mission Gottes und damit auch der Evangelisation denken. Und diese Mission darf nicht einseitig als Proklamation missverstanden werden. Sie hat sowohl geistliche als auch soziale Komponenten.[102] Sie

98 So in 1Petr. 2,9-10.

99 Zum Begriff der Gemeinde als zur Verantwortung für die Welt herausgerufene Ekklesia, siehe Reimer 2009:29-92.

100 Brunner 1964:17.

101 Ebd:19.

102 Bosch 2011:473.

muss existenziell begriffen werden. Robert Warren schreibt in diesem Zusammenhang:

> „Eine Gemeinde, die sich effektiv in der Mission engagiert, wird sehen, dass die Teilnahme an der *missio dei* eine Verlagerung des Fokus vom Leben der Gemeinde ... auf die Sorge um die Welt und ihre Bedürfnisse, Freuden und Kämpfe mit sich zieht."[103]

Eine Gemeinde, die Gottes missionarische Vision zu ihrer eigenen macht, wird sich nie mehr nur um sich selbst kümmern, sondern die Geschicke dieser Welt auf ihre Fahne schreiben!

Gott ist also an der Rettung, an der Transformation der Welt in das von ihm ursprünglich gedachte Bild interessiert. Die Gemeinde ist Gottes missionarischer Arm. Sie ist es, die Gottes Evangelist in der Welt ist. Nicht nur durch das, was sie sagt, sondern durch ihre gesamte Existenz. Martin Werth spricht an dieser Stelle von der „evangelistischen Dimension" der Gemeinde, die in allen kirchlichen Handlungsfeldern das Evangelium in Wort und Tat zu verkündigen hat.[104] An ihr macht Gott sein Evangelium sichtbar und durch sie lässt er es den Völkern dieser Welt bekannt werden. Evangelisation dient somit der Durchsetzung der Königsherrschaft auf Erden und zwar durch die Gemeinde. Sie ist das „Volk der Gottesherrschaft"[105]. Als solche ist sie gesandt zu allen Völkern der Erde, um diese zu Jüngern zu machen (Mt. 28,19-20).

Für eine praktische Theologie der Evangelisation hat diese Erkenntnis folgende Konsequenzen:

a. Evangelisation geschieht durch Gottes Volk. Es ist nicht eine Aktion von einzelnen Menschen, sondern ist anvertraute Aufgabe für die Versammlung der zur Verantwortung für die Welt herausgerufenen Gläubigen.

b. Evangelisation erschöpft sich nicht in der Verkündigung einer Guten Nachricht, sondern beschreibt die gesamte Existenz der un-

103 Warren in Murray 2001:40.
104 Werth 2010:300ff.
105 Goppelt 1978:254.

ter der Herrschaft Gottes lebenden Gemeinde der Gläubigen. Sie kann somit immer nur ganzheitlich wahrgenommen werden.

3. Evangelisieren wie Jesus evangelisiert hat

Evangelisation im Sinne des Neuen Testaments beginnt praktisch mit der Sendung und dem Dienst Jesu. Jesus ist „Gottes bester Missionar"[106]. Über das Wesen, die Formen und Methoden der Evangelisation nachzudenken, heißt zunächst über Jesus und seinen Dienst nachzudenken.[107] Er ist das „vollkommene Beispiel"[108] eines Evangelisten. Hans Küng schreibt: „Es ist genau das, was den besonderen Charakter des Christentums ausmacht: Nicht ein Prinzip, sondern eine lebendige Person, die ‚attraktiv' ist im tiefsten Sinn des Wortes: *verba docent, exempla trahunt* – Worte lehren, Beispiele ziehen an." Und diese Person ist Jesus. Seine Sendung, sein Leben, sein missionarischer Dienst sind Vorbild und Modell für die Evangelisation der Kirche. In Johannes 20,21 sagt Jesus: „Wie der Vater mich gesandt hat, so sende ich euch!" Wer demnach den evangelistischen Auftrag der Kirche verstehen will, sollte sich mit der Sendung und dem Dienst Jesu beschäftigen. Und wenn sich unsere oben vorgestellte Definition der Evangelisation bewähren soll, dann muss sie es im Leben und Dienst Jesu und im Leben und Dienst der Urgemeinde tun. Erst so gewinnen unsere Definitionen Gewicht. Erst so sind sie im besten Sinne des Wortes biblisch.

Wie hat also der Vater Jesus gesandt? Was war sein eigentlicher Auftrag? War Jesus Evangelist? Hat Jesus evangelisiert? Und wenn ja, wodurch zeichnete sich seine Evangelisation aus? Mehrere Beobachtungen haben für unsere Fragestellung Relevanz.

3.1. Evangelisation beginnt mit der Hingabe

Jesus wusste sich gesandt, die Königsherrschaft Gottes zu verkündigen (Mk. 1,15; Mt. 4,17; Lk. 17,21).[109] Seine Verkündigung kulminier-

106 Escobar 2003:97.

107 Zur evangelistischen Verkündigung Jesu siehe Mak-Artur 1996; Coleman 1984; Stone 2007:75ff, u. a.

108 Coleman 1984:14.

109 Ladd (2003:202) unterstreicht in seiner Theologie des Neuen Testaments diesen Gedanken und sieht in der Verkündigung des Reiches Gottes und der

te in der Ankündigung des Reiches Gottes, das in seiner Person eine konkrete Gestalt bekam. Er und der Vater (Gott) waren *in toto* eins. Nichts trennte ihn persönlich von Gott. Und er selbst „hielt es nicht für einen Raub, Gott gleich zu sein" (Phil. 2,5). Die Gottesherrschaft, die Jesus verkündigt, ist somit umfassend und sie schließt die totale Unterordnung des Lebens unter die Herrschaft Gottes ein. Kein Lebensbereich ist hier ausgenommen. In ihm finden wir Gottes Art zu evangelisieren vorgestellt und gelebt. Sein Dienst bietet uns das eigentliche „evangelistische Paradigma"[110].

Jesu Sendung zielte auf die Versöhnung der Welt mit Gott. Unmissverständlich macht Jesus klar, dass sein Kommen in die Welt ein Akt der Liebe Gottes zu der Welt ist (Joh. 3,16). Die *Mission Christi* folgt somit den Vorgaben der *Mission des Vaters*. Der Ratschluss Gottes und seine Verwirklichung sind fest aufeinander bezogen. Was Jesus will, lebt und tut, spiegelt Gottes Heilsabsicht mit der Welt.

Der Dienst Jesu beginnt somit mit seinem absoluten Gehorsam Gott gegenüber. Er weiß sich eins mit Gott (Phil. 2,5) und gibt sich total seinem Auftrag hin (Phil. 2,6ff). Der Vater liebt die Welt und Jesus „hat die Liebe dieses Vaters durch seinen Gehorsam Wirklichkeit werden lassen"[111], er hat dem Wort Gottes, seiner Idee, Gestalt verliehen (Joh. 1,1ff). In seinem Christushymnus (Phil. 2,5-11) bringt der Apostel Paulus diese gehorsame Hingabe Jesu auf den Begriff *kenosis*, was so viel wie „sich für eine Sache entleeren" bedeutet. Jesus hat sich somit für den Auftrag ganz hingegeben, bis zum Äußersten, dem Tod am Kreuz. Die Mission Jesu ist eine kenotische Aktion, die aus der Einheit mit dem Willen des Senders, im Gehorsam dem missionarischen Auftrag gegenüber, lebt.

Um eine solche Einheit zwischen Gott und seinen Nachfolgern bittet Jesus den Vater im hohepriesterlichen Gebet. Im Sinne dieser Einheit sendet Jesus seine Jünger, seine Gemeinde in die Welt (Joh. 17,18ff). Wie er, so sollen auch sie in der totalen Einheit mit dem Willen des Vaters leben. Denn ohne eine solche Einheit wird die Welt nicht glauben (Joh. 17,21). Die Versöhnung der Welt mit Gott setzt also eine von der *kenosis* geprägte Verkündigung voraus.

Vorbereitung der Menschen auf das Reich Gottes die eigentliche Aufgabe Jesu.

110 Johnson 1987:50.

111 Kümmel 1976:49.

Wie wichtig Jesus dieser Zusammenhang war, zeigt sein Befehl an die Jünger, den er ihnen gleich nach seiner Auferstehung gab. Sie sollten sich in Jerusalem versammeln und warten, bis der Heilige Geist auf sie kommt und sie dadurch zu Zeugen gemacht würden (Apg. 1,8). Der Begriff Zeuge (griechisch *martys*) leitet sich vom griechischen *martyria* ab und meint so viel wie „für eine Sache das Leben geben können". Wir haben diesen Begriff heute noch in unserem deutschen Wort Märtyrer. Der missionarische Einsatz der Jünger wird somit erst dann wirklich möglich, wenn sie, vom Heilgen Geist erfüllt, fähig gemacht worden sind, sich für die Sache bis aufs Äußerste hinzugeben.

Gott begegnet dem Menschen im Menschen Jesus von Nazareth. Wer Gott in Zukunft suchen wird, wird ihn im Menschen Jesus finden (Joh. 1,18; 14,9)! Theologisch bedeutet das, dass alle Mission und Evangelisation letztendlich christologisch festgelegt sind. Was wir über Gott und sein Werk auf Erden sagen, sagen wir durch das Wesen und Werk Christi. Im Christusereignis finden wir Christen unseren Referenzpunkt für unser Wissen und Leben, Theorie und Praxis, Theologie und Strukturen. Und das gilt auch und vor allem für unser Evangelisationsverständnis. Das Wesen und die Mission der Gemeinde Jesu müssen christologisch begründet und verstanden werden.

Für eine praktische Theologie der Evangelisation bedeutet das Folgendes:

a. Evangelisation ist Gottes Werk und wer sich dieses Werkes annimmt, wird seinem Willen folgen müssen. Evangelisation kann niemals beliebig geschehen. Sie folgt einem Ratschluss, einem Heilsplan Gottes. Wer an diesem Ratschluss vorbei evangelisiert, läuft Gefahr, am Auftrag vorbei, umsonst zu arbeiten.

b. Evangelisation ist ein Gehorsamsakt, sie folgt der Führung Gottes. Er ist es, der am besten weiß, wann, wo und wie das Evangelium zu den Menschen gebracht werden kann und muss.

c. Evangelisation ist eine kenotische Aktion. Sie setzt Hingabe und Bereitschaft zum totalen Gehorsam voraus. Dieser Gehorsam verlangt vom Evangelisten das Äußerste.

3.2. Inkarnation – dem Menschen ein Mensch werden

Jesus war gehorsam, und deshalb tat er, was Gott von ihm erwartete. Und er erwartete von ihm zuallererst Menschwerdung. Das ewige Wort, ja Gott in Person, wurde Mensch; der Schöpfer wurde ein Geschöpf. Eine tiefere Herablassung kann man kaum denken.

Jesus begann sein evangelistisches Werk mit seiner Menschwerdung. Hier in seiner Menschwerdung sahen die Autoren des Neuen Testaments das eigentliche Zentrum seiner Mission. Hier muss auch eine Theologie der Evangelisation vor Anker gehen.[112] Es ist der „focal point of missio dei"[113]. Gottes Heilswort, Gottes Heilskonzept ist Jesus (Hebr. 1,1). Jesus war für seine Zuhörer zunächst und vor allem Mensch – ein Mensch wie sie, ein Jude, der unter Juden lebte (Joh. 1,14), der ein vitales Interesse an ihrem gesellschaftlichen Leben zeigte, der allen ihren Versuchungen ausgesetzt war, jedoch im Gegensatz zu ihnen ohne Sünde blieb (Hebr. 4,15). Erst sein Menschsein hat ihn zur Kommunikation auf Augenhöhe mit den Menschen ermächtigt. Seine Evangelisation muss daher von der Inkarnation her begriffen werden.

Warum? Nur so konnten Menschen die Herrlichkeit Gottes sehen und verstehen. Unmissverständlich konstatierte Johannes: „Am Anfang war das Wort und das Wort war bei Gott und das Wort war Gott ... und es wurde Mensch und lebte unter uns ... und wir sahen seine Herrlichkeit" (Joh. 1,1.14). Die Fleischwerdung Jesu ist Gottes Weg, Menschen von seiner Herrlichkeit zu überzeugen. Anders ging es offensichtlich nicht. Die Inkarnation setzt daher den Rahmen für das soteriologische Geschehen in Christus. Ohne Inkarnation keine Erlösung! Und die Inkarnation lässt das Evangelium konkret und praktisch werden.

Jesu Sendung war konkret. Die Evangelisten unterstreichen, dass Jesus zu den Seinen gesandt wurde, den verlorenen Schafen des Hauses Israel (Mt. 1,21; Lk. 1,54). Seine Sendung richtete sich darauf, ganz Israel mit Gott zu versöhnen und die Gemeinschaft zwischen Israel und Gott wiederherzustellen (Lk. 4,18ff; Mt. 11,1-6). Er schloss die Heiden sicher nicht aus (Mt. 8,10; Mt. 15,28; Joh. 4,1ff; Lk. 13,28-30; Mt. 8,11-13). Aber sein primäres Ziel war Israel. Evangelisation im Sinne Jesu ist somit kontextbezogene Evangelisation. Der Gesandte Gottes wird in einen Kontext gesandt.

112 Johnson 1987:57-58.

113 Murray 2001:42.

In der Geschichte wird Jesus als Jesus von Nazareth bekannt. Er ist wahrer Mensch, weil Maria und Josef[114] seine Eltern sind und Nazareth seine geografische Heimat ist. Seine Inkarnation war also eine Fleischwerdung in ein konkretes soziales und kulturelles Milieu hinein. Gott macht seine Heilsabsicht durch die Inkarnation Jesu deutlich und diese fand im vollen Sinne des Wortes lokal statt. Die Hingabe Jesu ist also eine konkrete Hingabe an konkrete Menschen. Die *martyria* Jesu findet ihren tiefsten Ausdruck in seiner Hingabe an die „Seinen". Zu ihnen, dem Volk der Juden, ist er gekommen. Für sie nimmt er die Leiden und Schmach auf sich. Er ist der *Ebed Jahwe*, der leidende Gottesknecht für Israel. Deutlich wird das schon in den messianischen Verheißungen des Jesaja. Für sie wird er kommen und ihnen wird er dienen. Er ist der „einzigartige König, der sich zum Diakon, zum Diener macht, um Blinden und Gefangenen (Jes. 42,7), dem zerknickten Rohr und dem glimmenden Docht (42,3), den Krankheit und Schmerz leidenden, den versprengt in die Irre laufenden (53,4-6) Hilfe, Heilung und Heil zu bringen."[115]

Wollen wir also die volle Tragweite des Inkarnationsprinzips des göttlichen Heilshandelns begreifen, so kommen wir nicht umhin, die lokale, also sozio-kulturelle Bindung dieses Prinzips näher zu studieren. Inkarnation als Heilshandeln muss damit immer im konkreten kulturellen Umfeld gedacht werden. Damit wird aber auch Evangelisation lokal verortet.

Einige Beispiele aus dem Leben Jesu verdeutlichen das Gesagte. Da ist sein erstes großes Wunder. Jesus verwandelte auf der Hochzeit zu Kana Wasser in Wein (Joh. 2,1ff). Auf den ersten Blick mag dieses Ereignis nicht viel besagen. Doch blickt man tiefer, dann sieht man, wie stark Jesus daran interessiert war, dass den betroffenen Menschen in ihrer gesellschaftlichen Not geholfen wurde. Es war sein erstes Wunder. Zum ersten Mal war er, der Wunder wirken kann, in der Öffentlichkeit. Zum ersten Mal würden seine Jünger die übernatürliche Kraft ihres Meisters erleben. Seine Herrlichkeit würde sich ihnen offenbaren. Und sicher würde er sein erstes Wunder nicht an

114 Was nicht bedeutet, dass Josef sein leiblicher Vater ist. Er ist es nicht und doch unterstellt sich Jesus seiner väterlichen Autorität. Nirgendwo lässt sich im Neuen Testament eine Rebellion Jesu gegen sein Vaterhaus feststellen. Vielmehr sehen ihn die Leute in Nazareth als Sohn von Maria und Josef.

115 Hase 1961:22.

Belanglosigkeiten verschwenden. Der erste Ton bestimmt die Melodie. Erst recht, wenn die Musik von einem solchen Meister wie dem Sohn Gottes bestellt wird! Und dann ist das Wunder da. Aus Wasser wird Wein. Und das nur, um die bereits recht erheiterte Gesellschaft nicht in Schwierigkeiten zu bringen. Wen wundert's da, dass sich sogar der Zeremonienmeister überaus erstaunt zeigte. Einen solchen guten Wein serviert man doch nicht zu einer solch späten Stunde. Aber Jesus tat es! Er sorgte sich um die menschlichen Belange seiner Leute und dann wurde seine Herrlichkeit sichtbar.

Und die anderen großen Taten des Meisters? Seine Heilungen, seine Totenauferweckungen und die Speisung der Fünftausend. Wie ein roter Faden lässt sich durch all diese Geschichten das soziale Interesse Jesu erkennen. Er predigte nicht nur. – Er predigte und tat (Lk. 9,11). Seine guten Worte wurden immer wieder unterstrichen durch gute Taten (Apg. 10,36-38). Und als er seine Jünger aussandte, das Reich Gottes zu verkündigen, befahl er ihnen, zu predigen und zu heilen, zu verkündigen und zu befreien (Lk. 9,2). Im Dienst Jesu gehörten Worte und Taten zusammen. Seine Mission war es, Gottes Herrlichkeit zu offenbaren, und er tat es, indem er sprach und demonstrierte.

Dabei ging es ihm nicht in erster Linie um solche Menschen, die ihm von vornherein zujubelten. In der Tat erhielt er von vielen Menschen, die er geheilt hatte, nicht einmal ein Wort des Dankes. Ihm ging es darum, Gottes Gegenwart zu demonstrieren. Wo er hinkam, da erschien das Reich Gottes mit ihm! Der Dienst, den er an den Menschen tat, war seine Berufung. „Nicht die gesunden, sondern die Kranken bedürfen eines Arztes", pflegte er zu sagen.

Niemand hat diese Tatsache besser begriffen als der Apostel Paulus. Seine Bereitschaft, sich an die Kultur seines Gegenübers anzupassen, also den Griechen ein Grieche und den Juden ein Jude zu werden, war durch die Erkenntnis getragen, dass er auf diese Weise einige von ihnen für Christus gewinne (1Kor. 9,19-21). Die Inkulturation war hier soteriologisch motiviert. Das Wort wurde Fleisch, damit die Menschen Gottes Herrlichkeit sehen und zur Erkenntnis der Wahrheit kommen. Wer Christus nachfolgen will, der wird Paulus folgen dürfen.

Die Implikationen des theologischen Konzeptes der Inkarnation für die Mission und Evangelisation der Gemeinde sind vielfältig. Ist doch die Gemeinde selbst der Leib Christi (Eph. 1,23), d. h. in ihr findet die Fleischwerdung des Wortes statt. Das inkarnatorische Wesen der Gemeinde enthebt sie der Beliebigkeit ihrer Inhalte und Formen. Sie kann somit niemals ganz von dieser Welt sein. Wäre sie es und würde sie sich total mit der Welt, in der sie existiert, identifizieren, so hätte sie keine Botschaft mehr. Sie wäre überflüssig. Auf der anderen Seite aber kann sie auch nicht ganz der Welt enthoben sein, wenn sie inmitten dieser Welt Gottes Absichten verwirklichen soll. Das Prinzip der Inkarnation verlangt nach einer Gemeinde, die in der Welt und doch nicht von der Welt ist (Joh. 17,13). Sie ist anders als die Welt und doch nicht von ihr losgelöst. Oder wie Stuart Murray es treffend sagt: sie ist „distinctive but not disconnected"[116].

Gemeinde als Leib Christi verkündigt das Evangelium im Kontext. Und die Mittel der Verkündigung entstammen der Kultur selbst. So wird das Evangelium nicht importiert, sondern inkarniert. David J. Bosch, der sich wie kein anderer sonst mit der Geschichte der Mission und Evangelisation durch die verschiedenen Epochen der Geschichte beschäftigt hat, stellt treffend fest, dass der christliche Glaube „intrinsisch inkarnatorisch"[117] ist. Wer diesen Glauben weitergeben will, wird sich selbst und seine Verkündigung kontextuell und kulturell anpassen müssen. Das hat für die Praxis der Evangelisation vielfältige Konsequenzen.

a. Evangelisation kann nur dann effektiv geschehen, wenn sie in den Formen der jeweiligen Kultur, in der Sprache und vor dem Erfahrungshorizont der Menschen geschieht.

b. Evangelisation bedient sich der kulturellen Vorstellungen, die den Menschen einen Sinn ihres Daseins vermitteln. Diese Vorstellungen werden vom Evangelium geheiligt, aber nicht ganz aufgelöst.[118] Auf diese Weise wächst unter den Betroffenen Vertrauen zum Evangelium und die Bereitschaft, das eigene Leben danach auszurichten.

---

116 Murray 2001:45.

117 Bosch 1991:190-191 „intrinsically incarnational" (Übersetzung von mir.) 2011:224 wurde „von seinem Wesen her inkarnatorisch" übersetzt.

118 Frost 2003:37.

c. Evangelisation als inkarnatorisch festgelegte Aktion kann nur lokal gestaltet werden. Sie wird immer danach suchen, das Evangelium dem Juden jüdisch und dem Griechen griechisch weiterzureichen. Globale und für alle Zeit gültige Konzepte sprengen diesen Rahmen und erweisen sich auf Dauer als wenig effektiv.

d. Evangelisation verlangt vom Evangelisten kulturelle und kommunikative Kompetenz. Das Evangelium, das hier gepredigt wird, muss kontextualisiert, den Verhältnissen des Lebensraumes angepasst werden. Eine solche Anpassung braucht Weisheit und Führung, Wissen und Kompetenz.

3.3 Verkündigung in Wort und Tat

Jesus wurde Mensch. Er lebte unter den Menschen und er diente den Menschen. Nichts war für ihn so selbstverständlich wie das.[119] „Der Menschensohn ist nicht gekommen, um sich dienen zu lassen, sondern um zu dienen und sein Leben zu geben als Lösegeld für viele" (Mt. 20,28), sagte Jesus zu seinen Jüngern. Er wollte unter ihnen sein wie „ein Diener" (Lk. 22,27). Für ihn war der Dienst eine Herzenssache. Und Jesus verstand seinen Dienst als einen Weg zur Gemeinschaft mit dem Menschen, dem er diente. Er war gekommen, sein Leben als Lösegeld für viele zu geben. Aber damit die vielen ihn sahen, musste er ihnen dienen. Deshalb nahm er die Gestalt eines Dieners an (Phil. 2,7). So und nur so wurde er dem Doppelgebot der Liebe gerecht (Mt. 22,34ff). Es ist der Dienst, die Liebestat, die den Menschen umstimmt und seine Distanz abzubauen hilft. Ohne Dienst geht es also nicht. Konsequenterweise postuliert Jesus mit seiner Tat ein Vorbild für die Jünger und verlangt von ihnen das Gleiche (Joh. 13,13f).

Jesus war „Gottes erster Evangelist".[120] Er zog mit seinen Jüngern durch das Land und verkündigte das Evangelium vom Reich Gottes und rief die Menschen auf, sich der Königsherrschaft Gottes unterzuordnen. Seine Verkündigung war immer ganzheitlich. Er sprach und er tat. Seine Worte wurden durch Taten, ja mächtige Erweise der Ge-

119 Johnson 1987:53-55.
120 Peters 1980:4105.

genwart Gottes begleitet. Er diente den Menschen, so machten seine Worte für die Zuhörer Sinn.

Damit unterschied er sich deutlich von den anderen Verkündigern seiner Zeit. Der Evangelist Matthäus schrieb: „Und er zog in ganz Galiläa umher, lehrte in ihren Synagogen und predigte das Evangelium vom Reich und heilte jede Krankheit und jedes Gebrechen unter dem Volk“ (Mt. 4,23).[121] Watson bemerkt dazu, dass die Taten Jesu seine Königsherrschaft manifestieren.[122] Konsequenterweise antwortete Jesus den von Johannes abgesandten Boten auf die Frage, ob er der Messias sei oder sie auf einen anderen warten sollen, mit dem Hinweis auf sein Werk.

Es sind seine Taten, die ihn als den gekommenen Messias ausweisen. An diesen wird er und sein anbrechendes Reich erkannt. Und darin bestärkte Jesus auch seine Jünger. Wie er sollen auch sie dienen. Überdeutlich wird das in der Geschichte von der Fußwaschung (Joh. 13,4ff). Jesus will seinen Jüngern die Füße waschen, Simon Petrus aber wehrt sich dagegen. Wie sollte der Meister seinen Jüngern die Füße waschen? So etwas passt nicht in den Höflichkeits- und Benimmkatalog der frommen Juden. Es war der Geringere, der dem Höheren die Füße wäscht. Jesus stellt mit seiner Aktion die Regel auf den Kopf. Da kommt Petrus nicht mit. Und Jesus hat Verständnis mit seinem übereifrigen Jünger. „Was ich tue, verstehst du jetzt nicht. Du wirst es aber danach erkennen“, sagt er und ergänzt nach dem wiederholten Protest seines Jüngers: „Wenn ich dich nicht wasche, so hast du keine Gemeinschaft mit mir.“ Da gibt Petrus seinen Widerstand auf.

Jesus setzte mit seiner Tat ein Vorbild für die Jünger und verlangte von ihnen, das Gleiche zu tun (Joh. 13,13f). Auch sie sollten den Menschen dienen. Das Evangelium, das sie unter die Menschen brachten, ist ein Evangelium, das sich zum Menschen niederbeugt und ihm die Füße wäscht, bevor es ihn mit seiner Lebenssituation konfrontiert. Man kann es nicht einfach reden, es will gelebt werden, um erklärt werden zu können. Der Evangelist Matthäus schrieb an seine Gemeinde in den Worten Jesu: „So lasst euer Licht leuchten vor den Leuten, damit sie eure guten Werke sehen und euren Vater im Himmel preisen“ (Mt. 5,16). Ähnlich ermutigen Lukas (Lk. 6,35), Paulus (1Tim.

121 Ähnlich in Matthäus 9,35.

122 Watson 1976:36.

6,18; Tit. 2,7), Petrus (1Petr. 2,12) und Jakobus (Jak. 2,17f; u. a.) ihre Gemeinden zum Werk der Nächstenliebe.

Die evangelisierende Gemeinde zeigt durch ihren Dienst in der Welt Gottes Herrlichkeit. Petrus brachte das auf den Punkt, wenn er schrieb: „Und führt ein rechtschaffenes Leben unter den Heiden, damit die, die euch verleumden als Übeltäter, eure guten Werke sehen und Gott preisen am Tage der Heimsuchung" (1Petr. 2,12). Die Inkarnation des Wortes Gottes verlangt also den Dienst als Darstellung des Wortes. Das Wort braucht die Tat, wenn es nicht leer bleiben will. Jakobus kann in dieser Hinsicht recht scharf formulieren: „Der Glaube ist ohne Werke tot" (Jak. 2,17).

Die evangelisierende Gemeinde baut durch ihren Dienst an den Menschen das Reich Gottes. Es erstaunt nicht schlecht, wenn man sich die Kriterien ansieht, die Gottes Gericht bestimmen werden. Ob jemand als Bock oder Schaf erkannt wird, mit anderen Worten: ob jemand als gut oder böse erkannt wird, hängt nach Matthäus 25,31ff unmittelbar davon ab, wie viel Nächstenliebe er dem Hungrigen, Durstigen, Nackten und so weiter erwiesen hat. Der soziale Dienst in der Welt ist also nicht ein Anhängsel an die Verkündigung, sondern wird hier als integraler Teil der *missio Dei* gesehen.

Die Korrelation zwischen Wort und Tat in der Evangelisationspraxis Jesu hat unmittelbare Konsequenzen für eine praktische Theologie der Evangelisation.

a. Evangelisation kann nur als Verkündigung in Wort und Tat gedacht werden. Die Liebestat legt die Vertrauensbasis für die Verkündigung und die Verkündigung führt zur Liebestat. So gewinnt die Evangelisation ihre transformatorische Kraft.

b. Evangelisation will Glaubensvermittlung. Der Glaube ist jedoch ohne Werke tot. Nur gelebter Glaube überzeugt. Evangelistische Verkündigung kann somit ohne Zeugnis nicht funktionieren.

c. Evangelisation baut das Reich Gottes. Sie kann daher unmöglich wesentliche Teile des Alltags weglassen, geht es doch im Reich Gottes um die gesamte Existenz des Menschen. Der Transfer der rechten Lehre in den Alltag des Menschen kann aber nur gelingen, wenn Theorie und Praxis zu einer Einheit in der Verkündigung werden.

3.4. Gute Nachricht für die Gesellschaft

Jesus verkündigte das Reich Gottes einzelnen Menschen, aber seine Intention ist immer das gesamte Volk. Er kam zu den Seinen und das schloss das ganze Volk Israel ein. So und nicht anders wurde sein Werk auch von den Zeitgenossen verstanden. Bis zum Schluss bewegte die Frage, wann denn Jesus endlich das Reich Gottes für Israel wiederherstellen würde, die Herzen seiner Jünger (Apg. 1,5ff). John Howard Yoder (1927–1997) zeigt in seinem 1972 erschienenen Buch „The Politics of Jesus“[123], wie stark Jesus in das soziale Schicksal seiner Mitmenschen eingebunden ist. Er betrachtet darin Jesus als den Urheber des sozialen Wandels.[124] Sein soziales Verhalten sei normativ für eine christliche Sozialethik[125] und müsse auf dem Hintergrund des alttestamentlichen Jubeljahr-Gesetzes verstanden werden.[126] Yoder schreibt:

> „Jesus proklamierte im Jahre 26 tatsächlich ein Jubeljahr nach den mosaischen Sabbatvorschriften: ein Jubeljahr, das in der Lage war, die sozialen Probleme Israels durch Schuldenerlass und durch die Befreiung von Schuldnern, deren Zahlungsunfähigkeit sie zur Sklaverei erniedrigt hätte, lösen zu können.“[127]

Was Jesus sagte und was Jesus tat, hat demnach mit dem Volk als Ganzem zu tun. Sein Heilsangebot, so individuell es auch verstanden werden kann, war zugleich immer ein Angebot an die gesamte Gesellschaft. In seinem Namen wird nicht nur den einzelnen Menschen Heil versprochen, sondern allen Menschen (Apg. 4,12). In Jesus finden die voneinander getrennten Juden und Heiden zusammen (Eph. 2,13ff). In ihm versöhnte Gott die Welt mit sich selbst (2Kor. 5,18). Jesus ist demnach der Vermittler zwischen Mensch und Gott und Mensch und Mensch. In ihm ist weder Frau noch Mann, weder Sklave noch Freier (Gal. 3,28). Nein, er nivelliert nicht die Unterschiede, er hebt

123 Deutsch: Yoder 1981.
124 Yoder 1981:25-26.
125 Ebd:21.
126 Ebd:59-69.
127 Ebd:67.

sie auch nicht auf, er führt die Menschen zueinander. Sein Leben und sein Werk sind durch und durch von einem messianischen Grundanliegen getragen. Jesus will und kann die Menschen nicht so belassen, wie er sie vorfindet. Er ist Christus, der Messias, und wer mit ihm in Berührung kommt, bleibt nicht so, wie er ist. Und das nicht nur in spiritueller Hinsicht. Wer zu Jesus kommt, der muss damit rechnen, dass sein gesamtes Dasein transformiert und verändert wird.

Unmissverständlich weist Paulus der Gemeinde eine ähnliche Rolle zu, wenn er sie zur Botschafterin der Versöhnung macht, die alle Menschen zur Versöhnung mit Gott aufzurufen hat (2Kor. 5,18). So wie Jesus zum *homo mediator* geworden ist, soll die Gemeinde zu einer *ecclesia mediator* werden. Sie hat einen Rettungsauftrag! Sie soll Menschen, ja ganze Völker verändern (Mt. 28,18ff). Wo die Gemeinde hinkommt, da können die sozialen und kulturellen Räume nicht einfach beim Alten bleiben. Sie wird als Licht der Welt ihre Umwelt erleuchten. Sie wird als Salz der Erde den sozio-kulturellen Boden der Gesellschaft fruchtbar machen (Mt. 5,13-15). Tut sie das nicht, dann hört sie auf, Gemeinde zu sein. Wie ihr Herr Messias ist, so hat sie ihren messianischen Auftrag. Und jede evangelistische Tätigkeit der Gemeinde wird sich diesem Auftrag unterordnen müssen.

Eine praktische Theologie der Evangelisation wird deshalb Folgendes berücksichtigen müssen.

a. Evangelisation ist Vermittlung der Guten Nachricht, des Evangeliums an die Welt. Im Evangelium wird der Welt Versöhnung mit Gott zugesprochen. Evangelisation muss deshalb immer die Welt und ihren Zustand im Blick haben.

b. Evangelisation will die Versöhnung der Welt mit Gott und damit gesamtgesellschaftliche Transformation. Sie kann sich inhaltlich nicht an weltfremden Themen orientieren.

c. Evangelisation strebt die Erneuerung der Welt an und ist daher im Wesentlichen Transformation. Durch sie wird die Welt zu ihrer eigentlichen Berufung in Gott geführt.

3.5. Gemeindeaufbau als Gestaltwerdung des Reiches Gottes

Die missionarische Methode Jesu besteht darin, Menschen zu berufen, mit denen er eine intensive Gemeinschaft pflegte und die er immer wieder aussandte, das Reich Gottes in Wort und Tat zu verkünden.[128] Evangelisation entspringt bei Jesus dem Herzen eines Jüngers und führt wieder zur Jüngerschaft. Man kann deshalb die evangelistische Bemühung Jesu an keiner Stelle von Jüngerschaft trennen.[129] Er verkündigt das Reich Gottes und baut hiermit eine Gemeinschaft des Reiches auf. Seine evangelistische Strategie ist in einem wahren „Masterplan der Jüngerschaft", wie Robert E. Coleman es einmal nannte[130], verwirklicht.

Evangelisation und Jüngerschaft gehören zusammen und damit gehört Evangelisation und Gemeindebau zusammen, führt doch Jüngerschaft immer zum Aufbau des Leibes Christi, der Gemeinde Gottes. Wer zum Jünger Jesu wird, wird in den Leib Christi getauft (1Kor. 12,13). Gemeinde ist Leib Christi. Er, Christus, ist ihr Haupt (Eph. 1,23). Wer Gemeinde verantwortungsbewusst und im Sinne des Neuen Testaments bauen will, der wird sie christusähnlich bauen müssen: inkarnatorisch, messianisch und verortet, als Gemeinde für den konkreten Kontext der Menschen.

Aus dem Wesen der Gemeinde leitet sich ihre Aktion ab. Die *missio* geht der *actio* der Gemeinde voran. So war es bei Jesus. Er „hielt es nicht für einen Raub, Gott gleich zu sein" (Phil. 2,5), war sich also seines Wesens bewusst. „Und deshalb entäußerte er sich selbst – gab sich hin" (Phil 2,6f). Jesus war Messias und deshalb handelte er als Messias! Wie er, so seine Gemeinde. Sie ist aufgerufen, in der gleichen Qualität und Intensität zu wirken, wie er gewirkt hat. Die Werke, die er tat, wird auch sie tun. Die Evangelisation führt zum Gemeindebau und Gemeindebau zur Evangelisation. Gemeindegründung und Gemeindeaufbau sind somit eine biblische Strategie zur Ausbreitung des Reiches Gottes, wie Paul Becker und andere richtig feststellen.[131]

---

128 Robert Coleman in seinem überaus inspirierenden Buch zur evangelistischen Strategie Jesu macht deutlich, dass es diese relativ überschaubare Gruppe von Menschen ist, auf die Jesus seine ganze Energie setzt (siehe Coleman 1984:17ff). Sie sollen es entsprechend seines Masterplanes werden, die die Welt für Gott und sein Reich gewinnen (:84ff).

129 Penner 1999:32-45.

130 Coleman 1984:21.

131 Becker 1992:Sec I-2; Ellis 1992:13ff; Roenfeldt 2003:70f.

Es ist wichtig zu sehen, dass die Gemeinde nicht das Reich und das Reich Gottes nicht die Gemeinde ist. Wo das übersehen wird und die Gemeinde mit dem Reich Gottes identifiziert wird, so z. B. bei Augustinus, da findet unweigerlich eine Glorifizierung der Gemeinde statt und jene Akzentverschiebung, die jeder missionarischen Ausrichtung der Gemeinde die Kraft nahm.[132]

Die Gemeinde steht vielmehr im Dienste des Reiches. Sie ist das Volk des Reiches, in dem Gott als König herrscht. Aber dieser König ist nicht nur ein König der Gemeinde, sondern des Universums (Mt. 28,18). Weder ist er auf die Gemeinde allein zu begrenzen, noch ist sein Wirken in der Welt exklusiv auf die Gemeinde bezogen. Howard Snyder bemerkt mit Recht den Unterschied,[133] den die Orientierung auf das Reich Gottes in der Theologie und Haltung der Gemeinde verursacht. Er schreibt:

> „Die Gemeinde bekommt Probleme, wo immer sie denkt, sie sei mit dem Gemeindegeschäft beschäftigt, statt an die Belange des Reiches Gottes zu denken. Im Gemeindegeschäft sind die Menschen mit Kirchenaktivitäten, mit religiösem Verhalten und geistlichen Dingen beschäftigt. Im Geschäft des Reiches Gottes beschäftigen sich die Menschen dagegen mit den Aktivitäten des Reiches, mit dem Verhalten aller Menschen, mit allem, was Gott geschaffen hat, sichtbar oder unsichtbar. Gemeindeorientierte Menschen suchen danach, Menschen in die Gemeinde zu bekommen. Reich-Gottes-orientierte Menschen suchen danach, die Gemeinde selbst in die Welt zu bekommen. Gemeindeorientierte Menschen sind darum besorgt, wie die Welt die Gemeinde verändern kann, Reich-Gottes-orientierte Menschen arbeiten daran, wie die Gemeinde die Welt verändert."

Gemeindegründung und -bau sollen dem Bau des Reiches Gottes dienen. Und das bedeutet, dass ihr Wesen und ihr Auftrag vom Reich Gottes her definiert werden müssen. Somit kann der Auftrag nicht einseitig formuliert werden. Er kann sich weder an den Bedürfnissen noch an den Überzeugungen der Christen allein bestimmen lassen,

132 Siehe hierzu Hans Küng in Sausy 1972:82.
133 Snyder in Ellis 1992:25-26. Übersetzung von mir.

sondern muss ganzheitlich gedacht werden und den ganzen Menschen und seine Welt meinen. Ganz im Sinne des Missionsauftrags in Matthäus 28,18ff: „Gehet hin in alle Welt und machet zu Jüngern alle Völker." Der Bau des Reiches Gottes auf Erden wird somit zur Transformation der Völker und ihrer sozio-kulturellen Räume.

Evangelisation und Gemeindebau gehören zusammen. Wer evangelisiert, sollte Gemeinde bauen wollen, und wer Gemeinde baut, muss evangelisieren. Nur so gewinnt das Reich Gottes in der Welt Gestalt.

Für eine praktische Theologie der Evangelisation hat die Korrelation zwischen Gemeindebau und Evangelisation eine zentrale Bedeutung. Folgendes kann unterstrichen werden:

a. Evangelisation und Jüngerschaft gehören laut Missionsbefehl Christi untrennbar zusammen. Damit muss jede Evangelisation im Gemeindebau münden.

b. Evangelisation führt zum Gemeindebau und Gemeindebau fördert Evangelisation, so wird die *missio Dei* in der Welt in Gang gehalten.

c. Gemeindebau ist Bau des Reiches Gottes auf Erden. Gemeinde ist ein sichtbares Zeichen des Reiches Gottes, das Reich selbst ist sie nicht. Wo evangelisiert und Gemeinde gebaut wird, gewinnt das Reich Gottes seine sichtbare Gestalt.

4. Evangelisation in der Kraft des Geistes

Gemeinde und ihre Mission und damit auch Evangelisation gibt es erst seit Pfingsten. Die Ankunft des Heiligen Geistes in Jerusalem (Apg. 2,1ff) markiert ihre Geburtsstunde. Der Geist ist es, der durch die Gemeinde Jesu evangelisiert, und zwar persönlich wie global![134] Spricht man über die Praxis der Evangelisation in der Welt, so wird man sich der Rolle des Heiligen Geistes bewusst werden müssen.[135]

134 Johnson 1987:64.

135 Escobar (2006:113ff) verweist mit Recht auf den rasanten Erfolg der pentecostalen Mission im 20. Jahrhundert. Die Wiederentdeckung der Rolle des Heiligen Geistes und die bewusste Erfahrung der Kraft des Heiligen Geistes in der Mission scheinen der Mission eine nie dagewesene Ausbreitung beschert zu haben.

Howard Marshall hat recht, wenn er vor der einseitigen Darstellung dieser Rolle warnt und nach einer Theologie verlangt, die ihre „Aufmerksamkeit auf die Rolle des Heiligen Geistes in Befähigung und Leitung der Gemeinde in der Mission und Wachstum lenkt."[136]

Schon ein oberflächlicher Einblick in die Bedeutung des Heiligen Geistes für das Werden und Werk der Gemeinde macht deutlich, wie recht Marshall hat. Es geschieht durch den Geist Gottes, dass die Welt von ihren Sünden überführt wird (Joh. 16,8). Es geschieht durch den Heiligen Geist, dass Menschen an Jesus glauben (1Kor. 12,3). Es geschieht durch den Geist, dass die Jünger Jesu in den einen Leib Christi getauft werden (1Kor. 12,13). Durch ihn erhalten sie ihre Gaben (1Kor. 12,4) und damit ihre Dienstanweisung (1Kor. 12,5). Sie sind die Gemeinschaft des Geistes, Gottes Haus, in dem der Geist Gottes lebt (1Kor. 3,16), ein „geistliches Haus" (1Petr. 2,5). Die Gemeinde wird demnach zu Gottes Tempel (1Kor. 6,19), indem der Geist Gottes in ihr seine Wohnung bezieht (1Kor. 3,16).[137]

Das Werden und das Werk der Gemeinde sind untrennbar mit dem Geist Gottes verbunden. Er ist ihr Herr auf Erden (2Kor. 3,17). Die Vision Gottes wird durch den Geist, entsprechend der vom Sohn Gottes gesetzten methodischen Rahmenbedingungen, in der Praxis verwirklicht. Er ist Gottes Hand, der seine Absichten verwirklicht.

Eine Theologie der Evangelisation kann ohne Klärung der Beziehung zwischen Geist und Gemeinde, Geist und Mission nicht auskommen. Wenn der Geist die Gemeinde baut, wenn er sie in alle Wahrheit leitet, wenn er der Herr des Dienstes/der Mission ist, dann wird die Klärung der Beziehung zwischen dem Geist und der Mission und Evangelisation der Gemeinde existenziell wichtig.

4.1. Der Geist wirkt Glauben

Jesus Christus versprach seinen Jüngern, sie nach seinem Weggehen nicht allein zu lassen, sondern der Vater würde ihnen den Tröster, den Parakleten senden, der sie alles lehren und sie an alles erinnern würde, was er, Jesus, ihnen gesagt habe (Joh. 14,26). Er wird sie, seine Jünger, in die ganze Wahrheit leiten (Joh. 16,13). Und dieser Geist ist es, der

136 Marshall 2004:36.

137 Escobar 2003:119-126.

die Welt überzeugen wird von der Sünde, der Gerechtigkeit und dem Gericht (Joh. 16,8). Die Jünger sollten nach seiner Himmelfahrt Jerusalem nicht verlassen, sondern auf das Kommen des Geistes warten, und dann, wenn er gekommen ist, würden sie seine Zeugen werden bis an das Ende der Welt (Apg. 1,8).

Die Verheißung Jesu ging in Erfüllung. Seit Pfingsten ist das Schicksal der Jesus-Nachfolger untrennbar mit dem Geist Gottes verbunden. Paulus bringt es auf den markanten Satz: „Niemand kann Jesus einen Herrn nennen, außer durch den Heiligen Geist" (1Kor. 12,3). Wer Jesus nachfolgen will, der wird eine Beziehung zum Geist Gottes eingehen müssen. Ferdinand Hahn schreibt dazu: „Im Neuen Testament wird einheitlich bezeugt, dass in nachösterlicher Zeit der Geist unter den Glaubenden wirkt. In dieser Gestalt geht die Heilsverwirklichung, die mit Jesu Person und Botschaft begonnen hat, weiter. Das Offenbarungshandeln Gottes in der Geschichte Jesu Christi setzt sich fort als Offenbarungsgeschehen durch den Heiligen Geist, der von Gott oder dem erhöhten Jesus Christus ausgeht und Heil stiftet."[138]

Der Geist Gottes steht am „Ausgangspunkt des Glaubens"[139]. Wer Gottes Gemeinschaft begehrt, der wird von Neuem geboren werden müssen (Joh. 3,5). Und diese Wiedergeburt ist ein Bad des Heiligen Geistes (Tit. 3,5). Nur Menschen, die vom Heiligen Geist überführt und erneuert, die von ihm versiegelt worden sind (Eph. 1,13f), die den Geist Gottes „haben" (Röm. 8,9), sind fähig, in der Kraft und Herrlichkeit des Vaters zu leben. Denn es ist der Geist Gottes, der gekommen ist, die Mission Jesu zu verwirklichen (Joh. 16,7). Clowney bringt es auf den Punkt, wenn er schreibt: „Der Geist führt uns nicht weiter als Christus, sondern zu Christus."[140] Ohne Geist Gottes kann es keine Beziehung zu Christus geben. Und ohne diese Beziehung kein Verhältnis zum Vater. „Denn alle, die durch den Geist Gottes geleitet werden, die sind Söhne Gottes. Denn ihr habt nicht einen Geist der Knechtschaft empfangen, dass ihr euch wiederum fürchten müsstet, sondern ihr habt den Geist der Sohnschaft empfangen, in dem wir rufen: Abba, Vater! Der Geist selbst gibt Zeugnis zusammen mit unserem Geist, dass wir Gottes Kinder sind" (Röm. 8,14-16).

---

138 Hahn 2002:274.

139 Fee 2005:129.

140 Clowney 1995:51.

Evangelisation will Glauben vermitteln. Darin besteht die wichtigste Aufgabe der Kommunikation des Evangeliums an die Menschen, „dass sie dem Vater im Himmel glauben". Glaubensvermittlung ist jedoch, wie wir gesehen haben, an die Wirksamkeit des Heiligen Geistes gebunden. Er wirkt den Glauben. Er begründet die Beziehung zwischen Mensch und Gott. Glaube ist eine Gabe des Geistes. Ohne sein Wirken kann es keinen Glauben geben. Damit ist die Rolle des Heiligen Geistes in der Evangelisation auf den Punkt gebracht. Fehlt der Geist in der Evangelisation, gelingt die Glaubensvermittlung und damit das ganze Unternehmen Evangelisation nicht. Evangelistische Praxis, die diese Bezeichnung verdient, kann es nur unter der Leitung des Heiligen Geistes geben.

Für eine praktische Theologie der Evangelisation hat das folgende Konsequenzen:

a. Evangelisation setzt die Wirksamkeit des Heiligen Geistes voraus. Er überführt Menschen von ihrer Sünde, von der Gerechtigkeit und dem Gericht Gottes. Ohne Geisteswirken gibt es keinen Glauben in der Welt.

b. Evangelisation sucht den Menschen zur Umkehr zu bewegen. Aber letztendlich ist es der Geist Gottes, der bekehrt. Und wo der Geist Gottes bekehrt, da wird die Welt überzeugt von ihrer Sünde, von der Gerechtigkeit und dem Gericht Gottes. Die evangelisierende Gemeinde wird deshalb niemals Bekehrung erzwingen, sondern es dem Geist Gottes überlassen, wie und wann Menschen die Umkehr zu Gott vollziehen.

4.2. Der Geist rüstet die Gemeinde aus

„Wo der Geist Gottes wirkt, geht es um das Zeugnis in der Welt, die vollmächtige Verkündigung des Evangeliums."[141] Jesus selbst macht das deutlich, als er den Jüngern anträgt, nach seiner Himmelfahrt in Jerusalem auf den Heiligen Geist zu warten. „Ihr werdet die Kraft des Heiligen Geistes empfangen ... und werdet meine Zeugen sein in Jerusalem und in ganz Judäa und Samarien und bis an das Ende der

141 Hahn 2002:280.

Erde“ (Apg. 1,8). Die Gemeinde entsteht an Pfingsten und sie entsteht als Zeugengemeinschaft. Sie ist von ihrer Geburt an gesandte Gemeinschaft. Evangelisation durch die Gemeinde Christi setzt eine solche Gemeinschaft voraus. Man kann nicht von der Evangelisation reden, wenn der eigentliche Evangelist fehlt. Die Gemeinde Christi ist dieser Evangelist. Und sie gibt es erst seit Pfingsten. Es ist der Geist, der geistliches Leben schafft und Menschen in den „Leib Christi“, die neue Struktur des Volkes Gottes auf Erden, einbaut (1Kor. 12,13). Was Jesus Christus verkörpert und gelehrt hat, das wird jetzt unter den Menschen dieser Welt gelebte Wirklichkeit. Durch den Geist wird die Gemeinschaft der Nachfolger Christi Gemeinde, der Leib Christi zum Lob seiner Herrlichkeit (Eph. 1,3ff).

Dieser Leib ist es, der zum Agenten der Evangelisation wird. Evangelisation ist eine Sache der Gemeinde, einer Gemeinde, die sich in ihrer Struktur aus Menschen konstituiert, die vom Geist Gottes begabt wurden, denen der Herr ihre Aufgaben zugewiesen hat und die erleben, wie Gott durch das Zusammenfinden von Geist und Gabe Energie und Frucht wirkt (1Kor. 12,4-6).

Der Dienst der Gemeinde in der Evangelisation ist deshalb immer von Menschen gemacht, die hierzu berufen und begabt worden sind. Und beides kommt vom Geist Gottes. Der Geist Gottes beruft und rüstet die Gemeinde zur Evangelisation aus. Er ist es, der in seine Gemeinde Evangelisten setzt (Eph. 4,11), die die Gemeinde zum Werk ihres evangelistischen Dienstes anleiten und den Dienst tun sollen. Er ist es, der Mission initiiert und gestaltet.

Ein klassisches Beispiel hierfür ist die Gemeinde Antiochien am Orontes. Hier fanden sich Leiter der Gemeinde, Propheten und Lehrer zusammen, um zu beten und Gott nach seinem Willen zu befragen. Das Ergebnis war die Berufung des Paulus und Barnabas zur Mission (Apg. 13,1ff). Die Gemeinde erkannte ihre Berufung, stellte sich hinter die Brüder, und so begann die geordnete Weltmission der Kirche. Wie stark diese Mission von der Tatsache der geistlichen Begabung der ersten Missionare getragen wurde, zeigt der Bericht des Lukas in der Apostelgeschichte. Immer wieder berichtet er, dass die Missionare erfüllt wurden mit dem Geist Gottes und dann geschah Unvorhergesehenes und dem Menschen Unmögliches. Man denke nur einmal an die Entlarvung des Zauberers auf Zypern (Apg. 13,2-12) oder die

Vision des Mazedoniers, die die paulinische Europamission einleitete (Apg. 16,9-10).

Wo immer Jünger Jesu sich in der Evangelisation engagieren, wird ihr Ausweis nicht Rhetorik, sondern, wie beim Apostel Paulus, „Geist und Kraft sein" (1Kor. 2,4). Christen sind Diener des neuen Bundes, „nicht des Buchstabens, sondern des Geistes" (2Kor. 3,6). Und er, der Geist Gottes, ist der Herr der Gemeinde im Dienste des Reiches Gottes. Und wo der Geist ist, da ist Freiheit (2Kor. 3,17). Und wo der Geist weht, da wird das Evangelium weitergegeben. Der Geist Gottes kann von der Gemeinde nur als Geist der Mission empfangen werden. Und wo er empfangen wird, da geschieht Mission. Eine Erfahrung, die sich durchgehend im Neuen Testament nachweisen lässt, wie Harry Boer in seiner Studie zur Mission im Neuen Testament zeigt.[142] Es ist der Geist Gottes, der Mission und Evangelisation will und gestaltet.

Für eine praktische Theologie der Evangelisation bedeutet das:

a. Evangelisation wird von Menschen gemacht, die hierfür vom Geist Gottes berufen worden sind und besondere Gaben erhalten haben.

b. Die Gabe des Evangelisten ist eine besondere Gabe des Geistes, die den gesamten Leib Christi, die gesamte Gemeinde zum evangelistischen Dienst anleiten soll.

c. Evangelisation ist allem anderen voran eine Aktion des Heiligen Geistes. Er ist der Herr der Mission.

5. Evangelisation als Werk des dreieinigen Gottes

Evangelisation ist Gottes Missionswerk in der Welt. Sie geschieht, weil es Gott um die Welt geht. Sie will er retten, mit ihr hat er sich in Christus versöhnt. Es geht um seine Königsherrschaft in der Welt. Um nicht mehr und nicht weniger! Und Gott ist der eigentliche Evangelist. In ihm finden wir Grund, Ziel, Mittel und Methoden zur Verwirklichung dieser Mission, einer Mission, die ganze Völker evangelisiert

142 Boer 1961:109f.

und sie zu Jüngern Jesu macht (Mt. 28,19-20). Somit ist Evangelisation im Prinzip als eine ganzheitliche, alles Leben umfassende Angelegenheit beschrieben.

Die Gemeinde ist in diese Evangelisation Gottes gestellt. Sie hat keinen anderen Auftrag. Evangelisation ist eine auf die Welt bezogene Aktion der Gemeinde. Sie will die Welt unter die Herrschaft Gottes bringen, in sein Bild transformieren. Und die Welt ist zunächst der lokale soziale Raum, die Gesellschaft, um uns herum. Diese „ihre" Welt schickt sie sich an, zum Jünger Jesu zu machen. Eine Gemeinde, die das Reich Gottes in dieser lokalen Welt baut, ist kontextuell und gesellschaftsrelevant. Wenn sie es nicht ist, so verliert sie ihre eigentliche missionarische Bestimmung und ist nicht mehr das, was sie eigentlich sein sollte – das aufgerichtete Zeichen des Reiches Gottes vor Ort. Damit ist aber auch die Evangelisation selbst als ganzheitliche, Wort und Tat umfassende Verkündigung des Reiches Gottes auf die Transformation der Gesellschaft ausgerichtet. Unsere Annahme im ersten Durchlauf des Versuchs, Evangelisation zu definieren, hat sich somit auch theologisch bestätigen lassen.

4 Missionale Gemeinde – Gottes Agent der Evangelisation

1. Gemeinde – Gottes Botschafter an Christi statt

Evangelisation in der Welt ist ein Werk Gottes und Gott führt dieses Werk durch seine Gemeinde aus. Gemeinde ist Gottes Gesandte in die Welt, Botschafterin an Christi statt, die der Welt sagen soll, dass Gott sich mit der Welt in Christus Jesus versöhnt hat (2Kor. 5,18f). Die Gemeinde Jesu kann nur als missionarische Gemeinde gesehen und gedacht werden. Fragen entstehen da, wo man sich dem Wesen dieser „missionarischen Gemeinde" nähert.

Was bedeutet diese Qualifizierung der Gemeinde für ihr Sein und Werk in der Welt? Was heißt es, wenn wir eine evangelistische Dimension für alle Handlungsfelder der Gemeinde postulieren? An dieser Frage entsteht die Notwendigkeit, von der *missionalen Gemeinde* zu reden, wie das in der neueren missiologischen Literatur gefordert wird.[143] Was meint missional und worin unterscheidet sich eine missionarische von der missionalen Gemeinde? Und schließlich, welche Bedeutung hat die Bestimmung der Gemeinde als missionale Gemeinde für die Praxis der Evangelisation?

2. Missionale Gemeinde – was ist damit gemeint?

2.1. Der Begriff missional

Der Begriff „missional" stammt aus dem Englischen, wo er zunächst als Synonym für „missionarisch" gebraucht wurde und so bereits im Oxford English Dictionary von 1907 gebraucht wurde.[144] Die heutige Bedeutung geht dagegen auf die Diskussionen um das Konzept der *missio Dei,* wie es seit der Missionskonferenz in Willingen 1952 diskutiert wurde, zurück. Hier wurde die Gemeinde als von ihrem Wesen her missionarisch verstanden.[145] Seit den Siebzigerjahren des 20. Jahrhunderts wird hier und da der Begriff „missional" verwendet,

143 Barrett 2006.

144 Ebd:177.

145 Siehe hierzu: Bosch 2011; Barrett 2006:178.

um damit das missionarische Wesen der Gemeinde anzudeuten. Doch erst die Publikation des Buches von Guder „The Missional Church: A Vision for the Sending of the Church in North America“ im Jahre 1998 brachte den Durchbruch.[146] Das Buch wurde vom *Gospel and Our Chulture Network (GOCN)* in Nordamerika publiziert und erreichte sehr schnell weite Aufmerksamkeit.

Was meint missional? Einfach ausgedrückt bedeutet es „vom Wesen her missionarisch“[147]. Gebraucht wird der Begriff um den Unterschied zu missionarisch zu markieren, was dann aktional gedeutet wird. Missionarische Gemeinden *tun* Mission, erfüllen damit eine missionarische Aufgabe. Missionale Gemeinden dagegen *sind* Mission, ihr ganzes Dasein wird missionarisch bestimmt. Doch was so einfach gesagt ist, ist im Detail doch komplizierter als angenommen.

Was ist nun eine missionale Gemeinde? Getreu unserer Definition ist sie dann missional, wenn sie ihr Wesen von der Sendung Gottes in die Welt ableitet.[148] Nicht, was sie tut, macht sie zur missionalen Gemeinde, sondern, was sie wesensmäßig ist. Reggie McNeal bringt es auf den Punkt, wenn er schreibt: „Missional church is not what, but who“ (eine missionale Gemeinde ist nicht über das „Was“, sondern über das „Wer“ zu definieren).[149] Eine missionale Gemeinde ist eine Gemeinde, die mit Gott an seinem Plan zur Erlösung der Welt arbeitet.[150]

Eine solche Gemeinde zeichnet sich durch folgende drei wesensmäßige Charakteristika aus:[151]

a. Sie wird als Gottes Agent der Mission gesehen, die den Sinn ihres Daseins in der Sendung Gottes begreift. Alles in ihr ist auf Mission hin konzipiert und nichts in ihr kann am missionarischen Auftrag vorbeigedacht werden.

b. Damit gewinnt sie ihre Daseinsberechtigung aus der Beziehung zu Gott (coram Deo) und der Beziehung zur Welt (coram mundo). Sie kann nicht an der Welt vorbeigedacht werden.

146 Guder 1998.
147 Barrett 2006:179.
148 Frost 2003:225.
149 McNeal 2009:20.
150 Ebd:24.
151 Ebd:180-183.

c. Als wesensmäßig missionarisches Institut ist sie ganzheitlich missionarisch aktiv. Ihre Mission lässt sich nicht auf einseitig gefasste Aktionen begrenzen. Evangelisation in einer solchen Gemeinde wird im Sein, Tun und Reden geschehen müssen.

2.2. Vom Wesen her missionarisch

Gemeinde ist im Wesen Gottes begründet. Sie hat ihren Platz in der Mission Gottes, ihre Handlungstheorie in der Mission Christi und ihre Praxis in der Mission des Geistes. Sie ist trinitarisch fundiert und missionszentriert zu denken.[152] Das bedeutet im Klartext, dass alles, was Gemeinde ist und tut, am missionarischen Auftrag gemessen und beurteilt werden muss. Es gibt keinen ekklesialen Bereich mehr, kein Innen und Außen, sondern, was innerhalb der Gemeinde geschieht, muss nach außen gerichtet sein. Somit ist die Gemeinde grundsätzlich extern fokussiert. Ihre Mission drängt sie nach außen zur Welt. Die Welt ist ihr eigentlicher Bezugspunkt, ihr Auftrag und ihre erste Adresse. Die Welt in ihrer Bedürftigkeit und Heilsnot gibt die Tagesordnung der Gemeinde vor.

Freilich kann das nicht heißen, dass die Welt ihre Tagesordnung bestellt. Die Gemeinde ist die Gesandte Gottes. Von ihm hat sie ihren Auftrag, ihre methodischen und praktischen Anweisungen. Sie ist zwar in die Welt gesandt, aber sie ist keineswegs von der Welt bestimmt. Diese „kreative Spannung“ bestimmt nun den Alltag der missionalen Gemeinde. In der Welt – nicht von der Welt, für die Welt und doch nicht weltlich, der Welt hingegeben, und doch nicht von der Welt vereinnahmt. Niemals will die Gemeinde werden, wie die Welt ist, denn sie ist geheiligt und ihr Bestreben ist es, eine heilige Gemeinde zu sein, „geheiligt dem Herrn, ohne Flecken und Runzeln“ (Eph. 5,27). Niemals darf die Gemeinde zulassen, sich in das Denkschema der Welt einbauen zu lassen, wenn sie den Willen Gottes für sich erkennen möchte (Röm. 12,2). Nur als Heilige, als bewusste Kontrastgesellschaft zur Welt, kann sie ihren eigentlichen Auftrag, die Transformation der Welt, wahrnehmen.

Und doch kann die Gemeinde in der Welt nur Gemeinde sein, wenn

152 Siehe hierzu meine Arbeit zur gesellschaftsrelevanten Gemeinde in Reimer 2009:29-128.

sie sich in die jeweilige Kultur der Menschen hineinbegibt und inkulturiert. Sie kann nur missional sein, wenn sie zugleich da ist, wo ihre Mission zu geschehen hat – in der Welt. Sie muss die Welt umarmen, sie durchdringen wie Licht, das keiner Finsternis Raum gewährt, oder wie Salz, das sich durch die Schichten der Erde bohrt, um diese Erde fruchtbar zu machen. Inkulturation ist für die Gemeinde unvermeidbar, will sie eine missionale Gemeinde sein. Sie wird, um mit Jesus zu sprechen, das Weizenkorn werden müssen, das da in die Erde fällt und erstirbt, um viel Frucht zu bringen (Joh. 12,20-26).

Eine missionale Gemeinde ist immer kenotischer Natur. Sie wird sich für die Welt hingeben müssen, für die Welt entäußern, wie Jesus es ihr vorgemacht und anbefohlen hat. Einen anderen Weg zum missionarischen Erfolg gibt es für sie nicht.

Was heißt das in Bezug auf Evangelisation? Wenn die missionale Gemeinde ihr Wesen und ihre Daseinsberechtigung im Auftrag findet und dieser Auftrag das Evangelium im Blickt hat, dann kann eine missionale Gemeinde nicht nicht evangelisieren. Sie existiert um des Evangeliums willen. Hört sie auf zu evangelisieren, so verliert sie jeden Grund für ihr Dasein. Martin Werth spricht deshalb auch von einer permanent evangelisierenden Gemeinde. In seiner Vorstellung ist eine solche permanente Evangelisation zu identifizieren als „die im Leben und Handeln der Kirche stetig sich ereignenden Momente, die einen evangelistischen Effekt entfalten (sollen) und in das tägliche, wöchentliche und monatliche Programm der Gemeinde integriert sind und von daher als eigentliche Evangelisation teilweise gar nicht mehr wahrgenommen werden.“[153] Sie entspringt der evangelistischen Dimension der Gemeinde und ist die eigentliche Voraussetzung für die besondere evangelistische Aktion, die Werth kontingente Evangelisation nennt.[154] In solchen Aktionen kommt die evangelistische Intention der missionalen Gemeinde zum Ausdruck.

153 Werth 2010:299.
154 Ebd.

2.3. Gemeinde für den Kontext

Die Analyse der Texte des Neuen Testaments zum Thema Gemeinde macht deutlich[155]: Gemeinde ist vor allem und zuerst Ortsgemeinde.[156] Sie ist die *ekklesia* des Ortes, ausgerüstet mit den entsprechenden Kompetenzen und der Verantwortung für die Ausbreitung des Evangeliums vom Reich im Lebensraum der Menschen, in dem sie gebaut wird. Nur so kann sie sichtbare Gestalt werden. Nur so kann sie Zeugnis sein. Der Wohnort ist „Orientierungsraum für elementare Grundbedürfnisse ... Ort der Hilfe in den Wechselfällen des Lebens."[157] Hier kann und wird Nachbarschaftshilfe geübt, werden soziale Netze geknüpft und gepflegt. Hier gestalten sich soziales Leben und Grundformen des Vertrauens, die jeder zwischenmenschlichen Kommunikation und Transformation zugrunde liegen. Hier liegen die klassischen Chancen landeskirchlicher Gemeinden als umgrenzte „Parochien". Hier haben viele neue Gemeinden und Gemeinschaften das Problem, wenn sie ihre Versammlungsräume in Industriegebiete „auslagern".

Will die Gemeinde Menschen und ihr Leben prägen, so kann sie nur bestehen, wenn sie zum Ort gehört. Entfernt man die Gemeinde aus dem konkreten Lebensraum der Menschen, so beraubt man die Menschen der göttlichen Präsenz. Aber das Gleiche gilt auch umgekehrt: Nimmt man der Gemeinde den Ortscharakter, so verliert sie ihre Bedeutung für die Menschen. Ihre Botschaft ist dann nicht mehr als ein theoretisches Konstrukt, das wenig bis nichts mit dem Alltag zu tun hat. Begibt die Gemeinde sich aber in den konkreten Lebensraum der Menschen, nimmt sie sich der Fragen und Herausforderungen des Kontextes an, dann entsteht Vertrauen zur Gemeinde und ihrer Botschaft.

An diesen fundamentalen Wahrheiten hat sich auch heute nichts geändert. Trotz aller Mobilität der Menschen gilt das Wort Herbert Lindners immer noch:

> „Der Wohnort hat bleibende Funktionen behalten, die für die Standortbestimmung der Ortsgemeinde heute entscheidend sind.

155 Siehe in dieser Hinsicht meine Studie zur Gemeinde im Neuen Testament in Reimer 2009.

156 Siehe dazu auch die Ausführungen Lindners (1994:128-130).

157 Lindner 1994:132f.

> Wenn sie ‚Kirche am Ort' ist, dann darf und muss sie nicht gegen die Situation am Ort leben und an ihr vorbeizuarbeiten versuchen."[158]

Missionale Gemeinde zu bauen, heißt, die Gemeinde zu den Menschen zu bringen und ihr ihren Ortscharakter wiederzugeben. Nun mag diese Forderung für alle diejenigen, die in ihren Ortsgemeinden engagiert sind, recht merkwürdig klingen. Sind landeskirchliche Gemeinden mit ihrer parochialen Struktur solche Ortsgemeinden? Sind Freikirchen mit ihrem Konzept der Glaubensgemeinde solche Ortsgemeinden? Wird hier nicht gefordert, was längst Realität ist? Mag schon sein. Aber eine Gemeinde, die sich vor Ort als solche etabliert, ist noch lange keine verortete Gemeinde. Eine Kirchengemeinde, die die Einwohner mit einer Parochie abdeckt, ist zwar vor Ort anwesend, aber ist sie deshalb schon bei den Menschen und ihrem Lebensraum angekommen? Kommuniziert sie mit anderen? Nimmt sie ihre Chancen wahr?

Missionale Gemeinde ist eine kontextualisierte Gemeinde. Sie ist allem anderen voran für die Menschen da, die sie unter die Königsherrschaft Gottes führen will. Ihre Strukturen und Angebote sind an die Gegebenheiten des Lebensraums, dem sie dienen will, angepasst. Ihre Dienste haben die Menschen im Blick. Ihr Programm will den Lebensraum verändern. Ihre Verkündigung sucht die Menschen in die rettende Nähe des Herrn Jesus Christus zu führen. Die Verortung ist hier im wahren Sinne des Wortes reale Wirklichkeit. Ihr missionales Selbstverständnis ermöglicht ihr eine bewusste Neuschaffung der Gemeinde für den jeweiligen Kontext.[159]

Eine missionale Gemeinde ist somit externfokussiert. Sie wird immer mehr dem Ort ähneln als der Denomination, zu der sie gehört. Sie wird immer mehr im Ort arbeiten als in den eigenen vier Wänden. Ihr Leben läuft weniger im Gemeindezentrum als in der Welt ab. Ihre Programme laden nicht ins Gemeindezentrum ein, sondern laufen unter den Menschen, und die Menschen selbst werden daran so weit wie nur möglich beteiligt. Die Grundstruktur der missionalen Gemeinde ist vom Geh-Prinzip gestaltet.

158 Lindner 1994:132.

159 Gibbs 2006:184.

Im Gegensatz dazu ist die internfokussierte Gemeinde vor allem auf sich selbst bezogen. Nichts sucht diese Gemeinde mehr als ihre Reinheit und Heiligkeit zu bewahren. Sie folgt einer grundsätzlich nonkonformistischen Theologie und betont ihre Andersartigkeit. Mitglieder einer solchen Gemeinde werden sich hüten, mit Menschen aus der Welt gemeinsame Sache zu machen. Ihre Angebote und Programme laufen grundsätzlich im Gemeindezentrum ab. Ihre Evangelisation findet auf eigenem Territorium statt. Auch da, wo man sie in ein Zelt auslagert, ist das immer noch ein „christliches" Zelt. Und geht man mit einem Konzert in die Stadthalle, so ist diese „von den Christen" gemietet. Die Grundstruktur der interfokussierten Gemeinde ist vom Komm-Prinzip gestaltet.

Die Vorstellung von der Gemeinde als Ortsgemeinde hat unmittelbare Konsequenzen für die Theologie der Evangelisation. Eine dem Kontext verpflichtete Gemeinde wird das Evangelium in den konkreten Alltag der Menschen zu bringen suchen, ihre Kommunikationsformen und ihre Sprache nutzen. Sie sucht das Ohr und das Herz ihrer Nächsten, weil sie diese liebt und für sie bereit ist, das eigene Leben zu geben.

3. Gemeinde mit einem ganzheitlichen Auftrag

Gemeinde ist für das umfassende Heil der Menschen vor Ort verantwortlich. Das bestimmt ihren Auftrag und dieser schließt Verkündigung in Wort und Tat, dialogische Existenz und Gottesdienst im Angesicht der Welt mit ein. Ihr gesamtes Leben ist missionarisch ausgerichtet. Eine Trennung von Verkündigung und sozialer Tat ist im Rahmen einer missionalen Gemeinde für immer überwunden. Was allerdings nicht bedeuten kann, dass immer alles und gleichzeitig vonstattengehen muss. *Ekklesia* als Gemeinde der für die Mission in der Welt Verantwortlichen besteht aus ganz unterschiedlich begabten und berufenen Menschen. Nicht jeder macht hier alles, sondern jeder tut sein Werk, zu dem Gott ihn berufen hat (Eph. 2,10). Doch jeder tut, was er tut, sagt, was er sagt, lebt, was er lebt, zum allgemeinen Nutzen (1Kor. 12,7).

Ganzheitlicher Dienst und charismatische Struktur der Gemeinde gehen demnach Hand in Hand. Man kann das eine nicht ohne das andere haben. Der gesellschaftlich-transformative Auftrag der Gemeinde fordert regelrecht eine kollektive Herangehensweise.

Ganzheitlichkeit des missionarischen Daseins der Gemeinde impliziert somit die korporative, kollektive Wirklichkeit der Gemeinde. Sie ist ein Volk, ein Leib, eine Versammlung. Nur in dieser Einheit ist sie missionarisch attraktiv und erfolgreich. Jesus kann das auf den einfachen Punkt bringen. Er wünscht sich die Einheit der Gläubigen, weil auf diese Weise die Menschen in der Welt Gott erkennen werden (Joh. 17,20).

Ganzheitlichkeit im missionalen Gemeindebau impliziert aber auch die Aufnahme der gesamtgesellschaftlichen Verantwortung der Gemeinde vor Ort. Die *ekklesia* kann sich niemals nur für bestimmte Aufgabenbereiche oder Schichten, Gruppen und Klassen in der Gesellschaft entscheiden. Ihr Auftrag lässt sich nicht beliebig kompartmentalisieren, wie das die amerikanische Gemeindewachstumsbewegung uns glauben machen will. Die meisten Entwürfe zur Evangelisation, Gemeindegründung und zum Gemeindeaufbau gehen davon aus, dass sowohl der Missionsbefehl Jesu (Mt. 28,18ff) als auch die Missionspraxis des Paulus (1Kor. 9,19-23) die Evangelisation und Gemeindegründung mit einer Zielgruppenorientierung bewusst fordern.[160] Entsprechend orientieren sich die meisten Anleitungen zur Evangelisation an den sogenannten Zielgruppen.[161] Manfred Beutel, der ein WCCC Gemeindeaufbaukonzept vertritt, kann sogar sagen: „Ihre Gemeinde wird nur wirklich weiterkommen, wenn Sie sich auf eine Zielgruppe spezialisieren."[162] Nur so kann wirkliche Kulturrelevanz erreicht werden.[163]

Die Betonung der Zielgruppe geht auf die Arbeit des amerikanischen Gemeindewachstumstheologen Donald A. McGavran zurück. Sein Buch *Understanding Church Growth*[164] ist zu einer Art Bibel der amerikanischen Gemeindewachstumsbewegung geworden. Eines der wichtigsten Prinzipien, die McGavran darin postuliert, ist das Prinzip der homogenen Einheit (PHE).[165] McGavran stellt fest, dass Gemein-

---

160 Roennfeldt 2003:6f.

161 Logan 1992:35.

162 Beutel 1998:104.

163 Ebd.

164 McGavran 1980: In Deutsch erschienen 1990.

165 Zur theologischen und missiologischen Einordnung des Lebenswerkes D. McGavrans siehe: Maier 1994; Kasdorf 1976; Rommen 1987; Zunkel 1987; u. a.

den da außerordentliches Wachstum vorweisen, wo sie sich an Menschen wenden, die zu einer besonderen homogenen Gruppe gehören.[166] Er schreibt: „Menschen werden gerne Christen, wenn sie dazu nicht Rassen-, Klassen- oder Sprachbarrieren überwinden müssen.“[167] Zu diesem Schluss kommt McGavran infolge jahrelanger weltweiter Untersuchungen von Gemeindewachstumsphänomenen. Er sieht daher in der so beschriebenen Tatsache ein Prinzip, das Gemeindewachstum unmittelbar von der Einhaltung der Konzentration der Evangelisation und anderer Gemeindeaktivitäten auf die eigene homogen umrissene Gruppe abhängig macht, oder, wie McGavran sie nennt, der homogenen Einheit.[168] Gesellschaftliche und kulturelle Relevanz wird in der Gemeindearbeit nur dann effektiv erreicht, wenn man sich konsequent dem Prinzip der homogenen Einheit stellt.

So argumentieren im Gefolge McGavrans die meisten Gemeindewachstumsexperten. Das wohl herausragendste Beispiel hierfür ist Rick Warrens „Kirche mit Vision.“[169] Warren gibt unumwunden zu, stark von McGavran beeinflusst zu sein.[170] Er schreibt: „Alle möglichen Arten von Gemeinde sind notwendig, um alle möglichen Arten von Menschen zu erreichen.“[171] Jede Gemeinde hat somit „eine spezifische Begabung, einen bestimmten Typos von Menschen zu erreichen“.[172] Und dieser Typos wird sozio-kulturell festgemacht. Warren schreibt: „Die Menschen, die Ihre Gemeinde am ehesten erreichen kann, sind diejenigen, die zu der im Moment existierenden Kultur Ihrer Gemeinde passen.“[173] Er empfiehlt daher berufs- und sogar altersspezifische Gemeinden zu bauen.[174]

Ein weiteres auf McGavran zurückgehendes Prinzip des Gemeindeaufbaus bezieht sich auf die religiöse Ansprechbarkeit oder Rezeptivität der Menschen dem Evangelium gegenüber.[175] Seine Empfehlung

166 McGavran 1990:199.
167 Ebd:68.
168 Ebd:128.
169 Warren 1998.
170 Ebd:31.
171 Ebd:63.
172 Ebd:167.
173 Ebd.
174 Ebd:173.
175 McGavran 1990:175ff.

ist, Gemeindebau da zu betreiben, wo Menschen am offensten sind.[176] Ganz ähnlich Warren. Er schreibt: „Wachsende Gemeinden konzentrieren sich darauf, aufnahmebereite Menschen zu erreichen. Nichtwachsende Gemeinden konzentrieren sich darauf, inaktive Mitglieder wieder für das Gemeindeleben zu gewinnen."[177]

McGavrans Ausführungen brillieren nicht durch theologische Begründungen. Man hat ihn sehr früh einen „task theologian"[178] genannt. Rene Padilla untersuchte seine Theologie auf ihren biblischen Bezug und kommt in seiner Studie zum Ergebnis, dass die Theologie der homogenen Einheit keine biblische Begründung hat.[179] Theologisch lassen sich solche Vorstellungen also nicht begründen. Aber auch soziologisch weist das viel gepriesene Konzept Brüche auf. Wie schwierig das Festhalten am Prinzip der homogenen Einheit ist, zeigen die Erfahrungen des Gemeindebaus in urbanen Räumen.[180] Eine Stadtbevölkerung befindet sich kontinuierlich in Bewegung. Menschen kommen und gehen. Stadtteile, die noch gestern beste Adressen darstellten, können schon morgen dem Zerfall nahe sein. Einkaufsstraßen, die noch vor wenigen Jahren reges Geschäftsleben aufwiesen, können durch den Aufbau von Mega-Supermärkten auf der grünen Wiese in kürzester Zeit menschenleer sein. Wo noch gestern eine homogene einheimische Bevölkerung das Straßenbild prägte, kann schon heute ein buntes Bild von Menschen aus aller Herren Länder vorherrschen. Städte sind im Prinzip heterogen.[181] Gemeinden, die dem Prinzip der

176 Ebd:226.

177 Warren 1998:177.

178 Paul Hiebert in Zunkel 1987:66.

179 Padilla 1985:168. Zur Diskussion der unterschiedlichen Positionen in Bezug auf die Prinzipien des Gemeindewachstums, wie McGavran sie formulierte, siehe Engle 2004. Die hier vorgestellten fünf kontroversen Standpunkte fassen sowohl das Diskussionsfeld als auch die Probleme der wichtigsten Postulate der Gemeindewachstumsbewegung bestens zusammen.

180 Siehe entsprechende Kritik aus den USA bei DuBose 1978. David Britt (Conn 1997:135ff) gibt einen guten Einblick in die Probleme der Gemeinden, die sich im Kontext der Stadt im Prozess kontinuierlicher Bevölkerungsbewegung befinden.

181 Mark R. Gornik zeichnet in seinem Buch „To Live in Peace. Biblical Faith and the Changing Inner City" (Gornik 2002) die Entwicklung des Stadtteils Sandtown in Baltimore, USA nach. Innerhalb kürzester Zeit hat sich hier ein Stadtteil in jeder Hinsicht gewandelt (:35-50). Jeder Versuch, Gemeindearbeit an einer homogenen Gruppe zu orientieren, wäre hier zum Scheitern verurteilt

homogenen Einheit folgen, haben hier schlechte Karten. Wenn überhaupt, dann entwickeln sie sich in den Vorstädten, in den Wohnlandschaften der Mittelklasse, am besten. Gerade im gelobten Land der Gemeindewachstumsbewegung, in den USA, ist dieser Prozess am deutlichsten zu verfolgen. Während hier die Gemeinden in den Innenstädten zerfallen, entstehen draußen in den Vororten die Megakirchen der Besserverdienenden.

Gemeindewachstumsprinzipien erweisen sich auch als untauglich für den Gemeindebau im Bereich des Islam, wie David Shenk anschaulich gemacht hat.[182] Shenk weist darauf hin, dass ein Modell, das prinzipiell auf eine Kompartmentalisierung der Gesellschaft ausgerichtet ist, konträr zu der Basisvorstellung von der islamischen Glaubens- und Lebensgemeinschaft, der Ummah, ist und sowohl theologisch als auch sozial eher Probleme als Erfolge tätigen wird. Shenk plädiert daher für einen Gemeindebau, der die Kultur der Menschen, unter denen Gemeinde gebaut werden soll, ernst nimmt und nach weitestgehender Kontextualisierung sucht.[183]

Missionaler Gemeindebau kann sich nicht an Gruppen und Grüppchen der Gesellschaft wenden. Er ist Gottes Angebot an die Menschen vor Ort. Mit ihnen baut die Gemeinde an jener solidarischen Lebensgemeinschaft, die ein Leben in Frieden und Gerechtigkeit will. Ihre Mission wird vom Prinzip der Konvivenz getragen. Eine solche konvivale Lebenspraxis der Gemeinde ist die wichtigste Voraussetzung für ihre Evangelisation.[184] Der Schlüssel für die Evangelisation der Gemeinde liegt in ihrer ganzheitlichen Präsenz unter den Menschen.[185] Die Menschen vor Ort bestimmen, wie die Gemeinde in ihrer sozialen Gestalt aussehen wird. Missionaler Gemeindebau ist an ganzheitlichem Gemeindewachstum interessiert.[186] C. Wayne Zunkel spricht von zwei Arten der Blindheit, von der Christen und Gemeinden oft

---

gewesen. Gornik spricht von den „Excluded Neighbourhoods" (:35ff), die die Entwicklung urbaner Wohnräume schwierig machen. Er sieht in der Entwicklung solcher Lebensräume gar eine missionarische Verantwortung der Gemeinde für die Innenstadt (:65ff).

182 Shenk 1983:144ff.

183 Ebd:153-154.

184 Vgl. Werth 2010:48-50.

185 Vgl. Klaiber 1990:114.

186 Costas 1983:85ff.

befallen sind. Er nennt sie „Peoples and Kingdom Blindness“[187]. Missionaler Gemeindebau überwindet eine solche Blindheit und wendet sich an die Gesellschaft als Ganze mit dem Evangelium des Reiches, das keine Bereiche des Lebens ausspart.

Das hat enorme Konsequenzen für die Evangelisation der Gemeinde. Diese kann nicht mehr als bloße Proklamation im Sinne verbaler Verkündigung gedacht werden. Verkündigung muss ganzheitlich, als Lebens-, Tat- und Wortverkündigung, definiert werden. Sie schließt alle Glieder der Gemeinde ein und alles, was diese an Leben, Tat und Wort mitbringen. Weil die Gemeinde der eigentliche Evangelist ist, können weder ihr Leben, noch ihre Taten und Worte aus der Pflicht, das Evangelium zu verkündigen, herausgenommen werden.

4. Die evangelistische Perspektive der missionalen Gemeinde

4.1. Der veränderte Blick

Missionales Denken und damit auch missionaler Gemeindebau setzt eigene Akzente in der Evangelisation der Gemeinde. Diese werden aus dem biblisch-theologischen Fundament, auf dem man baut, gewonnen und bilden die Grundpfeiler eines Gemeindebauparadigmas, das den missionalen Aufbruch heute beflügelt. Man kann diese mit vier Perspektiven, oder wie McNeal sie nennt, Dimensionen eines Perspektivwechsels[188] zum Ausdruck bringen:

a. Der Blick von Gott – Evangelisation im missionalen Gemeindebau will Gottes Herrschaft.
b. Der Blick auf die Welt – Evangelisation im missionalen Gemeindebau ist extern fokussiert.
c. Der Blick auf den Menschen – Evangelisation im missionalen Gemeindebau ist menschenorientiert.
d. Der Blick auf die Gemeinde – Evangelisation im missionalen Gemeindebau ist organisch.

187 Zunkel 1987:105ff.
188 McNeal 2009:42-66.

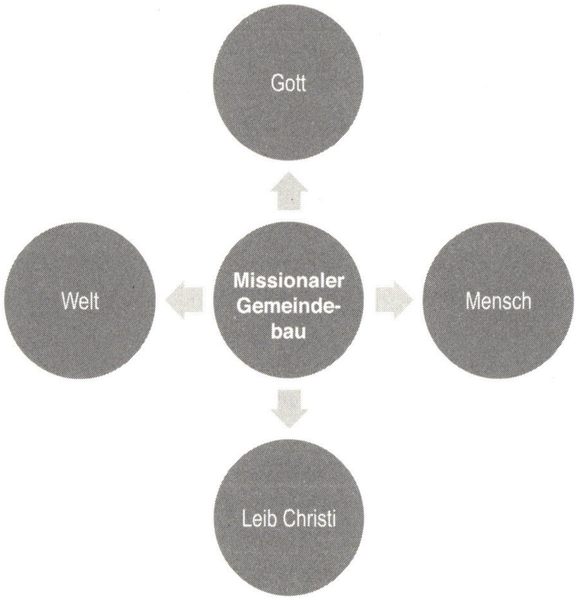

Missionaler Gemeindebau im Koordinatensystem

4.2. Evangelisation ist Gottes Sache

Evangelisation im missionalen Gemeindebau ist Gottes Sache. Sie folgt dem ewigen Ratschluss Gottes und hat den Aufbau seines Reiches im Blick. Gottes Absicht mit der Welt ist die zentrale Botschaft. Er, der Schöpfer der Welt, hat sich mit der Welt durch das Heilswerk seines Sohnes versöhnt (2Kor. 5,18). Und an keiner Stelle wird dieses Werk so deutlich sichtbar wie in der Gemeinde. In ihr demonstriert Gott, was er der Welt anbietet. In ihr ist sein Reich Gestalt geworden. Das ist das Evangelium und das soll der Welt durch die Gemeinde kundgetan werden. Dabei ist Gott selbst in seinem Heiligen Geist der aktivste Verkündiger. Die Gemeinde schließt sich ihm nur an. Sie arbeitet mit. Es wäre fatal, wenn sie sich als einsame Evangelistin allein ans Werk der Evangelisation begäbe. Oder, noch schlimmer, einige eifrige Mitglieder der Gemeinde versuchten den Alleingang. Die evangelisierende missionale Gemeinde ist anschlussorientiert. Sie erblickt Gott beim

Werk der Evangelisation, lässt sich vom Heiligen Geist einladen und einbauen und arbeitet dann mit.

Das ist in der Praxis der traditionellen Gemeinden oft genau andersrum. Die Gemeinde glaubt sich auf einsamem Posten und sucht mit allen Mitteln aus eigener Kraft den Auftrag Gottes zu erfüllen. Frazee spricht an dieser Stelle von der Gemeinde als der einsamsten Nation auf dieser Erde.[189] Nein, die Gemeinde Jesu steht im Werk der Evangelisation nie allein. Sie wird geführt vom Herrn der Mission, dem Heiligen Geist (2Kor. 3,17), und sie darf mit der Gegenwart des Himmels in ihrem evangelistischen Alltag rechnen.

4.3. Evangelisation richtet die Gemeinde nach außen aus

Wer also im Sinne des Auftrags Gottes missional und damit evangelistisch leben will, der wird lernen müssen, sein Leben an der Welt auszurichten. Denn hier in der Welt findet die Gemeinde den Grund, den Ort und die Resourcen[190] für ihre evangelistische Existenz. Ihr „Platz unter den Menschen“[191] markiert ihr Wesen und ihren Auftrag. Wie Jesus selbst wird sie inmitten der Menschen „Fleisch“, um so die Herrlichkeit Gottes sichtbar zu machen. Die wahre Gemeinde Jesu ist immer menschlich, weil das Wort Gottes im Menschen, seiner Geschichte und seiner Kultur Gestalt gewinnt. Das Evangelium ist daher immer eine genuin menschliche Botschaft. Ich spreche an dieser Stelle von der *humanischen* Natur der Gemeinde und ihrer Mission.

In der klassischen Gemeinde ist Pflege der eigenen Mitgliedschaft von allerwichtigster Bedeutung. Hier herrscht eine Mitgliederkultur. Der Akzent liegt auf der Heiligung der Christen, die in der Gemeinde selbst verstanden und bejaht wird. Wie sie von den Außenstehenden wahrgenommen wird, ist weniger von Bedeutung. In der missionalen Gemeinde geht es dagegen um die Kultivierung einer missionarischen Kultur mit Blick auf den Missionsauftrag, das „Jüngermachen der Völker“ (Mt. 28,19-20).

Auch hier geht es um Heiligung, aber Heiligung, die von den Menschen außerhalb der Gemeinde als „Licht der Welt“ und „Salz der

---

189 Frazee 2001:23f.

190 Ebd:8.

191 Ebd:118ff.

Erde" verstanden wird. Man kann in einer solchen Gemeinde nicht Mitglied sein, ohne zugleich Missionar zu werden. In der klassischen Gemeinde geht es oft um die Vorbereitung der Heiligen auf den Himmel, in der missionalen um die Vorbereitung der Heiligen auf „das Werk, zu dem sie berufen sind", und zwar hier auf der Erde (Eph. 4,11-12). Auch hier sehnt sich und freut sich der Christus-Gläubige auf den Himmel, aber solange er hier auf Erden lebt, ist die Veränderung der Erde im Sinne des Himmels sein Auftrag und Ziel und sein Gebet wird im Sinne Jesu täglich sein: „Dein Reich komme wie im Himmel so auch auf Erden" (Mt. 6,5ff).

4.4. Evangelisation im Gespräch mit Menschen

Wer evangelisiert, hat die Menschen im Blick. Dabei ist es wesentlich, wie man den Menschen sieht. Unser Menschenbild wird entscheidend die Art und Weise der Evangelisation bestimmen. Sehe ich den Menschen außerhalb der Gemeinde als „vollkommen verdorben", dann werde ich kaum das Gespräch mit ihm suchen. Evangelisation wird hier schnell zur verbalen Konfrontation. Erwarte ich jedoch im Menschen Reste der verlorenen Ebenbildlichkeit Gottes, dann wird Evangelisation zum Dialog, zum Gespräch. Nicht Konfrontation, sondern Demonstration ist dann das bevorzugte Mittel der Evangelisation.

In der traditionellen Gemeinde legt man deshalb viel Wert darauf, den Menschen die Wahrheit zu sagen, während man sich in der missionalen eher darum bemühen wird, den Menschen die Wahrheit zu zeigen. Konsequenterweise bemüht sich die Erste darum, ihre Evangelisation zu organisieren, hier ist Evangelisation vor allem ein Programm. In der missionalen dagegen ist Evangelisation das gelebte Zeugnis. Sie wird hier organisch geschehen. Leben, Tun und Reden gehören in einer solchen Gemeinde zum organischen Ganzen der Evangelisation.

Die traditionelle Gemeinde wird sich immer darum bemühen, Menschen für Jesus zu gewinnen und sie in ihre Gemeinde zu integrieren, ja sogar zu assimilieren. In der missionalen geht es vielmehr um den Anschluss von Menschen an das Werk Gottes in der Welt. Die missionale Gemeinde entdeckt ihre Interdependenz mit der Welt.[192] Hier wird Gemeinde nicht für die Menschen, sondern mit den Men-

192 Frazee 2001:203.

schen gebaut. Hier werden die Menschen nicht mit dem Evangelium konfrontiert, sondern das Gespräch über das Evangelium wird gesucht und gefunden.

Die programmorientierte Gemeinde ist in mehrfacher Hinsicht schwierig. McNeal beobachtet die Tatsache, dass der Aufstieg der programmzentrierten Gemeinde in Nordamerika direkt mit der Machbarkeitsphilosophie des Nachkriegskapitalismus in Nordamerika zusammenhängt.[193] Man denke da nur einmal an die durchgestylte Lehre vom Gemeindewachstum, wie sie die westliche Welt seit 1955 in Atem gehalten hat.

Und je stärker uns die Krisen der westlichen Gesellschaft an der Machbarkeit von Erfolg und Wachstum zweifeln lassen, desto stärker wird auch die programmorientierte Gemeindephilosophie infrage gestellt.

Eine missionale Gemeinde wird sich um die Entwicklung einer „Gemeindekultur kümmern, die Menschen fördert“[194] und nicht so sehr um den Erfolg von Gemeindeprogrammen bemüht ist. Eine auf die Kultur der Förderung von Menschen ausgerichtete missionale Gemeinde wird andere Schwerpunkte setzen als es klassische Gemeinden tun. McNeal nennt acht Punkte, die, wie er meint, den Unterschied zwischen den beiden Zugängen deutlich machen:[195]

1. Kundenbezug. Die klassische Gemeinde bemüht sich um die Standardisierung ihrer geistlichen Erziehungsprogramme. In der missionalen geht es um den Einzelnen, seine Gaben und Aufgaben und seinen Dienst. In Bezug auf Evangelisation kann man dann im ersten Fall von einer evangelistischen Strategie reden, die nach 1-2-3-4-5 Punkten abgearbeitet wird und den zu evangelisierenden Menschen ganz allgemein zum Sünder deklariert, den es mit der entsprechenden Strategie zu gewinnen gilt. Im zweiten Fall steht der Einzelne mit seiner besonderen Biografie, Bedürftigkeit und Sünde im Blick.
2. Gestaltwerdung. In der klassischen Gemeinde geht es um die richtigen Vorschriften, denen man zu folgen hat. Man ist dann

193 McNeal 2009:92.
194 Ebd:94.
195 Ebd:95-110.

gut, wenn man sich entsprechend der geglaubten Vorschriften benimmt. Ein guter Christ wird an moralischen Standards gemessen. In der missionalen Gemeinde geht es dagegen um Gestaltwerdung. Auch hier wird über das rechte ethische Tun gesprochen, aber im Zentrum steht nicht, wie ein Christ sich zu benehmen hat, sondern was er in Christus geworden ist. Der Einzelne darf und soll hier in die ganze Gestalt des Christus wachsen (Eph. 4,13f). Für die Evangelisation bedeutet das im ersten Fall, dass man deutlich den Anspruch Gottes – also das Gesetz – predigen wird. Im zweiten geht es dagegen immer erst um Gnade.

3. Reife. In der klassischen Gemeinde geht es um die Teilnahme am Gemeindeprogramm. Hier werden Menschen belehrt und angehalten, wie man als Christ zu leben hat. Christliches Leben wird als Leistung verstanden. Wer hier dazugehören will, der wird sich bewähren müssen. In der missionalen geht es um geistliche Reife. Man erwartet, dass das richtige Leben aus der Beziehung zu Gott entsteht und sich progressiv entwickelt. Im ersten Fall ist dann Evangelisation eine Pflicht und fromme Leistung der Christen, im zweiten eine Lebensäußerung.
4. Handeln. In der klassischen Gemeinde folgt man Gebrauchsanweisungen, in der missionalen Gemeinde handelt man intuitiv, aus innerer Überzeugung. Hier tut man natürlicherweise das, wofür man da ist. Konsequenterweise wird man in der traditionellen Gemeinde an der Evangelisation der Gemeinde mal partizipieren, während man in der missionalen Evangelisation lebt.
5. Lebenszentriert. In der klassischen Gemeinde geht es darum, einen Wahrheitskatalog zu verwirklichen. Hier wird nach einem geistlichen Kurrikulum gelebt. In der missionalen geht es dagegen um Wahrheit aus der Beziehung mit Jesus. Hier liegt der Akzent auf Leben, das aus der Wahrheit in Liebe erwächst (2Jo). In der Evangelisation wird man deshalb in der traditionellen Gemeinde immer wieder Gesetzmäßigkeiten des Lebens mit Gott betonen, während in der missionalen Gemeinde die Liebesbeziehung zwischen Gott und Mensch im Zentrum steht.
6. Dienstorientiert. In einer klassischen Gemeinde wird man auf den Dienst vorbereitet; man beginnt erst einen Dienst, wenn

man genug weiß, genug kann und genug bewährt ist. In der missionalen wächst man im Dienst. In der Ersten lädt man die Menschen ein, Gott dienstbar zu werden, in der Zweiten stellt man den Menschen durch die Evangelisation in den Dienst Gottes (1Thess. 1,9).

7. Integration. In der klassischen Gemeinde wird das Leben kompartmentalisiert, in der missionalen wird ganzheitlich gedacht und alles Leben in ein Ganzes integriert. Ein Beispiel hierfür ist die Aufteilung der Gemeindeprogramme in altersgerechte Gruppen auf der einen und offene Familienräume auf der anderen Seite. In Bezug auf Evangelisation bedeutet das für die traditionelle Gemeinde die Entscheidung für verbale Evangelisation als der eigentlichen und einzig richtigen Verkündigung des Evangeliums, während im missionalen Denken Evangelisation alle Lebensäußerungen des Menschen einschließt.

4.5. Evangelisation ist das Werk der ganzen Gemeinde

Evangelisation bildet das Wesen der Gemeinde ab. Man kann deshalb nicht von der Evangelisation als Werk einiger weniger Evangelisten in der Gemeinde reden. Was nicht bedeutet, dass es diese besonders Begabten in der Gemeinde nicht geben kann. Evangelisten in der Gemeinde werden in die Gemeinde von Gott gesetzt, um die Heiligen zum Werk ihres Dienstes zuzurüsten (Eph. 4,11-12). Die ganze Gemeinde ist evangelistisch aktiv, und was immer in der Gemeinde stattfindet, sollte eine missionarische und damit auch evangelistische Perspektive aufweisen, so zum Beispiel der Gottesdienst als Mitte der Gemeinde. In der klassischen Gemeinde geht es um Gottesdienst als Versammlung der Gläubigen, die vor allem dem Gläubigen und seiner geistlichen Versorgung dient. In der missionalen dagegen geht es um den Dienst Gottes an uns und unser Dienst für ihn. Bernd Schlottoff kann für eine traditionelle missionarische Gemeinde deshalb auch verlangen, das in seinen Augen Wichtigste – die inspirierenden Gottesdienste – im Blick zu behalten.[196] Und der Gottesdienst kann in der Tat eine zentrale und bedeutsame Veranstaltung der Gemeinde sein, wenn sie sich der Menschen annimmt, die Christus noch nicht

196 Schlottoff 2011:47ff.

kennen. Missionale Gemeinden richten ihre Gottesdienste an den Kirchendistanzierten aus, wie Christian Schwark mit Recht verlangt. Nur so werden sie sich auf den „Weg zum missionalen Gottesdienst“[197] machen.

5. Missionale Perspektive – was ändert sich?

Was ändert sich, wenn sich die Perspektive über den evangelistischen Dienst von der traditionellen zur missionalen Gemeindevorstellung ändert? Die obigen Ausführungen lassen sich in folgende Punkte zusammenfassen.

a. Die missionale Perspektive fördert ein neues Verhältnis zu Gott und seiner Mission. Evangelisation findet allein hier ihren Grund und ihre Methode.

b. Die missionale Perspektive fördert ein neues Verhältnis zur Welt und den Menschen in der Welt. Nein, die Welt wird hier weder glorifiziert noch reingewaschen, sie wird vielmehr als das eigentliche Ziel aller Mission der Gemeinde und die Menschen als Ziel aller Evangelisation der Gemeinde entdeckt und betont.

c. Die missionale Perspektive fördert ein neues Verhältnis zur Spiritualität. Wer missional denkt, wird anders beten. Das Gebet wird sich weniger um sich selbst, sondern vielmehr um die Menschen in der Welt drehen. Reggie McNeal zeigt deutlich, wie offensiv und menschenbezogen das Gebet einer Gemeinde werden kann, wenn sie sich missional entwickelt.[198]

d. Die missionale Perspektive fördert ein neues Verhältnis zu Resourcen. Wer Gemeinde mit den Menschen in dieser Welt baut, der erweitert seine Resourcen um die dieser Menschen. Das kann Mitarbeit in sozialen Projekten, die gemeinsame Nutzung von Immobilien und vieles mehr bedeuten.[199]

---

197 Schwark 2006.

198 McNeal 2009:69ff.

199 Siehe hierzu die Praxisbeispiele im letzten Teil dieses Buches.

5 Aus der Geschichte lernen

1. Gesellschaftstransformierende Evangelisation – was sagt die Geschichte?

Evangelisation ist Gottes Werk in der Welt. In der Geschichte kommt sie uns jedoch als menschliches Werk entgegen. Die theologische Festlegung der Evangelisation als ganzheitlicher Akt der *missio Dei* erfährt erst in der Geschichte der Gemeinde Jesu und ihrer Mission ihre Bestätigung. Wie aber haben Christen im Laufe der zwei Jahrtausende ihrer Geschichte evangelisiert? Findet die Annahme einer gesellschaftsrelevanten und gesellschaftstransformierenden Evangelisation in den unterschiedlichen Epochen der Missionsgeschichte ihre Anwendung oder haben sich andere Wege der Kommunikation des Evangeliums etabliert?

Im Folgenden gehen wir diesen Fragen nach. Freilich kann es dabei nur um Einblicke gehen. Eine vollständige Darstellung der Geschichte der Evangelisation würde die Vorgaben dieses Buches weit sprengen. Ein solches Unterfangen scheint mir jedoch recht deutlich angezeigt, da die vorliegenden klassischen Entwürfe zur Theologie und Praxis der Evangelisation in der Regel von einer überholten Trennung von Evangelisation und Mission ausgehen und entweder Mission oder Evangelisation als einseitiges Werk der Kirche in der Welt darstellen. Begründet wird eine solche Trennung nicht zuletzt mit den Realitäten in Zeit und Raum. Man darf also fragen, ob nicht auch andere historische Erfahrungen die Geschichte der Kirche und ihrer Evangelisation geprägt haben.

In meiner Darstellung folge ich der von David J. Bosch vorgeschlagenen Einteilung der Missionsgeschichte in Paradigmen missionarischen Handelns.[200] Dabei geht es mir darum zu zeigen, wo Evangelisation in den unterschiedlichen Epochen der Kirchengeschichte als ganzheitliches und gesellschaftstransformierendes Handeln verstanden und praktiziert wurde und wo nicht. Interessant ist dabei zu fragen, was in dem einen und anderen Fall die Folgen für Kirche und Gesellschaft waren.

---

200 Bosch 2011:213ff.

Bosch nähert sich der Missionsgeschichte als Geschichte der Paradigmenwechsel. Er lehnt sich dabei an die von Thomas Kuhn entwickelte Paradigmentheorie und der von Hans Küng vorgenommenen theologischen Deutung dieser Theorie.[201] Wie Kuhn und Küng vor ihm erkennt auch Bosch potenzielle Probleme bei der Übernahme des paradigmatischen Deutungsrahmens in eine Geisteswissenschaft wie die Missiologie. Er diskutiert die Vorbehalte,[202]entscheidet sich jedoch letztendlich dafür, den Deutungsrahmen für seine missionshistorische Darstellung zu nutzen.[203] Die Paradigmenwechsel-Theorie bietet ihm die Möglichkeit, Veränderungen in der Missionstheorie und -praxis im Laufe der Geschichte nachzuvollziehen und damit die eigentliche Aufgabe der Missiologie zu fördern, dem Glaubenden ein kontextadäquates Instrument der Mission an die Hand zu geben. Mit Ebeling beabsichtigt Bosch die Transformation dessen, „was traditionellerweise als christlicher Glaube ausgegeben wird".[204] Daher auch der Titel seines Buches „Transforming Mission". Bosch sucht demnach in der Geschichte der christlichen Mission nach jenen Kriterien, die die Mission zeitgemäß und erfolgreich machten oder, im Gegensatz dazu, geradezu Erfolg verhindert haben. Die ambivalente Formulierung des Titels will deutlich machen, dass die Aufgabe der Missiologie in Krisen- und Übergangssituationen eine zweifache ist: (a) die Mission selbst zu transformieren, damit wieder (b) eine transformierende Kraft von der Mission ausgehen kann.[205]

Bosch betreibt somit sein missionsgeschichtliches Studium nicht um der Geschichte selbst willen, sondern weil er nach einer relevanten Theorie der Mission fragt. Er ist motiviert durch die gegenwärtige Krise der Mission und der Missiologie. Seine Antwort darauf wird in drei großen Teilen des Buches gefunden:

201 Hans Küng wandte die Theorie in seinen großen kirchengeschichtlichen Entwürfen an (Küng 1984 und 1987). Bosch lehnt sich an diese Entwürfe an (Bosch 2011:216ff.).

202 Bosch 2011:216ff.

203 Ebd:222f.

204 Ebeling 1962: 391.

205 Bosch 2011:603.

a. Bosch nähert sich den Texten des Neuen Testaments und sucht nach Modellen missionarischen Denkens.[206]

b. Er vertieft sich in die Geschichte der Mission und arbeitet historische Paradigmen der Mission aus.[207]

c. Und schließlich bündelt er seine historischen Beobachtungen in Überlegungen zu einer relevanten Missiologie.[208]

Die deutliche begriffliche Unterscheidung zwischen Modell (für die biblischen Denkstrukturen) und Paradigma (für historische Denkstrukturen) ist bewusst gewählt. Bosch sucht im Neuen Testament eine Denkmatrix; er lässt sich Kategorien vorgeben, denen er dann in der Geschichte der Mission nachspürt. Deutlich wird das z. B. in der Zentralität der Person und des Werkes Jesu Christi, die Bosch für alle christliche Mission verpflichtend zu machen glaubt. Wo sich nun Mission im Sinne des Christus ereignet, da kann und will Bosch Mission analysieren, verstehen und auswerten. Er macht seine entscheidenden Kategorien an den in Christus festgemachten Heilsevents fest.[209]

In der folgenden exemplarischen Darstellung der Geschichte der Evangelisation übernehme ich nun die Vorgehensweise von Bosch. Die in Kapitel 3 vorgenommene biblisch-theologische Grundlegung stellt hierfür den theologischen Ausgangspunkt für die historische Analyse dar. Damit wird bewusst nach Evangelisation im Sinne ganzheitlicher Mission gefragt. Um jedoch nicht Gefahr zu laufen, ähnlich breit zu arbeiten wie das bereits Bosch und mit ihm andere getan haben, grenze ich den Evangelisationsbegriff bewusst auf evangelistische Kommunikation ein und werde nur überblicksmäßig einen Einblick in die jeweilige Epoche wagen. Der für dieses Buch gesetzte Rahmen macht eine detaillierte Darstellung der Evangelisation in den betroffenen Paradigmen nicht möglich. Der gebotene Überblick wird jedoch die Richtung anzeigen, in die die Verkündigung des Evangeliums in der jeweiligen Epoche gegangen ist, und damit, so hoffe ich, eine Übertragung von Grundprinzipien in die Gegenwart ermöglichen.

206 Ebd:17-210.
207 Ebd:213-406.
208 Ebd:409-613.
209 Ebd:604ff.

Was bedeutet es nun, missionsgeschichtlich im Denkrahmen der Paradigmentheorie zu arbeiten? Wie gestaltet sich ein solcher Denkrahmen und welche Konsequenzen hat die Entscheidung, in einem solchen Rahmen zu forschen, auf die akademische Arbeit selbst? Einige Klärungen sind vonnöten. Es gilt, den Begriff „Paradigma" selbst zu klären. Dann muss die Validität der von Kuhn skizzierten Theorie der Paradigmenwechsel für die missionshistorische Forschung nachgewiesen werden.

Was ist ein Paradigma? Das Wort stammt aus dem Griechischen (*parádeigma*; *para* = neben und *deiknynai* = zeigen, begreiflich machen) und bedeutet Beispiel, Vorbild, Muster oder auch Abgrenzung, Vorurteil. Eine eindeutige Festlegung ist hier nicht möglich. David Bosch sprach daher auch von einem eher „slippery concept"[210]. Thomas Kuhn beschreibt ein Paradigma als „Gesamtkonstellation von Glaubensvorstellungen, Werten, Handlungsweisen und so weiter, die von Mitgliedern einer Gemeinschaft geteilt werden."[211] An anderen Stellen seines Hauptwerkes findet er aber auch weitere Definitionen. Man hat ihm vorgeworfen, nicht weniger als 22 unterschiedliche Definitionen des Begriffs zu bemühen.[212] Hans Küng definierte das Paradigma als Interpretationsmodell.[213] Andere bevorzugen unter einem Paradigma einen „Erkenntnisrahmen" oder auch ein „Glaubenssystem" zu sehen.[214] Was sind demnach Paradigmen? Wir legen uns für dieses Buch auf folgende Vorstellung fest: Paradigmen bestimmen den Blickwinkel, aus dem die Wirklichkeit beobachtet und bewertet wird. So gesehen bestimmt ein Paradigma das gesamte Leben einer Gemeinschaft und setzt damit auch die Rahmenbedingungen für Evangelisation fest.

Thomas Kuhn zeigt in seiner Theorie der Paradigmenwechsel, dass der wissenschaftliche Fortschritt nicht kumulativ voranschreitet, sondern durch massive Sprünge oder Wechsel, die er „Revolutionen"

210 Bosch 1991:185 (2011:217 liest man weniger prosaisch „schwer greifbarer Begriff").

211 Kuhn 1970:175.

212 Bosch 2011:216f.

213 Küng 1987:163.

214 So spricht T.F. Torrence von „frames of knowledge" und Paul Hiebert von „systems of belief". Huyssteen bevorzugt eher „frames of reference". Siehe Bosch 1991:185.

nennt, herbeigeführt wird. Ein solcher Wechsel im Denken und Handeln kündigt sich langsam an, durchdringt über Jahrzehnte, ja gar Jahrhunderte alle Erkenntnisebenen einer Kultur und führt schließlich zu einer epochalen Wende.[215] Natürlich verlaufen diese „Revolutionen" nicht ohne Kampf und Unruhe. Die Proponenten des alten Denkens verstehen die Argumente der Vertreter des neuen Paradigmas nicht. Die einen spielen Schach und die anderen Dame, wobei beide Parteien das gleiche Brett benutzen. Dieses einprägsame Bild von Paul Hiebert macht die Situation recht anschaulich.[216] Die Übernahme des neuen Paradigmas ist selten rein intellektuell möglich. Kuhn und mit ihm andere sprechen an dieser Stelle von einer Art emotionaler Bekehrung, die notwendig ist, um das Neue annehmen zu können.[217] Wie schwer ein solcher Wechsel sein kann, macht Hans Küng mit der Übernahme des Zitates von Einstein deutlich, der angeblich gesagt haben soll, dass man Vorurteile schwerer spaltet als Atome.[218]

Unter Paradigmenwechsel verstehen wir nun die Änderung des Blickwinkels, aus dem die Wirklichkeit gemessen und interpretiert wird, wodurch die Grundlage für eine Weiterentwicklung gegeben ist. Paradigmenwechsel sind typisch für die geschichtliche Entwicklung und sie zeigen entscheidende Brüche im Denken der Epoche an. Paradigmenwechsel finden auf unterschiedlichen Ebenen des Denkens und kulturellen Empfindens statt. Wir unterscheiden zwischen Mikro-, Meso- und Makroparadigmen. Sie umfassen demnach das individuelle Leben des Einzelnen (Mikroparadigma), das kollektive Leben einer gewissen gesellschaftlichen Gruppe (Mesoparadigma) und das totale Dasein im Lebesraum (Makroparadigma).

Welche Bedeutung hat nun die Paradigmenwechsel-Theorie von Thomas Kuhn für die Theologie und somit auch für die Missiologie und Missionsgeschichte? Kann man sie überhaupt auf geisteswissenschaftliche Entwicklungen anwenden? Schon Kuhn hat hier Bedenken geäußert.[219] Eine unkritische Übernahme der Paradigmenwechsel-Theorie in die Theologie und deren angewandter Disziplinen wie Missiologie und Missionsgeschichte ist sicher so nicht möglich. Wie

215 Kuhn 1970:82ff.

216 Hiebert 1985:9.

217 Kuhn 1970:122,123,151; Bosch 2011:216-218.

218 Küng 1984:59; Bosch 2011:217.

219 Kuhn 1970:94.

Küng[220] und Bosch[221] unisono feststellen, lassen sich theologische Denkstrukturen nicht einfach durch neue ablösen. Vielmehr bestehen die alten neben den neuen und sorgen nicht selten für eine Fülle von kreativer Spannung. Die klassischen „alten Kirchen" und ihre Theologie, die weit in die Geschichte zurückgeht, sind hierfür der beste Beleg. Allerdings führen Paradigmenwechsel immer auch in der Kirche und damit auch in ihrer Mission zu wesentlichen Veränderungen und zur Entstehung neuer Formen und Ausdrucksweisen der Mission. Und gerade diese Veränderungen haben in der Geschichte oft eine entscheidende Rolle bei der Formulierung und Ausbreitung des Heilsangebotes Gottes gespielt. Es macht demnach Sinn, Mission entlang der Paradigmen zu reflektieren.[222] Auch und gerade in Bezug auf die evangelistische Verkündigung.

Hans Küng schlug vor, die Kirchengeschichte in sechs Perioden einzuteilen, die sich durch besondere Identitätsmarker deutlich voneinander unterscheiden und deshalb Paradigmen andeuten:[223]

1. Das apokalyptische Paradigma des Urchristentums,
2. das hellenistische Paradigma der Patristik,
3. das römisch-katholische Paradigma des Mittelalters,
4. das Paradigma der Reformation,
5. das Paradigma der Aufklärung,
6. das aufkommende ökumenische Paradigma.

David Bosch lehnt sich an dieses Schema an und untersucht die Mission der Kirche im Rahmen der entsprechend vorherrschenden theologischen Denkstruktur. Dabei beschränkt er sich in der Darstellung des ersten Paradigmas auf die Entwicklung neutestamentlicher Modelle der Mission. Im weiteren Verlauf beschreibt er in seinem Buch vier historische Paradigmen der Mission und versucht sich dem im Entstehen begriffenen fünften zu nähern:

220 Küng 1984:25; 1987:157.
221 Bosch 2011:218-219.
222 Siehe mehr zu der Diskussion bei Küng 1984; 1987; Bosch 2011:218ff; Hiebert 1985:5-10; u. a.
223 Küng 1984:25; 1987:157.

a. Das Paradigma der Ostkirche (Bosch spricht vom patristischen und orthodoxen Missionsparadigma),
b. das römisch-katholische Paradigma des Mittelalters,
c. das protestantische Paradigma der Reformation,
d. das Paradigma der Aufklärung,
e. das aufkommende ökumenische Paradigma der Gegenwart.

Jedes Zeitalter wird kritisch mit Blick auf die Mission durchleuchtet. Positive wie auch negative Seiten werden aufgezeigt und es wird dargestellt, welche Elemente die Mission in bestimmten Zeitaltern formten.

In diesem Kapitel nähern wir uns der Evangelisationsgeschichte entlang der großen Epochen der Kirchen- und Missionsgeschichte. Diese Epochen werden durch die Denkorientierungen der jeweiligen Periode markiert, die wir mit Küng und Bosch Paradigmen nennen. Wir nutzen sie, um die kontextuellen Bedingungen für die Mission in Zeit und Raum zu verstehen, und suchen danach, die evangelistische Praxis aus der paradigmatischen Perspektive zu verstehen. Das setzt folgende Arbeitsschritte in Gang:

a. Wir nähern uns dem geltenden Paradigma und suchen die Denkstrukturen der Periode und somit die Rahmenbedingungen und die Herausforderderungen für die Evangelisation zu eruieren.
b. Wir machen uns mit den theologischen Grundüberzeugungen während der Periode bekannt und setzen somit das vorhandene evangelistische Angebot der Periode fest.
c. Wir sehen uns die evangelistische Praxis anhand ausgewählter Beispiele an.
d. Wir „lernen aus der Geschichte“ für unsere evangelistische Praxis von heute.

Das gewählte Vorgehen limitiert unsere Forschung in mehrfacher Hinsicht. Erstens, es beschränkt unsere Forschung auf die missionarische Expansion, wie sie vom christlichen Europa ausgegangen ist. Entwicklungen der Ostkirchen, so z. B. der jakobitischen, armenischen und nestorianischen Kirchen, bleiben von dieser Forschung fast völlig unberührt. Zweitens, es beschränkt unsere Forschung auf Rahmenbedingungen, die in Europa und Amerika entwickelt wurden (auf jeden Fall in der neueren Missionsgeschichte). Hier geht es immer wieder auch darum, Brücken zu lokalen Entwicklungen zu schlagen und sich nicht von dem vorgegebenen Denkschema der Epoche blenden zu lassen.

Diese Nachteile können jedoch getrost in Kauf genommen werden, geht es uns doch vor allem um die Evangelisation in Europa und dem von den Entwicklungen in Europa abhängigen Lebens- und Kulturraum. Reflektiert wird ja unsere europäische Geschichte. Die einzige Ausnahme bildet da die Zeit der Urgemeinde und der Patristik, beide jedoch grundlegend für die Entwicklung des Christentums in Europa. Die späteren Epochen sind alle rein europäisch oder europabezogen. Die globalen Entwicklungen sind zwar von grundsätzlichem Interesse auch für die Fragestellung dieses Werkes, schlagen aber nur indirekt zu Buche.

2. Evangelisation in der Urgemeinde

2.1. Grundsätzliche Beobachtungen

Evangelisation beginnt mit der Verkündigung des Evangeliums durch Jesus. Ihm folgen seine Jünger. Sie nahmen seinen Auftrag, den er ihnen gleich nach seiner Auferstehung gab, auf (Joh. 20,21; Mt. 28,18ff), sieht man von den Einsätzen im Jüngerkreis vor dem Kreuzestod Jesu ab.[224] Der Ausgangspunkt für ihre Evangelisation war die Pfingsterfahrung. Jesus selbst machte das aktive Zeugnis der Jünger von der Erfahrung der Erfüllung mit der Kraft des Heiligen Geistes abhängig (Apg. 1,8). Dann kam Pfingsten und mit dem Pfingstwunder die erste evangelistische Predigt des Petrus (Apg. 2,1ff), nach der sich dreitausend Menschen für die Nachfolge Jesu entschieden. Die aktive Evangelisation begann. Der britische Missionslehrer L. Newbegin nannte die Mission deshalb auch „einen Überfluss von Pfingsten."[225]

Wie gestaltete sich die Evangelisation der Jesusgemeinschaft? Wie hat sie die Lehre und das Vorbild Jesu in ihrem eigenen Dienst umgesetzt? Folgte sie einer Strategie, einem Masterplan? Einige Beobachtungen dazu:[226]

224 Jesus sandte seine Jünger in Matthäus 10,1ff in die Siedlungen Israels aus. Die Jünger erlebten hierbei deutliche Manifestationen der Macht Gottes.

225 Newbegin 1982:148.

226 Zur Evangelisation und Mission der Urgemeinde sind im Laufe der letzten

Evangelisation war in der Urkirche grundsätzlich auf Jesus Christus, den auferstandenen Herrn bezogen (Apg. 2; 4,1ff; 17).[227] Die Jünger Jesu predigten Jesus, den gekreuzigten und auferstandenen Herrn. Von ihm gesandt, übernahmen sie formell und inhaltlich seinen Auftrag. „Wie der Vater mich gesandt hat, so sende ich euch", sagte Jesus (Joh. 20,21) und markierte damit die Eckpunkte ihres Auftrags. Und dieser Auftrag wurde an der Botschaft des Evangeliums festgemacht, einer Botschaft, die „persönlich ergriffen werden muss"[228]. Es ist eine Botschaft, die den Menschen in seinem ureigensten Wesen meint und jede Situation und Lebenslage seines Daseins einschließt. Watson schreibt: „Es ist eine frohe Botschaft zu sehen, dass in jeder Situation so chaotisch, unheilvoll, bekümmernd oder auch schmerzlich sie auch sein mag, Jesus der Herr ist."[229]

Evangelisation fand unter der direkten Leitung des Heiligen Geistes statt. Der auferstandene Jesus selbst setzt den Beginn der missionarischen Aktivität seiner Jünger fest. „Ihr werdet die Kraft des Heiligen Geistes empfangen", sagte er und ergänzte, „und dann werdet ihr meine Jünger sein in Jerusalem ... und bis an das Ende der Welt" (Apg. 1,8). Und tatsächlich beginnt die evangelistische Verkündigung seiner Jünger mit der ersten Predigt des Petrus, der den verwunderten Zeugen des Pfingstereignisses erklärt, was hier eigentlich passiert (Apg. 2). Dabei fällt auf, dass die Predigt des Petrus das Erscheinen des Heiligen Geistes mit den entsprechenden Zeichen voraussetzt. Petrus reagiert mit seiner Predigt auf das, was der Heilige Geist unter den Jüngern und durch die Jünger wirkt. Im weiteren Verlauf der missionarischen Taten der Apostel wird dieser Zug immer wieder unterstrichen. Erfolgreiche Evangelisation ist das Werk des Heiligen Geistes (Apg. 8,29; 10,1-35; 13,1ff; 16,9-10; u. a.). Sie wird begleitet von Zeichen der Vollmacht Gottes (Apg. 3,6f). Immer wieder berichtet Lukas, der Schreiber der Apostelgeschichte,

---

hundert Jahre mehrere wichtige Veröffentlichungen erschienen. Nennenswert und für meine weiteren Ausführungen relevant sind unter anderem Harnack 1924; Allen 1956; Green 1970; Weinrich 1981:61-74; Hinson 1981; Rudnick 1984; Schnabel 2002:1477-1505; u. a.

227 Zur Zentralität der Person Jesu in der Evangelisation der Urgemeinde siehe Stenschke 2011:698-710.

228 Watson 1976:37-38.

229 Ebd:36.

von Wundern, die durch die Hände der Apostel geschehen (siehe z. B. Apg. 5,12-16).

Evangelisation fand in Wort und Tat statt. Die Urgemeinde in Jerusalem kümmerte sich von Anfang an um die Bedürftigen in der Stadt (Apg. 4,32ff; 5,1-11). Gute Taten werden als Licht und Salz der Jesusjünger in der Welt gepriesen, die Menschen, die diese sehen, zum Lob Gottes geleitet (Mt. 5,13-16). Es ist übrigens die Bereitschaft, sich auch für die materiellen Belange der Menschen einzusetzen, die als Erstes in der Urgemeinde unter Test steht. Ananias und Saphira versuchen, ganze Hingabe vorzutäuschen, indem sie nur einen Teil ihres Vermögens zu den Füßen der Apostel legen, aber so tun, als hätten sie alles gegeben. Ihr Betrug wird von Petrus entlarvt und sie müssen sterben (Apg. 5,1ff). Die Harmonie zwischen dem gesprochenen Wort und der gelebten praktischen Hingabe ist in der Urgemeinde ein wichtiges Zeichen wahrer Nachfolge.

Evangelisation führte zur Konfrontation mit den Mächten des Bösen. Mit dem Beginn des Zeugendienstes wuchs der Widerstand gegen die Botschaft vom Reich Gottes. Der Widerstand trägt religiöse (Apg. 4), okkulte (Apg. 13,9) und politische, ja sogar wirtschaftliche Züge (Apg. 20,23). Der Apostel Paulus macht klar, dass es letztendlich um den Kampf gegen die Mächte der Finsternis geht (Eph. 6,12).

Evangelisation fand im konkreten Kontext statt. Von den ersten evangelistischen Schritten der Apostel in die Welt hinein wird deutlich, dass das Evangelium nur dann Veränderung im Leben der Menschen bewirkt, wenn es in die Situation und Sprache der Menschen übersetzt wird. Überaus deutlich wird diese kontextsensitive Vorgehensweise der Jünger beim Apostelkonzil in Apostelgeschichte 15,1ff. Hier beschließen die Apostel, die aus dem Heidentum zum Glauben an Jesus gekommenen Menschen nicht mit den religiösen Vorschriften des Judentums zu belasten (Apg. 15,19). Paulus führt in seiner Rede in Athen vor, wie die Botschaft in die Sprache und Kultur der gebildeten Griechen übersetzt werden kann.

Evangelisation war am Jüngermachen interessiert. Jesus bringt den Missionsauftrag seiner Nachfolger auf den Satz: „Gehet hin in alle Welt und machet zu Jüngern alle Völker, indem ihr sie tauft und lehrt alles zu behalten, was ich euch gelehrt habe ..." (Mt. 28,18ff). Menschen sollen demnach in eine persönliche Beziehung zu Jesus geführt, in das Kollektiv der Gemeinde integriert und gelehrt werden, alles zu halten, was er ihnen anbefohlen hat. Der Apostel Paulus lehrt seinen Schüler Timotheus, Jüngerschaft zu seinem wichtigsten Ziel der Arbeit zu machen (2. Tim. 2,2ff).

Evangelisation hatte den Gemeindebau zum Ziel. Von Anfang an führte Evangelisation die Menschen zur Gemeinde. „Sie wurden der Gemeinde hinzugetan" (Apg. 2,46), ein Ausdruck, der deutlich macht, dass die Verkündigung des Evangeliums nicht allein an der Heilsvermittlung an den Einzelnen interessiert war, sondern auch an der Einbindung des für das Evangelium Gewonnenen in die Glaubensgemeinschaft. Evangelisation und Gemeindebau gehen hier Hand in Hand. Nimmt man das Neue Testament ernst, so wird man mit Erstaunen feststellen, wie wenig dieses in seinen geschichtlichen Darstellungen von dem gemeindeinternen Leben zu berichten hat. Wenn berichtet wird, dann ist es die Mission der Gemeinde nach außen, die das Interesse der Autoren findet.

2.2. Methoden der Evangelisation in der Urgemeinde

Wie haben die Jünger in der Urgemeinde evangelisiert? Wie haben sie ihr Zeugnis organisiert? Wie sah ihre Evangelisationsstrategie aus, schließlich war diese enorm erfolgreich. In wenigen Jahrzehnten war ein Großteil des Römischen Reiches mit dem Evangelium erreicht, und das unter den Bedingungen des 1. Jahrhunderts und in einem bunten multikulturellen und multireligiösen Lebensraum. Keines der heute üblichen Massenkommunikationsmittel stand damals zur Verfügung. Was machte den Erfolg aus? Einige Beobachtungen dazu:[230]

Die ersten Christen verstanden ihr eigenes Leben im Zeichen des angebrochenen Reiches Gottes. Evangelisation fand bei ihnen zuerst durch Lebenszeugnis statt. Der Satz des Petrus, den er dem bettelnden Lahmen vor der schönen Pforte des Tempels zuruft „Schau uns an" (Apg. 3,2), ist Programm. Die Jünger Jesu sind zuerst und vor allem Zeugen dessen, was sie gehört, gesehen und erfahren haben (1Joh. 1,1ff). So und nicht anders hatte es ihr auferstandener Herr ihnen verheißen: „Ihr werdet meine Zeugen sein, wenn der Heilige Geist auf euch kommt" (Apg. 1,8). Und dieses Zeugnis war unmittelbar auf ein

230 Siehe mehr bei Green 1970:224-271.

gewisses Territorium bezogen, auf Jerusalem, Judäa, Samarien und bis an das Ende der Welt.

Die Urkirche evangelisiert damit durch ihr Da- und Sosein. Ihr bevorzugter Evangelisationsort ist das private Haus.[231] Hier konnte der Evangelisierte nicht nur hören, was wahr ist, sondern sehen, wie wahrhaft gelebt wurde. So bekehrten sich ganze Familien.

Der besondere Stellenwert der Evangelisation im privaten Raum drängte die Urgemeinde allerdings nicht aus der Öffentlichkeit. Gleich von Anfang an versammeln sich die ersten Christen in den Häusern und im Tempel (Apg. 2,42ff). Sie suchen die Geborgenheit des privaten Raumes und scheuen vor der öffentlichen Auseinandersetzung nicht zurück. Ob sie dabei zu großen Massenauftritten schritten, ist eher unwahrscheinlich, schließlich fanden sie sich von Anfang an in der Verfolgungssituation wieder. Caecelius beschreibt ihre Situation aus der Perspektive eines Zeitgenossen treffend: „Die Christen schwiegen in der Öffentlichkeit, aber sprachen leise in den Ecken."[232] Trotzdem sagte man schon bald über sie, dass sie das ganze Erdenrund durcheinanderbringen. Die Christen mischten sich also ein. Sie nahmen ihre Chancen zur Verkündigung bewusst wahr, wie Lukas es am Beispiel der Missionsreisen des Apostels Paulus recht anschaulich klarmacht.[233]

Immer wieder kommt es durch die Verkündigung der Apostel zu öffentlichem Aufsehen. So z. B. in der drittgrößten Stadt des Römischen Reiches, Ephesus. Das durch das Evangelium veränderte Leben der Christen hat enorme Konsequenzen, sogar ökonomischer Natur. Sie dienen nicht mehr der Diana, der Göttin Artemis, und benachteiligen damit die Goldschmiede, die vom lukrativen Geschäft um den Artemiskult leben. Es kommt zum Aufstand dieser Geschäftstreibenden gegen die Christen und damit zu der öffentlichen Verteidigung des Paulus vor der gesamten Stadtöffentlichkeit (Apg. 19,23-20,1). Ähnlich verliefen die öffentlichen Auftritte der Christen schon in Jerusalem (Apg. 2) oder später in Philippi.

Die Korrelation zwischen der Evangelisation in den Häusern und der öffentlichen Präsenz, so scheint es, ist für die ersten Christen von

231 Green 1970:239ff.

232 Zit. nach Simson 1999:70.

233 Siehe hierzu vor allem Apg. 15-20.

enormer Bedeutung. Sie lebten das Evangelium vor und sahen sich im nächsten Moment herausgefordert, darüber Rechenschaft abzulegen. Wenn sie in die Öffentlickeit gehen, dann, so scheint es, suchen sie die religiöse Öffentlichkeit auf. So die Christen in Jerusalem den Tempel (Apg. 2,42), Paulus auf seinen Missionsreisen die Synagogen der Juden oder auch die Gebetsstätten der Heiden.[234] So gewinnt der Apostel Paulus seine ersten Nachfolger in der religiösen Öffentlichkeit einer Synagoge und zieht sich dann mit den Gläubiggewordenen in das private Haus zurück, um dann wiederum von hier aus in die Öffentlichkeit zu gehen.

2.3. Kontextbedingte Engführung

Die messianische Jesusbewegung verstand sich am Anfang ihrer Geschichte als Teil der jüdischen Glaubensgemeinschaft.[235] Und in der jüdischen Gemeinschaft des ersten Jahrhunderts herrschten apokalyptische Erwartungen vor. Hier ging es zuerst und vor allem um die Wiederherstellung Israels. Es ist faszinierend zu sehen, wie stark sich die jüdischen Nachfolger Jesu an die Glaubenskonditionen des Judentums halten. Folgende Grundvorstellungen der ersten Christen weisen darauf hin:

- sie behielten zunächst die Beschneidung bei (Apg. 15,5; 21,20-26; Gal. 5,2f);
- sie hielten sich an den Sabbat (Mt. 24,20);
- sie nahmen an den jüdischen Festen teil (Kol. 2,16);
- sie hielten die Reinheitsgebote ein (Apg. 21,20-26);
- sie lehrten und befolgten das Gesetz (Apg. 20,21ff);
- sie feierten ihre Gottesdienste im jüdischen Tempel (Apg. 2,46; 3,1-12).

Jüdische Christen verstanden sich also als die messianische Gemeinschaft Israels. Und entsprechend gestalteten sie auch ihre Evangelisation. Sie verkündigten den Juden Christus und erwarteten, dass eines Tages ganz Israel seinen Messias sehen und erkennen und sich dann

234 Meiß 2007:47f.
235 Küng 1994:71.

zu ihm wenden würde. Dabei scheinen sie bewusst dem Beispiel und dem Befehl Jesu zu folgen. Denn Jesus hat sich als „zu den verlorenen Schafen des Hauses Israel“ gesandt gewusst. Und seinen Jüngern befahl er, seine Mission fortzusetzen (Joh. 20,21). Schließlich ist er es, der die Jünger bereits zu den Juden sandte (Mt. 10,1ff). Kein Wunder, dass die Frage nach der Restauration Israels und die Wiederherstellung des Reiches Gottes das zentrale Thema in der Unterhaltung der Jünger war (Apg. 1,6-7). Die Universalität des Heils, wie sie bei Jesus deutlich wird, ja die Sendung zu allen Völkern der Erde (Mt. 28,18-20) konnte so nur allzu leicht aus dem Blick kommen.

Bei aller Identifikation mit dem Volk Israel und damit dem Judentum als Religion baute die messianische Gemeinschaft eine eigene Identität innerhalb Israels auf. In der Tat gab es nichts, was sie theologisch als un-jüdisch identifizieren würde. Neu war nur eines: ihr Bekenntnis zu Jesus als ihrem Messias! Und dieses Bekenntnis forderte recht bald eine eigene Identität. Diese lässt sich an drei Eckdaten ihrer messianischen Identität festmachen. Petrus macht das in der Antwort auf die Reaktion der Zuhörer auf seine Pfingstbotschaft deutlich (Apg. 2,38):

- Persönliche Buße als Weg zur Erfahrung des Messias,
- Wassertaufe als äußeres Initiationssymbol der Zugehörigkeit zum Messias,
- Empfang der Gabe des Heiligen Geistes als Zeichen der Annahme durch den Messias.

Diese Identitätsmarker stießen verständlicherweise auf den Widerstand des offziellen Judentums. Die messianische Gemeinschaft organisierte sich nach der Struktur der Synagoge, aber ihre Bemühung, innerhalb des Judentums zu bleiben, scheiterte.

Die junge Jesusgemeinschaft wurde bereits bald nach ihrer Entstehung von einer Verfolgung heimgesucht, die unter Agrippa I. in den 40er-Jahren n. Chr. ausbrach und dazu führte, dass alle Apostel Jerusalem verließen. Die Jerusalemer Gemeinde wurde nun von Jakobus, dem älteren Bruder von Jesus (Apg. 15), geleitet. Unter seiner Leitung verfestigten sich nun die judaisierenden Tendenzen. Die messianische Gemeinschaft suchte intensiv die Annäherung an das offizielle Judentum. Jakobus verstand sich als Ältester der messianischen Gemeinschaft und leitete die Gemeinde wie eine Synagoge.

Die messianische Gemeinschaft in Jerusalem und Umgebung, so scheint es, sah ihre Hauptverantwortung in der Gewinnung ganz Israels für Christus. Die Restauration Israels war das eigentliche evangelistische Anliegen von Jakobus und seinen Nachfolgern. Es ist bezeichnend, wie Jakobus die zum Glauben an Jesus gekommenen Juden in Apostelgeschichte 21,20 als treue Nachfolger Jesu und des Gesetzes identifiziert. Beides scheint ihm wichtig: der Glaube an den Messias und die Treue zum Gesetz des Mose. Das Evangelium ist hier vor allem ein Evangelium an die Juden und Evangelisation die Restauration der Beziehung zwischen den abtrünnigen Mitgliedern des Hauses Israel und Gott. Freilich kommen auch Heiden zum Glauben an Jesus, den Messias, und auch ihnen wird die Gnade der Geistestaufe geschenkt. Aber auch diese, so scheint es, sollten zum Volk Israel dazukommen. Zwar hatte man sich auf dem Apostelkonzil in Jerusalem (Apg. 15,1ff) gegen das Aufbürden von Gesetzesvorschriften für die Heidenchristen entschieden, aber die Judaisierer waren noch lange in der Gemeinde aktiv und versuchten, auch die Heidenchristen für ein Leben als Juden zu gewinnen, wie die Auseinandersetzung des Paulus mit den Galatern deutlich zeigt.[236] Die Verkündigung des Evangeliums konzentrierte sich hier deutlich auf die Wiederherstellung des Reiches Israel.

Aber eine so verstandene Evangelisation scheiterte. Die messianische Gemeinschaft wurde vom Judentum nicht akzeptiert und schließlich aus der Synagoge verbannt. Im Jahre 62 wurde Jakobus vom Sanhedrin unter der Leitung des Hohenpriesters Annas II. der Übertretung des Gesetzes für schuldig befunden und gesteinigt.[237] Eine zweite Welle der Verfolgung schwappte über die Jerusalemer Gemeinde. Dieses Mal war klar: Das Judentum war nicht bereit, die junge christliche Gemeinde als einen Teil ihrer religiösen Bewegung zu akzeptieren.

2.4. Krise der Evangelisation

Die Ablehnung durch Israel stürzte die messianische Gemeinschaft in eine tiefe Krise. Die Verkündigung des Evangeliums durch die messia-

236 Siehe an dieser Stelle Galater 2-3.

237 Altertümer XX, 9,1; Küng 1997:86.

nische Gemeinschaft konnte offensichtlich nicht auf den vom Judentum festgelegten Fundamenten stattfinden. Das Judentum erwies sich als unwillig, Jesus als den Messias Israels anzunehmen.

Was begründete die Krise? Folgende drei Punkte waren von Bedeutung.

a. Die Hoffnung, ganz Israel würde den Messias annehmen, erfüllte sich nicht. Die Frage nach dem Sinn der missionarischen Existenz kam auf die Tagesordnung. Wenn Israel nicht wiederhergestellt werden kann, wozu dann noch die Verkündigung des Evangeliums?

b. Die zum Glauben an den Messias gekommenen Heiden wurden nicht in die Synagoge der Juden aufgenommen, stattdessen wuchs die Kluft zwischen den theologischen Überzeugungen der Christen und der Juden. Die Frage nach dem wahren Volk Gottes beschäftigte nun die junge Gemeinde. Wenn die Völker, die nach Zion strömen, von Zion verworfen werden, ist Zion dann immer noch Gottes erwähltes Volk?

c. Die Hoffnung, Jesus würde bald wiederkommen und sein Reich aufrichten, wurde nicht erfüllt. Und damit stellte sich die Frage nach der Erlösung. Wenn Erlösung in Christus und auf sein Reich hin geschieht und dieses Reich ausbleibt, was ist dann Erlösung wirklich und wozu ist sie da?

Die so angedeutete Krise nahm also der Evangelisation ihre theologische Spitze und Begründung. In den Augen eines eifrigen gesetzestreuen Juden, der zum Glauben an den Messias Jesus gekommen war, musste die Verkündigung des Evangeliums, die nicht mehr dem Aufbau des Reiches Gottes in Israel diente, zur Farce werden. Ob sie deshalb schon bald ihren evangelistischen Eifer aufgegeben haben? Jedenfalls verlieren die judenchristlichen Gemeinden schon bald nach den ersten Jahrzehnten ihre Kraft und ihren Einfluss.

2.5. Der Apostel Paulus und der Weg aus der Krise

Die Überwindung der Krise der Mission und der Evangelisation in der Urgemeinde ist in vielfacher Hinsicht das Verdienst des Apostels Paulus. Er ist der Meistermissionar der Gemeinde Jesu in der apostolischen Zeit. Was zeichnet seine Mission in Theologie und Praxis aus? Was sind die Akzente, die helfen, die entstandene Krise zu überwinden? Ein kurzer Überblick soll die paulinische Praxis der Mission und der Verkündigung des Evangeliums deutlich machen.

a. Paulus legt seine Mission christologisch fest. Nichts zeichnete Paulus mehr aus als seine konsequente Umsetzung der Lehre Jesu.[238] Wie die messianische Gemeinschaft in Jerusalem, so hält sich auch Paulus an Jesus und sein Evangelium vom Reich Gottes. Er predigt kein neues Evangelium. Im Unterschied zu Jakobus geht es Paulus allerdings nicht um das Königreich Gottes für Israel, sondern um die Herrschaft Gottes über die Welt. Während die Judenchristen sich am Missionsbefehl in Matthäus 10,1ff orientieren, hält sich Paulus an Matthäus 28,18ff.

b. Paulus legt die Bibel kontextuell aus. Als Missionar ist Paulus an erster Stelle Kommunikator. Er versteht die dringende Notwendigkeit, eine religiöse Sprache zu entwickeln, die biblisches Denken transportiert, sich zugleich aber nicht an die Begriffe und Bilder des Alten Testaments zu binden hat. Seine hellenistischen Hörer kennen das Alte Testament nicht und Begriffe, die man im Judentum ungeschützt verwenden würde, schaffen potenzielle Missverständnisse. Deshalb vermeidet Paulus solche Begriffe wie Messias, Sohn Davids etc. Stattdessen benutzt er den im Hellenismus verständlichen Begriff Sohn Gottes für Jesus. Auch andere Begriffe werden bei Paulus konsequent kontextualisiert. Dabei fällt auf, dass er sich eher an die Sprache der kleinen Leute (koine) als an das Griechisch der Philosophen und Gelehrten hält. Natürlich kann die sprachliche Anpassung allein noch nicht über den Erfolg der Evangelisation entscheiden. Paulus muss sich mit der hebräischen Religion samt ihrer religiösen Gesetze, Symbole und Liturgie beschäftigen. Ihm ist klar, dass die „äußere Religion“ der Juden nur

238 Küng 1994:91.

geringe Chancen aufweist, das Reich Gottes, wie Jesus es predigte, auch unter den Völkern zu verkündigen. Konsequent setzt er deshalb auf die Gnade Gottes, die durch den Glauben allein das Heil des Menschen garantiert (Eph. 2,8-10).

c. Paulus definiert die Rolle des Heiligen Geistes. Nach Jesus ist es der Heilige Geist, der den Menschen in die Wahrheit Gottes leitet (Joh. 14,13ff). Paulus knüpft bei Jesus an und behauptet, dass es nur der Geist Gottes ist, der letztendlich die Erneuerung der menschlichen Natur garantiert (Röm. 8,1ff). Nicht das Gesetz, sondern der Geist ermöglicht geistliches und gottgewolltes Leben (Gal. 5,1ff). Die Akzentuierung der vom Geist Gottes gestalteten Beziehung zwischen Mensch und Gott macht die Notwendigkeit des Gesetzes und der Liturgie mit dem Tempelopfer obsolet, ganz im Einklang mit Jesus, der verheißt, dass „die wahren Anbeter Gott in Geist und Wahrheit anbeten werden" (Joh. 4,24).

d. Paulus definiert das Wesen des neuen Gottesvolkes. Die jüdisch-messianischen Christen verstanden sich als der erneuerte Flügel des alten Volkes Gottes. Für Paulus konstituiert Gott durch Jesus ein neues Bundesvolk, das aus Juden und aus Heiden besteht (Röm. 2; Eph. 2,14). Nein, die Heiden müssen nicht erst zum Judentum konvertieren, um am Heil Gottes teilzunehmen und Mitglieder im Volk Gottes zu werden. Sie werden durch ihren Glauben an Jesus Christus, den Erlöser, vom Heiligen Geist in das Kollektiv des Volkes Gottes hineingetauft (1Kor. 12,13). Das von Christus ermöglichte Volk Gottes ist eine neue geistgewirkte Wirklichkeit, ein neues Kollektiv, das Paulus Leib Christi nennt (Eph. 1,23). Dabei wird, so Paulus, Israel nicht einfach im neuen Volk Gottes aufgelöst. Vielmehr bleibt Israel eine eschatologische Rolle vorbehalten (Röm. 9-11).

e. Paulus verkündigt konsequent das Evangelium vom Reich. Es wäre falsch, die paulinische Kontextualisierung des Evangeliums Jesu Christi mit einer wie auch immer gearteten theologischen Verkürzung des Evangeliums zu verwechseln. Paulus lehrt und lebt ein Evangelium, das umfassend den ganzen Menschen in allen seinen

> Bezügen meint. Evangelisation bei Paulus ist wie bei Jesus Verkündigung in Wort und Tat, in Vorbild und intellektueller Überzeugung. Zu den Thessalonikern kann der Apostel deshalb schreiben: „Denn unser Evangelium ist nicht nur im Wort zu euch gekommen, sondern auch in Kraft und im Heiligen Geist und in großer Gewissheit, so wie ihr es ja auch wisst, wie wir unter euch gewesen sind um euretwillen.“[239]

Der missionarische Erfolg der evangelistischen Verkündigung in den paulinischen Gemeinden ließ nicht auf sich warten. Überall kamen Menschen zum Glauben – Heiden wie Juden. Und oft waren die Heiden in der Mehrheit. Während die judenchristlichen Gemeinden schon bald ganz von der Bühne der Geschichte verschwanden, wurden die paulinischen Gemeinden zum Träger des Evangeliums.

2.6. Evangelisation im Wandel – was lernen wir?

Die Krise der Evangelisation in der Urgemeinde und deren Überwindung durch Paulus lässt eine Reihe von entscheidenden Folgerungen zu:

1. Evangelisation darf sich nicht vom Boden des Evangeliums Christi entfernen. Sobald das evangelistische Bemühen des Volkes Gottes eine theologische Engführung akzeptiert, verliert die Gemeinde ihre Kraft. Die Konzentration auf die Evangelisation Israels, das kontextualisierte Vorgehen der Urgemeinde trug berechtigterweise sehr schnell geistliche Früchte. So hatte es Jesus seinen Jüngern verheißen. Doch als der jüdische Kontext überhandnahm und die Gemeinde ihre Identität aus dem religiösen Kontext zu gewinnen suchte, stürzte sie bald in eine tiefe Identitätskrise und verlor ihre evangelistische Kraft. Evangelisation lebt vom bewussten Kontrast zur unversöhnten Welt, auch wenn diese Welt religiös jüdisch ist. Wer diesen Kontrast aufzuheben versucht, verliert. Das Evangelium darf nicht zum „Gefangenen der Kultur“ werden. Die Indigenisierung des Evangeliums muss Hand in Hand mit der bewussten Alternative des Evangeliums zu allen kulturellen Formen des Lebens gehen. Oder wie Andrew Walls es schreibt, das Prinzip

239 1. Thessalonicher 1,5.

der Indigenisierung in der Evangelisation muss mit dem „Pilgrim“ Prinzip korrelieren.[240] Genau hier versagte aber die jüdische Urgemeinde und wurde evangelistisch unfruchtbar.[241]

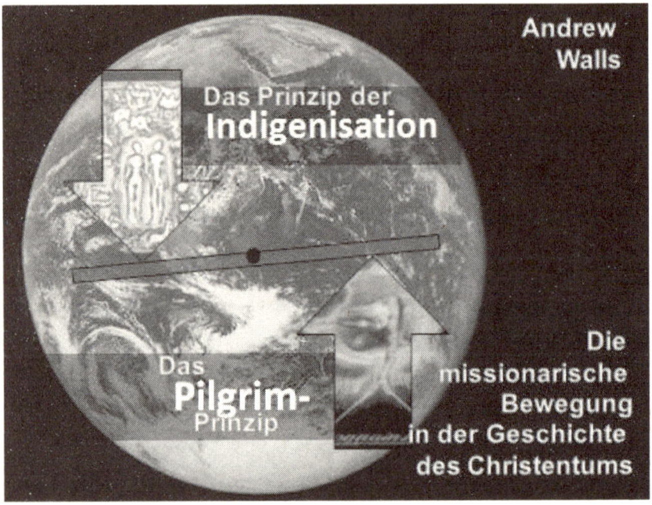

2. Evangelisation ist im ständigen Prozess der Kontextualisierung begriffen. Die kulturelle Anpassung des Evangeliums an die Bedingungen eines Volkes (die Juden) garantiert keinen Erfolg bei einem anderen (die Heiden). Das jüdische Evangelium vermochte es nicht, die Heiden im Römischen Reich zu erreichen. Der Versuch, es trotzdem durchzuziehen, endete im Streit und letztendlich in der Auflösung der judaisierenden Gemeinde selbst. Verlangt wird damit eine konsequente Kontextualisierung. Evangelisation kann somit nicht überall gleich gestaltet werden. Es wird für jeden neuen Kontext neu nach einer Balance zwischen Indigenisierung und Nonkonformität zu fragen sein.[242]

3. Evangelisation ist mehr als die Umsetzung bestimmter Methoden. Sowohl in der Urgemeinde als auch bei Paulus wird das Evangelium in Wort und Tat verkündigt, hier wie da wird die Rolle

240 Walls 1996: 3ff.
241 Ebd:16-18.
242 Walls 1996:5-8.

des Heiligen Geistes betont, hier wie da beruft man sich auf Jesus. Doch die Ergebnisse könnten nicht unterschiedlicher sein. Es geht damit nicht um Methoden, auch wenn diese wichtig sein mögen, sondern auch und vor allem um den Inhalt. Man kann wohl doch nicht das Evangelium vom Reich Gottes mit dem Evangelium vom Reich Gottes für Israel austauschen. So ähnlich die inhaltliche Setzung ist, so fatal sind die Folgen. Das Evangelium ist Gottes und da kann nicht menschlich korrigiert werden. Wo es doch versucht wird, ist das Ergebnis auf Dauer negativ.

4. Evangelisation ist immer ein ganzheitliches Geschehen. Es geht um die Predigt, die nicht so ist, wie die der Schriftgelehrten und Pharisäer. Die reden nur, Jesus dagegen – und mit ihm seine Jünger – reden und handeln, rufen zur Umkehr und heilen die Kranken, ermahnen die Sünder und setzen sich für Hungrige und Durstige ein. So kann das Evangelium nicht nur gehört, sondern auch angesehen, berührt, gefühlt und somit erfahren werden. Johannes schreibt an seine Gemeinden im 1. Johannesbrief 1,1-4, dass es dieses so ganzheitliche Evangelium ist, das er und die Seinen weitergeben wollen.

3. Das Missionsparadigma der Alten Kirche

3.1. Die Alte Kirche – Zeit und Entwicklungen

Als Alte Kirche bezeichnen wir in der Kirchengeschichte jene Epoche, die sich gleich an die Zeit der Apostel, etwa nach dem Jahr 70 n. Chr., anschließt und spätestens im 7. Jahrhundert nach Christus zu Ende geht.[243] Man spricht auch von der Zeit der Kirchenväter und ihrer Lehren, die in der Theologie mit der Patristik oder Patrologie näher bestimmt wird.[244]

Diese Epoche zeichnet sich durch enorme politische, soziale und auch religiöse Umbrüche aus. Hier beginnt der Niedergang des Römischen Reiches und ihr Ende markiert den Beginn einer völlig neuen Weltkonstellation. Es ist eine Epoche der intensiven philosophischen

243 Markschies 1998:343; Rosenkranz 1977:55.

244 http://de.encarta.msn.com/encyclopedia_721537026/Patristik.html.

und religiösen Auseinandersetzungen, in der letztendlich der Monotheismus, vor allem in der Gestalt des Christentums, als Sieger über das Heidentum in Europa hervorgegangen ist. Christoph Markschies spricht von einem „Laboratorium", in dem die Kirche im Gespräch mit der Umwelt ihren Weg auszutarieren hatte.[245] Dieser Weg würde das Christentum zur Weltreligion machen. Die hier getroffenen Entscheidungen der Kirche haben wahrlich, wie Hans Küng mit Recht anmerkt, „welthistorische Folgen"[246].

Es ist Paulus, der die Grundlagen für die Verbreitung des Christentums in der hellenistischen Welt gelegt hat.[247] Und schon wenige Jahre nach seinem Tod, im Jahre 100, findet man Christen in fast jedem Teil des Römischen Imperiums. Plinius schreibt an den Kaiser Trajan in den Jahren 111–113, dass das Gift dieses Aberglaubens (er meinte das Christentum) „nicht nur die Städte, sondern auch Dörfer und Plätze auf dem Lande erreicht" habe.[248] Das schnelle Wachstum der christlichen Gemeinde hat das Äußere dieser Gemeinde jedoch wesentlich verändert.

a. Die Gemeinde besteht nicht mehr in der Mehrheit aus Juden. Diese sind in der Minderheit und an manch einem Ort setzen sich die Gemeinden nur aus bekehrten Heiden zusammen. Die wenigsten dieser Christen kannten die Kultur und die Religion der Juden.

b. Griechisch ist nun die alles dominierende Sprache der Christen. In dieser Sprache lesen sie die Heilige Schrift, schreiben ihre Überzeugungen auf und gestalten ihre Liturgie.

c. Die Kultur der zum Glauben gekommenen Heiden hat ihre Wurzeln nicht im Alten Testament und dem Judentum, sondern in der griechischen und römischen Umwelt.

---

245 Markschies 1998:353. Er bezieht diesen Ausdruck vor allem auf das 2. Jahrhundert. Die hier gesetzten Entwicklungen waren aber gerade im Bezug auf die Ausbreitung des Evangeliums von entscheidender Bedeutung.

246 Küng 1994:148.

247 Ebd:146ff.

248 Plinius, Epistle 96, in Walker 1985:41.

d. Jerusalem ist nicht mehr das Zentrum des Christentums. Andere Städte werden zu Zentren des christlichen Glaubens: Antiochien, Alexandrien und Rom.

e. Die charismatische Gemeindeordnung, wie sie Paulus gelehrt hat, ist in den meisten Gemeinden durch eine presbyteriale und episkopale Ordnung ersetzt worden.

Diese veränderte politische und religiöse Landschaft, ja die Veränderung der Kirche in ihrer Struktur, verlangte nach einem wesentlich anderen Ansatz in der missionarischen Ausbreitung des Glaubens. Evangelisation musste sich neue Wege suchen.[249]

Das missionarische Interesse auf der einen und das theologische Überleben auf der anderen Seite zwangen das noch junge Christentum zu einem Kampf an zwei Fronten. Auf der einen Seite stand das Judentum, aus dem die christliche Kirche entstand und dessen Offenbarungsquelle, das Alte Testament, auch die Bibel der Christen war. Die vehemente Ablehnung des messianischen Anspruchs Jesu durch das Judentum, der fortwährende Vorwurf, die Offenbarung des Alten Testaments werde von den Christen falsch verstanden und auf Jesus interpretiert, zwangen die christlichen Apologeten zu Antworten, die nicht immer einfach und auch nicht immer gleichförmig gegeben wurden.

Auf der anderen Seite lauerte sowohl die Gefahr als auch die missionarische Chance in den heidnischen Religionen und vor allem in den zeitgenössischen Philosophien, die ähnlich wie das Christentum sich anschickten, auf die Sinnfragen des Lebens Antworten zu geben. Auch hier entwickelte man Ideen, die weit davon entfernt waren, die Einheit der Kirche zu fördern. Die Kirchenväter sahen sich gezwungen, Glaubensbekenntnisse zu formulieren, die sowohl der Offenbarung im Alten Testament als auch dem intellektuellen und spirituellen Empfinden der Zeit entsprachen. Zu den theologischen Klärungen kam eine zunehmende Vereinheitlichung des Glaubensalltags und der gottesdienstlichen Praxis der Gemeinden, die sich bis zum Ende

249 Gerhard Rosenkranz bezieht diese Herausforderungen direkt auf das rasche Wachstum der christlichen Gemeinden und die mit dem Wachstum, vor allem aus den Reihen der Nicht-Juden, verbundene Auseinandersetzung mit der mitgebrachten Kultur der Konvertiten. Siehe Rosenkranz 1977:44f.

des 2. Jahrhunderts in großer Freiheit entwickelten und eine sehr pluriforme Erscheinung darstellten.[250]

Eine Reihe bedeutender Synoden und Konzile fallen in diese Periode.[251] So entstanden zwischen dem 2. und 4. Jahrhundert die altkirchlichen Glaubensbekenntnisse und zwischen dem 4. und 8. Jahrhundert die altkirchliche Dogmatik.[252] Praktisch alle Fundamentallehren des heutigen Christentums haben hier ihre Gestalt erfahren. Man denke nur an die lang umstrittene Frage, wie man die Trinität zu verstehen habe.[253]

Auf der Suche nach der richtigen Lehre gab es auch Rückschläge. Es entstand eine Reihe von Häresien, die intensiv bekämpft wurden.[254] Im zweiten Jahrhundert ist es vor allem die Gnosis, die das Christentum herausfordert und seinen Bestand gefährdet. Irenäus von Lyon (ca. 135–202) setzt sich mit ihren Irrlehren auseinander. Athanasius von Alexandrien (295–373) und Basilius von Cäsarea (329/330–379) sehen sich mit den Irrlehren des Arius (260–336) und dem hieraus stammenden Arianismus konfrontiert. Und Augustinus von Hippo (354-430) bekämpft in Nordafrika die Donatisten und setzt sich mit den Lehren des Pelagius (360–435) auseinander.

---

250 Markschies 1998:356.

251 Konzil zu Nicäa (325), Mailand (355), Rimini (359), Konstantinopel (381), Eichensynode (403), Konzil zu Ephesus (431 und 449) und Konzil zu Chalkedon (451).

252 Folgende Namen christlicher Theologen sind für diese Periode von Bedeutung: Justin der Märtyrer, Montanus, Irenäus, Hippolyt, Tertullian, Sabellius, Callistus (Callixtus), Klemens von Alexandrien, Origenes, Cyprian, Papst Stefan, Novatian, Cornelius Caecilian, Athanasius, Apollonius*, Eusebius von Nikomedien, Basilius der Große, Gregor von Nazianz, Gregor von Nyssa, Cassian, Theophilus von Alexandrien, Johannes-Chrysostom, Hieronymus, Papst Innozenz I., Cyrill von Alexandrien, Nestorius, Ambrosius, Papst Damasus, Augustinus, Dioskur, Papst Leo I., Maximus der Bekenner, Benedikt, Kolumban, Papst Gregor der Große, Bonifatius. Viele dieser Texte sind im Internet in Originalsprachen, aber auch in Übersetzung ins Deutsche und Englische frei zugänglich. Siehe: http://www.teol.de/patristik.htm; http://repertum.de/.

253 Einen guten Überblick von zu diesem Thema veröffentlichter Literatur ermöglicht: http://www.theologie-systematisch.de/pneumatologie/3patristik.htm.

254 In diese Periode fallen die Entstehung und Entwicklung von Doketismus, Gnostizismus, Montanismus, Donatismus, Arianismus, Monophysitismus, Manichäismus und des Islam.

Die Patristische Periode endet im Westen mit Isidor von Sevilla (560–636), im Osten mit Johannes von Damaskus (ca. 650–754).

Die Auseinandersetzung mit den Gefahren, die der jungen Gemeinde von außen drohten, hielten sie aber nicht von der evangelistischen Durchdringung ihrer Umwelt ab. Das Gegenteil war der Fall. Eine beispiellose Ausbreitung des christlichen Glaubens setzte ein. Die kleine Jesusgemeinschaft, die sich noch vor den Juden versteckte, wuchs zu einem breiten Strom an, gegen den sich das Römische Imperium nur noch durch brutale Verfolgung wehren konnte. Nur 300 Jahre später feierte das junge Christentum den Sieg über das mächtige Rom und wurde zur *religia legitima*, und bald zur Staatsreligion. Was waren die herausragenden Marker dieser Mission nach außen? Womit war der enorme Erfolg dieser aus der entlegensten Provinz stammenden Religion begründet?

3.2. Evangelisation unter neuen Voraussetzungen

Die christliche Gemeinde des zweiten bis fünften Jahrhunderts war eine freiwillige Gemeinde. Zu den Christen zu gehören konnte schnell zu einer Frage des Überlebens werden. Christen wurden verfolgt, misshandelt und umgebracht. Und doch hielten sie zusammen. In den ersten Jahrhunderten ihrer Geschichte überrollten sie mehrere Verfolgungswellen, die das ganze Imperium oder wesentliche Teile davon umfassten.[255] In diesen schwierigen politischen Verhältnissen nahm die junge christliche Kirche am Leben der Gesellschaft teil. Und ihre Evangelisation zeichnete sich regelrecht durch eine solche Beteiligung aus. An zwei Stellen wird das besonders deutlich: am Leben der Christen und ihrer Wohltätigkeit und in der Teilnahme führender christlicher Apologeten am philosophischen Diskurs der Zeit.

Christ wurde man in der Zeit der Kirchenväter vor allem durch das gelebte Vorbild der anderen Christen. Eine solche Hinwendung hatte viele Konsequenzen. Nicht nur verlor man durch den neugewonnenen Glauben seine gesellschaftliche Stellung; die Gefahr, verhaftet zu werden und dann den wilden Tieren im Amphitheater zum Fraß und zur Belustigung des gaffenden Volkes vorgeworfen zu werden, war alltäg-

255 Siehe dazu z. B. Barcelo 1999:242-243; einen guten Überblick über die Verfolgung der Christen in dieser Zeitperiode gibt auch Küng 1994:168ff.

lich und real. Wer sich für den christlichen Glauben entschied, nahm diese Folgen auf sich. Entsprechend konsequent wurde dieser Glaube dann auch gelebt. Und dieses Leben wurde von den Heiden gesehen. Küng schreibt: „Wichtiger als was die Christen glaubten, war für ihre heidnische Umwelt, wie sie lebten."[256] Und sie lebten hohe moralisch-ethische Grundsätze, setzten sich immer wieder für die Belange ihrer Umwelt ein, organisierten vielfältige soziale Unterstützung für Waisen, Witwen, Kranke, Arme und sonstwie bedürftige Menschen.[257] Und das nicht nur für die eigenen Glaubensgenossen. Henry Chadwick bewundert dieses Christentum, das die Gesellschaft in allen Bereichen veränderte, ohne jedoch nach politischer Macht zu streben. In seinen Augen ist es eine „revolutionäre religiöse Bewegung ... sie zielte darauf, die Gesellschaft in allen ihren Schichten zu erobern, aber gleichzeitig war seine Gleichgültigkeit gegenüber den Machtverhältnissen in dieser Welt einer ihrer charakteristischen Züge."[258]

Das veränderte Leben der Christen wirkte gesellschaftsverändernd. Die Abwesenheit von Machtambitionen schaffte Vertrauen in der Bevölkerung. Und der Einsatz für die Belange der Bedürftigen zog auch jene magnetisch an, die sich noch gestern als erklärte Feinde der Christen brüsteten. So wurde Evangelisation möglich und diese glich einer „sanften Revolution"[259] des Lebensraumes. Hans Küng weist besonders darauf hin, dass sich das veränderte Verhältnis zur Frau, das dieser eine bewusste gemeindliche und gesellschaftliche Rolle zuwies, positiv auf die Ausbreitung des christlichen Glaubens auswirkte.[260]

Die Entwicklung des christlichen Glaubens in dieser Periode ist gekennzeichnet vom konsequenten Glaubensleben der Christen, aber auch durch den Versuch christlicher Theologen, den Glauben zu erklären, ihn ins Gespräch mit den Philosophien der Zeit zu bringen und seine Überlegenheit apologetisch zu beweisen. Dabei leisteten die christlichen Apologeten des zweiten und dritten Jahrhunderts Erstaunliches. Sie nutzten die Sprache der griechischen Philosophie mit Anleihen bei Platon und Philon, den Stoikern und Neoplatonikern, um auch die Gebildeten des Römischen Reiches mit dem Evangelium

256 Küng 1994:187.
257 Ebd:189.
258 Chadwick zit. Nach Küng 1994:190.
259 Küng 1994:190.
260 Ebd:192ff.

zu erreichen. Der Evangelist dieser Zeit war allem anderen voran Apologet. Wahrheit wurde hier im intellektuellen Streit gefunden. Einige Beispiele sollen das verdeutlichen.

Justin der Märtyrer (100–165) wurde in Flavia Neapolis, einer römischen Stadt, die an der Stelle von Sichem in Samarien errichtet wurde (heute Nablus), geboren.[261] Seine Eltern waren Heiden und legten großen Wert auf Bildung. Als junger Mann beschäftigte sich Justin intensiv mit den griechischen Philosophen, vor allem mit Platon und den Stoikern. Auch nachdem er Christ wurde, blieb er seinem Interesse für Philosophie treu und versuchte einen Dialog zwischen den Glaubensvorstellungen der Christen und den antiken griechischen Philosophen. Seine beiden *Apologien*, die sich gegen den Vorwurf, die Christen würden den Atheismus predigen und Menschen gegen den römischen Staat aufwiegeln, stellen ein Meisterstück der Verteidigung des Glaubens dar. Justin wandte sich dabei der Logos-Philosophie zu und suchte diese für das Christentum fruchtbar zu machen. Er identifizierte Gott mit Logos, und Jesus als seine Inkarnation auf der Erde bietet ihm die Veranschaulichung der Liebe Gottes zu den Menschen.[262] Dabei scheute Justin nicht Vergleiche mit der griechischen Mythologie, nutzte die Bilder aus der Götterwelt, um den Heiden Jesus und den Glauben der Christen nahezubringen. Auch sein drittes Buch „Dialog mit dem Juden Tryphon" zeichnete Justin als hervorragenden christlichen Theologen aus. Justin wurde unter der Herrschaft von Kaiser Marcus Aurelius in Rom enthauptet, weil er sich weigerte, den heidnischen Götzen zu opfern.Klemens von Alexandrien (ca. 150–215), der eigentlich Titus Flavius Clemens hieß und entweder in Athen oder Alexandrien geboren wurde, kann mit Recht als der erste christliche Gelehrte bezeichnet werden. Erst als wandernder Philosoph in der antiken Welt unterwegs, ließ er sich zwischen 180–190 in Alexandrien nieder und betrieb hier eine christliche Kathechetenschule. Ähnlich wie Justin suchte Klemens das Gespräch mit der griechischen Philosophie, der er eine gewisse Kenntnis der Wahrheit zusprach und die er vor allem im Kampf gegen die Gnosis einzusetzen wusste. In der unter Kaiser Septimus Servus (193–211) ausgebrochenen Christenverfolgung sah Klemens sich gezwungen, 202 Alexandrien zu verlas-

261 Kinzig 2001:719-720.

262 Küng 1994:171f. Siehe auch die hier angeführte Literatur.

sen, und siedelte in Kappadokien an, wo er 215 verstarb. Erst kurz vor seinem Tod wurde er zum Priester geweiht.

Die dritte herausragende Gestalt des zweiten Jahrhunderts war Irenäus von Lyon (um 135–202), der in Smyrna, Kleinasien, als Schüler des Polykarp von Smyrna aufwuchs und dann als Missionar nach Lugdunum, Ostgallien, in das heutige Lyon (Frankreich) kam, wo er 177 zum Bischof geweiht wurde. Die Missionierung weiter Teile Ostgalliens wird Irenäus zugeschrieben. Auch Irenäus lehnte sich an die von Justin entwickelte Logos-Theologie an und begründete hieraus die Einheit Gottes und die Einheit der Heilsgeschichte.

Im dritten Jahrhundert waren es andere herausragende Theologen wie Origenes (184–254), die ähnlich wie ihre Vorgänger ein Jahrhundert zuvor das Gespräch mit der griechischen Philosophie suchten, um das Evangelium in die Gesellschaft zu bringen. Origenes erlebte als 18-Jähriger das Martyrium seines Vaters. Das hinterließ tiefe Spuren in seiner Haltung zu Rom und der herrschenden Kultur des Hellenismus. Origenes lebte ein asketisches und weltabgewandtes Leben. Wie weit sein Asketismus ging, zeigt seine freiwillige Kastration. In seinem verzweifelten Kampf gegen die sexuelle Begierde entmannte er sich selbst. Bis zu seinem 45. Lebensjahr lebte und arbeitete Origenes in Alexandrien, wo er die alexandrinische Kathechetenschule leitete. Trotz seiner Abneigung allem Römischen gegenüber, bediente auch Origenes sich der griechischen Philosophie bei der Lösung theologischer Probleme. So bezog er sich bewusst auf Platons Definition des Bösen (das Böse ist die Abwesenheit des Guten), was ihn schlussendlich zur Ablehnung der Existenz der Hölle führte.

Das Gespräch zwischen christlichen Theologen und griechischen Philosophen wurde aber nicht nur in der Retrospektive geführt. Bezeichnend in dieser Frage ist die Persönlichkeit und die Lehre von Plotin (205–270). Der Mystiker Plotin gilt als Begründer des Neoplatonismus. Er lehrte die Vereinigung der menschlichen Seele mit Gott, die durch Selbsterkenntnis und Gotteserkenntnis zustande komme, wenn man dabei ein asketisches und vorbildliches Leben führe. Plotin selbst lebte wie ein Heiliger. Der zu Lebzeiten berühmte Mann beeinflusste ganze Generationen christlicher Denker und hat dem Christentum entscheidend Vorschub geleistet, weil die von ihm beeinflussten Menschen die Grundvorstellungen des Philosophen im Leben der Christen widergespiegelt sahen. Ihr vorbildliches Leben und ihre tiefe Gotteserkenntnis schien geradezu die Lehren des Meisters zu unterstreichen.

Die christlichen Theologen und Apologeten schrieben ihre Werke in Griechisch und mit Tertullian (160–220) auch in Latein, den Sprachen der Gelehrten ihrer Zeit. Sprachen, in denen es weder ein entsprechendes theologisches Vokabular, noch einen entsprechenden Ausdruck gab. Sie mussten diese Begriffswelt erst erfinden und suchten hierfür nach Bildern und Symbolen in der sie umgebenden Umwelt. Die neue Sprache lieferte schlagfertige Strukturen, den Glauben in die Gesellschaft zu tragen, aber auch eine wachsende Gefahr, den Inhalt des Glaubens zu verändern.

3.3. Die Krise

Die Zeit der Kirchenväter war eine Zeit enormer geistlicher Umbrüche. Die junge christliche Gemeinde folgte dem Ruf Jesu in die Welt und diese Welt wurde erschüttert von religiösen Suchbestrebungen. Der Kontakt zur Welt, die Bekehrung von Massen religiös suchender Menschen, die Suche nach einer Sprache, die auch die Intellektuellen verstanden, und die Auseinandersetzungen mit der Philosophie führten zu internen Konflikten. Noch waren in der Kirche viele theologische Fragen nicht geklärt. Noch gab es keine Glaubensregeln. Noch stritt man sich über die Validität und Wertigkeit der Schriften des Alten Testaments und es gab noch keinen Kanon des Neuen Testaments. All das musste noch werden. Die intensive und erfolgreiche Evangelisation brauchte Grundlagen, auf denen Gemeinde gebaut werden konnte. Diese Grundlagen schienen so klar nicht zu sein. So zogen Krisen auf und es gab Fehlentwicklungen. Die Festigung der Gemeinde Jesu nach innen, die Mission nach innen war eine enorme Herausforderung dieser Periode der Missionsgeschichte.

Im zweiten Jahrhundert war es vor allem die Gnosis – eine ganze Reihe von unterschiedlichen Ansätzen, durch die Erkenntnis den Weg zurück zu Gott zu finden –, die die Gemeinden erschütterte.[263]

---

263 Spuren dieser Auseinandersetzung finden sich bereits in den Schriften des Neuen Testaments, so z. B. im Kolosserbrief. Zur Gnosis, ihrer Entstehung und den durch sie ausgelösten Konflikten in der Alten Kirche siehe Küng 1994:173-184.

Die Gnostiker lehrten, dass die sichtbare, materielle Welt prinzipiell böse und die geistige Welt gut sei. Erlösung erfahre man infolge von Erkenntnis, die den Menschen aus seiner Gefangenschaft im Körper befreit. Die christlichen Gnostiker lehnten daher auch die Inkarnation Jesu in einem Leib ab. Sie sprachen von dem „Scheinleib" Jesu. Vom Wort Schein (griechisch Dokesis) stammt daher auch ihre Bezeichnung „Doketen". Die wohl wichtigste Gestalt dieser Periode ist Marcion von Rom (ca. 110–160). Marcion lehnte nicht nur die fleischliche Geburt Jesu ab, sondern auch das Alte Testament als Offenbarung Gottes. Dieses erschien dem Gnostiker Marcion zu irdisch und alles Irdische war in seinen Augen böse. Marcion erkannte nur einen kleinen Teil der Offenbarungsschriften an, stellte diese als Kanon heiliger Bücher zusammen und verwarf damit die anderen, allen voran die Schriften des Alten Testaments.

Die Bekämpfung des Gnostizismus verlangte von der jungen Kirche eine Einigung über die „drei Regulative", wie sie Hans Küng nannte: das Glaubensbekenntnis, den Kanon der Offenbarungsschriften und die Kirchenleitung.[264] In der Kirche begann somit ein Prozess der religiösen Stabilisierung und deutlichen Grenzziehung zu anderen Glaubensvorstellungen. Der von Irenäus ausgelöste Prozess, einen Kanon maßgeblicher neutestamentlicher Texte zusammenzustellen und damit in Fragen des Glaubens und des Glaubenslebens deutlich mehr Gewissheit zu erlangen, wurde aufgegriffen. Dieser Prozess dauerte lange und verlief nicht ohne schwerwiegende Auseinandersetzungen. Er kam schließlich auf dem Konzil von Nicäa im Jahre 325 mit der Festlegung des Kanons zum Abschluss.

In seinem fünfbändigen Werk gegen die gnostischen Heretiker *Adversus haereses* wiederlegte Irenäus die Postulate der Gnostiker. Seine Argumente schöpfte er sowohl aus den Schriften des Alten und Neuen Testaments als auch aus der von Justin beschriebenen Logos-Theologie.

Die Auseinandersetzungen mit der Gnosis hinterließ auch Spuren in den lokalen Gemeinden. Die endlosen Diskussionen ermüdeten auf der einen Seite und weckten in den Betroffenen die Sehnsucht nach wirklicher geistlicher Gemeinschaft mit Gott. Hier in dieser Sehnsucht wird man die Wurzeln der ersten großen Erweckungsbewegung

264 Küng 1994:185.

der Kirche suchen müssen. In der zweiten Hälfte des zweiten Jahrhunderts begann in Phrygien, Kleinasien, ein geistlicher Aufbruch, der als *phrygische Häresie* oder Montanismus – nach dem Namen eines der führenden Propheten Montanus – in die Geschichte der Kirche eingehen wird. Montanus und seine Nachfolger glaubten, besondere Erfahrungen mit dem Heiligen Geist machen zu können, prophezeiten, sprachen in anderen Zungen, erwarteten das nahe Weltende und prangerten den laxen geistlichen Zustand der Christen an. Die Bewegung griff schnell um sich und erreichte bald weite Teile der Kirche. Auch berühmte Persönlichkeiten, beispielsweise der Kirchenvater Tertullian, schlossen sich den Montanisten an und lieferten Montanus und seinen Anhängern die theologische Begründung für ihre Überzeugungen. Freilich geriet auch der Montanismus immer wieder auf sektiererische Bahnen, was sein Hauptanliegen, geistliches Leben in den Gemeinden zu stärken, zunehmend in Misskredit brachte.

Auch im dritten Jahrhundert gingen die innerkirchlichen Streitigkeiten weiter. Die Kirche wuchs und mit dem Wachstum kamen neue Fragen. Im Osten des Imperiums war es die Frage der Göttlichkeit des Christus, im Westen beschäftigte die Kirche die Frage nach den Sakramenten. Es war kein Geringerer als Cyprian (205–258), Bischof von Karthago in Nordafrika, der sich mit Papst Stephan (gest. 257) aus Rom über die Frage, ob die Priester, die Sakramente spendeten, selbst geisterfüllt sein müssten (Cyprian) oder das Sakrament an sich genüge (Papst Stephan). Papst Stephan sollte am Ende siegen, jedoch auf Kosten einer weiteren Vervolkskirchlichung der Gemeinde.

Ähnlich verlief der Streit zwischen dem römischen Presbyter Novatian (ca. 200–ca. 258) und dem späteren Papst Cornelius (gest. 253) um die Frage, ob die Kirche das Recht und die Macht habe, schwere Sünden zu vergeben (Cornelius) oder doch auf Gottes Erbarmen in dieser Frage angewiesen sei (Novatian). Der Streit endete mit dem Austritt der Anhänger des Novatian aus der Kirche (251).

Auch in Karthago kam es zur Spaltung. Hier ging es um die Frage der Märtyrerverehrung. Als Bischof Caecilian sich gegen diese Praxis stellte, verließ ein großer Teil der Gemeindeglieder unter der Führung eines gewissen Donatus die Gemeinde und bildete eine eigene Kirche. Der Versuch, den Streit auf dem Konzil von Arles (314) beizulegen, scheiterte. Mehr als 100 Jahre sollten die Donatisten die nordafrikanische Kirche beschäftigen. Erst Augustin löste die Donatisten-Gemeinden gewaltsam auf.

Von Alexandrien breiteten sich bald die Lehren des Arius aus, die die Wesensgleichheit Christi mit Gott infrage stellten. Im Jahre 325 berief der Kaiser Konstantin ein Konzil nach Nicäa ein, das den Streit beilegen sollte. Das Konzil verabschiedete zwar eine antiarianische Stellungnahme, schaffte es aber nicht, die Einheit der Kirche wiederherzustellen. Die Streitigkeiten sollten noch Jahrhunderte andauern. Eine der größten, aber auch umstrittensten Gestalten in diesen Auseinandersetzungen war Athanasius, Bischof von Alexandrien. Der arianische Streit offenbarte die wesentliche Schwäche des sich abzeichnenden Volkskirchentums: Nicht mehr geistliche, sondern formale und strukturelle und damit politische Erwägungen dominierten jetzt die Kirchenleitungen.

Mit der Einführung des Christentums als imperiale Religion strömten Massen von Menschen in die christlichen Gemeinden. Viele dieser Menschen sahen im neuen Glauben eher ein politisches Weiterkommen als eine persönliche Beziehung zu einem Gott, den sie nicht verstanden hatten und zu dem sie nie eine Beziehung gesucht hatten. Langsam verflachte das Glaubensleben. Während sich die Kirchenfürsten in theologischen Debatten und politischen Klimmzügen ergaben, verloren ihre Gemeindeglieder jeden persönlichen Bezug zum Glauben. Die christliche Gemeinde wurde zur Volkskirche und der persönliche Glaube zunehmend zum Bestandteil der Kultur.

3.4. Der Mönch als Träger des Evangeliums

Der eigentliche Missionar und Evangelist der letzten Phase der Alten Kirche war ein Mönch. Aland ermutigt den kirchenhistorisch interessierten Betrachter deshalb auch, sich bewusst nicht im Dickicht der kirchenpolitischen Wirren zu verlieren, sondern jene Bewegung anzusehen, die den Weg in die persönliche Beziehung zu Gott suchte und dann aufgrund dieser neugefundenen Beziehung Mission betreibt – den Monastizismus.[265] Die frommen Asketen suchten das geistliche Leben in der Flucht aus Gesellschaft und Welt. Der Eremit Antoni-

265 Aland 1985:184.

us (ca. 251–356) ist ein solches Beispiel.[266] Aus einer wohlhabenden ägyptischen Familie stammend, zog sich Antonius in die Wüste zurück, wo er in der Zeit der diokletianischen Verfolgung (303–311) ein Eremitenkloster gründete. Solche losen monastischen Siedlungen wurden später anachoretische Siedlungen genannt.

Etwas später, im Jahr 320, gründete Pachomios (292/298–346)[267] in Tabennisi, am rechten Nilufer ein Kloster, das eine feste Gemeinschaft von Mönchen vorsah, die auf einem Gelände zusammenlebten und sich strengen Ordensregeln unterwarfen. Man nannte sie koinobitische Klöster. Beide, sowohl die Anachoreten als auch die Koinobiten, erfreuten sich rascher Verbreitung. Die Mönche wurden schnell zum Anziehungspunkt für allerlei Menschen, die sich auf der Suche nach dem persönlichen Heil an sie wandten. So wurden sie zu Seelsorgern, Missionaren und Sozialreformern. Einer der wichtigsten Ordensgründer, Basilius von Cäsarea (330–379), maß gerade der sozialen Frage eine große Bedeutung bei. Für ihn stellte die mönchische Gemeinschaft die eigentliche gesellschaftliche Alternative als Gemeinschaft der Gläubigen dar.

Am Beispiel des Vaters des christlichen Mönchtums, Antonius dem Großen, der zum eigentlichen Vorbild jenes monastischen Missionars wurde, wird deutlich, wie die Mönche ihre Evangelisation verstanden und praktizierten. Seine Vita ist vom alexandrinischen Bischof Athanasius bald nach dem Tod des Antonius geschrieben worden und stellt mit Sicherheit ein realistisches Bild dar.

Antonius wurde um das Jahr 250 in eine koptische (ägyptische) Familie in Come, dem heutigen Qiman el Arus, in Ägypten geboren. Seine Eltern waren wohlhabende Christen. Im Alter von 20 Jahren bekehrte Antonius sich zu Jesus angeblich beim Hören einer Predigt über den reichen jungen Mann, dem Jesus rät, seinen Reichtum zu verkaufen und alles den Armen zu geben (Mt. 19,21). Antonius nahm diese Worte ernst und wörtlich, verkaufte sein Gut und suchte nur für Gott zu leben. Schon bald danach begann er ein asketisches Leben, an-

266 Sein Leben wurde von dem alexandrinischen Bischof Athanasius in der Vita Antonii beschrieben. Siehe den Text in deutscher Übersetzung bei: Athanasios (Alexandrinus). 1917. Leben des Heiligen Antonius (BKV Bd. 31), übersetzt von Dr. Hans Mertel, Kempten & München: Kösel-Verlag.

267 Siehe seine Vita in: http://www.unifr.ch/bkv/kapitel.php?ordnung=0&werknr=11&buchnr=21&abschnittnr=45.

geleitet von einem älteren Asketen. 20 Jahre seines Lebens verbrachte Antonius als Eremit in der Wüste ganz in der Nähe des Roten Meeres. Mehrere Motive bewegten ihn, das Leben in der Einsamkeit der Wüste zu suchen:

- Er suchte das Leben in der Heiligung und trachtete danach, die menschliche Natur in seine ursprüngliche Herrlichkeit wiederhergestellt zu sehen. So in seinem inneren Menschen geistlich zu wachsen, dass er in die ganze Fülle des vollkommenen Mannes in Christus wachsen würde und somit nicht mehr von jedem Wind der Lehre hin und her geworfen zu werden (Eph. 4,12ff), mit der Liebe des Christus erfüllt zu werden und schließlich die Fülle Gottes in seinem eigenen Leben zu erleben (Eph. 3,14ff).Er wollte aus der Gnade Gottes leben lernen. Denn schließlich ist der vollkommene Mensch „sein Werk" und zwar aus „Gnaden im Glauben", geschaffen zu guten Werken, die Er zuvor bereitet hat, damit wir darin wandeln sollen" (Eph. 2,8-10).
- Er wollte die Gaben des Heiligen Geistes wiederentdecken und erfahren, wie sie in und durch ihn zum Nutzen anderen wirken (1Kor. 12,4-7).
- Er wollte durch ein heiliges Leben im Fasten und Beten Disziplin lernen.
- Er wollte die Heilige Schrift studieren und diese in der Praxis anwenden, nutzt doch sie allein „zu allem Guten" (1Tim. 3,16).

Dafür schien Antonius die Wüste der beste Platz zu sein. Stellte sie mit allen ihren Unzulänglichkeiten doch den Ort der Dämonen dar. Wo sonst, wenn nicht hier, konnte er den Kampf lernen und praktizieren, der sich nicht gegen Fleisch und Blut, sondern die wahren Feinde der Menschen richtete (Eph. 6,12). Antonius zog also in eine feindliche Welt, weil er hier im geistlichen Kampf gegen die Mächte der Finsternis den Sieg auch für seine eigene Natur zu erringen glaubte. Und wenn die Geister der Wüste erst einmal besiegt waren, dann würde die Wüste beginnen zu blühen, weil jetzt Menschen in die Wüste ziehen und diese bevölkern würden. In der Tat bewohnten im Jahr 356, als

Antonius hochbetagt starb, mehrere Tausend Asketen die Wüste am Roten Meer.

Das Leben in der Einsamkeit der Wüste bedeutete jedoch nicht ein Leben weg von den Menschen. Antonius nahm die Menschen in seinem Herzen mit. Youkeem zeigt deutlich, dass die Fürbitte für die Menschen, die Gesellschaft, und allem anderen voran für das Heil der Menschen zum täglichen Anliegen des Eremiten gehörten. Er fasst diese Haltung der koptischen monastischen Väter mit dem Satz zusammen: „Die Heiligen bleiben mit Gott um der Menschen willen."[268] Antonius soll diese Haltung auf den Satz gebracht haben: „Mein Leben ist mit meinem Bruder … wenn wir unseren Bruder gewinnen, dann haben wir Gott gewonnen, wenn wir aber unseren Bruder verletzen, dann sündigen wir gegen Christus."[269] Die freiwillige Armut des Antonius öffnete sein Herz für die Armen der Welt. Er sagte, dass es ihm in der Wüste offenbart wurde, „dass er einen seinesgleichen in der Stadt habe."[270]

Zwanzig Jahre nach seinem Weggang in die Wüste hörte Antonius den Ruf Gottes, zu den Menschen zurückzukommen. Er kehrte in die Gesellschaft zurück und predigte das Evangelium mit enormer geistlicher Autorität. Er sprach kein Griechisch. Seine Worte waren einfach, und doch transportierten sie eine unbeschreibliche geistliche Kraft. Seine Nachfolger nannten ihn später „das Licht der Welt"[271]. Durch seinen Dienst wurden Kranke gesund,[272] Feinde versöhnt und immer wieder fanden Heiden zum Glauben.[273] Bald versammelten sich um Antonius Jünger, die er lehrte und weiterbildete. Der Glaube an Christus schien sich in ihrem monastischen Dasein einen Weg gebahnt zu haben und damit der Krise der Gesamtkirche entgangen zu sein.

268 Youkeem 1995:89.

269 Ward 1975:XV.2; Youkeem 1995:83.

270 Ward 1975:5.

271 Gregg 1980:28.

272 Ebd:73.

273 Youkeem 1995:107.

3.5. Evangelisation im Wandel – was lernen wir?

Die Zeit der Kirchenväter ist, wenn man evangelistischen Erfolg numerisch misst, eine der fruchtbarsten Zeiten der christlichen Geschichte. Viele, sehr viele Menschen fanden in diesen Jahrhunderten zum Glauben an Jesus Christus und wurden Mitglieder einer christlichen Kirche. Zugleich ist es eine Zeit ungeahnter Stagnation und Verflachung des Glaubens. Der Erfolg und Misserfolg der Evangelisation in dieser Periode der Kirchengeschichte spiegelt sich in folgenden Thesen:

1. Evangelisation ist ein ganzheitliches Geschehen. Wo vorbildhaftes Leben und der Einsatz für die Belange der Menschen auf erklärende und kulturell verständliche Worte treffen, da hören Menschen zu und sind sogar angesichts möglicher Repressalien bereit, das Evangelium anzunehmen.

2. Die evangelistische Durchdringung eines ganzen Volkes setzt voraus, dass man sich den Themen der Elite annimmt und mit den Vordenkern der Gesellschaft ins Gespräch kommt. Das verbindet Evangelisation mit Apologetik. So werden die Grundlagen gelegt, um früher oder später die breite Masse der Gesellschaft mit dem Evangelium ansprechen zu können.

3. Evangelisation ohne die theologische Fundierung der zum Glauben gekommenen Menschen läuft Gefahr, in synkretistisches Gewässer abzudriften und letztendlich auf Dauer kontraproduktiv zu wirken. Das theologische Fundament verbindet Evangelisation und Jüngerschaft, Evangelisation und Lehre. Nur so kann sichergestellt werden, dass die Ausbreitung des Evangeliums auf Dauer garantiert wird.

4. Evangelisation setzt die Einheit der Christen voraus. Nichts erweist sich als so hinderlich für die Verkündigung des Evangeliums, wie theologische Rechthaberei und Streitigkeiten. Aber auch eine von kirchlichen Machtstrukturen angeordnete Einheit bremst die Evangelisation aus. Nur die Einheit der Christen im Geist führt schließlich zur Evangelisation in Vollmacht.

5. Evangelisation kann nur in Vollmacht geschehen. Und diese Vollmacht kommt aus einem geheiligten und vom Heiligen Geist durchdrungenen Leben. Erst der Evangelist, der die Gnade Gottes am eigenen Leib erlebt, erreicht die Herzen der Menschen.

6. Evangelisation drängt immer auf Gemeinschaft. Wo Menschen Christus als ihren Heiland finden und annehmen, da ziehen sie zusammen, auch wenn das bedeutet, auf allen Wohlstand verzichten zu müssen, wie bei den Asketen geschehen.

4. Evangelisation im Zeichen der Macht

4.1. Das römisch-katholische Mittelalter

Von 590 bis 1517 dominierte die römisch-katholische Kirche die westeuropäische Welt. Die Kirche kontrollierte nicht nur die religiösen Überzeugungen der Menschen, sondern auch Politik, Wissenschaft, Bildung und Kunst. Man spricht auch vom „katholischen Mittelalter". Diese Periode begann mit Papst Gregor dem Großen (540–604) und endete mit der muslimischen Eroberung Konstantinopels (1453) und der einsetzenden Reformation in Europa.[274]

Die Periode wurde eingeleitet durch eine Zeit tiefster Not. Am 28. August 410 eroberten die Westgoten unter der Führung von Alarich (ca. 370–410) Rom. Das römische Imperium schien besiegt. Rom, die Weltstadt, war zerstört. Eine tiefe Endzeitstimmung erfasste die Menschen. Auch die Kirche war davon betroffen.

Zugleich beschäftigten die Kirche interne Probleme. In Nordafrika war die Kirchenspaltung, losgetreten durch die Donatisten in Karthago, immer noch nicht überwunden. In der Hauptstadt selbst stritt man sich intensiv um die Frage des freien Willens (Pelagianismus). Man hatte den Eindruck, die gesamte Welt war in Aufruhr und auch in der Kirche war kein Frieden.

Mitten in diese innere und äußere Krise erhob ein Mann seine Stimme. Er erklärte Zusammenhänge, bot theologische Lösungen, be-

274 Zum Begriff und seiner wissenschaftlichen Validität auch und gerade in Bezug auf das Denken in Paradigmen, siehe Küng 1994:337-345. Zur Mission in dieser Periode, siehe Bosch 1991:214-38.

nannte Strukturen. Wie ein weiser Baumeister baute er an einer Welt, die noch nicht da war, aber deren Grundfesten bereits gelegt waren – dem römisch-katholischen Kirchenstaat. Sein Name ist Augustinus von Hippo (354–430).

Augustinus wurde als römischer Bürger in der Provinz Numidia, im heutigen Algerien, in einer christlichen Familie geboren. Als Jugendlicher lehnte er sich gegen den Glauben seiner Eltern auf und verbrachte Jahre in totaler Gottlosigkeit, bis er schließlich durch eine tiefe persönliche Krise zum Glauben zurückfand. Er sprach und schrieb in Latein und lehnte sich gegen alles Griechische auf. Die Werke der großen griechischen Kirchenväter waren ihm nur bekannt, wenn diese ins Lateinische übersetzt waren. Für Augustinus war Rom das eigentliche Zentrum der Welt und besonders auch der christlichen Welt. Nach seiner Bekehrung zum Glauben an Jesus unterwarf sich Augustinus strenger Askese und lebte fortan in einer monastischen Gemeinschaft. Seine Hingabe an Gott und die Kirche fallen auf. Im Jahre 391 wurde Augustinus zum Priester und fünf Jahre später (396) zum Bischof von Hippo Regius, im heutigen Algerien, geweiht.

Es war, wie oben angedeutet, eine schwierige Zeit. Rom und seine Kirche steckten Ende des fünften und Anfang des sechsten Jahrhunderts in einer tiefen Krise. Und hier in Afrika sollte das Schicksal der Kirche in Europa entschieden werden, wie Hans Küng es so treffend bemerkt.[275] Augustinus sah sich mit mehreren Fragen konfrontiert. Die Art, wie er sie löste, schuf jenes Paradigma, das über ein Millennium lang die westliche Kirche dominierte.

a. Die Frage nach dem freien Willen. Augustinus, der frisch gekürte Bischof von Hippo Regius, nahm von Anfang an regen Anteil an den theologischen Streitigkeiten, die die Kirche gerade erschütterten. Er konfrontierte Pelagius (360-435), einen Mönch und wortgewaltigen Prediger aus England, der zwischen den Jahren 400–411 in Rom lebte und dort als Schüler von Origenes den freien Willen des Menschen lehrte. Nach Pelagius, der darin Klemens von Alexandrien, Origenes und anderen östlichen Kirchenvätern folgte, sei die Ebenbildlichkeit Gottes zwar durch Sünde beschädigt, sie könne aber in einer Art pädagogischem Pro-

275 Küng 1994:289.

zess wiederhergestellt werden und schließlich zur Gottähnlichkeit (theosis) führen. Augustinus wandte sich gegen Pelagius und seine oströmischen Lehrer. Für ihn war der Mensch durch die Sünde absolut verdorben. Seine Erlösung bedurfte einer radikalen Wende und der Gnade Gottes in Christus.[276] Augustinus argumentierte mit Römer 5,12. Er legte den Satz „in ihm (Adam) haben alle gesündigt" ursächlich aus und leitete davon die Erbsünde ab. Diese werde durch den Geschlechtsakt vermittelt und sei nur durch das Sakrament der Taufe aus dem Leben des betroffenen Menschen zu entfernen. Seine eigene Geschichte wird dabei dem Bischof vor Augen gestanden haben. Er hatte am eigenen Leib erfahren, wie ohnmächtig der Mensch ist, wenn er sich von der Sünde gefangen nehmen lässt. Nur dank der Hinwendung an den Erlöser sei er diesem tödlichen Strudel entkommen. Nein, an Gutes im Menschen konnte Augustinus nicht glauben. Gut wird er nur durch seine Hinwendung zu Gott. Dabei fällt auf, dass Augustinus das entscheidende Moment der Befreiung aus der Umklammerung der Erbsünde im Sakrament der Taufe festmachte. Eine theologische Entscheidung, die für den weiteren Verlauf der Evangelisation der Kirche von enormer Bedeutung sein wird.

b. Die Frage nach der Einheit der Kirche. Als Priester und später als Bischof war Augustinus Seelsorger in einer nordafrikanischen Kirchenprovinz, die seit der Einsetzung von Caecillian als Bischof von Karthago im Jahre 311/312 tief gespalten im kirchlichen Unfrieden lebte. Caecillian hatte während der diokletianischen Verfolgung seinen Glauben verleugnet, war dann später aber reumütig zur Kirche zurückgekommen. Seine Weihe zum Bischof löste eine Welle der Entrüstung aus und schließlich die Abspaltung eines großen Teils der Gemeinde. Die Abgespaltenen nannten sich „Kirche der Märtyrer", im Volk aber eher als Donatisten bekannt. Die Rebellen hingen der Theologie Tertullians (und Cyprians) an, der lehrte, dass Menschen, die eine der sieben Todsünden begangen haben, keine Vergebung haben und deshalb auch kein öffentliches Amt in der Kirche bekleiden dürfen. Augustinus unterstrich die Forderung der Donatisten nach einer Kirche als dem alleinigen

276 Siehe dazu Bosch 1991:216.

Agenten des Heils. Auch er forderte mit Cyprian: *extra ecclesiam nulla salus.* Aber im Unterschied zu den Donatisten wandte Augustinus diese Formel nur auf die römisch-katholische Kirche an. Weil es nur eine Kirche Jesu Christi geben könne und die römische Kirche diese Kirche sei, könne keiner außerhalb der römischen Kirche das Heil erwerben und müsse deshalb zurück in die Kirche gebracht werden – wenn es nicht anders ginge, dann durch die Anwendung staatlicher Gewalt. Augustinus argumentierte hier mit dem Gleichnis Jesu vom großen Festmahl (Lk. 14,15-24), in dem Jesus dem Herren des Festmahls sagen lässt, seine Knechte sollen seine Gäste von den Straßen und Zäunen zum Mahl „nötigen" (V.23). Das jesuanische „nötigen" deutete der Bischof nun als Gewalt.[277] Dem Vorwurf der Donatisten, die durch „einmal abgefallene" Priester gespendeten Sakramente seien ungültig, begegnete Augustinus, indem er dem Sakrament, allem voran der Taufe, den *character indelibilis*[278] zusprach. Die Taufe sei damit immer gültig, sogar da, wo der Täufling sich gegen die Taufe sperre.

c. Die Frage nach dem christlichen Staat. Wie kein zweites Ereignis seiner Zeit beschäftigte auch Augustinus der Fall Roms. Zwischen 413–427 schrieb er die 22 Bände seines grundlegenden Werkes *De Civitas Dei.*[279] Augustinus gab darin einen Überblick über die Geschichte der Welt. Sein Interesse galt dabei der Geschichte Gottes mit der Welt – der Heilsgeschichte. Dabei gebrauchte er das Bild von der Stadt. In der Geschichte gehe es entweder um die Stadt Gottes (civitas Dei) oder um die irdische Stadt (civitas terrena), die unter der Herrschaft des Teufels stehe, jedoch nicht ganz verloren sei. Die Priorität lag bei der Stadt Gottes, die sich in der Gemeinschaft der Heiligen, der *communio sanctorum,* manifestierte. Die Mission der Kirche wurde mit dem Wachstum der Stadt Gottes und der Zurückdrängung der irdischen Stadt beschrieben. Der Fall Roms musste somit keinen Christen bekümmern. Was ge-

277 Siehe dazu Küng 1994:345f.

278 Latein, zu deutsch – untilgbares Prägemal.

279 Die lateinische Ausgabe in der Bibliotheka Augustana: http://www.hs-augsburg.de/~harsch/Chronologia/Lspost05/Augustinus/aug_cd00.html. Deutsche Ausgabe: http://www.unifr.ch/bkv/kapitel.php?ordnung=0&werknr=91&buchnr=198&abschnittnr=1919.

> fallen war, war irdisch. Und da die irdische Stadt heilsgeschichtlich gesehen zurückgedrängt werden musste, damit die Stadt Gottes in aller Herrlichkeit erleuchten konnte, ist der Fall Roms weniger ein Problem, sondern umgekehrt ein Segen. Jetzt setzte also die Herrschaft Gottes auf Erden ein und damit ein Zeitalter der Kirche. Für Augustinus war diese Kirche einzig und allein die Kirche Roms.

Diese Grundpositionen des nordafrikanischen Bischofs werden nun entscheidend das Denken und die Praxis der Glaubensausbreitung in der Epoche der römisch-katholischen Kirche prägen.

4.2. Ausbreitung des Glaubens durch Einladung und Zwang

Das römisch-katholische kirchliche Mittelalter begann mit einer Kirche, die anders als die Gemeinde in den Jahrhunderten zuvor politisch akzeptiert, ja sogar gefördert wurde. Das Christentum war jetzt *religia legitima.* Christen mussten sich nicht mehr vor dem Staat fürchten. Allerdings war es auch der Staat, der sich eine gespaltene Kirche nicht leisten konnte. Die Einheit des Staates setzte die Einheit der Glaubensvorstellungen seiner Bürger voraus. Die in der Zeit der Kirchenväter allgegenwärtigen theologischen Streitigkeiten haben die Evangelisation und Mission erlahmen lassen. Und das Mönchtum als einziger wirklich evangelistischer Agent erwies sich nicht als stark genug, die großen Volksmassen des Reiches zum Christentum zu bekehren, zumal der sehr individuelle und mystische Zugang des Mönchtums zum Glauben an sich ein Problem und potenzielle Uneinheit barg. Deshalb begann der Staat selbst bald mit der Missionierung der noch heidnischen Völker des Reiches.[280] Und es war die Theologie Augustins, die dem Staat hierfür die Argumente lieferte.[281] Mit der Einführung eines vom Christentum getragenen Staatswesens hat das Reich Gottes über das Reich der Finsternis, die Stadt Gottes über die irdische Stadt gesiegt. Eine wie auch immer geartete Auseinandersetzung mit den Andersgläubigen entfiel somit. Evangelisation als apologetische Leis-

280 Kaiser Theodisios der Große (379–395), der ursprünglich gegen die Arianer, dann bald aber auch gegen alle Ketzer, Juden und Heiden mit der Staatsgewalt drohte und diese auch aktiv einsetzte, machte den christlichen Glauben de facto zur Staatsreligion. Siehe hierzu: Küng 1994:225-226.

281 Bosch 1991:223.

tung, wie das noch der Fall in der Patristik war, erübrigt sich. Das Christentum hat recht und dieses Recht muss weder bewiesen noch argumentativ verteidigt, sondern durchgesetzt werden und wenn nötig mit staatlicher Gewalt. Augustins Auslegung von Lukas 14,15-21, eigentlich bezogen auf die von der Kirche abgefallenen Donatisten, wurde nun zum theologischen Argument für die Mission als Zwang. Das Zeitalter der Christianisierung begann. Das Heidentum musste ausgerottet werden. Und da hierfür nach Augustin das Sakrament der Taufe die entscheidende Rolle spielte, wurden Menschen gewaltsam zur Taufe gezwungen. Gewaltanwendung wurde zum legitimen Mittel der Mission.[282] Zum christlichen Glauben wurde immer noch eingeladen, aber eine wirkliche Wahl hatten die Menschen nicht. Papst Gregor der Große ermahnte beispielsweise die Landbesitzer auf Sardinien, weil ihre Landarbeiter immer noch nicht getauft waren. Man solle diese einladen, den Glauben anzunehmen, und wenn sie sich dagegen wehren, dann entsprechend wirtschaftlichen Druck ausüben. Sie würden sich dann schon besinnen, was für sie besser sei. Diejenigen, die als Sklaven auf dem Landgut lebten, empfahl der Papst zu schlagen und zu quälen, bis sie zur Einsicht kämen.[283] Die Menschen mussten getauft werden, um gerettet zu werden. Sie mussten in die Kirche geführt werden, weil sie nur hier, in der Kirche Roms, Heil für ihre Seelen finden konnten. Und wie das geschah, war zweitrangig. Augustin selbst hatte zwar nicht zu einem Krieg gegen die Nicht-Christen aufgerufen, aber seine Theologie wies den Weg. Papst Gregor der Große und nach ihm viele seiner Nachfolger setzten diese nun vehement um.[284]

4.3. Die Krise und ihre Überwindung

Man kann sich nur zu gut vorstellen, wie bald sich große Teile der Kirche von den geistlichen Inhalten des Evangeliums entfernten. Leben in der Nachfolge Christi kann in einer solchen Kirche nur unter allergrößten Anstrengungen gelingen. Und deshalb flohen immer mehr Gottessucher in die Klöster. Hier in der Abgeschiedenheit von

282 Bosch 1991:222.
283 Ebd:223.
284 Ebd:224.

der stürmischen, nunmehr „christlichen" Welt, fanden sie zurück zu einer wahren Beziehung zu Gott. Tatsächlich war es dem Mönchtum zu verdanken, dass genuine Christusnachfolge den Zerfall der Kirche im Mittelalter überlebt hat.[285] Und auch hier fand nun der gleiche Prozess der Sendung statt, wie wir ihn bereits bei Antonius kennengelernt haben. Aus der persönlichen Heiligung wurde der Mönch von Gott zurück in die Welt gesandt. So begann die Evangelisierung der bereits christianisierten römischen Massen. Dass getaufte Christen noch zum Glauben und Glaubensleben geführt werden mussten, war neu. Und so entstand über die nächsten Jahrhunderte auch ein völlig neuer Begriff von Evangelisation. Die Christen mussten ja nicht mehr zum Glauben an Gott und die Kirche geführt werden. Das hatten sie dank der Taufe bereits erfahren. Aber ihr Glaube war tot. Sie mussten zum Glaubensleben erweckt werden. Der Typus der Erweckungspredigt, die in den späten Jahrhunderten zum Inbegriff der Evangelisation werden wird, war somit geboren.

Einige Beispiele dieser erwecklichen Evangelisation aus der Zeitepoche des römisch-katholischen Mittelalters sollen das Gesagte verdeutlichen. Da ist zunächst der Gründer des Ordens der Benediktiner Benedikt (480–547), ein Mönch mit ausgesprochener Endzeiterwartung, einer starken Betonung auf der persönlichen Frömmigkeit, Moral und Heiligung sowie dem Dienst für Gott und Menschen. Er und seine Nachfolger setzten sich für soziale Gerechtigkeit und geistliche Erneuerung der Kirche ein. Man hat die Benediktinerklöster „Schulen für den Dienst" genannt.[286] Die Predigt der Benediktiner verfehlte ihr Ziel nicht.

Eine besondere missionarische Kraft in der Kirche Roms entwickelte sich zunächst weit ab von Rom – unter den Kelten in Irland. Columban (543–615) gilt als der Vater dieser monastischen Bewegung und ist nach Dawson das eigentliche Vorbild aller wichtigen europäischen Ordensgründungen im siebten Jahrhundert.[287] Die keltisch-irischen Mönche suchten vor allem ihre eigene Erlösung und gingen deshalb auf weite Wanderschaften, die sie unter anderem mit intensiver Verkündigung verbanden. Sie durchliefen damit halb Europa und führ-

285 Eine Festellung, die von vielen geteilt wird. Siehe z. B. Niebuhr in Bosch 1991:230.

286 Siehe Bosch 1991:234.

287 Dawson 1950:63; Bosch 1991:233.

ten Massen von Menschen zum Glauben an ihren Herrn. So wurde die Suche nach der eigenen Heiligkeit zur Evangelisation, auch wenn sich die Evangelisation dem Anliegen der Heiligung unterordnete. Die Kelten hatten eine hohe Moral, eine starke Naherwartung und waren unermüdlich im Einsatz für die Armen und Bedürftigen.[288]

Ähnlich wie die Kelten gingen auch anglosächsische Mönche auf Wanderung, aber im Unterschied zu den Kelten verließen sie ihre Klöster ganz bewusst, um das Evangelium zu predigen.[289] Namen wie Bonifazius, Willibrod, Pirmin und Alcuin aus York stehen für eine ganze Bewegung der anglo-saxonischen Mission unter anderem in Deutschland. Nicht von ungefähr nennt man Bonifazius den „Apostel Deutschlands". Im Unterschied zu den Kelten begnügten sich die Angelsachsen nicht mit der reinen Predigt des Evangeliums, sondern suchten die durch ihre Predigt zum Glauben gekommenen Menschen in Gemeinden zusammenzufassen. Sie waren Evangelisten und Gemeindegründer.[290]

Die bekannteste und wohl auch prägendste Gestalt der evangelistischen Verkündigung dieser Epoche ist Franziskus von Assisi, der 1181/82 im umbrischen Assisi in Italien geboren wurde.[291] Seine Eltern Pietro Bernardone und Pica waren wohlhabende Tuchhändler. Franziskus besuchte eine kirchliche Schule in San Giorgio und konnte im Unterschied zu vielen Zeitgenossen lesen und schreiben. Als Jugendlicher lebte er ein recht ausschweifendes Leben. Im Herbst 1202 zog er mit anderen Kämpfern aus Assisi in den Krieg gegen die Nachbarstadt Perugia. Hier geriet er in Gefangenschaft und kam erst Anfang 1204 krank und innerlich zutiefst erschüttert durch das Lösegeld seines Vaters frei. Noch im gleichen Jahr entschloss er sich, für den Papst und die Kirche Ritter zu werden und in den Krieg gegen das Haus der Staufer zu ziehen. Auf dem Weg nach Apulien in Süditalien, wo Walter III von Brienne, ein Lehnsmann des Papstes, seine Ritter sammelte, soll er eine besondere Begegnung mit Gott gehabt haben. Er kehrte nach Assisi zurück und suchte fortan zu-

288 Rosenkranz 1977:93f.102; Bosch 1991:233.

289 Rosenkranz 1977:102.

290 Rosenkranz 1977:102.

291 Das Leben und Werk des Franziskus von Assisi ist in zahlreichen Veröffentlichungen rezipiert und kritisch reflektiert worden. In unserem Zusammenhang siehe z. B.: Feld 2001; Dietrich 1995; Feld 1994; Holl 1979 u. a.

nehmend die Einsamkeit. Im Jahr 1205 soll er dann in der Kirche San Damiano eine persönliche Stimme vernommen haben, in der er Christus sagen hörte: „Franziskus, geh und baue mein Haus wieder auf, das, wie du siehst, ganz und gar in Verfall gerät." Gehorsam sammelte der Mann Baumaterial und begann das Gotteshaus eigenhändig aufzubauen. Dabei nutzte er auch das Geld aus dem Geschäft seines Vaters. Es kam zum Konflikt und sogar zur Gerichtsverhandlung zwischen Vater und Sohn, in der Franziskus sich vollständig entkleidete und sich vom Vater und dem Erbe des Vaters lossagte. Fortan lebte er als Bettel-Einsiedler in der Gegend um Assisi herum. Am 24. Februar 1208 wurde ihm während einer Messe das Wort aus Matthäus 10 wichtig. Hier heißt es: „Geht aber und predigt [...] Umsonst habt ihr's empfangen, umsonst gebt es auch. Ihr sollt weder Gold noch Silber noch Kupfer in euren Gürteln haben, auch keine Reisetasche, auch nicht zwei Hemden, keine Schuhe, auch keinen Stecken" (Mt. 10,8-10). Franziskus nahm diese Worte wörtlich und erblickte in ihnen seine Lebensberufung. Er kleidete sich nun in eine einfache Kutte, lehnte jeden Besitz ab und wanderte von Ort zu Ort und predigte Buße und ein Leben unter Gottes Herrschaft. Er erfuhr Ablehnung und Spott, aber auch Unterstützung, und bald hatte er sogar einige Nachahmer, die sich ihm anschlossen. Schon 1209 zog er mit zwölf seiner Gefährten mit der Bitte um die Zulassung seiner kleinen Büßer-Gemeinschaft zu Papst Innozenz III. Trotz aller Skepsis der Kurie wurde die Gemeinschaft (1210) anerkannt und breitete sich nun sehr schnell in ganz Italien und bald auch über Europa aus. Die Bußbotschaft wurde gehört und das persönliche Zeugnis der Bettelbrüder gesehen. Im Jahr 1219 unternahm Franziskus sogar den Versuch, die Muslime zur Buße aufzurufen. Er schloss sich einem Kreuzfahrerheer an, segelte nach Ägypten und suchte dann das Lager von Sultan Al-Kamil in der Nähe von Damiette an der Nilmündung auf. Ihm ging es um Frieden, aber auch um die Bekehrung des Sultans zu Christus. Seine Mission blieb allerdings erfolglos. Zurück in Italien hatte Franziskus mit seinem angeschlagenen Gesundheitszustand zu kämpfen. 1220 gab er die Leitung des Ordens auf und zog sich als Eremit ganz in seine Bettelpredigt zurück. Dabei entwickelte er zum Teil recht kreative Formen der Verkündigung. So wird ihm nachgesagt, im Jahre 1223 in Creccio die erste lebendige Krippe aufgestellt zu haben, die ihm dann als Anschauung für seine Predigt diente. Er soll auch immer wieder den Tieren gepredigt und sich für die Schöpfung eingesetzt haben.[292] Franziskus starb am 4. Oktober 1226 und schon zwei Jahre später erklärte ihn die Kirche für heilig. Zurück blieb eine wachsende Bewegung, die sich der Verkündigung des Evangeliums in Armut verschrieb. Und der Orden der Franziskaner stand im Laufe der Jahrhunderte immer wieder auch Pate für die Gründung weiterer Bewegungen und Gemeinschaften, die die Sache des Evangeliums und der Evangelisation ernst nahmen.[293]

Was hat das Mönchtum insgesamt und Franziskus von Assisi speziell zum erfolgreichen Evangelisten gemacht? Was zeichnete die Mission und Evangelisation der Mönche und Nonnen aus? Bosch nennt vier Punkte, die in seiner Sicht die missionarische Kraft des europäischen Monastizismus begründen.[294]

Erstens war es die hohe Akzeptanz und Verehrung, die das asketische Leben in den Augen der Zeitgenossen fand. Asketen galten als heilige, gotthingegebene Menschen. Zu solchen Christen sah man auf und war bereit, ihnen zuzuhören.

Zweitens hinterließen das persönliche Leben und der Einsatz der Mönche für das Allgemeinwohl einen tiefen Eindruck bei ihren Zeitgenossen. Die Mönche waren arm, sie arbeiteten hart und gaben doch alles den Leidenden und Bedürftigen. Sie zogen in die unbewohnte und lebensfeindliche Wildnis und hinterließen schon bald einen überaus lebenswerten Raum. Ihr Einsatz verdiente Anerkennung. Nein, diese Menschen predigten nicht nur, sie taten, was sie im Evangelium erkannten. Ihre Worte wurden vom Leben bestätigt.

Drittens waren die Klöster nicht einfach Plätze sozialer Fürsorge und harter Arbeit. Hier in der Abgeschiedenheit des klösterlichen Lebens entstanden Kultur und Bildung. Hier wurde geforscht und geschrieben, gedichtet und musiziert. Keine andere Bewegung hat so viel zum Gelingen einer europäischen Hochkultur beigetragen wie der Monastizismus. Wenn es einen Platz der Gelehrsamkeit in Europa gab, dann war er bei den Mönchen zu suchen. Monastische Evangelisation stellte

292 Papst Johannes Paul II. hat Franziskus im Jahre 1980 zum Patron des Umweltschutzes und der Ökologie benannt.

293 Siehe zu den Verbindungen zwischen den Franziskanern und anderen Aufbruchsbewegungen des späten Mittelalters: Grundmann 1977.

294 Bosch 1991:237-238.

sich daher als kulturschaffende, lebensfördernde und überaus informierte Evangelisation dar. Diesen Predigern traute man zu, dass das, was sie sagten, Hand und Fuß hatte.

Bosch weist noch auf die Tatsache hin, dass die Mönche sich durch ein sehr duldsames und auf viele Jahre eingerichtetes Leben auszeichneten. Und ich will noch zwei weitere Faktoren nennen – die Spiritualität und die Bibelfrömmigkeit der Ordensleute. Das monastische Leben war umrahmt von Gebet und Fasten, Kontemplation und Gottesdienst. Täglich ging der gottsuchende Mensch im Kloster der Begegnung mit dem Höchsten nach. Niemandem nahm der Mensch der damaligen Zeit mehr ab, etwas über ein Leben in Gottes Nähe zu wissen, als den Klosterbrüdern. Dasselbe kann auch über die Kenntnis der Bibel gesagt werden. In den Klöstern wurde die Schrift gelesen, abgeschrieben und studiert. Franziskus von Assisi gestaltete sein Leben so, wie er es tat, weil er die Stimme Gottes und das geschriebene Wort verstanden hatte.

Damit gewann die Predigt der Mönche an Kraft. Sie lebten, was sie sagten, und suchten es mit dem Wort Gottes zu begründen. Das scheint einer der wesentlichsten Gründe zu sein, warum ihre evangelistische Arbeit enorme Erfolge feierte.

4.4. Kirche zwischen Weltentdeckung und innerem Zerfall

Das römisch-katholische Paradigma hat die Kirche des Westens fast ein ganzes Millennium lang geprägt. Schließlich aber scheiterte sie an sich selbst. In der Tat ist es das Papsttum mit all seiner Unwegsamkeit und Machtambition, das zum Totengräber des Systems wurde. Jahrhundertelang gelang es der Kirche, Reformbewegungen entweder zu integrieren (so die Kelten, Franziskaner, Jesuiten) oder jedoch sie erfolgreich zu bekämpfen (Waldenser, Katharer und Hussiten). Es ist schließlich diese geistliche Suche nach echter Gottesbeziehung, die sich Bahn bricht und damit das System infrage stellt, auch und gerade in der Frage der Mission und Evangelisation. Dabei sind es, so fremd es klingen mag, gerade auch die Machtambitionen der Kirchenfürsten, die im Zuge der Eroberungen auch die Mission fördern.

In der missionarischen Ausbreitung des Christentums im Vorfeld der Reformation kam Portugal eine entscheidende Rolle zu. Bereits 1253 gelang es den portugiesischen Königen, das Land von der Herrschaft des Islam zu befreien. 1415 eroberten sie Centas, ein Stück Land auf dem afrikanischen Kontinent, und besetzten es. Die Zeit der afrikanischen Mission der Portugiesen begann. Im Vordergrund dieser Mission stand allerdings nicht die geistliche Evangelisierung der Völker, sondern die Machtausdehnung und der wirtschaftliche Erfolg. Portugal ließ sich vom Papst 1452–1456 drei Bullen ausstellen, die ihm das Recht auf Eroberung heidnischen und muslimischen Territoriums auch durch Gewalt ausdrücklich genehmigten und die dabei begangenen etwaigen Verbrechen unter Ablass stellten (Dum diversas – 1452). Die unterworfenen Muslime durften als Sklaven behandelt werden (Romanus Pontifex – 1455) und die Einrichtung christlicher Kirchen in den eroberten Gebieten (Ineter atera – 1456) wurde angewiesen. Auf den Kriegsschiffen fuhren nun auch Ordensbrüder mit, die mit der Missionierung der Einheimischen beauftragt waren. Portugal wurde zur Seemacht und unterwarf langsam die Westküste Afrikas. Der wirtschaftliche Erfolg war enorm. Die Pfefferküste (Liberia), Elfenbeinküste, Goldküste (Ghana) und die Sklavenküste (Togo, Dahomey und Nigeria) brachten unvorstellbare Reichtümer nach Portugal. 1487/88 erreichte Diaz mit seinem Schiff die südliche Spitze Afrikas und damit den Seeweg nach Indien.

Einen besonderen Erfolg der portugiesischen Mission stellten die Missionierung Kongos und der Aufbau des christlichen Königreichs Kongo dar. Die Mündung des Kongo wurde in den 1480er-Jahren entdeckt und damit das Königreich der Kongolesen, das bald durch die Bekehrung des Königs Nzinga dem Christentum zugeführt wurde. Nzinga selbst wurde auf den Namen Johann I. getauft. Sein Sohn Alfonso I. festigte die Beziehungen nach Europa und schickte 1512–1513 eine Reihe seiner Landsleute nach Rom, um Theologie zu studieren, unter ihnen auch seinen eigenen Sohn Henrigue, der 1514 zum Bischof geweiht wurde. 1541 starb Alfonso I. Als 1548 jesuitische Missionare ins Land kamen, stellten sie fest: Die Einheimischen haben vom Christentum nur verstanden, dass sie „Salz gegessen haben". Trotzdem ging die Christianisierung des Kongo weiter.

Neben Portugal war Spanien die zweite große Seemacht, welche der katholischen Mission vor der Reformation und danach entscheidende Dienste leistete. Abgeschnitten von der afrikanischen Küste durch päpstliche Zugeständnisse an Portugal, suchte Spanien den Weg nach

Indien über den Westen. Auch Spanien sicherte sich durch päpstliche Bullen das Lehnrecht über alle Eroberungen auf dem Weg nach Indien. 1493 teilte Papst Alexander VI. durch seinen Schiedsspruch die Welt zwischen den beiden Seemächten Spanien und Portugal auf. Er zog eine Linie etwa 100 Leguas (spanische Meile = ca. 5 km) westlich von den Azoren. Der Osten fiel Portugal zu, der Westen Spanien. Ein Jahr später schlossen die beiden Länder in Tordesillas einen Vertrag miteinander; danach wurde die Linie 270 Leguas westlich von den Azoren gezogen.

Der Mann des Tages hieß Christophorus Columbus, der 1451 als Sohn eines Tuchhändlers aus Genua in Italien geboren wurde. Columbus reiste viermal im Auftrag der spanischen Krone nach Amerika (1492; 1493–1496; 1498–1500; 1502–1504). Auch auf seinen Schiffen reisten Missionare mit. Mit Columbus begann die Conquista (= Eroberung) der neuen Welt durch Spanien. Die Missionierung der ersten Jahre folgte einer der drei Formen: (a) Encomienda doctrina. Hierbei war der Grundbesitzer (encomendero) für die Missionierung der auf seinem Gut arbeitenden Heiden verantwortlich. Er hatte für den Bau einer Kirche und die Einstellung eines Priesters und Seelsorgers zu sorgen. Diese Form führte zur Entwurzelung der Menschen. (b) Wandermission. Die christlichen Missionare gingen in die Siedlungen der Indianer, belehrten sie kurz, tauften sie und ließen bald einheimische Mitarbeiter zurück. Leider hielt der Glaube der so Bekehrten nicht lang. Und schließlich (c) suchte man die Christianisierung über den Aufbau von großen Siedlungen zu gewährleisten. Die befestigten Siedlungen boten Schutz vor Sklavenhändlern und der Ausbeutung durch marodierende Konquistadoren.

Die Christianisierung der Neuen Welt wurde immer wieder durchzogen von Krieg, Blutvergießen, Gewalt und unermesslicher Gier der Konquistadoren. Namen wie Fernando Cortes (Spanien, Mexiko) und Pizarro (Spanien, Peru) stehen für Leid und Mord. Die Urbevölkerung soll in den ersten 70 bis 80 Jahren der Conquista von 55 Mio. auf etwa 10 Mio. Menschen zurückgegangen sein. Erst 1537 wendete sich Papst Paul III. in seiner Bulle *Sublimis Deus* gegen die Grausamkeit der Conquista, nannte die Indios Menschen und verlangte ihre Missionierung durch Predigt allein. Ein Jahr später sah er sich aber gezwungen, diese Bulle zu widerrufen.

Aber die Kolonialisierung kennt auch Ausnahmen. Die Geschichte der katholischen Missionierung Amerikas ist unweigerlich mit dem Namen Bartholomé de Las Casas (1474–1566) verbunden. Er reiste 1502 zum ersten Mal in die Neue Welt, wo er als Soldat am Kampf gegen aufständische Indios teilnahm. Für seine Tapferkeit wurde er mit Grundbesitz belohnt. Er kehrte nach Europa zurück und wurde 1506 in Rom zum Priester geweiht. Er reiste zurück in die Neue Welt, nahm wieder an den Kämpfen gegen Indios teil und erhielt als Lohn seinen zweiten Grundbesitz (Encomienda). Im Jahre 1511 nahm Las Casas an einem Gottesdienst in Santo Domingo teil, wobei er einer vernichtenden Bußpredigt eines Dominikaners zuhörte, der die Sünden der Konquistadoren anprangerte und ein grundsätzliches Umdenken der Eroberer verlangte. Aber erst 1514 erlebte Las Casas durch die Lektüre von Sirach 34 eine persönliche Bekehrung. Da hieß es:

„Ein Brandopfer vom ungerechten Gut ist eine befleckte Gabe. Opfer des Bösen gefallen Gott nicht. Kein Gefallen hat der Höchste an den Gaben der Sünder. Auch für eine Menge Brandopfer vergibt er die Sünden nicht. Man schlachtet den Sohn vor den Augen des Vaters, wenn man ein Opfer darbringt von dem Gut der Armen. Kärgliches Brot ist der Lebensunterhalt der Armen, wer es ihnen vorenthält, ist ein Blutsauger. Den Nächsten mordet, wer ihm den Unterhalt nimmt. Blut vergießt, wer dem Arbeiter den Lohn vorenthält" (Jesus Sirach 34,21-27).

Las Casas wurde deutlich, dass es bei den ausgeraubten Armen für ihn um die Indios ging. Er selbst, der ihren Grund besaß, war der Sünder. Und das Brot, das er in der Eucharistie Gott als Opfer darbrachte, war den Indios geraubt. Niemals konnte Gott ein solches Opfer annehmen. Am 15. August 1514 verkündigte Las Casas in einer Predigt, dass er auf seinen Grundbesitz verzichtet und die bei ihm tätigen Zwangsarbeiter ab nun frei sind. Seine Worte und sein Beispiel trafen auf massive Ablehnung. Statt der erhofften Reform sah Las Casas sich gezwungen, nach Europa zurückzukehren. Er wurde 1523 Dominikaner-Mönch und versuchte nun von Europa aus die Rechte der Indios zu erwirken. Auch in der Neuen Welt versuchten die Dominikaner, durch Indio-Genossenschaften eine neue christlich-indianische Kultur zu schaffen. Dabei dienten Dominikaner-Mönche als „Entwicklungshelfer". Berühmtheit erfuhr das Missionsgebiet „Verapaz“, das seit 1537 auf dem Gebiet des heutigen Guatemala auf Iniative von Las Casas eingerichtet wurde und dessen Missionsbischof 1544 Las Casas wurde. Leider scheiterte das Experiment bald. Es gelang offensichtlich nicht, die Indios allein durch die Predigt des Wortes Gottes und durch die soziale Alternative zu christianisieren und somit der Krone zu unterwerfen. Die Überfälle zogen militärische Strafaktionen nach sich. Schließlich musste auch Las Casas nach Europa zurück. Er starb im Jahre 1566, bis zum letzten Tag seines Lebens im Einsatz für seine indianischen Brüder in der Neuen Welt.

4.5. Evangelisation im Wandel – was lernen wir?

Wie kaum eine andere Epoche stellte die Zeit des römisch-katholischen Mittelalters eine Gesamtgefährdung für den Fortbestand des Christentums dar. Das Evangelium wurde theologisch umgedeutet, die Gemeinde Jesu in starre Strukturen einer religiösen Großmacht gepresst, Mission und Evangelisation zum religiösen Gewaltakt degradiert. Dass unter solchen Umständen Evangelisation möglich wurde, verdanken wir dem Mönchtum. Und diese monastischen Bewegungen setzten in ihrer Evangelisation eigene Akzente. Was lernen wir aus der Epoche?

1. Evangelisation verliert jeden Sinn, wenn man sie an Gewalt bindet. Menschen geben dem Druck nach und lassen sich schließlich taufen, aber Gott folgen sie dadurch noch lange nicht. Das Ergebnis einer solchen Mission ist kirchliche Dekadenz und religiöser Verfall.

2. Theologische Entscheidungen können die Evangelisation fördern, wenn sie evangeliumsgemäß sind, oder auch hindern. Es ist nicht egal, welche theologischen Rahmenbedingungen eine evangelistische Gemeinde akzeptiert.

3. Evangelisation setzt eine persönliche Frömmigkeit voraus. Wer mit Christus nicht persönlich leben will, wer Gottes Gegenwart persönlich nicht sucht, wird auch nicht evangelisieren. Wer aber wie die Mönche Gott sucht, der wird nicht anders können als zu evangelisieren.

4. Erfolgreiche Evangelisation bedient sich Formen, die von den Menschen geachtet werden. Die Mönche werden deshalb gehört, weil sie einen Lebensstil haben, der von den Menschen als ansprechend und als bewusste Alternative zur allgemeinen Dekadenz wahrgenommen wird.

5. Erfolgreiche Evangelisation schließt die Predigt des Evangeliums in Wort und Tat ein. Es ist der Einsatz der monastischen Evangelisten für die Armen und Bedürftigen, für soziale Gerechtigkeit und kulturelle Entwicklung, die ihren Worten Kraft verleiht.

6. Erfolgreiche Evangelisation gewinnt ihre Kraft in Gebet und Kontemplation. Nichts zeichnet den monastischen Evangelisten mehr aus als seine innere Beziehung zu Gott, die er täglich pflegt und die ihm über alles andere wichtig ist. Aus dieser persönlichen Gottesbeziehung erwächst Kraft und wird Segen.

7. Erfolgreiche Evangelisation baut bewusst auf die Kraft Gottes. Der Evangelist ist in dieser Hinsicht ein Charismatiker, der um die Gaben des Heiligen Geistes weiß und diese auch bewusst einsetzt. Auch und vor allem im Kampf gegen die Mächte der Finsternis.

5. Allein aus Gnaden – Evangelisation und Reformation

5.1. Reformation als Erneuerung der Kirche

Die Reformation ist zunächst ein rein innerkirchliches Ereignis. Martin Luther (1483–1546) ist nicht mit der Frage nach der Evangelisation und Mission der Welt, sondern mit der Frage nach der persönlichen Rechtfertigung an der Kirche und ihrer Theologie gescheitert. Dabei spielt für ihn die Wiederentdeckung Augustins und dadurch der Heiligen Schrift eine alles entscheidende Rolle. In der Tat ist Römer 1,16 der wichtigste Text der Reformation. Hier heißt es: „Denn ich schäme mich des Evangeliums von Christus nicht; denn es ist eine Kraft Gottes, die da selig macht alle, die daran glauben, die Juden vornehmlich und auch die Griechen."[295] Den Reformatoren ging es um die Rechtfertigung durch den Glauben allein, *sola fidae.*

Damit lehnten sie jeden Anspruch der Kirche ab, Heil vermitteln zu können. Vielmehr verstanden sie Heil als subjektive Erfahrung des Einzelnen, als eine Erfahrung, die auf Gottes Gnade und nicht auf kirchliche Rituale fußt, also *sola gratiae.* Erst diese Glaubenserfahrung der Gnade Gottes konstituiert für sie die Gemeinschaft der Glaubenden, die sie als *Priesterschaft aller Gläubigen* verstehen und sich damit gegen das besondere Institut der Geistlichen wehren. Das Besondere dieser neuen Haltung liegt in ihrer Begründung. Die Reformatoren begründen ihre Position nicht aus der theologischen Reflexion oder dem kirchlichen Amt, sondern allein mit der Heiligen Schrift, *sola scriptura.* So wird die Reformation in der Kirche zu einer Bibelbewegung.[296]

5.2. Reformation und Evangelisation

Wie verhielten sich die Reformatoren zur Evangelisation und Mission? Der katholische Kardinal Robert Bellarmine warf den Reformern bereits im 16. Jahrhundert vor, sie würden keinen Heiden oder Juden zum Glauben führen, sondern nur Unruhe unter den Christen stiften.[297] Gustav Warneck, der Vater der modernen Missionswissenschaft, bestätigte diese Sicht. Er sah bei den Reformatoren weder den Ansatz einer missionarischen Praxis noch der Theorie.[298] Luther schweige einfach zum Thema Mission.[299] Andere haben diese Sicht jedoch in der neueren Missionswissenschaft infrage gestellt und sehen gerade bei Martin Luther den Ansatz einer missionarischen Theologie. Scherer will sogar in Luther den eigentlichen Missiologen ausgemacht haben.[300] Luther hat mit seiner Theologie die wichtigsten Prinzipien

295 David Bosch spricht an dieser Stelle gar von dem „Missionstext der ganzen Epoche" (Bosch 2011:282).

296 Bosch 2011:285f.

297 Neill 1966:221; Bosch 2011:286.

298 Warneck 1906:9.

299 Ebd:11.

300 Scherer 1987:65f.

einer Theologie der Mission festgelegt, so Holl.[301] Und Scharpff kann ganz lapidar schreiben: „Die Geschichte der protestantischen Evangelisation beginnt mit Luther."[302] Und in der Tat unterschrieb Luther sogar viele seiner Briefe mit „Martinus Luther, von Gottes Gnade, Evangelist von Wittenberg"[303]. Zuletzt setzte sich Hans-Werner Gensichen massiv dafür ein, Luthers Theologie für eine Missionstheologie fruchtbar zu machen.[304]

Freilich kann und soll die Theologie der Rechtfertigung, wie sie Luther und mit ihm die anderen Reformatoren gelehrt haben, für ein adäquates Missionsverständnis fruchtbar gemacht werden. Es ging dem Reformator vor allem um das Evangelium und seine Ausbreitung.[305] Und sicher haben sich alle Reformatoren gegen den Einsatz von Gewalt bei der Ausbreitung des Evangeliums ausgesprochen.[306] Eine missionarische Gesinnung und evangelistische Praxis haben sie jedoch trotzdem nicht gezeigt. Sie setzten sich vor allem für die Bekanntmachung des Evangeliums unter den Christen ein. Wenn es überhaupt um Evangelisierung ging, dann um die Evangelisation der nominellen Christen in der römischen Kirche.

Die ersten beiden Jahrhunderte nach der Reformation kannten kaum nennenswerte Beispiele missionarischen und evangelistischen Handelns, mit einer rühmlichen Ausnahme. Aus heutiger Sicht kann man sich darüber nur wundern und es bleibt „für viele ein Rätsel"[307], warum Menschen, die so viel Wert auf die Heilige Schrift legten, im Stande waren, die Mission zu negieren.

Es ist der holländische Theologe Adrian Saravia (1531–1613), der nach einer bleibenden Bedeutung des Missionsbefehls in Matthäus 28,18-20 rief und hierfür sowohl von Geza, dem Nachfolger Calvins in Genf, als auch von dem Lutheraner Johann Gerhard massiv kritisiert wurde.[308] Und die einzige missionarische Praxis zeigten die schwedischen Lutheraner, die im 16. Jahrhundert (Beginn: 1559) un-

301 Holl 1928:237.239.
302 Scharpff 1964:8.
303 Ebd:8.
304 Gensichen 1960:122.
305 Siehe dazu die Ausführungen von Scharpff 1964:9-12.
306 Warneck 1906:11.
307 Vicedom 1967:22.
308 Bosch 2011:291.

ter der Führung des schwedischen Königs Gustav Vasa die Lappen evangelisierten. Dabei waren allerdings die politischen Absichten des Königs unverkennbar.[309]

Nein, die Reformer haben nicht missioniert. Wenn sie evangelisiert haben, dann nur innerhalb des Christentums. Das ist gerade bei der massiven missionarischen Tätigkeit der katholischen Kirche in der Neuen Welt doch recht verwunderlich. Das mag vor allem daran liegen, dass sie sich der Reformation der Kirche und nicht dem Aufbau einer neuen Kirche widmeten.

Mit dem Frieden von Westfalen (1648) wurde die Aufteilung Westeuropas in einen protestantischen und einen katholischen Teil besiegelt. Der Aufbau der Kirche im protestantischen Teil konnte nun ohne religiöse Behinderung Roms vorangetrieben werden. Schloss ein solcher Aufbau die Mission ein? Die Antwort ist – nein.[310] Auch die lutherische Orthodoxie entwickelte keinen eigenen Missionsbegriff, sondern setzte sich noch kritisch mit der blühenden Missionsarbeit der katholischen Kirche auseinander. Einen besonderen Einfluss hatte dabei der lutherische Theologe Philip Nicolai (1556–1608). In seinem Werk *Commentarius de regno Christi*, erschienen 1597, legte Nicolai seine Vorstellungen zur Mission nieder. Die späteren Darstellungen im protestantischen Raum fußten auf den Argumenten Nicolais. Für ihn gelten folgende Postulate:

> a. Der Missionsbefehl des Neuen Testaments hat für die nachapostolische Gemeinde keine bindende Bedeutung, da dieser von den Aposteln Jesu bereits erfüllt sei. Nur ihre Mission kann daher *missio* genannt werden. Die missionarische Verkündigung der Kirche dagegen müsse als *propagatio* qualifiziert werden. Eine aktive und aggressive Mission habe hier keinen Platz. Die Kirche könne höchstens Handlangerdienste wahrnehmen.[311] Spätere Generationen von orthodoxen Lutheranern lehnten mit diesem Argument jede Missionsarbeit der Kirche ab.

309 Gensichen 1961:7; Bosch 2011:289f.

310 Siehe hierzu Neill 1968:71-77; Bosch 2011:291f.

311 Beyreuther 1961:5ff.

b. Mission ist niemals Aufgabe der Kirche, sondern allein Gottes Auftrag. Es ist Gott und seine Gnade, welche die Menschen zum Heil führt. Die Einmischung der Menschen ist eher unangebracht. Für die Calvinisten kam zu diesem theologischen Argument noch die Frage nach der doppelten Prädestination.

c. Mission sei allein deshalb keine dringliche Aufgabe, da die nahe Parusia eher die Vorbereitung der Kirche auf die baldige Wiederkunft des Herrn verlange. Nicolai erwartete die Wiederkunft Jesu um das Jahr 1670. Erich Beyreuther sprach an dieser Stelle von der „praktischen Häresie" der Orthodoxie.[312]

d. Mission sei deshalb nicht notwendig, weil alle Nationen bereits einmal durch die Apostel evangelisiert worden seien. Diese weitverbreitete Meinung, vor allem vertreten durch Johann Gerhard (1582–1637), erwies sich als entscheidendes Hindernis in der Formulierung einer positiven protestantischen Missionstheorie.

Infolge solcher Vorstellungen kann von keiner nennenswerten Mission der Reformationskirchen in den ersten beiden Jahrhunderten nach der Reformation gesprochen werden. Im Jahre 1652 entschied sich die Wittenberger Theologische Fakultät dafür, dass die lutherische Kirche nur auf ihrem Territorium zu evangelisieren habe und dass alle Mission der Kirche, die außerhalb dieses Territoriums wahrgenommen würde, eine Aufgabe des Staates sei, da dieser nach dem Alten Testament für die Konversion der Heiden zuständig sei.

Die wohl berühmteste Stimme, die sich in der Zeit der lutherischen Orthodoxie für die Mission und damit gegen die gängige Meinung erhob, war die des österreichischen Adeligen Justinian von Welz (1621–1666).[313] Welz, aus einem angesehenen Adelsgeschlecht stammend, setzte sich sehr früh mit der Situation der entrechteten Völker in den Kolonien der europäischen Mächte, vor allem den spanischen, auseinander. Er studierte Jura und Geschichte an der Universität Leiden und schrieb hier sein erstes Buch gegen die Herrschaft der Könige und Despoten unter dem Titel „Tractatus de tyrannide" (1641). Zwei Jahre

312 Ebd:3.
313 Raupp 1998:737-742.

später erschien zum gleichen Thema sein Buch „Hispanicae dominationis arcana“, in dem er vor allem die Schandtaten des spanischen Königs Philipp II. (1527–1598) anprangerte. Der junge Mann sammelte akribisch belastende Informationen und zeigte in seinem Buch, wie wenig die Herrschaft dieses sogenannten christlichen Königs der Lebensweise eines Christen entsprach.

Bald nach dem Studium zog Welz nach Deutschland zurück (1645) und damit auch aus der Öffentlichkeit ins Studium der Bibel und erbaulicher Schriften von Martin Luther, Thomas a Kempis und Johann Arnd. Durch dieses Studium fand er zum persönlichen Glauben, der sich durch eine tiefe Weltverneinung und Ehelosigkeit auszeichnete. Im Jahre 1663 erschien seine nächste Schrift „De vita solitaria“, in der er sich für ein geistliches Leben einsetzte, das die innere und äußere Mission verband und ein Leben im Dienst für Gott pries. Im gleichen und dem darauffolgenden Jahr erschienen mehrere weitere kleine Schriften, unter anderem auch seine bekannteste Schrift „Eine Christliche und treuhertzige Vermahnung An alle rechtgläubige Christen“ und „Einladungstrieb zum herannahenden großen Abendmahl und Vorschlag zu einer christerbaulichen Jesusgesellschaft, behandelnd die Besserung des Christenthums und Bekehrung des Heidenthums“[314]. In diesen Schriften bezichtigte er seine evangelischen Zeitgenossen der Faulheit und eines Lebens in reinem Eigennutz, während anderswo Menschen in Unkenntnis des Evangeliums harrten, und rief sie auf, sich der Weltmission anzunehmen. Welz regte die Gründung einer über ganz Deutschland verstreuten „Jesus liebenden Gesellschaft“ an, die als Organ der lutherischen Kirche sowohl innere als auch äußere Mission betreiben sollte. Er wünschte sich eine Wiederbelebung des missionarischen Mönchtums.[315] Seine Idee wurde jedoch vom Corpus Evangelicorum in Regensburg zurückgewiesen. Angeführt vom Superintendenten Johann Heinrich Ursinus (1608–1667) lehnte die Kirche die Notwendigkeit einer solchen Gesellschaft ab, weil der Missionsbefehl in Matthäus 28,18ff nur an die Apostel gerichtet und dieser von ihnen auch bereits erfüllt worden sei. Welz selbst wurde der Schwärmerei beschuldigt. Die Ablehung traf Welz hart, er zog sich nach Zwolle in den Niederlanden zurück und ließ sich hier vom dortigen

314 Siehe die Schriften und die entsprechende Kommentierung in Laubach 2010.
315 Bosch 2011:296.

schwärmerischen Pfarrer Friedrich Breckling zum Apostel der Heiden ordinieren. Im Jahre 1666 reiste er nach Südamerika in das holländische Guyana aus, um in der dortigen Kolonie Surinam zu evangelisieren. Von seiner evangelistischen Tätigkeit ist nichts bekannt. Ein paar Jahre später wurde er angeblich von wilden Tieren getötet.

Justinian von Welz war ein Pionier protestantischen Missions- und Evangelisationsdenkens. Aber seine Gedanken waren seiner Zeit voraus und seine Stimme verhallte zunächst ungehört.[316]

5.3. Evangelisation an der Peripherie

Es wäre falsch zu behaupten, dass es während der Reformationszeit keine Evangelisation gegeben hätte. An den Rändern der Reformation finden wir beeindruckende Beispiele evangelistischer Verkündigung. Einer der bekanntesten wandernden Evangelisten der Reformationszeit und Zeitgenosse Luthers war der Adelige Kaspar Schwenkfeld von Ossig (1489–1561). Schwenkfeld kam zum evangelischen Glauben durch die Lektüre der Schriften Luthers und wurde bald zum eifrigen Verfechter der Reformation in seiner schlesischen Heimat. Seine persönliche Erfahrung der Wiedergeburt, die er als Taufe mit dem Heiligen Geist verstand, machte ihn bald zu einem der bekanntesten Evangelisten seiner Zeit. Er predigte Buße, Bekehrung und Geistestaufe und wandte sich vehement gegen den Sakramentalismus Luthers und der anderen Reformer, die ihn deswegen bald durch ganz Deutschland hetzten.[317] Überall in den deutschen Landen entstanden durch die Predigt Schwenkfelds erweckte und evangelistisch aktive Kreise.

5.4. Der linke Flügel der Reformation – zur Evangelisation der Täufer

Die Täufer sind die eigentlichen Evangelisten und Missionare der Reformationszeit.[318] Auch sie sind geprägt von den Schriften der großen Reformatoren, entdeckten bald das reformatorische Prinzip der *Sola Scriptura* und ließen sich fortan in ihrer Glaubensüberzeugung und Leben nur an Bibel und der Bibel allein messen. Konsequent lehnten

316 Bosch 2011:296f.

317 Siehe zu Person und Werk Schwenkfelds Eberlein 1999; zu seiner evangelistischen Tätigkeit Scharpff 1964:12-13.

318 Zur Geschichte der Täufer siehe Wenger 1963.

sie das sie umgebende Christentum als legitimen Ausdruck des christlichen Glaubens ab. Für sie waren alle Menschen, die Jesus Christus nicht in ihrem Leben folgen, Heiden, denen das Evangelium gepredigt werden musste und die in das Reich Gottes und damit in die Gemeinde der Gläubigen integriert werden müssten. Evangelisation war hier ein unverzichtbarer Lebensausdruck. Wer nicht evangelisierte, war auch kein Christ. Wer sich des Evangeliums schämte, dessen schämte sich auch der Herr. Schon in den ersten Jahren sendeten die Täufer ihre Evangelisten und Missionare durch ganz Europa. David J. Bosch vergleicht die Mission der Reformatoren mit der Mission der Täufer, die im gleichen Zeitraum eine erstaunliche evangelistische Tätigkeit entwickelten. Und er kommt zu folgenden Ergebnissen.[319]

> a. Die Täufer waren von Anfang an missionarisch, weil sie die Lehre von der Rechtfertigung konsequent auf Leben und Gestaltung der Kirche anwendeten. Für sie ging es nicht um Reformation der katholischen Christen, sondern um Bekehrung der „christlichen" Heiden.
>
> b. Die Täufer missionierten, weil sie konsequent die Trennlinie zwischen Staat und Kirche zogen. Während die Reformer durch politische Verträge auf ihren Territorien blieben, wussten sich die Täufer durch keine staatliche Gewalt in ihrer Mission behindert.

Boschs Urteil kann man nur beipflichten. Die intensive Evangelisationsarbeit der Täufer begann gleich nach ihrer Entstehung in den Jahren 1525/26 und schon fünf Jahre später breiteten sich ihre Lehren rasch in ganz Mitteleuropa aus.[320]

Bezeichnend in diesem Zusammenhang war die vom 20.-24. August in Augsburg tagende Zusammenkunft täuferischer Leiter, die um gemeinsame theologische Positionen rangen. Sie waren sich bald einig, dass es angesichts der baldigen Wiederkunft des Herrn die primäre Aufgabe der Gemeinden wäre, das Evangelium zu verbreiten, um so viele „Auserwählte zu sammeln" wie möglich. Als der wichtigste Befehl im Leben eines Christen wurde der Missionsbefehl im Matthäusevangelium

319 Bosch 2011:289ff.

320 Siehe dazu u. a. Scharpff 1964:14-16.

28,18-20 ausgemacht.[321] Am Ende der Zusammenkunft sendeten sie eine Reihe Apostel in ganz genau bestimmte Gebiete: Peter Scheppach und Ulrich Trechsel nach Worms, Hans Denck und Hans Beck nach Basel und Zürich, Gregor Maler nach Voralberg in Österreich, Georg Nespitzer nach Mittelfranken, Leonhard Spörler und Leonhard Schiemer nach Bayern, Leonhard Dorfbrunner nach Linz, Hans Mittermaier nach Österreich und Eukarius Binder und Joachim Mertz ins Salzburger Land. Diese Sendboten reisten unverzüglich in ihre Wirkungsgebiete ab, predigten wo immer möglich das Evangelium, tauften die Neubekehrten und gründeten Gemeinden und fanden bald nach ihrem Eintreffen im Einsatzgebiet den Märtyrertod. Die Augsburger Zusammenkunft ist deshalb auch als Märtyrersynode in die Geschichte eingegangen.

Ein herausragendes Beispiel der täuferischen Mission und Evangelisation bot Menno Simons (1496–1561).[322] Das Beispiel dieses niederdeutschen Täufers ist besonders von Interesse, da er anders als viele andere Führer des Täufertums recht lange gelebt hat. Der in Utrecht ausgebildete katholische Theologe wurde im März 1524 zum Priester geweiht. Weder sein Studium noch die ersten Jahre seines Dienstes bauten den Mann geistlich auf. Viel mehr lebte er ein ausschweifendes Leben, gab sich dem Vergnügen und dem Alkohol hin. Erst als er begann, die katholische Abendmahlslehre anzuzweifeln und sich danach mit den Schriften des Neuen Testaments zu beschäftigen, änderte sich sein Leben. Er stieß auf die Schriften Martin Luthers und anderer Reformer und war bald von diesen Schriften begeistert. Seine Predigten änderten sich. 1530 wechselte der Priester nach Witmarsum, wo er ein Jahr später mit dem Märtyrertod des Täufers Sikke Snijder konfrontiert wurde. Dieser kam in Emden mit den Lehren der Täufer in Kontakt, bekehrte sich und wurde getauft, worauf er in seine westfriesische Heimat zurückkehrte und hier eine Täufergemeinde gründete. Sein Tod bewegte Simons und er begann, sich mit der Frage nach der biblischen Begründung der Säuglingstaufe zu beschäftigen. Zu seinem Erstaunen fand er nichts darüber in der Schrift. Zweifel über die Rechtmäßigkeit seiner katholischen Glaubensgrundlagen fraß sich in sein Herz. Als dann im Jahre 1535 sein Bruder mit einer Gruppe von

321 Zum Missions- und Evangelisationsbegriff der frühen Täufer siehe Schäufele 1966.

322 Zum Leben und Werk des großen Führers der norddeutschen Täufer, siehe z. B. Bornhäuser 1973; Brandsma 1962; Reimer 1996.

Täufern in der Nähe von Bolsward ermordet wurde, sah Simons sich gezwungen, Gott sein eigenes Leben ganz neu auszuliefern. Ein Jahr später legte er sein Priesteramt nieder, heiratete und schloss sich den Täufern an. 1537 wurde er von den Täufern Obbe und Dirk Philipps in Groningen zum Ältesten ordiniert und setzte sich fortan für die Sache des Evangeliums ein. Er predigte, reiste viel und schrieb. Sein Einfluss war bald so groß, dass man seine Anhänger bereits seit 1544 Mennoniten oder auch Mennisten nannte. 1540 erschien seine Schrift *Das Fundamentbuch* (eigentlich *Das Fundament der christlichen Lehre*), ein Werk, das bis heute als die grundlegende Lehre der Täufer gilt. Menno gab der jungen Bewegung durch dieses und andere Werke ein theologisches Fundament und zeigte deutliche Grenzen für eine gesunde Gemeinde- und Evangelisationsbewegung auf. Deutlich distanzierte er sich von sektiererischen Gruppen der Täufer. Menno Simons starb 1561 in Wüstenfelde bei Bad Oldesloe.

Die evangelistische Methode Mennos war denkbar einfach. Er sprach die Menschen, wo immer es ging, in der Regel in der Geborgenheit ihres Hauses, auf ihren geistlichen Zustand an und darauf, dass Jesus Christus aller Voraussage nach bald wiederkommen würde. So kam schnell ein Gespräch in Gang. Und schon bald war Menno bei der Bibel und wies seinen verdutzten Zuhörern nach, dass ihr Leben nicht den Kriterien der Schrift entsprach.

5.5. Evangelisation im Wandel – was lernen wir?

Die Reformation ist keine evangelistische Bewegung. Sicher, die Reformer und mit ihnen andere fanden zum persönlichen Glauben durch die intensive Auseinandersetzung mit der Heiligen Schrift. Sie wurden somit als nominelle Christen zum Glauben erweckt. Und diese Erweckungsbotschaft trugen sie nun zu ihren Zeitgenossen. In der besten Tradition der innerkirchlichen geistlichen Bewegungen, die wir vor allem im Monastizismus der Patristik und des römisch-katholischen Mittelalters kennengelernt haben, kümmerten die Reformer sich um das „christliche Volk“. Die Ausnahme bildeten die radikalen Reformer – die Täufer. Sie waren die Evangelisten der Epoche. Was ist in dieser Epoche für eine Theologie der Evangelisation von Bedeutung?

1. Evangelisation bedarf einer biblischen Begründung. Wo diese fehlt, fehlt auch die evangelistische Praxis. Falsche theologische Schlüsse, wie in der Reformation gemacht, führen entweder zur völligen Abwesenheit des Missionsgedankens oder zum Austritt der evangelistisch gesonnenen Kirchenmitglieder aus der Kirche.
2. Evangelisation ist ein Ausdruck gelebter Nachfolge. Deutlich wird dieser Satz durch das Leben der Täufer dokumentiert. Wer Christus bewusst nachfolgt, kann nicht anders als das Evangelium zu verkündigen.

3. Evangelisation wird immer begleitet durch das soziale Interesse und Engagement für die Bedürftigen und Entrechteten. Ihre Lage motiviert zum Einsatz (so etwa im Fall von Justinian von Welz) und fordert zugleich den Einsatz in Wort und Tat heraus.

4. Evangelisation fordert den Einsatz des ganzen Lebens. Sie scheut das Martyrium nicht. Und wo immer Menschen für die Sache des Evangeliums sterben, wird ihr Tod zum Samen für die Kirche. Verfolgung stoppt die evangelistische Verkündigung nicht, sondern es ist geradezu umgekehrt, sie beflügelt sie.

6. Das Missionsparadigma der Aufklärung

6.1. Das Zeitalter der Aufklärung

Keine andere Epoche hat das westliche Christentum so sehr beeinflusst wie die Aufklärung und die in ihrem Gefolge einsetzende Moderne. Es ist eine faszinierende Zeit der Entdeckung der menschlichen Ressourcen und Möglichkeiten. Immanuel Kant beschrieb diese Epoche mit dem einfachen Satz: „Aufklärung ist der Ausgang des Menschen aus seiner selbstverschuldeten Unmündigkeit.“[323] Man kann mit Recht sagen, dass die meisten Grundvorstellungen der modernen europäischen Kultur und Gesellschaft auf das Programm der Aufklärung

323 Kant 1784, zit. nach: http://de.wikipedia.org/wiki/Aufkl%C3%A4rung. (10.12.2011). Zur Epoche siehe unter anderem: Schneiders 1997; Meyer 2010; u. a.

zurückgehen. Im Zentrum dieses Programms stand die Entdeckung der Vernunft als universelle Urteilsinstanz und die daraus abgeleitete Erkenntnistheorie. Es war die Zeit der großen Entdeckungen und der alles überragenden Universalgelehrten wie Nikolaus Kopernikus (1473–1543), Francis Bacon (1561–1626), Galileo Galilei (1564–1642), Rene Descartes (1596–1650) und in ihrem Gefolge John Locke (1632–1704), Gottfried Friedhelm Leibnitz (1646–1716), Isaac Newton (1642–1717) und vieler anderer.

David Bosch charakterisiert die Epoche der Aufklärung anhand folgender sieben paradigmatischer Vorstellungen[324]: Die Aufklärung ist danach *erstens* ein Zeitalter der Vernunft. Nicht mehr Gott, sondern der Mensch und seine Fähigkeit zu denken, die Dinge vernünftig zu erfassen und zu erklären, standen im Zentrum. Der Mensch ist, weil er denken kann, so das berühmte Logion von Rene Descartes „Cogito ergo sum". Die Entscheidung für die menschliche Vernunft als universelle Urteilsinstanz ermöglichte es *zweitens,* die Dinge nach dem Subjekt-Objekt-Schema zu beurteilen. Der Mensch als vernünftiges Wesen maßte sich nun an, alles Kraft seiner Vernunft erkunden zu können. Eine höhere Gewalt kam nicht länger infrage und damit entfiel *drittens* auch eine auf ein bestimmtes Ziel zulaufende Sinnbestimmung. Nicht Vorherbestimmung, sondern Fortschritt und Modernisierung wurden *viertens* denkbar. Und damit breitete sich bald *fünftens* jene Euphorie aus, die glauben machte, dass der Mensch letztendlich alle Probleme seiner Existenz selbst bewältigen könne, wenn er nur wolle. Sinnvolles Leben wurde so zur Frage der menschlichen Gestaltung. Wer versteht, kann verändern. Damit werden Empirie und Rationalität zu den beiden absolut gesetzten Ausgangspunkten der Wahrnehmung der Realität. Was sich nicht messen und vernünftig begründen ließ, gehörte zukünftig nicht mehr zu der auf reinen Fakten beruhenden Wissenschaft, sondern *sechstens* in den Bereich der Religion. Und die Religion selbst wird zu einer persönlichen, auf irrationale Annahmen bauenden Größe. Auch und vor allem der christliche Glaube wurde nun als eine Religion unter vielen gesehen. Damit ist jede Glaubensanschauung relativiert. Der Verweltlichung und Verdiesseitigung der Gesellschaft war nun Tür und Tor geöffnet. Der Mensch wurde *siebtens* als autonomes Wesen gedacht und wurde schließlich zum Maß aller Dinge.

324 Bosch 2011:311-314.

Die Aufklärung stellte durch ihre radikale Reduktion des Daseins auf den Menschen und seine Vernunft verständlicherweise eine enorme Herausforderung für den christlichen Glauben dar. Die Antworten der christlichen Kirchen fielen denkbar unterschiedlich aus. Während die römisch-katholische Kirche sich der Aufklärung jahrhundertelang verweigerte,[325] suchte der Protestantismus nach einer Antwort. Dabei schlossen sich weite Teile der Kirche dem Rationalismus der Epoche an. Die Theologie beugte sich der Vernunftsgläubigkeit der Epistomologie der Epoche und Liberalismus und Nominalismus waren die Folgen.[326] Die Kirche verweltlichte und Millionen von Menschen distanzierten sich von der Kirche. Andere wie zum Beispiel der Theologe Friedrich Schleiermacher und die Pietisten versuchten dagegen, der Religion und dem Glauben einen Platz in den persönlichen Erfahrungen zuzuweisen. Hier zog sich der christliche Glaube ins Private zurück. Während der vom Rationalismus betroffene Teil der Kirche seine Mission in die Ausbreitung der „christlichen Kultur“ des Westens verlegte und Evangelisation als Verkündigung des Evangeliums bestenfalls noch unter den sogenannten primitiven Völkern geübt wurde,[327] sahen die um den geistlichen Zustand der Kirche besorgten Pietisten die Hauptaufgabe in der Erweckung der nominellen Christen. Evangelisation war hier vor allem mit dem Ruf an nominelle Christen verbunden, zum persönlichen Glauben zurückzukehren. Evangelisation außerhalb des Westens wurde nun Mission genannt. Die Vorstellung von der Evangelisation als Revival war geboren.[328]

6.2. Der Neuanfang: Pietismus

Die protestantische Wiederentdeckung der Mission ist das Verdienst des Pietismus, einer im 17. Jahrhundert entstandenen Bewegung, die sich für die geistliche Erneuerung der Christen einsetzte und „die Rettung des Menschen als innerstes Anliegen hatte“[329]. Paulus Scharpff schreibt dazu: „Die heutige Art der Evangelisation

325 Küng 1994:763-764.
326 Ebd:773ff; Bosch 2011:316ff.
327 Bosch 2011:322-325.
328 Ebd:326ff.
329 Vicedom 1967:23.

beginnt erst mit dem Pietismus. Sie wendet sich in der Hauptsache an Namenschristen, die Anhänger eines traditionellen, konventionellen Christentums, vor allem an entkirchlichte, säkularisierte Menschen, die sich von der Kirche und Religion losgelöst haben, überhaupt an alle, die Christen heißen, aber keine persönliche Erfahrung mit Christus gemacht haben. Sie bemüht sich, sie dazu zu führen."[330]

Der Pietismus wandte sich also vor allem an Mitglieder der christlichen Kirchen, nicht um diese aus der Kirche zu ziehen, sondern sie in der Kirche für den Glauben an Christus und damit für die Mitarbeit in der Kirche zu gewinnen. Keiner der pietistischen Väter wollte eine andere Kirche. Die Väter des Pietismus Philipp Jakob Spener (1635–1705), August Hermann Francke (1663–1727) und anderen ging es um eine Jesus liebende Frömmigkeit, die sich für die Belange des Glaubens auch einsetzte. Bezeichnend war der intensive Einsatz der zu einer solchen Frömmigkeit Erweckten für die Linderung der Not der Armen, Bildung und Kultur, zum Beispiel im Hallischen Pietismus.[331]

Evangelisation war damit eine erweckliche Verkündigung nach innen. Hier sollte die Kirche für ihren Glauben erweckt und neu auf den Glauben ausgerichtet werden. Und der Pietismus hat in dieser Richtung Erstaunliches geleistet. Man kann wohl ohne Zweifel sagen, dass die Erweckungswellen in Europa und Nordamerika im 17. bis 19. Jahrhundert allesamt auf den Einfluss des Pietismus zurückgingen. Wie keine andere Bewegung hat der Pietismus große Evangelisten hervorgebracht.[332]

Die Verkündigung des Evangeliums blieb im Pietismus nicht vor den Toren des christlichen Europas stehen. Bald schon drängten erweckte Männer und Frauen in die Außenmission. Der Pietismus läutete damit das Zeitalter der protestantischen Mission ein.[333] Hier ging es nun um die Verkündigung des Evangeliums unter den Heiden. Bald schon wird man im christlichen Norden von der Evangelisation als der erwecklichen Predigt nach innen reden, von der Mission als Evangelisierung der Heiden sprechen. Ein Sprachgebrauch, der bis heute unübersehbare Folgen hat.

330 Scharpff 1964:1.

331 Ebd:41ff.

332 Siehe dazu Scharpff 1964:25ff.

333 Zu den Anfängen der Mission im deutschen Pietismus, siehe Flachsmeier 1963:124ff.

6.3. Evangelisation im Netzwerk der Europäischen Salonkultur im 18.–19. Jahrhundert

Das Evangelium bahnte sich seinen Weg durch das Europa des 18. und 19. Jahrhunderts und nutzte jene Elemente bürgerlicher Aufklärung, die infolge einer weiten Alphabetisierung der Bevölkerung in den meisten europäischen Ländern immer mehr Menschen Zugang zum geschriebenen Wort und damit auch zur religiösen Literatur ermöglichte. Das betraf auch und vor allem die Frauen, die bis dahin sogar in den gehobenen Gesellschaftsschichten weder schreiben noch lesen konnten. Das nun erlernte Lesen wird für diese Frauen zunehmend zu einer „Kompensation für das zurückgezogene und eingeschränkte Leben in der Familie, eine Bereicherung und Intensivierung ihres inneren Lebens."[334] Der durch das Lesen geweckte Wissensdurst führt vermehrt zu einer Vernetzung der Frauen in der gehobenen Gesellschaft, die als Salonkultur in die Geschichte Europas eingehen wird. Frauen boten in ihren privaten Häusern anderen Frauen und Männern Begegnungsräume, in denen man sich der Literatur, Musik und Politik widmete. Ab Anfang des 19. Jahrhunderts entstanden auch religiöse Salons.

Debora Sommer zeichnet in ihrer Dissertation die Arbeit und den missionarischen Einfluss dieser Salons am Beispiel der evangelistischen Tätigkeit der bekannten Baltendeutschen Baronin Juliane von Kruedener nach.[335] Die Salonkultur wird am besten als ein über ganz Europa gespanntes Netz von Menschen aus gehobenen Kreisen der Gesellschaft beschrieben, das durch intensive Reisetätigkeit des Hochadels, literarische und musische Arbeit der Kulturschaffenden und intensive Korrespondenz der Teilnehmer untereinander existiert und einen entscheidenden Einfluss auf Kultur, Religion und Politik hatte. Damit bot dieses Netzwerk auch die besten Chancen für die Ausbreitung des Evangeliums, was einzelne evangelistisch gesonnene Christen wie Baronin von Kruedener intensiv nutzten. Sie war, wie Sommer anschaulich dokumentiert, bestens vernetzt, reiste viel, schrieb Bücher und unermüdlich Briefe und wurde somit zu einer der wichtigsten Teilnehmerinnen am europäischen Salonleben der zweiten Hälfte des 18. und der ersten Hälfte des 19. Jahrhunderts. Geschickt nutzte Kruedener

---

334 Becker-Cantarino 2000:35.

335 Zur Geschichte des religiösen Salons in Europa, siehe Sommer 2011.

das Salonsystem. Ihr Roman *Valerie* hatte sie zu einer gern gesehenen Literatin in den Salons gemacht. Sie lebte in Paris, Basel, Karlsruhe, Berlin, Riga und St. Petersburg und war bald mit den führenden Personen der Zeit befreundet. Mit diesen hielt die hochgebildete Frau intensiven Briefkontakt. Um das Jahr 1805 herum wandte Kruedener sich persönlich dem Glauben an Jesus Christus zu und war seither von dem Gedanken beseelt, den Menschen in ihrem Bekanntenkreis das Evangelium zu sagen.[336] Und sie tat das durch intensive Gespräche in den eigenen von ihr geleiteten und fremden Salons, zu denen sie als Gast geladen wurde. Sie tat es durch eine enorme Korrespondenz mit Hunderten von Menschen, mit denen sie sich in den Salons traf, und durch das Verfassen ihrer religiösen Romane, die „direkt dem Kontext des Salonlebens zugeordnet waren“[337] und die sie dann in den Salons vortrug.[338] Jedes neue Werk bedeutete für sie auch eine neue Einladung in die Salons und damit auch eine neue Chance, ihren Glauben mitzuteilen. Der russische Fürst Golizyn, der die Baronin in St. Petersburg erlebte, beschieb sie um das Jahr 1821 wie folgt: „Die Kruedener ... ist der Welt ganz abgestorben. Sie besitzt eine hinreißende Beredsamkeit. Ihre Ansichten sind oft sonderbar. Über gewöhnliche Gegenstände des Lebens äußert sie sich nicht. Ihre Unterhaltung betrifft immer nur die Religion.“[339] Dabei konnte sie zuweilen sehr evangelistisch und direkt werden, wie das Beispiel der Begegnung zwischen dem Geheimrat Peter v. Goetze im Salon Berckheim in St. Petersburg im Jahre 1821 deutlich machte. Der junge Geheimrat schrieb das Gespräch mit der Baronin auf. „Nachdem das Gespräch einige andere Gegenstände berührt hatte, begann Frau v. Kruedener alsbald über ihre Mission zu sprechen ... ‚Es ist eine große Zeit, in der wir leben. Die Felsen schreien und die Erde thut sich auf, Könige fallen von ihren Thronen und neue Völker entstehen in der Geschichte. Das Alte ist überall abgestorben und die großen Genien in der Literatur haben aufgehört.‘ Sagte sie und wies dann darauf hin, dass sie schon oft Menschen, die auf dem geboren seien, ermahnt habe, sich ganz an Christus zu wenden. Mitten in ihrer Rede drehte sie sich auf einmal zum Geheimrat Götze und forderte diesen auf, sein Leben ganz Jesus

336 Sommer 2011.
337 Ebd:259.
338 Ebd.
339 In Peter v. Goetze, zit. nach Sommer 2011:275.

zu geben: ‚Fallen sie nieder vor dem Herrn, solange ihre Knie noch nicht steif sind, so lange noch das Edle in ihrem Herzen wohnt. Man nähert sich ja einem großen Herrn in der gebührenden Art, warum nicht auch Gott?‘ Dann ergriff sie seine Hand und setzte fort. ‚Nehmen sie ... nun zu Herzen, was ich ihnen gesagt habe oder spotten sie darüber, aber ich habe aus innerer Überzeugung, die mir geworden ist, gesprochen.‘“[340] Goetze weist darauf hin, dass sie sich ähnlich auch zum Fürsten Golitzyn verhielt.[341]

Die Baronin ist jedoch nicht nur als Literatin und willkommene Unterhalterin aktiv. Bald sprach man in den Salons von ihrem Einsatz für die Armen, so in Königsberg, wo sie 1807 lebte und sich rührend zusammen mit der preußischen Königin um die Opfer des Krieges kümmerte.[342] In St. Petersburg, wo sie ab 1821 lebte, war sie so intensiv für die Belange der Armen unterwegs, dass man sie bald in der Bevölkerung als „Mutter der Armen“ bezeichnete.[343]

6.4. Evangelisation als Erweckungspredigt

Der Pietismus ist eine Bibelbewegung. Den Zugang zu der ersehnten Herzensfrömmigkeit gewannen die Väter des Pietismus über das Wort Gottes. Deshalb war die Verkündigung des Wortes von Anfang an das zentrale Gestaltungsprinzip des Pietismus. Flachsmeier schreibt über diesen Drang des frühen Pietismus: „Plötzlich erhielten die Begriffe Bekehrung und Wiedergeburt eine neue Bedeutung, und es war eine echte Sehnsucht, die die Menschen sich in Stuben statt in Gotteshäusern versammeln ließ, um das Wort Gottes zu lesen, darüber nachzusinnen und miteinander zu beten.“[344] Der Leipziger Professor der Poesie, Joachim Feller, ein bekennender Pietist, dichtete 1689 für die Leichenrede eines Francke nahestehenden Studenten:

„Was ist ein Pietist? Der Gottes Wort studiert,
Und nach demselben auch ein heilig Leben führt.“[345]

340 Goetze in Sommer 2011:276.
341 Ebd.
342 Sommer 264-265.
343 Ebd:276.
344 Flachsmeier 1963:119.
345 Walch 1730:548.

Das Studium und die konsequente Verkündigung des Wortes Gottes war somit für den Pietismus zentral.

Im 18. und 19. Jahrhundert verließ der Pietismus den engen Raum der Stube und setzte massiv auf die öffentliche Verkündigung des Evangeliums. Namen wie John Wesley (1703–1791), George Whitefield (1714–1770) in England oder Elias Schrenk (1831–1913) in Deutschland stehen für die Erweckungspredigt, jene evangelistische Verkündigung, die zum Synonym aller Evangelisation im Pietismus wurde. Dabei war die hier vorgetragene Botschaft recht einfach gestrickt. Sie richtete sich an christlich informierte Menschen, prangerte ihren unmoralischen Lebenswandel an und lud zu einer Gesinnungsänderung durch Beichte und Lebensübergabe an Jesus ein. Als Folge wurde ein Leben in der Heiligung erwartet.

6.5. Soziales Engagement als Folge der Nachfolge Christi

Pietistische Evangelisation zeichnete sich durch eine deutliche Konzentration auf die Verkündigung des Evangeliums aus. Es ging hierbei immer um das Wort Gottes und die Veränderung des Herzens, soziales Engagement gehörte als Ausdruck christlicher Mission dazu. Es gab kaum evangelistische Verkündigung ohne soziale Folgen. Das veränderte Verhältnis zwischen Mensch und Gott führte zum veränderten Verhältnis zwischen Mensch und Mensch. Spener setzte sich dafür ein, dass Christen bereit sein sollten, wie die ersten Christen „einer vor den andern zu sterben“[346]. Für den Nächsten seinen eigenen Besitz zu geben, war für ihn wichtig. [347] Und dabei ging es ihm nicht nur um die Glaubensgenossen. Diese Hingabe sollte „gegen alle Menschen“[348] geübt werden. Zinzendorf lobte Mitglieder seiner Brüdergemeine, dass sie sich „in Verleugnung aus Liebe dargeben, die mit Krank- oder Schwachheit befallenen Mitglieder zu besuchen“[349]. Tholuck bringt diese Haltung auf den Punkt, wenn er das Leben eines Christen beschreibt als ein „Daseyn, das ... nur für den Andern lebt.“[350]

346 Spener 1964:.5l,Z.25f.
347 Ebd:3l,Z.4-6.
348 Ebd:6l,Z.15.
349 Zinzendorf, zitiert nach Urner 1961:76.
350 Tholuck 1863:15.

6.6. Gemeindebau – die Frage nach dem langfristigen Erfolg

Der pietistische Aufbruch zur Evangelisation führte zur Erweckung in den Kirchen Europas und Amerikas. Die Erweckten wandten sich an ihre Kirchen und wurden oft enttäuscht. Statt Unterstützung erhielten sie nicht selten eine Abfuhr und wurden abgewiesen. So kam es überall als Folge der Erweckung zur Gründung neuer Gemeinden, die in Deutschland den Strom der evangelischen Freikirchen und landeskirchlichen Gemeinschaften begründen.[351] Wo solche Gemeinden entstanden, ging die Evangelisation oft intensiviert weiter, wo sich aber die Kirchengemeinden weigerten, den Aufbruch zu verstehen und den evangelistischen Eifer der geistlich Erweckten zu unterstützen, da lief sich der Aufbruch aus und schon bald war der geistliche Zustand der Menschen auf dem gleichen Niveau wie vor dem Aufbruch. Geistlicher Aufbruch, Evangelisation und Gemeindebau schienen sich gegenseitig zu befruchten.

6.7. Evangelisation im Wandel – was lernen wir?

Die Zeit der Aufklärung zeichnete sich durch die Abkehr des Menschen von der Zentralität der Religion im kulturellen und gesellschaftlichen Gefüge der Menschen aus. An die Stelle Gottes trat der Mensch und an die der Religion der Humanismus. Doch gerade diese Zeit war auch von großen Bewegungen des Heiligen Geistes, Erweckung und Evangelisation geprägt. Erweckungen setzten in den USA, England, Deutschland oder auch Russland ganze Gegenden religiös in Flammen. Viele auch heute noch aktive Denominationen führen ihre Entstehung auf diese Zeit zurück. Und manch eine evangelistische Methode wurde in dieser Zeit entwickelt. Folgende Akzente sind für eine theologische Besinnung von Interesse:

1. Evangelisation geschieht als Folge und Gestaltungskraft geistlicher Aufbrüche. Wo Menschen vom Evangelium ergriffen werden und eine Leidenschaft für Gott entwickeln, da fangen sie auch damit

---

351 Zur Geschichte der evangelischen Freikirchen in Deutschland, siehe unter anderem Voigt 2004; Geldbach 2005. Wie eine solche Entwicklung am konkreten Ort vor sich gegangen ist, zeigt Wolfgang Heinrichs an der Entwicklung von fünf Freikirchen in Wuppertal anschaulich. (Siehe Heinrichs 1990.) Zur Gemeinschaftsbewegung, siehe Lange 1979.

an, dieses Evangelium mit anderen zu teilen, was wiederum zum geistlichen Aufbruch bei anderen führt. Somit ist die Evangelisation ein wesentliches Element der Erweckung. Umgekehrt kann aber auch postuliert werden, dass eine fortschreitende Autonomisierung des Menschen von Gott die Evangelisation an den Rand kirchlicher Aktivitäten verschiebt und letztlich unmöglich macht. Je weniger ein Mensch Gott braucht, desto weniger wird sein Interesse und Einsatz für Evangelisation.

2. Evangelisation sucht das Evangelium in Wort und Tat zu vermitteln. Wo Menschen vom Evangelium berührt werden, da ändert sich ihr Leben in allen Bereichen und sie setzen sich dafür ein, das Leben ihrer Nächsten geistlich, sozial und wirtschaftlich zu ändern. In der Umkehrung bedeutet ein bloßer Einsatz für soziale Belange nicht, dass auch geistliches Interesse damit verbunden wird. Der Kulturprotestantismus hat enorme zivilisatorische Leistungen erbracht, Menschen sind aber dadurch nicht notwendigerweise Gott nähergekommen.

3. Evangelisation bedarf herausragender Persönlichkeiten, die zu Motivatoren und Trägern einer ganzen Bewegung werden können. Wie keine andere Bewegung macht der Pietismus und die damit verbundenen Erweckungen in Europa und Amerika diese Annahme deutlich. Solche herausragenden Persönlichkeiten scheinen eine Art apostolische Autorität zu besitzen, die die Sache der Evangelisation mit enormer Leidenschaft und zugleich Kompetenz austragen.

4. Evangelisation, die sich nicht des Gemeindebaus annimmt, versandet auf Dauer und nimmt dem geistlichen Aufbruch die Kraft. Man kann diese Annahme in den langfristigen Folgen aller Erweckungsbewegungen des 18. und 19. Jahrhunderts beobachten.

7. Evangelisation in der Postmoderne

7.1. Im Angesicht einer neuen Epoche

Die Zeit der Moderne ist vorbei! Der letzte Kultur-Optimismus der Moderne fiel in den Ruinen des Zweiten Weltkrieges in sich zusammen. Was blieb, war eine jahrzehntelange Suche nach neuen Zugängen zum Leben. Nacheinander verabschieden sich nun die großen ideologischen Kulturkonstrukte mit ihren Utopien. Nur 50 Jahre nach dem Weltkrieg brach der Kommunismus zusammen. Und der Kapitalismus, der über die Planwirtschaft zu triumphieren schien, zeigt nun deutliche Risse. Was kommt, wissen wir nicht. Wir ahnen nur, dass die neuen Entwürfe sich radikal von ihren Vorläufern unterscheiden werden. Nicht zuletzt deshalb reden wir heute vom Postmodernismus und Postchristentum. Ein neues Paradigma zieht auf.

Lesslie Newbegin sprach von der „Kultur nach der Aufklärung als missionarisches Problem“.[352] Ein solches Problem ergab sich auf der einen Seite durch die Gleichschaltung der kolonialen Bestrebungen des Westens und der Expansion des Christentums. Man kann sich dem Eindruck nicht erwehren, dass die große Masse der christlichen missionarischen Aktivität im Vorfeld der beiden Weltkriege vor allem mit der Ausbreitung der westlichen Kultur in der Welt beschäftigt war. Das zeigt sich unter anderem daran: Die Missionswissenschaft beschäftigt sich zwar seit geraumer Zeit mit der Frage der Kontextualisierung des Evangeliums in die Kulturen der Welt, aber „lässt dabei weitgehend die Kultur außer Acht, die die am weitesten verbreitete, stärkste und eindrücklichste aller derzeitig verbreiteten Kulturen ist – nämlich die moderne westliche Kultur.“[353] Diese allzu naive Gleichsetzung der westlichen Kultur mit dem Christentum brach mit dem moralischen Zusammenbruch des Westens in sich zusammen. Warum sollte man denn einer Religion nachtrauern, deren Vertreter unbeschreibliches Leid über die Völker der Erde brachten? Die Krise der christlichen Mission und damit auch des Christentums an sich war geboren. Es begann ein „Zeitalter der Krisis“, wie Eric Fife und Arthur Glasser es einmal nannten.[354] Seit der Mitte des 20. Jahrhunderts gehört die Rede

352 Newbegin 1989:7.
353 Ebd:8.
354 Fife 1961:9.

von der Krise der Weltmission und Evangelisation fest zum Vokabular der Kirche.[355] Und die Krise entpuppte sich bald als Grundlagenkrise, die den Grund, die Ziele und das Werk der Mission betraf, wie Hans Werner Gensichen mit Recht konstatierte.[356] Und die Krise der Mission wurde zur Krise der Evangelisation. Und aus der Krise erwächst nun das neue Paradigma der Mission und Evangelisation. Eine Mission, die nach Orlando Costas eine „mission beyond Christendom", eine Mission jenseits des klassischen Christentums, sein würde.[357]

7.2. Ein aufkommendes Paradigma der Evangelisation

Eingeläutet wurde das neue Paradigma der Mission, wie dargestellt, mit dem Zerbruch des Staatskirchentums im Zweiten Weltkrieg.[358] In Deutschland verweist man in diesem Zusammenhang gerne auf Dietrich Bonhoeffer, der sich in seinen Gefängnisbriefen angesichts der Sprachlosigkeit seiner Kirche während des Nationalsozialismus kritisch zu der auf reinen Eigenerhalt fixierten Mission der Kirche äußert. Für Bonhoeffer erschöpft sich das Christsein in der Welt „im Beten und im Tun des Gerechten unter den Menschen."[359] Damit ist die Aufgabe der Kirche nach innen als Gebet und nach außen als missionarisch-diakonisches Handeln beschrieben. Als „Trägerin des versöhnenden und erlösenden Wortes für die Menschen und die Welt" habe die Kirche versagt und sich selbst disqualifiziert.[360] Aber die ersten Jahrzehnte nach dem Zweiten Weltkrieg sind eine Zeit des Aufbruchs in der Volkskirche. Erst im Zuge des Wirtschaftswunders verabschiedeten sich Millionen von Menschen von ihrer Kirche. Und einer ihrer prominentesten Aussteiger, Wolfram Kopfermann, brachte es mit dem Titel seines Buches auf den Punkt: „Abschied von einer

355 Der deutsche Missionswissenschaftler Walter Freytag konstatierte bereits auf der 6. Weltmissionskonferenz in Ghana im Jahre 1958, dass die Mission selbst zum Problem geworden sei (Freytag 1961:111). Siehe zum Thema Krise der Mission nach dem Zweiten Weltkrieg: Fife 1961:17ff; Beyerhaus 1987; Beyerhaus 1996:5-7; Bosch 2011:1-8.

356 Gensichen 1971:27.

357 Costas 1982: Titel.

358 Vicedom 1967:26.

359 Bonhoeffer 1971:327f.

360 Ebd.

Illusion. Volkskirche ohne Zukunft."[361] Wo aber die Zukunft fehlt, da wird der Ruf nach einem integrierten Verständnis der Mission lauter, das beides wahrnimmt: das gerechte Tun und das Wort zur Versöhnung. Ganzheitlichkeit ist damit der eigentliche Zug im Missionsdenken der letzten Jahre. Um nichts wird mehr gestritten und gerungen. David Bosch versuchte dieses neue Denken in seinem opus magnum „Transforming Mission" mit dreizehn „Mission als" für die Sendung der Kirche einzufangen.[362] Er wollte das postmoderne Missionsparadigma der Mission als Grenzüberschreitung, Verkündigung, Einsatz für soziale Gerechtigkeit, Gesellschaftserneuerung u. a. begreifen. Seine Kategorien überraschen nicht. Man wird dabei den Eindruck nicht los, dass Mission in der Postmoderne, wie Bosch es sieht, als ein nahezu alle Lebensbereiche des Menschen umfassendes Geschehen begriffen werden soll. Scharfe Konturen werden nirgendwo sichtbar. Ist es das, was Evangelisation in der Postmoderne ausmacht? Sieht man sich die aufkommenden Modelle an, so wird dieser Eindruck erhärtet.

7.3. Evangelisation durch Beziehungen

Menschen folgen dem Ruf des Evangeliums heute zunächst deshalb, weil ihnen das Evangelium vorgelebt wurde. Zu diesem Ergebnis kommen die meisten Untersuchungen zum Thema Evangelisation, die nach den 1980er-Jahren gemacht wurden. Arnold Motz und Donald Posterski postulieren diese Tatsache für Kanada. Sie haben eine Reihe empirischer Befragungen ausgewertet und stellen fest, dass nur 8% der Menschen über eine kirchliche Veranstaltung zum Glauben gefunden haben. Dagegen stehen 67%, die ihren Glauben auf persönliche Beziehungen in Familie und Freundeskreis zurückführen.[363] Bis in die 1960er-Jahre boten die meisten evangelischen Kirchen regelmäßig einen sogenannten „Gospel-Gottesdienst" an, in dem die Besucher in die bewusste Nachfolge gerufen wurden. In den nachfolgenden Jahren kamen immer weniger Besucher, bis sich diese Art von Veranstaltungsevangelisation schließlich auslief.[364]

361 Kopfermann 1990.
362 Bosch 1991:368ff.
363 Motz 1990:142.
364 Motz 1990a:179f.

7.4. Evangelisation als ganzheitliche Mission

Die Moderne hat Evangelisation vielerorts auf eine bloße Ausbreitung christlicher Glaubensvorstellungen privater Art reduziert. Hier ging es vor allem um die Versöhnung zwischen Mensch und Gott. Die Privatisierung des christlichen Glaubens führte auf der anderen Seite zu einem zunehmenden Gefühl der gesellschaftlichen Irrelevanz des Christentums. Gegen eine solche Entwicklung ziehen bald an vielen Orten dieser Welt Theologen zu Felde. Es sind vor allem Stimmen aus dem globalen Süden, die nach dem praktischen Vollzug des Glaubens in der Gesellschaft fragen. Hier wird Evangelisation als politische Aktion für die Armen postuliert, so zum Beispiel von den Befreiungstheologien Lateinamerikas.[365] Wo immer sich die evangelisierende Kirche auch der materiellen, sozialen und politischen Bedürfnisse des Menschen angenommen hat, da suchen diese auch den Glauben, der die Menschen dazu bewegt hat, ihnen in ihrer Not zu helfen. Orlando Costas führt an dieser Stelle das phänomenale Wachstum der Gemeinden in Chile als Beispiel an.[366]

Auch im Westen setzt sich bald die Erkenntnis durch, dass Mission und Evangelisation den Menschen nicht auf seine Seele reduzieren darf und die Versöhnung mit Gott immer auch die Versöhnung mit dem Nächsten einschließen muss.

7.5. Emergente Evangelisation

Als klassisch postmodern versteht sich die Emerging Church Bewegung. Evangelisation wird hier als Beziehungsarbeit verstanden. Man lebt das Evangelium vor. Menschen werden eingeladen, mit den Christen Seite an Seite zu leben. So können sie sich persönlich von der Qualität des Lebens mit Gott überzeugen.

Ähnlich wird Evangelisation auch in der Hausgemeindebewegung und der organischen Gemeinde verstanden. Auch hier geht es vor allem darum, Menschen das Evangelium vorzuleben und wenn nötig, dann auch zu erklären. Am Anfang steht immer das veränderte Leben des Christen, sein Sein, das zunächst für sich überzeugen soll.

---

365 Siehe mehr bei Costas 1982:103ff.

366 Costas 1982:48ff.

7.6. Evangelisation im Wandel – was lernen wir?

Auch in der Postmoderne wird es zu entscheidenden Akzentverschiebungen in der Evangelisationsarbeit der Kirche kommen. Hier und da kann man diesen Prozess bereits beobachten. Man kann nur vermuten, wo die Schwerpunkte liegen werden. Was sich abzeichnet, ist interessant und anregend.

1. Evangelisation ist vor allem Lebensstil-Verkündigung. Nur verändertes Leben überzeugt. Es geht dabei nicht an erster Stelle um den Diskurs, um einen wie auch immer beschriebenen Wahrheitsbeweis, sondern um die bessere Strategie zur Lebensbewältigung.

2. Evangelisation ist immer ein ganzheitliches Geschehen. Sie meint den ganzen Menschen, spricht alle seine Lebenslagen an. Sie ist eine Frage von Sein, Tun und Reden, wobei die verbale Verkündigung immer erklärt, was vorher vorgestellt wurde.

3. Evangelisation bemüht sich weniger darum, Menschen zu einer Glaubensgemeinschaft zu führen, sondern konzentriert sich auf den Aufbau des Reiches Gottes. Wer evangelisiert, der will den Menschen und seinen Lebensraum transformieren. Gemeinde ist an dieser Stelle nicht unbedeutend. Sie darf und muss gebaut werden, aber nicht um des Gemeindebaus willen, sondern als Mittel zum eigentlichen Zweck. Sie ist immer nur als Agent Gottes, als sein Botschafter der Versöhnung zu bauen. Das Ziel ist ein anderes – Gottes Reich!

8. Evangelisation im Wandel der Zeit

Der kurze historische Überblick macht deutlich – Evangelisation der Kirche erlebte im Laufe der Geschichte immer wieder eine entscheidende Wandlung. Dabei werden mehrere prinzipielle Beobachtungen im Bezug auf unser Thema deutlich.

1. Evangelisation lebt von der gelebten Beziehung zwischen Gott und dem Menschen. Bricht diese Beziehung weg oder wird sie mit religiösen Strukturen einer nominellen kirchlichen Religiosität er-

setzt, dann wird die Evangelisation schnell durch Propaganda oder Christianisierung ersetzt. Nicht die Kirche, sondern Gott bleibt die entscheidende sendende Kraft der evangelisierenden Gemeinde. Und dieser Gott wird nicht selten als der dreieinige Gott gesehen, dem die Mission in der Welt das wichtigste Anliegen ist.

2. Evangelisation ist ein ganzheitliches Geschehen. In allen Epochen verbindet sie Wort und Tat, das gelebte und das gesprochene Zeugnis. Sie lässt sich nicht einseitig auf Diakonie, Gemeindebau oder gar Predigt und Verkündigung reduzieren. Jede dieser Reduktionen resultierte potenziell im Niedergang effektiver Evangelisation.

3. Evangelisation ist ein kontextsensitives Geschehen. Was sich in einer Epoche und unter bestimmten gesellschaftlichen Voraussetzungen als die wichtigste evangelistische Methode behauptet, kann sich unter anderen Umständen als völlig irrelevant erweisen. Nur da, wo das Wort Gottes in einem kulturellen Gewand und mit gesellschaftlich verständlichen Mitteln operiert, ist sein Erfolg garantiert. Evangelisation erweist sich im Laufe der Kirchengeschichte als intrinsisch inkarnatorisch.

4. Evangelisation ist wesensmäßig ein gesamtkirchliches Phänomen. Einzelne herausragende Persönlichkeiten werden von Gott immer wieder gebraucht. Sie sind es, die Neues wagen und die Grundgleise eines neuen evangelistischen Paradigmas legen. Aber nur wenn es diesen Evangelisten gelingt, die Gemeinde als solche für die Ausbreitung des Evangeliums zu gewinnen, kommt es zu einer flächenmäßigen Ausbreitung des Glaubens.

Evangelisation ist, methodisch gesehen, dem Wandel der Zeit unterworfen, aber eine Reihe entscheidender Faktoren bleiben unwandelbar. Eine Theologie der Evangelisation wird diese Faktoren unbedingt berücksichtigen.

6 Grundlagen der Gemeindeevangelisation

1. Zur Handlungstheorie der Evangelisation

Die biblisch-theologischen und die historisch-theologischen Beobachtungen machen es möglich, eine adäquate Handlungstheorie für die Evangelisation der Gemeinde zu formulieren. Eine solche Theorie sucht ihre Grundlegung in der Offenbarung Gottes, wie sie uns in der Heiligen Schrift vorgelegt wurde, aber auch in der Wirkungsgeschichte des Evangeliums in der Zeit. Sie begreift Gott als einen Gott der Geschichte, der sich den Menschen in Zeit und Raum offenbart und damit auch die Parameter setzt, wie eine solche Offenbarung weitergegeben wird.

Wir lernen sowohl aus dem, was Gott uns in seiner Offenbarung sagt, als auch daraus, wie Menschen das, was Gott ihnen sagt, im Kontext ihrer Zeit verstanden und umgesetzt haben. Nur so wird unser Verständnis dessen, was sein Evangelium ist und wie es an die Menschen weitergegeben werden kann, theologisch adäquat und zugleich praxistauglich geformt. So entsteht nicht nur eine Theologie der Evangelisation, sondern eine Handlungstheorie, die den Transfer des evangelischen Wissens in die Praxis der ganzheitlichen Verkündigung und dann weiter in den Prozess der Transformation und Umgestaltung der Menschen möglich macht, ganz nach der von Michael Herbst vorgelegten Definition dessen, was Evangelisation ist und will.

> „Zur Mission gehört auch Evangelisation. Sie sagt das Evangelium denen, die es noch nicht kennen, damit sie es nicht nur kennen, sondern auch verstehen, nicht nur verstehen, sondern auch annehmen, nicht nur annehmen, sondern zu Gott umkehren und in der Gemeinschaft der Gläubigen einkehren. Das bedeutet: Evangelisation zielt auf Konversion im Vollzug einer geistlichen Lebensreise, Integration in eine Sozialform des Glaubens und allmähliche Transformation des Lebens hin zu einer Lebensgestalt der Liebe zu Gott und dem Nächsten.“[367]

367 Herbst 2009:12.

Eine gute Handlungstheorie benennt die Inhalte und Rahmenbedingungen der Handlung und formuliert Wege der Umsetzung. Das ist auch und gerade für die Handlungstheorie der Evangelisation vonnöten, wenn wir uns jenseits der „peinlichen Karrikaturen der Evangelisation“[368], die es in der Vergangenheit gegeben hat, bewegen wollen. Wir gewinnen diese Inhalte, Formen und Wege aus der theologischen und historischen Grundlegung, wie sie in den vorigen Kapiteln formuliert wurde.

2. Das Evangelium als Fundament und Botschaft

Evangelisation macht das Evangelium bekannt, jene, wie George Peters sie nannte, „außergewöhnliche Botschaft“[369], die Leben schaffen und verändern will. Und Evangelium ist Gottes Vorstellung und Gottes Angebot des Lebens unter seiner Herrschaft. Und dieses Angebot ist in der Gesamtoffenbarung Gottes in Zeit und Raum formuliert worden. Es verbietet sich, es theologisch zu verengen.[370] Wer evangelisiert, der wird den ganzen Ratschluss Gottes, sein Angebot in Wort und Tat, weitergeben, der wird Gott, seine Herrschaft und seinen Willen für den konkreten Augenblick verkündigen.[371] Und dieses Angebot schließt, wie oben dargestellt, folgende Punkte ein.

a. Gott liebt die Welt und setzt sich für ihre Erneuerung ein. Unmissverständlich macht Jesus klar, dass seine Sendung auf die Liebe Gottes zu den Menschen zurückgeht. Im Johannesevangelium lesen wir: „Also hat Gott die Welt geliebt, dass er seinen eingeborenen Sohn dahingab, auf dass jeder, der an ihn glaubt, nicht verloren gehe, sondern das ewige Leben habe“ (Joh. 3,16). Jesus ist in diese Welt gekommen, weil Gott die Welt liebt. Die Gute Nachricht ist eine Nachricht von Gottes Liebe zur Welt. Eine Liebe, die nicht erst zu lieben beginnt, wenn der andere seine Gunst erweist, nein, es ist eine Liebe, die keine Bedingungen kennt, die immer „zuerst liebt“ (Röm. 5,8). Wo immer das Evangelium gelebt und gepredigt wird, da wird diese Liebe Gottes zur Welt sichtbar und hörbar!

368 Herbst 2009:12.

369 Peters 1977:12.

370 Siehe hierzu die Ausführungen von Walter Klaiber 1990:90ff.

371 Costas 1978:2-12.

b. Gott bietet der Welt Versöhnung mit sich selbst an. Denn das ist es, was die Kernbotschaft der Evangelisten, der Gemeinde Jesu sein soll, „dass Gott sich in Christus mit der Welt versöhnt hat" (2Kor. 5,18f). Die durch den Abfall der Menschen von Gott entstandene Feindschaft ist überwunden. Niemand in der Welt muss mehr außerhalb seiner Gnade und Zuwendung leben. Niemand wird ausgestoßen. Jeder kann kommen, denn Gott will, dass alle gerettet werden und zur Erkenntnis der Wahrheit kommen (1Tim. 3,16). Wo immer das Evangelium gelebt und gepredigt wird, da wird die Versöhnung zwischen Gott und Mensch und zwischen Mensch und Mensch sichtbar und hörbar und damit die Botschaft vom Kreuz, dem Leidenstod Christi, der den Weg zur Versöhnung weit aufgemacht hat. Kein anderes Symbol beschreibt das Evangelium so treffend wie das des Kreuzes. Dem Kreuz gebührt die zentrale Stellung in unserer Theologie der Evangelisation.[372] Die Evangelisation der Gemeinde kommt vom Kreuz und führt zum Kreuz. Hier macht sie den Ort fest, an dem Lebensveränderung möglich wird. Und es ist ein Ort, an dem der Mensch seine absolute Ohnmacht zur Versöhnung mit Gott und zur Selbstbefreiung aus dem Netz der Sünde zugibt, zugleich aber sich vor Gott beugt, der ihm in Christus die Gnade erweist und Beistand leistet. Wo immer das Evangelium nun gelebt und gepredigt wird, wird es auch um Versöhnung zwischen Mensch und Gott und Mensch und Mensch gehen.

c. Der Mensch braucht Gott, um in die Gemeinschaft mit ihm zurückzukehren. Aus eigener Kraft kann er es nicht mehr. Zu tief wiegt seine Sünde, zu breit ist der Graben zwischen Mensch und Gott. Ohne Gott bleibt uns nur eine Konsequenz – Verdammnis (Röm. 3,23; Jes. 53,6). Ist doch der Lohn der Sünde der Tod (Röm. 6,23; Off. 20,14-15). Aus diesem Zustand der Menschen ergibt sich die unbedingte Notwendigkleit der Umkehr (Apg. 3,19; Jes. 55,7). Denn der gerechte Gott, dem jede Sünde fremd ist, kann unsere Schuld nicht übersehen. Wer sündigt, der muss auch die Konsequenzen tragen. Wo immer das Evangelium gelebt und gepredigt wird, da wird es auch um eine klare Darstellung

372 Siehe dazu Stott 2010:18ff.

der Sündhaftigkeit des Menschen, des Gerichts, der Buße und der Vergebung gehen müssen.

d. Aus dem Kreislauf der Sünde befreit Jesus. Das, was dem Menschen unmöglich bleibt, hat er vollbracht. Er nahm die Sünden der Menschen auf sich und trug den Lohn der Sünde bis zur gerechten Strafe auf dem Kreuz von Golgatha. Jetzt ist der Schuldenschein bezahlt, die Sündenlast genommen. Wer will, kann in Jesus Freiheit erlangen. Den Preis dafür hat er mit seinem Leben bezahlt. Und die Bedingung ist nur eine: Wer von Jesus die Freiheit will, sollte sich entschließen, sein Leben unter Gottes Herrschaft zu stellen. Das ist es, was die Gemeinde in der Evangelisation weitergibt. Das ist ihre Gute Nachricht.

Damit erweist sich die evangelistische Botschaft als Rede von Gott, seinem Willen und seiner Liebe, seinem Gericht und seiner Gnade und seinem exklusiven und die ganze Existenz des Menschen umfassenden Heilsangebot in Jesus Christus. Aber die Botschaft ist auch eine Rede über den Zustand des Menschen, der aus der Beziehung zu Gott aufgrund seiner Vergehen und Missetaten und seines Unglaubens gefallen ist. Es ist eine Rede über „Kinder des Ungehorsams" (Eph. 2,3) und ihr Schicksal „jenseits von Eden". Nur so kann die Botschaft als das, was sie sein will – eine Botschaft des Heils und der Erlösung –, verstanden und angenommen werden. Kompromisse sind hier nicht möglich.

3. Der Absolutheitsanspruch Jesu

Die evangelistische Botschaft hat Erlösung und Heil zum Thema. Und Heil gibt es allein im Namen Jesu. In Apostelgeschichte 4,12 lesen wir: „Und ist in keinem andern das Heil, auch ist kein andrer Name unter dem Himmel den Menschen gegeben, durch den wir sollen selig werden." Und Jesus selbst spricht: „Ich bin der Weg und die Wahrheit und das Leben. Es führt kein Weg zum Vater als nur durch mich" (Joh. 14,6). Aus diesen und ähnlichen Worten des Neuen Testaments leiten wir den Absolutheitsanspruch Jesu in Fragen des Heils ab. Keine andere Glaubensvorstellung und Religion der Menschheit kennt einen realen Weg zur Versöhnung des Menschen mit Gott. Nicht dass man hier nicht über Heil und Erlösung spricht. In der Tat versprechen alle Religionen dieser Welt dem Menschen spirituelle Freiheit und die eine oder andere Variante vom Heil. In der Regel sind diese Wege alle mit Versprechungen verbunden, die jenseits des realen Lebens liegen (so z. B. im Islam) oder die Auflösung des Lebens an sich voraussetzen (so z. B. im Buddhismus und Hinduismus). Die Erfahrung der Erneuerung des Lebens im Jetzt und Hier verspricht und bietet nur der Glaube an Jesus Christus. Und diese Verheißung wird von unzähligen Menschen durch die Jahrhunderte der Menschheitsgeschichte bestätigt. Evangelisation, die diese Bezeichnung verdient, wird sich deshalb nicht auf Heilsspekulationen einlassen. Das Evangelium ist keine Option. Die Gemeinde Jesu hat nicht ein Angebot unter vielen. Sie wehrt sich gegen jede Relativierung des Heilsangebots in Jesus Christus. Sie weiß, dass die Botschaft vom Kreuz für die Gemeinde der Nachfolger Jesu Gottes Kraft zum Leben ist (1Kor. 1,18), auch wenn sie in den Augen der Zeitgenossen noch so archaisch und unzeitgemäß klingen mag und für Torheit erklärt wird. Und wo immer Leben aus Gottes Hand geboten wird, kommt es zu den Menschen durch das Evangelium vom Heil in Jesus Christus allein.

4. Evangelisation und Ethik

Wer evangelisiert, verkündigt somit Jesus und die Lebensgrundlagen, die vom Evangelium bestimmt sind. Evangelisation folgt einem Ethos, setzt ethische Grundvorstellungen um. Wo evangelisiert wird, da werden alte Verhaltensnormen hinterfragt und neue vorgestellt. Man kann deshalb nicht Ethik und Moral aus der Evangelisation entfernen, wie das immer wieder gefordert wird. Sicher geht es in der Evangelisation um das Evangelium und nicht um das Gesetz. Das Evangelium ist ein Wort von der Gnade und der Zuwendung Gottes, während das Gesetz harte Grenzen der Existenz im Rahmen unverrückbarer Gebote setzt. Gesetz steht für Grundformen der Moral und Ethik. Nur nicht gesetzlich werden, verlangt man von den Verkündigern des Evangeliums. Nicht Moral, sondern Gnade sollen sie predigen.

Das ist richtig, und doch wäre es falsch anzunehmen, das Evangelium stelle einen gesetzesfreien Gnaden-Raum dar. Das Evangelium ist nicht das Ende, sondern das Ziel des Gesetzes Gottes. Denn darauf zielen Gottes Gebote und Gesetze. Sie wollen Leben fördern. Sie sind immer lebensfreundlich, sie wollen Schalom, jenen harmonischen Zustand der Friedfertigkeit, in dem der Mensch sich frei entfalten kann, ohne die Entfaltung anderer zu gefährden. Solche Formen sind lebensnotwendig. Ohne Ethik versinken soziale Räume im Chaos und in der Anarchie. Leben dagegen ist geordnet. Und Evangelium ist Leben, ja Leben aus Gottes Hand. Wer ein Evangelium der Gnade ohne Rückbezug auf die Gebote Gottes predigt, läuft Gefahr, billige Gnade zu predigen. Eine solche Evangelisation zeichnet sich dann schnell dadurch aus, dass sie zwar laute und wohlklingende Worte zu formulieren weiß, diese aber nicht leben kann. Bald driften dann Predigt und Praxis auseinander und die Menschen verlieren an einer solchen lebensfremden Verkündigung jedes Interesse. „Es mag ja richtig sein, was ihr da sagt", hört man dann die Menschen sagen, „aber es ist lebensfremd, unrealistisch, ja utopisch." Nein, evangelisieren ohne Ethik, wäre alles andere als richtig. Der Apostel Johannes bringt das Gesagte auf den bezeichnenden Satz:

> „Und hieran erkennen wir, dass wir ihn erkannt haben; wenn wir seine Gebote halten. Wer sagt: Ich habe ihn erkannt, und hält seine Gebote nicht, ist ein Lügner, und in dem ist nicht die Wahrheit. Wer aber sein Wort hält, in dem ist wahrhaftig die Liebe Gottes vollendet. Hieran erkennen wir, dass wir in ihm sind" (1Joh. 2,3-5).

Freilich darf Evangelisation aber auch nicht mit Moralpredigt verwechselt werden. Allzu oft ist gerade das der Fall. Evangelisten drücken aufs Gemüt, setzen die Moralkeule an, drohen mit Gottes Gericht. Ihr Evangelium wird somit zu einer Predigt, die Angst macht. Menschen entscheiden sich dann für die Nachfolge, nur weil sie sonst verloren gehen. Nicht dass das alles ganz falsch wäre, aber die Intention der Evangelisation ist doch eine andere. Das Evangelium vom Reich Gottes orientiert sich zwar immer am Ethos des von ihm verkündigten Reiches, doch betont es nicht den Anspruch, sondern den Einstieg in das Reich Gottes und öffnet die Augen für die Verheißung des Lebens. Es beschreibt die Tür in das Reich Gottes. Durch das Evangelium ist der Einstieg in ein Leben aus Gottes Gnaden und Gottes Kraft und nach den Vorstellungen Gottes möglich. Der Apostel Paulus formuliert es einfach und deutlich: „Denn aus Gnade seid ihr gerettet durch den Glauben, und das nicht aus euch, Gottes Gabe ist es, nicht aus Werken, damit niemand sich rühme" (Eph. 2,8-9). Nicht hohe Moral und Ethik machten ein Leben nach Gottes Plan möglich, sondern die durch die Gnade Gottes ermöglichte Beziehung zu Jesus Christus. Wer „in Christus ist, der ist eine neue Kreatur" (2Kor. 5,17). Ist aber ein Mensch durch Gottes Gnade neu geworden, so beginnt ein Leben in der Heiligung, das sich nun wirklich vom moralisch-ethischen Anspruch Gottes leiten lässt. Denn der in Christus neue Mensch ist zugleich auch der gerechte Mensch, der die Gerechtigkeit ist, die da vor Gott gilt (2Kor. 5,21). Wer Jesus lieben gelernt hat, der wird seine Gebote halten (Joh. 15). Evangelisation leitet in die Nachfolge Jesu und die Nachfolge Jesu stellt einen Prozess der Transformation des Menschen in Richtung auf das von Gott gewollte und gedachte Ideal dar (Eph. 4,12ff).

5. Evangelisation geschieht durch Evangelisten

Auch die beste Nachricht der Welt macht nur Sinn, wenn sie beim Adressaten angekommen ist. Und das verlangt nach einem Botschafter.[373] Evangelisation geschieht nicht von selbst. Ohne einen Evangelisten kann das Evangelium nicht zum Hörer gelangen. Evangelisation muss sein, weil auf diese Weise das Evangelium zu seinem Adressaten kommt. Die „Präsenz" des Evangeliums setzt die „Präsenz" eines Evangelisten voraus.[374] Und Evangelisation kann stattfinden, wenn das Evangelium einen Überbringer der Guten Nachricht findet.

Wer aber ist Evangelist Gottes, der das Evangelium in all seiner Tragweite zu den Menschen bringt? Ist das die Gemeinde Jesu als Ganze? Sind es besonders begabte Verkündiger? Wer ist der Träger der Evangelisation? Traditionell sah man im Prediger den Evangelisten. Wo das Wort Gottes gepredigt wurde, da wurde auch evangelisiert.[375] Julius

373 Kasdorf 1976:118.

374 Klaiber 1990:112.

375 Martin Luther sprach von der evangelistischen Predigt als der viva vox evangelii, der lebendigen Stimme des Evangeliums, und die „Confessio Helvetica posterior" stellt fest: predicatio verbi Dei est verbum Dei (die Predigt des Wortes Gottes ist das Wort Gottes) in Poetsch 1981:51.

Schniewind schrieb in diesem Zusammenhang: „Alle christliche Predigt ist Bekehrungspredigt."[376] Theodor Christlieb verlangte gar, dass jeder Prediger zugleich Evangelist sein müsse.[377] Eine Forderung, die sich in der Praxis nicht bestätigen lässt. Menschen kommen durch die eine Predigt zum Glauben, während andere sie recht kalt lassen. Liegt es an der Person des Predigers, seiner oder ihrer Begabung, seiner oder ihrer Fähigkeit zu kommunizieren? Oder liegt es eher an der Botschaft selbst? Inwiefern liegt es an Gott, der will, dass alle Menschen zur Erkenntnis der Wahrheit kommen (1Tim. 4,2)?

Die Antwort ist: Es liegt an mehr als nur einem Faktor. Es bedarf des vom Heiligen Geist begabten Evangelisten, der sich seiner eigenen im Evangelium fundierten Identität bewusst ist,[378] und es bedarf einer Verkündigung, die den Menschen, den sie ansprechen will, in seiner jeweiligen Ansprechbarkeit ernst nimmt, und es bedarf einer evangelistisch-gesonnenen Gemeindearbeit, in der die Predigt ein Teil ist. Philip W. Keevil schreibt in seiner Untersuchung der Predigt in Zeiten amerikanischer Erweckungen: „Wenn die Predigt ein Teil der Bewegung des Geistes in den Gemeinden ist, die geistliche Vitalität verursacht und in supranaturalen Effekten resultiert, dann kann man Erweckung beobachten."[379] Der Geist Gottes wirkt also in der Gemeinde und er wirkt auch durch die Predigt, aber nicht nur. Das ganze Gemeindeleben ist hier gefragt. Leben und Wort gehören zusammen.

Gott ist jedoch der eigentliche Agent der Evangelisation in der Welt. Hans-Werner Gensichen hat recht, wenn er schreibt: „Wo Mission geschieht, geschieht Gottes eigenes Werk."[380] Er bereitet Menschen vor. Aber Gott verwirklicht seinen Plan durch Menschen. Und Menschen, die Gottes Plan verwirklichen, gehören zur Gemeinde. Sie ist „die Übersetzerin und Verständlich-Macherin des Evangeliums."[381]

376 Schniewind 1981:17.

377 Christlieb 1893:IIIf.

378 Henning Wrogemann (1997:283) wies mit Recht darauf hin, dass die „Selbstvergewisserung der eigenen Identität" unauflösbar im Zusammenhang mit dem Verstehen des Fremden steht. Evangelisten, die Menschen, die dem Evangelium fremd sind, zu Jesus führen wollen, sollten sich daher ihrer eigenen spirituellen Identität in Christus bewusst sein.

379 Keevil 1999:140.

380 Gensichen 1971:80. Siehe auch Herbst (2009:11), der in dieser Frage einen weitgehenden Konsens unter den Theologen feststellt.

381 Herbst 2008:53.

Die Gemeinde ist der wichtigste Agent, durch den Gott in der Welt evangelisiert, in ihr sind seine „Mitwirker" (1Kor. 3,9).[382] Und Evangelisation ist „Herz und Leben der Gemeinde", wie Hans Kasdorf es so treffend ausdrückt.[383] Ihr Arbeitsplatz ist Evangelisation.[384] Sie sollte deshalb immer von ihrem missionarischen Auftrag her gedacht und gebaut werden.[385] So gesehen kann sie nur als missionale Gemeinde, eine Gemeinde, die von ihrem Wesen her missionarisch ist, geglaubt und gelebt werden. Und als solche wird sie nicht einfach zu sich rufen, sondern zu den Menschen gehen, die Gott noch nicht kennen. Sie existiert in der „Geh- und nicht in der Komm-Struktur"[386]. Und damit ist alles, was sie ausmacht, auch evangelistisch bestimmt. Wenn man will, hat das Evangelium in der Gemeinde seine Gestalt gefunden. Und zwar immer jene lokale Gestalt, die Gottes Wort Fleisch werden ließ und den Menschen verständlich wurde. Sie wird immer als gesellschaftliche Alternative, aber nie als Fremdelement[387] wahrgenommen werden.

In ihr, dieser evangelistischen Gemeinschaft, hat Gott Menschen mit der besonderen Begabung der Lehrer und Evangelisten gesetzt (Eph. 4,11). Diese sollen „die Heiligen zurüsten zum Werk ihres Dienstes" (Eph. 4,12). Damit leiten sie die Evangelisation der Gemeinde im jeweiligen Kontext. Wichtig ist, dass es nicht um die Evangelisation einzelner Evangelisten in der Welt geht. Die Evangelisten sind eingebunden in das evangelistische Gesamtwerk der Gemeinde. Und jede selbständige Gemeinde ist laut Henry Venn und Rufus Anderson eine selbst-proklamierende[388] und damit selbst-evangelisierende Gemeinde. Sie wird sich zwar auch fremder Hilfe erfreuen, bedarf dieser jedoch nicht direkt. Ein Gastevangelist oder auch Evangelisationswerk sind Hilfsinstrumente der Evangelisation – der Hauptakteur in der Evan-

382 Bosch 2011:144; vgl. auch Kirk 1999:73; Gensichen 1971:134; Kasdorf 1976:126; Johnson 1987:77f; Stone 2007:175f; Watson 1976:135.

383 Kasdorf 1976:127.

384 Ahn 2006:203f.

385 So unter anderem Rick Warren in seinem inspirierenden Buch „Kirche mit Vision" (1998:117).

386 Reimer 2010:55.

387 Ebd:53.

388 Sie sprachen von den drei Selbst: selbst-erhaltend, selbst-verwaltend und selbst-ausbreitend (proklamierend). Siehe dazu in Bosch 1991:331. Bosch fügte noch ein viertes hinzu: selbst-theologisierend (1991:451).

gelisation ist die Gemeinde. Hilfsinstrumente können nur in einzelnen evangelistischen Veranstaltungen, nicht aber in der Evangelisation der Gemeinde an sich eingesetzt werden. Und da Evangelisation weit mehr als Veranstaltung ist,[389] ist auch der Einsatz solcher Hilfsfaktoren begrenzt.

Dabei ist es wesentlich, dass alle Glieder der Gemeinde mit allen ihren gegebenen Gaben des Heiligen Geistes in den Prozess der Evangelisation hineingenommen sind. Wie der Körper des Menschen sich nur dann unbeschwert fortbewegen kann, wenn alle seine Glieder intakt und gesund sind und mitgehen, so auch der Leib Christi, die Gemeinde. Sie wird evangelistisch erfolgreich, wenn sich alle ihre Glieder für Evangelisation einsetzen. Die Koordination aller Gaben auf das eine missionarisch-evangelistische Ziel bewirkt Multiplikation.[390] Evangelisation wird somit zu einem „Wagnis für alle“[391]. Man kann diesen Team-Einsatz in der missionarischen Arbeit der Urkirche deutlich beobachten, wie Gottfried Schille in seiner Darstellung der Mission der apostolischen Gemeinden plausibel macht. Er spricht sogar von der „urchristlichen Kollegialmission“[392].

Die evangelistische Gemeinde steht im Auftrag Gottes, folgt der Methode Christi und wird vom Heiligen Geist geleitet. Aus der trinitarischen Theologie der Evangelisation ergeben sich die wichtigsten Setzungen für den evangelistischen Alltag der Gemeinde.

6. Hingabe als unbedingte Voraussetzung

Evangelisation findet nicht im luftleeren Raum statt. Sie richtet sich an Menschen und Menschen leben in ihrer eigenen Lebenswelt. Wer sie erreichen will, der wird nicht umhin können, sich in diesen fremden Lebensraum zu begeben, wie Jesus es getan hat. Er, das ewige Wort Gottes, Gott in Person, wurde Mensch und lebte unter den Menschen. Und dann erkannten Menschen in ihm die Herrlichkeit

389 Herbst 2009:12.

390 Ein hervorragendes Beispiel für dieses Prinzip stellt die in Nigeria beheimatete „New Life for All“-Bewegung dar. George W. Peters hat diese Bewegung in seinem überaus lesenswerten Buch: „Evangelisation – total, umfassend“ vorgestellt. Siehe Peters1977:99-159. Siehe auch den Bericht von Eileen Lageer 1970.

391 Klaiber 1990:242.

392 So im Titel seines Buches „Die urchristliche Kollegialmission“ (Schille 1967).

Gottes (Joh. 1,1-12). Freilich kostete das unseren Herrn alles, sogar sein Leben (Phil. 2,5ff). Wer es nicht für einen Raub hält, Gott gleich zu sein, und doch unter den Menschen leben und dienen will, der wird an einer totalen Hingabe nicht vorbeikommen können.

Oder betrachten wir Paulus, den großen Missionar und Evangelisten der Urkirche. Er war bereit, den Juden ein Jude und den Griechen ein Grieche zu werden, um diese für den Glauben an Jesus zu gewinnen (1Kor. 9,19ff). Seine Identifikation mit den Heiden handelte ihm großen Ärger bei den Juden ein, und schließlich lieferten diese ihn den römischen Behörden als Durcheinanderbringer aus. Gefängnis und schließlich sein gewaltsamer Tod waren die Folgen. Identifikation mit den Menschen, die man für Jesus gewinnen möchte, schließt auch Opfer mit ein.

Eine evangelisierende Gemeinde wird sich in die Lebenswelt der Menschen begeben müssen, die sie für Gott gewinnen will; sie wird sich in ihre Kultur hineindenken und sich dieser weitgehend anpassen müssen. Evangelisation setzt grundsätzlich ein solch bewusstes Hingehen voraus. Sie ist von einer Geh-Struktur geprägt.[393] Theologisch gesehen sprechen wir an dieser Stelle von der Inkarnation und Inkulturation des Evangelisten in die Lebenswelt der Menschen.[394] Ein solcher Prozess ist nicht ohne Opfer zu haben. Jesus gebraucht daher auch für seine Nachfolger die Bezeichnung Zeuge, griechisch *martys* (Apg. 1,8), einen Begriff, dem wir das deutsche Wort Martyrium entlehnt haben.

Dass eine solche Hingabe nicht einfach ist, zeigt auch die Tatsache, dass Jesus dies seinen Jüngern nur zutraute, wenn sie den Heiligen Geist empfingen. „Ihr werdet die Kraft des Heiligen Geistes empfangen", sagte er, „und dann werdet ihr meine Zeugen sein in Jerusalem, in Judäa, Samarien und bis an das Ende der Welt" (Apg. 1,8). Man kann also eine solche Hingabe an den fremden Kontext, an die fremde Lebenswelt nicht aus sich selbst heraus schaffen. Sie hält offensichtlich nicht. Bei den ersten Schwierigkeiten läuft sie sich tot. Es bedarf schon des Beistandes des Heiligen Geistes selbst, um sich so für die Menschen hinzugeben.[395] Nur eine Gemeinde, die unter der Führung

---

393 Vgl. dazu den Missionsbefehl Jesu in Matthäus 28,18ff.

394 In der Inkarnation Jesu liegt einer der wichtigsten Schlüssel zum Verständnis der evangelistischen Durchdringung der Welt, siehe Kirk 1999:76.

395 Bosch 1991:453 bezeichnet den Heiligen Geist als den wichtigsten Agenten der Inkulturation. Siehe auch: Gensichen 1971:144; Hardmeier 2009:55-56.

des Heiligen Geistes steht, wird letztendlich auch eine den Menschen zugewandte und hingegebene Gemeinde sein.

Die Hingabe an die Menschen, die man mit dem Evangelium vom Reich Gottes bekanntmachen will, setzt voraus, dass man sich mit ihnen identifiziert. Und Identifikation verlangt nach ganz bestimmten Einstellungen, ohne die keine wirkliche Identifikation stattfinden kann. L. Lutzbetak, der sich eingehend mit der Identifikation des Missionars mit seinen Hörern beschäftigt hat, nennt drei solche Einstellungen:

1. Empathie oder die Fähigkeit, sich der Gefühlswelt seines Adressaten zu nähern;
2. Anpassung des Inhalts und der Methode der Vermittlung der Guten Nachricht an lokal-kulturelle Setzungen, wo dies ethisch und religiös verantwortbar ist;
3. Integration in die von der lokalen Kultur gesetzte Lebensweise.[396]

Wer andere mit dem Evangelium erreichen will, der wird es demnach nur dann erfolgreich können, wenn er sich in die Lebensweise der Menschen hineindenken und -fühlen kann und Wege und Mittel findet, die Botschaft des Evangeliums verständlich weiterzugeben: als „einer von ihnen". Gourdet schreibt dazu: „Identifikation kann nur durch realistische Anteilnahme am Leben der Leute erreicht werden; nicht indem man für sie arbeitet, sondern mit ihnen."[397] So gesehen wird man sich als Evangelist nur dann den Menschen wirklich effektiv nähern können, wenn man bereit ist, sich ganz auf die Menschen und ihr Leben einzulassen[398] und von und mit ihnen zu lernen. Ohne einen solchen unbedingten Lernwillen kann wahre Identifikation nicht werden.[399]

Die Bereitschaft, „wie die anderen zu leben", wird motiviert durch das Vorbild Jesu, schreiben Frost und Hirsch.[400] Um uns Menschen mit der erlösenden Botschaft des Evangeliums vom Reich Gottes zu

396 In Gourdet 1996:399.
397 Ebd:407f.
398 Hesselgrave 1991:46a
399 Loewen 1977:36; vgl. auch Gourdet 1996:407; Hiebert 1985:81f.
400 Frost 2008:74-75.

erreichen, wurde dieser ein Mensch wie wir, lebte unter uns Menschen unter den Bedingungen menschlicher Kultur und wurde wie wir „in allem versucht“ (Hebr. 4). Seine Fleischwerdung hat es uns erst ermöglicht, Gottes Herrlichkeit zu sehen (Joh. 1,1-12). „Die Inkarnation stellt einen Akt der tiefsten Identifikation Gottes mit den Menschen dar.“[401]

Identifikation mit dem anderen kann allerdings nicht meinen, dass man mit dem anderen völlig identisch wird. Das war auch Jesus nie. Er blieb wahrer Gott. „Er hielt es nicht für einen Raub, Gott gleich zu sein“ (Phil. 2,5) und identifizierte sich bewusst mit Gott, dem Vater. Wie er, so sind auch wir Christen „in der Welt, jedoch nicht von dieser Welt“ (Joh. 17,17ff). Als Jünger Jesu bleiben die Christen bei aller Identifikation mit ihren Hörern anders. Die Gemeinde Jesu ist eine Kontrastgesellschaft zur Welt. Sie wird sich niemals in der Welt auflösen, es sei denn, die Welt stellte sich ganz und gar unter die Herrschaft Gottes. Sie ist Zeichen und Gestalt des Reiches Gottes! Sie ist zwar in der Welt, aber doch niemals von der Welt! Dieses Anderssein gibt der Gemeinde das Recht und die Kraft, in der Welt zu evangelisieren.

7. Ortsbezug als Rahmenbedingung

Die Notwendigkeit der Identifikation mit dem Adressaten führt zu der Annahme, dass Evangelisation eine kontextsensitive Vorgehensweise voraussetzt. Nur so kann das Evangelium in eine konkrete Kultur übersetzt werden.[402] Inkarnation als das wesentlichste Merkmal der missionarischen Verkündigung, als „Missionsprinzip“[403], macht die Evangelisation zu einer kontextualisierten Mission.[404] Und damit stellt sich die Frage nach der Kontextualisierung des Evangeliums. Jürgen Schuster definiert Kontextualisierung wie folgt:

---

401 Ebd:71. Frost und Hirsch (:74-78) stellen fünf Thesen zu einer gelungenen Integration vor, die sowohl den Zugang zu einer Kultur als auch das erfolgreiche Verbleiben der Missionare in der Zielkultur bis zur Inkulturation des Evangeliums in der Kultur sicherstellen sollen. Siehe auch Bosch 1991:514f.

402 Bosch 1991:447.

403 Loewen 1977:60; vgl. auch Bosch 1991:203-204; Kirk 1999:76.

404 Bosch 1991:417ff.

> „Ziel der Kontextualisierung ist eine Begegnung von Menschen mit dem Evangelium, bei der das Evangelium ihnen Antwort bietet auf ihre spezifischen Fragen, anknüpft an ihrem Weltbild und ihren kulturellen Reichtum aufnimmt.“[405]

Im Prozess der Kontextualisierung suchen Evangelisten also eine Botschaft, die auf die wirklichen Fragen der Menschen vor Ort Antwort bietet, und eine Sprache, die von ihren Adressaten verstanden und angenommen wird. Für uns ist dabei wichtig, dass die Botschaft nicht beliebig ist, sondern sich am Evangelium Jesu Christi, wie es in der Heiligen Schrift offenbart worden ist, orientiert.[406] Dabei ist es unwesentlich, ob es in Wort oder Tat verkündigt wird. Es muss verstanden werden. Und um die Botschaft zu verstehen, bedarf es manchmal nicht der Worte, sondern des Lebens. Schließlich ist ja auch die ewige Wahrheit Gottes zu uns nicht als verbales Konstrukt, sondern als Person des Sohnes Gottes gekommen. „Ich bin der Weg, die Wahrheit und das Leben“, sagt Jesus (Joh. 14,6). Konsequenterweise schreibt der Apostel Johannes im ersten Johannesbrief, dass er das, was sie gesehen und mit ihren Händen betastet haben, das Wort des Lebens, nun an seine Hörer weitergibt, damit auch sie eine wirkliche Gemeinschaft mit Gott haben (1Joh. 1,1-5).

Evangelisation ist somit eine lokale Angelegenheit. Man kann nicht wirklich allgemein evangelisieren. Wer evangelisieren will, der wird sich seines „Evangelisationsfeldes“ bewusst werden müssen.[407] Die Gute Nachricht ist da gut, wo sie auf konkrete Bedürfnisse der Menschen trifft. Der Kampf gegen das allgemeine Übel der Sünde, wie er seit Jahr und Tag in der evangelikalen Szene geführt wird, ist äußerst problematisch. Sünde darf man nicht abstrahieren. Sie kann nicht als Prinzip bekämpft werden. Es ist ihre soziale Gestalt, die ihr das gräuliche Gesicht verleiht. Paulus ermutigt deshalb die Gemeinde immer wieder, konkrete Schuld zu bekennen und sie zu unterlassen. „Wer gestohlen hat, wer gelogen hat, wer ...“ (Eph. 4,25-32), diese Menschen meint er. Und solche Übel werden von Kultur zu Kultur recht unterschiedliche Formen finden. In einer schamorientierten Kultur

---

405 Schuster 2010:240.

406 Siehe dazu Hesselgrave 2010:89.

407 Ahn 2006:117ff.

wäre nichts schlimmer als der Verlust des Gesichts in der Gesellschaft und die gute Nachricht ist immer mit der Wiederherstellung der Ehre verbunden. Dagegen geht es in schuldorientierten Kulturen weniger um Ehre, sondern um Gesetzestreue. Die Überwindung der Unfähigkeit, so zu leben, wie es wünschenswert erscheint, ist hier die gute Nachricht. Je nach Orientierung wird nun auch die Botschaft ausfallen müssen. Und dann sind da noch die lokalen wirtschaftlichen, sozialen oder auch weltanschaulichen Konditionen. Man wird doch nicht einem Menschen, der verdurstet, mit einer Predigt entgegentreten und einem Menschen, der unter sozialer Kälte und Ablehung leidet, mit einem Bibelwort. Wer die Lage der Menschen nicht berücksichtigt, der wird sie auch nicht gewinnen können.

Die Notwendigkeit einer kontextuellen Evangelisation weist in besonderer Weise auf die Bedeutung der Ortsgemeinde. Sie ist es, die den Kontext der Menschen am besten kennen sollte; sie ist es, die unter den Menschen lebt, mit ihnen den gleichen kulturellen und soziopolitischen Raum teilt. Evangelisation ist deshalb primär die Aufgabe der lokalen Gemeinde. Nicht die begnadeten Reiseevangelisten sind die primären Agenten der Evangelisation, nicht die speziell für diesen Dienst ins Leben gerufenen Missionswerke, sondern die Ortsgemeinde ist am besten für die Evangelisation geeignet.

8. Liebeswerke als Grundlage

Evangelisation ist ein ganzheitliches Geschehen. Es zieht einen Menschen außerhalb der Herrschaft Gottes in die Gemeinschaft mit Gott, wobei das Leben des Betroffenen grundsätzlich verändert und neuorientiert wird. Ein solches Geschehen kann nur ganzheitlich verwirklicht werden. Evangelisation ist daher die Verkündigung durch Tat und Wort. So hat Jesus, das Vorbild aller Evangelisten, evangelisiert. Bei ihm gingen Worte und Taten nicht auseinander, wie das bei seinen Zeitgenossen, den Schriftgelehrten und Pharisäern, der Fall war. Er predigte und heilte, er sprach und tat! So gewannen Menschen zu Jesus Vertrauen. Denn Evangelisation setzt Vertrauen voraus. Das Wirken Jesu in Wort und Tat stellt deshalb den wichtigsten „Ausgangspunkt für das Gespräch über die Mission der Gemeinde“[408] dar.

408 Kirk 1999:42.

Ohne ein etabliertes Vertrauensverhältnis werden Worte nicht ernst genommen, ja in der Regel abgelehnt. Mayers[409] verlangt daher mit Recht, jede missionarische Aktion mit der „prior question of trust (PQT)", der Frage nach dem Basisvertrauen, zu beginnen. Wer sich um ein solches Basisvertrauen bemüht, der wird klären müssen, welches Verhalten, Reden, Tun in der respektiven Kultur Vertrauen schafft. Wer evangelisieren will, der wird sich darum bemühen, genau dieses Verhalten herauszufinden.

Nur wenn ein Vertrauensverhältnis zwischen dem Evangelisten und dem Evangelisierten hergestellt ist, kann ein Verhältnis zwischen dem Adressaten des Evangeliums und dem Evangelium entstehen.[410] Die Frage nach dem Basisvertrauen ist somit zentral und kann nicht umgangen werden. Von der Beantwortung dieser Frage hängt im wesentlichen die Wahl der evangelistischen Instrumente ab. Und das Vorhandensein des Vertrauens entscheidet über den Erfolg der evangelistischen Bemühung.

Vertrauen gewinnt man nicht mit bloßem Reden. Jesus gewann das Vertrauen der Menschen, indem er ihnen diente. Für ihn stellte der Dienst das Herzstück seiner Mission dar. „Der Menschensohn ist nicht gekommen, um sich dienen zu lassen, sondern um zu dienen und sein Leben zu geben als Lösegeld für viele" (Mt. 20,28), sagte Jesus über sich selbst. Und entsprechend sah auch sein Leben und seine Verkündigung aus. Er stand Kranken und Bedürftigen bei, kümmerte sich um Menschen in Not und sorgte sich sogar um fehlenden Wein bei einer Hochzeit (Joh. 2). Dieses Wunder der Verwandlung von Wasser in Wein nennt der Evangelist Johannes ein Zeichen, das Glauben wirken soll.

Ähnlich wie Jesus soll auch die Gemeinde Jesu ihr Licht in den guten Werken vor den Menschen leuchten lassen, damit diese ihre guten Werke sehen und den Vater im Himmel preisen (Mt. 5,16). Der praktische Liebesdienst am Nächsten ist eine unbedingte Voraussetzung zur Evangelisation.[411] Eine evangelistische Gemeinde liebt es, den Menschen zu dienen.[412] Petrus bringt diese Tatsache auf den Punkt,

409 Mayers 1981:32.

410 Ebd:33.

411 Siehe auch: Lk. 6,35; 1Tim. 6,18; Tit. 2,7; 1Petr. 2,12; Jak. 2,17 u. a. Siehe auch Bosch 1991:414; Dayton 1990:16.

412 Ahn 2006:110-116.

wenn er im Bezug auf die Andersgläubigen schreibt: „Und führt ein rechtschaffenes Leben unter den Heiden. Damit die, die euch verleumden als Übeltäter, eure guten Werke sehen und Gott preisen am Tage der Heimsuchung" (1Petr. 2,12). Wer Glauben erwartet, der sollte Werke vorleben, ist doch „der Glaube ohne Werke tot" (Jak. 2,17).

Evangelisation setzt somit das Liebeswerk voraus. Sie baut auf der Diakonie der Gemeinde und löst diese wiederum aus. „Diakonie und Mission stehen in einem engen Zusammenhang. Die Diakonie hat teil am Auftrag der Kirche, die Botschaft von der Liebe und Gerechtigkeit Gottes auszurichten und zum Glauben an Jesus Christus einzuladen", fasst die EKD Synode in Leipzig 1999 richtig zusammen.[413] Nur da, wo die Gemeinde ihre Nächstenliebe praktisch erfahrbar macht, entsteht Vertrauen, die einzige Grundlage, auf der das Gespräch über den Glauben und damit Evangelisation stattfinden kann.

9. Dialog – man hört zu, wenn man reden will

Gegenseitiges Vertrauen entsteht nicht über Nacht. Aber wenn es einmal in Gang gekommen ist, dann entstehen Beziehungen, die das Gespräch ermöglichen. Und das Gespräch ist die Grundlage für jede erfolgreiche Evangelisation. Wer Menschen dient, wer mit den Menschen lebt, ihre Nöte, Bedürfnisse und Sorgen teilt, wer nach Lösungen im Alltag der Menschen sucht und diese hier und da findet, der verschafft sich Chancen zum Gespräch. Loewen sprach an dieser Stelle vom Prinzip der Reziprozität und Partnerschaft,[414] von dem Willen und der Bereitschaft beider Seiten, von- und miteinander lernen zu wollen, und das in gegenseitiger Akzeptanz und mit Respekt. Wie sonst sollten Menschen mit uns über die tiefsten Bedürfnisse ihres Herzens reden, wenn sie uns nicht vertrauen. Und wie sollen Menschen uns verstehen, wenn wir nicht Worte und Vorstellungen, Bilder und Symbole benutzen, die ihnen bereits vertraut sind.[415] Das Gespräch ist die natürliche Folge eines gesellschaftstransformativen Dienens.

Evangelisation verlangt nach Hörern, die bereit sind zu hören. Wo niemand hört, da kann man auch nicht evangelisieren. „Niemandem

413 In Herbst 2009:10.

414 Loewen 1977:27ff.

415 Solche Konzepte setzt uns die jeweilige Kultur, siehe Römer 1,19-20; siehe Saayman 1984:41; vgl. auch Hardmeier 2009:92.

kann man nicht predigen“, diese Worte Rudolf Bohrens stehen gerade und vor allem für die evangelistische Predigt. Wer findet aber Hörer, wenn nicht derjenige, der Vertrauen bei den Menschen gefunden und gelernt hat, mit ihnen über ihre Alltagsnöte zu reden? Evangelisation geht somit Hand in Hand mit einer gewissen Gesprächskompetenz des Evangelisten und der evangelisierenden Gemeinde. Sie setzt einen eingeleiteten Dialog mit den Menschen voraus. Ein solcher Dialog beginnt mit den praktischen Fragen des Lebens, im Vollzug des Dienstes und geht schließlich zu existenziellen Themen weiter. Wer mit den Menschen, die man evangelisieren will, nicht redet, kann sie auch nicht evangelisieren. Wer aber mit ihnen im Dialog steht, hat große Chancen, sie auch mit der Botschaft von der Erlösung in Christus zu konfrontieren. Freilich ist mit *Dialog* mehr gemeint als eine einmalige Unterhaltung. Dialog setzt einen Prozess voraus, der die Bereitschaft, voneinander hören und lernen zu wollen, wachsen lässt. Kommunikation ist niemals ein Monolog. Und wer in einen Dialog einsteigt, der wird sich dem anderen auch persönlich offenbaren müssen. Loewen sieht sogar jedes Zeugnis als prinzipiell dialogisch festgelegt.[416] Wer Menschen gewinnen will, wird sie zuerst für sich selbst gewinnen müssen. Oder wie Loewen es sagt: Wer andere kennenlernen will, der sollte sich selbst ihnen zu erkennen geben.“[417]

Für eine evangelisierende Gemeinde bedeutet das, sich bewusst in der Gemeinwesenarbeit und ihren Initiativen zu engagieren. Hier sind alle Akteure im sozialen Raum im Gespräch miteinander. Der Dialog über brennende Themen des Alltags läuft schon. Ist die Gemeinde kompetent und hat sie einen Beitrag zur Lösung konkreter Probleme im Gemeinwesen, so wird sie gehört, gefragt und herzlich eingeladen, bei der Umsetzung lebensrelevanter Fragen mitzumachen. Und der Erfolg der Umsetzung öffnet bald Türen, um auch eigene und spirituelle Akzente im Gemeinwesen zu setzen. Was sonst würde man von einer Kirche denn erwarten.

---

416 Loewen 1977:36.

417 Ebd:61.

10. Transformation als Ziel der Evangelisation

Evangelisation will Leben verändern. Es geht ihr um Menschen. Sie sind ihr eigentliches Ziel.[418] Es geht um mehr als nur um eine bloße Vermittlung von Offenbarungsinhalten. Evangelisation will sicher, dass Menschen über Gott Bescheid wissen, aber das allein genügt nicht – sie sollen Gott kennenlernen und ihr Leben nach seinen Geboten ausrichten. Sie will Konversion und Transformation im besten Sinne dieser Worte.[419] Damit ist sie aber viel mehr als nur ein Beitrag zur Diskussion über Gott und die Welt. Sie ist ein Aufruf zur Bekehrung und Lebensveränderung. Sie mutet ihren Zuhörern eine radikale Neuorientierung in allen Lebensbereichen zu, eine „ganzheitliche Umorientierung, in welcher ein einzelner Mensch oder eine Gruppe das vergangene Leben reinterpretiert, die Abwendung von diesem vollzieht und das künftige in einem veränderten gesellschaftlichen Beziehungsnetz neu begründet und gestaltet."[420] Evangelisation will bekehren und zwar zum Herrschaftswechsel im Leben des Menschen. Es ist ein Totalanspruch, hier ist der ganze Mensch gemeint, sein ganzes Leben, nichts wird ausgeschlossen, nichts ist belanglos, alles, absolut alles wird unter den Herrschaftsanspruch Gottes gestellt.[421] Wenn Evangelisation nicht mehr bekehren will oder wenn sie nur noch Teilbereiche des menschlichen Daseins meint, wenn sie sich auf rein spirituelle Inhalte reduzieren lässt, wenn sie aufhört, ganzheitliche Umkehr und Buße zu predigen, dann hört sie auf, Evangelisation zu sein. Wo Evangelisation ganzheitlich bekehrt, da werden alle Lebensbereiche des Menschen betroffen sein und vom Evangelium verändert werden.[422] Das Reich Gottes gewinnt dann nicht nur „in uns" Gestalt, sondern „mitten unter uns" (Lk. 17,21)[423] und durchzieht dann konsequenterweise auch die „sozialen Strukturen, die Kultur, die Politik und die Wirtschaft", um diese „auf Gottes Willen hin zu verändern"[424].

418 Werth 2004:247.

419 Herbst 2009:12; Johnson 1987:95f.

420 Bischofberger in Betz 1998:1228.

421 Vgl. Bardy 1988:171ff.

422 Reimer 2009:145.

423 Im Zuge der entsprechenden Übersetzung dieses Textes durch Luther ist man an dieser Stelle immer wieder zu einer individualisierenden Sicht der Wirkung des Evangeliums gekommen. Diese Übersetzung erweist sich jedoch beim näheren Hinsehen als falsch.

424 Hardmeier 2009:199.

Damit ist nicht der Weg zum Ziel, sondern das Ziel selbst beschrieben. Freilich geht es dabei um weises und nicht manipulatives Evangelisieren. Niemals darf sich Evangelisation zu einer manipulativen Propaganda hinreißen lassen, niemals seelischen und geistigen Druck ausüben. Menschen werden nicht ins Reich Gottes gedrängt. Wie fatal eine solche Haltung ist, hat die Geschichte der Christianisierung nur zu deutlich gezeigt. Menschen werden zu Christus immer durch Liebe gezogen. Und Liebe kennt keinen Zwang, auch keinen seelischen Zwang.

Das Ziel aller Evangelisation ist die Umkehr und die bewusste Nachfolge Christi. Ohne Bekehrung gibt es keine Evangelisation. Evangelistische Verkündigung muss mit O. Weber als „Kundmachung der Entscheidung Gottes, die zur Entscheidung ruft“[425], verstanden werden. Wo das Evangelium gelebt und gepredigt wird, da werden Menschen mit der Frage konfrontiert, ob sie ihr Leben weiter ohne Gott leben wollen, und sie werden eingeladen, sich mit Gott zu versöhnen. „Evangelistische Verkündigung ist also nichts anderes als solche Provokation zur Antwort, Einladung zum Einverständnis und dringende Bitte zur Versöhnung. Sie zielt darauf, dass ihre Hörer Gottes rettendes Handeln als die ihr Leben bestimmende Wirklichkeit annehmen.“[426] Erst so kann eine umfassende Änderung ihrer Lebensverhälnisse einsetzen. Volker Kessler bringt es auf den Punkt, wenn er schreibt: „Erst eine Erneuerung des Sinnes, des ‚mind-sets‘, bewirkt nachhaltige Änderungen.“[427]

11. Evangelisation und Leiden

Evangelisation ist Zeugnis. Und Zeugnis impliziert die Bereitschaft zu leiden. In der Tat ist Evangelisation der Gemeinde immer wieder mit Verfolgung verbunden gewesen. Wer evangelisiert, der fordert Strukturen der Ungerechtigkeit heraus. Wer sagt, was in den Augen Gottes korrupt und falsch ist, handelt sich schnell den Vorwurf ein, systemkritisch, politisch unkorrekt und gesellschaftsfeindlich zu sein. Wer im Sinne Jesu evangelisiert, der findet sich bald auf der Seite der Benach-

425 Weber in Klaiber 1990:204.
426 Klaiber 1990:205.
427 Kessler 2009:286.

teiligten und Armen wieder. Evangelisierende verschließen ihre Ohren nicht vor dem Bösen in dieser Welt, sondern stellen die Strukturen des Bösen bloß. Ein solches Einstehen für Gottes Gerechtigkeit passt selten in die Pläne der Machthabenden. Deshalb wird Evangelisation geahndet und werden Evangelisten verfolgt.

Denken wir da nur an die Beispiele aus der Bibel. Was sonst brachte denn die mächtigen Mitglieder des geistlichen Rates der Juden gegen Jesus auf? Was sonst löste die erste Verfolgungswelle gegen die junge Gemeinde der Jesusnachfolger in Jerusalem aus? Was sonst hat denn den Aufstand der Goldschmiede in Ephesus provoziert, wenn nicht das von Paulus verkündigte Evangelium, das Freiheit von der religiösen Versklavung brachte und damit all diejenigen arbeitslos machte, die am Kult der Aphrodite verdienten (Apg. 19).

Was sonst brachte die menschenverachtenden Wellen der Verfolgung gegen die Christen im alten Rom, im römisch-katholischen Mittelalter oder im orthodoxen Russland, in islamischen oder atheistischen Ländern der neueren Geschichte in Gang? Immer waren es die Christen, die sich nicht dem herrschenden System mit seinen gottfeindlichen Vorstellungen unterordnen wollten und trotz aller Verbote das Evangelium von der Herrschaft Gottes lebten und predigten.

Was sonst ruft die Mächtigen dieser Welt auf den Plan, ob nun in der Schattenwelt der Gesellschaft oder in den vordersten Reihen der Politik? Es ist die Botschaft des Evangeliums, die schonungslos Ungerechtigkeit, Korruption und Sünde offenlegt. Keine selbstherrliche Macht dieser Welt hat sich bis dato damit arrangieren können. Vielleicht ist die Verfolgung der Boten des Evangeliums in den sogenannten westlichen Demokratien subtiler geworden, aber Unruhe bewirkt die Predigt des Evangeliums immer noch. Und diejenigen, die eine solche Unruhe verursachen, werden dann isoliert und als die ewig Gestrigen beschimpft und degradiert. Man sollte sich nur einmal in unserem Land umsehen und umhören, wo Christen es wagen, Lebensweisen, die vom Evangelium als Sünde angeprangert werden, anzusprechen.

Nein, Evangelisation ist noch nie leidensfrei gewesen. Und populär ist Leiden nun wahrlich ebenfalls nicht. Gerade in der modernen Gesellschaft, die nur noch wenig mit Wahrheitsansprüchen anfangen kann, mehren sich die Stimmen derer, die den Absolutheitsanspruch Jesu und seines Evangeliums nicht nur infrage stellen, sondern als fundamentalistisch verschrien und für höchst gefährlich und deshalb verfolgungswürdig halten.

Eine evangelisierende Gemeinde wird sich deshalb immer auch auf Verleumdung, Verfolgung und Leiden einstellen müssen. Evangelisation kann also Leiden implizieren. Aber die evangelisierende Gemeinde rechnet auch mit dem Beistand ihres Herrn. Zu seinen Jüngern, denen er den Missionbefehl gab und die er in die Welt sandte, um alle Völker zu Jüngern zu machen, sagte er: „Und siehe, ich bin bei euch alle Tage bis an das Ende der Welt“ (Mt. 28,20).

12. Evangelisation in der Kraft des Heiligen Geistes

Evangelisation ist vor allem die Sache Gottes. Sie wird von Menschen ausgeführt, aber der eigentliche Herr der Mission ist der Geist Gottes (2Kor. 3,17). Stone beschreibt Evangelisation als „die Praxis des Heiligen Geistes“.[428] Er ist es, der den Menschen Gaben gibt, die entsprechend der Vorgabe des Herrn im Dienst eingesetzt werden. So wirkt Gott Kraft und Frucht (1Kor. 12,4-6). Ahn schreibt: „Der Heilige Geist war schon immer Gottes Weg, sein Reich in dieser Welt sichtbar zu demonstrieren.“[429] Und der Geist Gottes bedient sich dabei nicht nur rationaler Mittel, um das Evangelium vom Reich Gottes an die Menschen zu bringen. Auch wenn er, um mit Jüngel zu sprechen, der „intimste Freund des gesunden Menschenverstandes“ ist.[430] Er ist es, der durch seine Gegenwart der Gemeinde und ihren Evangelisten Geistesgegenwart verleiht.[431] Durch ihn wird die Verkündigung aktuell und lebensnah. Er ist der eigentliche Verkündiger, der eigentliche „Hermeneut des Wortes“, der das Evangelium in die Herzen und die Situation der Menschen übersetzt.[432]

Sein Wirken bedient sich des Wortes, ist aber auch von deutlichen Machterweisen seiner Gegenwart begleitet, die sich dem kritischen Verstand des Betrachters nicht immer rational erschließen. Der Apostel Paulus sprach an dieser Stelle von den „Erweisen des

428 Stone 2007:223.
429 Ahn 2006:128.
430 Nach Klaiber 1990:117.
431 Ebd.
432 Werth 2004:235.

Geistes und der Kraft“, die seine Predigt vom Kreuz begleiteten (1Kor. 2,1-5).[433]

Die Geschichte der Evangelisation ist voller solcher Machterweise Gottes.[434] Evangelisation in der Kraft des Heiligen Geistes wird von Zeichen und Wundern begleitet. John Wimber sprach an dieser Stelle von „power evangelism“.[435] Die Verwirklichung einer solchen kraftvollen Evangelisation bedarf bestimmter Geistesgaben, wie Wimber richtig bemerkt.[436] Die Bestätigung der Verkündigung des Evangeliums durch Zeichen und Wunder im Neuen Testament begleitete den Dienst Jesu und den der Apostel, sodass Hans-Werner Gensichen das „Vollbringen der Machttaten“ Gottes neben den Auftrag zur Verkündigung im Dienst der Apostel stellt.[437] Ein Phänomen, das sich wie ein roter Faden durch die ganze Geschichte der geistlichen Erweckung zieht. Wo immer Gottes Reich in Vollmacht gepredigt wurde, geschahen auch jene Wunder, die der Mensch selbst nicht imstande ist zu tun.

Michael Green weist mit Recht darauf hin, dass Zeichen und Wunder als Begleiterscheinungen der Evangelisation unbedingt in der lokalen Gemeinde verortet werden müssen.[438] So kann die Erfahrung des übernatürlichen Wirkens Gottes bewusst seelsorgerlich begleitet und geistlich vertieft werden und damit jene ungesunde Euphorie vermieden werden, die in manchen Kreisen allgegenwärtig ist und die nicht mehr Gott und die Beziehung zu ihm, sondern das Wunder und die damit verbundene Mystik sucht.

433 Siehe auch 1Thess. 1,5; 1Kor. 4,19f.

434 Ahn (2006:128-130) verweist z. B. auf die großen amerikanischen Evangelisten Moody und Pierson, deren Dienst immer wieder von einer deutlichen Wirkung des Geistes Gottes begleitet war.

435 Siehe seine Definition in Wimber & Springer 1986:45.

436 Ebd:49; siehe auch Green 1990:391-292.

437 Gensichen 1971:70.

438 Green 1990:395-396.

7 Evangelistische Kommunikation

1. Evangelisation als Kommunikationsvorgang

Evangelistische Verkündigung ist Kommunikation des Evangeliums in Wort und Tat mit dem Ziel der Vermittlung der Guten Nachricht an Menschen, die Gott nicht kennen.[439] Und als solche stellt sie „das missionarische Problem par excellence"[440] dar. Evangelistische Verkündigung zielt auf die Hinwendung und Bekehrung der Zuhörer zu Gott und die Umgestaltung ihres persönlichen Lebens und ihres Lebensraumes im Sinne des Reiches Gottes. Sie ist „vom Missionsziel bestimmt"[441] und nicht mit einem Aufsatz zu einem religiösen Thema oder einem entsprechenden Vortrag, einer Predigt, zu verwechseln. Es geht um mehr als nur eine bloße Auslegung des Wortes Gottes, auch wenn es in der evangelistischen Verkündigung um all das gehen kann. Sie ist vor allem ein Erschließungsvorgang, ein Zu-Herzen-Reden (Jes. 40,2) mit dem Ziel, den Vorhang vor den geistigen Augen des Menschen zu heben und ihn auf dem Weg der persönlichen Veränderung zu begleiten.

Ein solcher Erschließungsvorgang beinhaltet sowohl non-verbale als auch verbale Kommunikation. Aber ob es um die Verkündigung in Wort oder Tat geht, es handelt sich immer um einen kommunikativen Prozess, und als solcher muss Evangelisation deshalb auch immer aus dem Blickwinkel der Kommunikationswissenschaft betrachtet werden.

David Hesselgrave verweist in diesem Zusammenhang auf die begriffliche Vielfalt, die den evangelistischen Vorgang begleitet.[442] Neben dem klassischen Begriff *euangelizo* = evangelisieren, der im Neuen Testament 54-mal verwendet wird,[443] sind es Begriffe wie *syncheo* = verwirren (Apg. 9,22), *symbibazo* = beweisen (Apg. 9,22), *diegeomai* = beweisen (Apg. 9,27), *syzeteo* = disputieren (Apg. 9,29), *laleo* = reden (Apg. 9,29), *dialegomai* = besprechen (Apg. 18,4), *peitho* = überreden

439 Vicedom 1967:134.

440 Hesselgrave 2010:3.

441 Vicedom 1967:135.

442 Hesselgrave 2010:4-5.

443 Ebd:4.

(Apg. 18,4), *noutheteo* = ermahnen/warnen (Apg. 20,31), *katecheo* = informieren, unterrichten (Apg. 21,21.24), *deomai* = bitten, anflehen (2Kor. 5,20), *elencho* = überführen (2Tim. 4,2), *epitimao* = tadeln (2Tim. 4,2), *parakaleo* = ermahnen/ermutigen/anspornen (1Petr. 2,11). Gelungene Evangelisation setzt damit eine gelungene Kommunikation voraus und diese geschieht auf vielfältige Weise.

Der Begriff Kommunikation entstammt dem lateinischen *communis*, was so viel wie „gemeinsam" bedeutet. Zu kommunizieren bedeutet, etwas Gemeinsames zu etablieren, einen gemeinsamen Nenner zu finden.[444] Evangelistische Verkündigung als Kommunikationsprozess findet also nur dann wirklich statt, wenn sich der Evangelist und sein Zuhörer auf einem gemeinsamen *Territorium* befinden. Und da sich Menschen nur selten auf den Evangelisten einstellen werden, ist es die Aufgabe des Evangelisten, den gemeinsamen Raum auf dem *Territorium des Zuhörers* zu finden und zu etablieren.

Wie jede echte Kommunikation setzt die evangelistische Verkündigung voraus, dass die Botschaft des Verkündigers verstanden werden kann. Und sie wird verstanden, wenn sie im Bezugsrahmen des Zuhörers stattfindet. Ein solches Verstandenwerden schließt Sprache, Inhalt und Form der Verkündigung ein. „Wer das Evangelium nicht in seiner Sprache hören kann, wer nicht sieht, welche Bedeutung es für seine Lebenswirklichkeit hat, wird es vermutlich kaum verstehen."[445] Damit stellt sich jedem Evangelisten die dringende Aufgabe der Kontextualisierung des Evangeliums. Nur so kann es für die Menschen verständlich werden. Kontextualisierung setzt aber das Verstehen des Kontextes voraus.

2. Modelle der Kommunikation

Alle Menschen kommunizieren. Als Mensch kann man nicht nicht kommunizieren. Und als Gemeinde auch nicht. Wo immer die Gemeinde evangelisiert, kommuniziert sie. Wo immer die Gemeinde nicht evangelisiert, kommuniziert sie auch. So zum Beispiel, wenn sie ihr Desinteresse am Schicksal der Menschen in ihrer Umgebung zeigt! Ob laut oder leise, ob bewusst oder unbewusst, ob gut oder schlecht

444 Hesselgrave 2010:19.

445 Schulz 2008:34.

– die christliche Gemeinde kommuniziert in ihre Umwelt hinein. Sie vermittelt mit dem, was sie ist oder nicht ist, sagt oder nicht sagt, tut oder nicht tut, eine Botschaft!

Die Effektivität unserer Kommunikation hängt unmittelbar mit dem Modell der Kommunikation, das wir gebrauchen, und unserem Umgang mit diesem Modell zusammen. Daher wollen wir uns einige Kommunikationsmodelle näher ansehen.

2.1. Alltagskommunikative Modelle

In der Kommunikationswissenschaft unterscheidet man zwischen alltagstheoretischen und wissenschaftlichen Modellen der Kommunikation.

Alltagstheoretische Modelle werden im Alltag gebildet und angewendet. Hier entstehen Arten von Kommunikation, die aus der gelebten Praxis kommen. Für unseren Zusammenhang von Bedeutung sind besonders drei dieser Modelle: (a) Kommunikation als Informationsaustausch, (b) Kommunikation als Teilhabe und (c) Kommunikation als Ausdruck/Eindruck.

a. Kommunikation als Informationsaustausch ist um den Informationsfluss im Lebensraum bemüht. Hier geht es weniger um die Gemeinschaft, sondern um Wissen, Erkenntnis und Erfahrung. Wer so kommuniziert, will bilden, lehren, verändern. So kommunizieren Eltern, Lehrer, Erzieher und Politiker. Aber auch Pfarrer, Pastoren, Gemeindelehrer und Katecheten.

b. Kommunikation als Teilhabe bezieht sich direkt auf die Bedeutung des lateinischen Begriffes „communicatio“, der den Bedeutungshorizont des Teilens und Mitteilens hat. Wer sich im Kommunikationsprozess mitteilt, der hat es auf den Aufbau einer Gemeinschaft angelegt, und es geht vor allem um das soziale Miteinander. Im Gemeindeaufbauprozess ist eine solche auf Partizipation angelegte Kommunikation zentral und man findet ihre Anwendung überall da, wo es um gruppendynamische Prozesse geht.

c. Kommunikation als Ausdruck/Eindruck beschreibt einen Prozess, der sich um die Weitergabe von Inhalten kümmert, wobei man sich entweder wenig oder gar nicht um die Rezeption oder Wahrnehmung des Inhalts durch den Empfänger (Ausdruck) oder geradezu vorrangig um die beabsichtigte oder zu erreichende Wahrnehmung (Eindruck) bemüht. Im Ausdrucksmodell geht es um die Mitteilung, ohne dass man berücksichtigt, wie diese Mitteilungen beim Rezipienten ankommen. Klassisch für eine solche Kommunikationsform sind die medialen Angebote. Der Autor eines Buches, der Schauspieler im Film oder auch der Radiosprecher kommunizieren zwar, aber die Empfänger ihrer Botschaften sind von ihnen getrennt und eine Möglichkeit zur Überprüfung, ob die Botschaft auch angekommen ist, besteht nicht. Dagegen beginnt man im Eindrucksmodell damit, den Rezipienten zu verstehen, bevor man kommuniziert. Kommunikation wird hier zu einer gezielten Mitteilung.

Alle hier beschriebenen alltagskommunikativen Modelle wurden und werden auch in der Evangelisation benutzt. Während man sich in den Kreisen, die eher einer aggressiven verkündigungsorientierten Evangelisation das Wort reden, des Ausdrucksmodells bedient, betont man in Gemeindewachstumskreisen die Kommunikation als Teilhabe und Partizipation. In missionalen und emergenten Kreisen setzt man dagegen gerne auf Dialog und Eindruck.

2.2. Wissenschaftliche Kommunikationsmodelle

Die enorme Bedeutung, die der Kommunikation in der Gesellschaft zukommt, führte zum Aufbau und Wachstum der Kommunikationswissenschaft. Diese orientiert sich im Grunde an Aristoteles, der die zwischenmenschliche Kommunikation auf drei Punkte bezog: den Sprecher, die Rede und die Zuhörer.[446] Etwas detaillierter wird Kommunikation in der sogenannten Lasswell-Formel des Politologen Harold Dwight Lasswell aus dem Jahr 1948 dargestellt, die in einfacher Zuspitzung fünf Fragen an den Prozess der Kommunikation stellt: (1) Wer sagt (2) was (3) mit welchen Mitteln (4) zu wem (5) mit welcher Wirkung.[447]

446 Hesselgrave 2010:14.
447 Lasswell 1948:37-51.

Im Laufe der letzten Jahrzehnte sind mehrere Modelle der menschlichen Kommunikation als wissenschaftliche Modelle vorgestellt worden. Man unterscheidet sie nach ihrer perspektivischen Orientierung. Diese kann sich am Prozess der Kommunikation selbst, ihrer Struktur, Funktion und Wirkung im sozialen Raum ausrichten, je nach der Intention der jeweiligen Forschung.[448] In Bezug auf die Evangelisation erweisen sich alle diese Perspektiven von großem Nutzen, ist doch die Evangelisationsforschung sowohl am Prozess, der Struktur, der Funktion als auch an der beabsichtigten Wirkung auf Menschen interessiert.

Viele Modelle gehen auf das von den amerikanischen Mathematikern Waren Weaver und Claude E. Shannon entwickelte Sender-Empfänger-Modell zurück.[449] Hier reden wir von: Sender, Nachricht und Empfänger. Übersetzt würden die einzelnen Positionen Folgendes beinhalten: Unter Sender versteht man den Sprecher, der einem anderen (= Empfänger) eine Nachricht (verbal/nonverbal) übermitteln will. Dazu muss er seine Nachricht in ein Signal (Worte, Zeichen, Taten) umwandeln („codieren"). Der Empfänger wird die Nachricht decodieren und aufnehmen, wenn keine Störungen (z. B. Lärm) die Übermittlung verhindern. Problematisch kann auch sein, wenn Sender und Empfänger unterschiedliche Sprachen sprechen.[450]

Moderne Kommunikationsforschung hat schon in den Fünfzigerjahren des letzten Jahrhunderts auf die enge Verflechtung zwischen dem Kommunikator und seinem Rezipienten hingewiesen. Die sozialen Welten, zu denen kommunizierende Menschen gehören, beeinflussen entscheidend, wie die vom Kommunikator formulierte Botschaft empfangen und eventuell verstanden wird.[451] Kommunikation ist somit immer auch ein sozialpsychologisches Phänomen, in dem neben dem Kommunikator und dem Rezipienten auch das benutzte Kommunikationsmedium eine Rolle spielt, sowie Zeit und Raum, in dem die Kommunikation stattfindet.[452]

448 Schmidt 2000:57.

449 Shannon 1949, dt. Übersetzung Shanon 1976. Eine gute Einführung bietet Krallmann 2001.

450 Siehe Hessegrave 2010:15.

451 Riley 1959:537-578.

452 Maletzke 1978.

3. Ein Grundmodell des Kommunikationsprozesses

Die oben vorgestellten Kommunikationsmodelle erlauben uns ein alltagstaugliches Kommunikationsmodell aufzubauen, das die Evangelisation der lokalen Gemeinde ordnen und bereichern kann. Dieses Modell orientiert sich an den Grundvoraussetzungen der Kommunikation im sozialen Raum.

3.1. Quelle evangelistischer Kommunikation

In der Kommunikationstheorie unterscheidet man auch zwischen primären und sekundären oder gar tertiären Quellen.[453]

Die eigentliche Quelle und damit auch die primäre Quelle evangelistischer Kommunikation ist Gott selbst. Er ist der Kommunikator *per se*. Er ist der eigentliche Evangelist. Es geht um seinen missionarischen Ratschluss, um sein Angebot der Erlösung der Menschen, die Gott in Jesus Christus, seinem Sohn, anbietet.[454] Jesus sagt von sich selbst: „Ich bin der Weg, die Wahrheit und das Leben. Niemand kommt zum Vater denn durch mich" (Joh. 14,6).

Und Gott wird aktiv im Heiligen Geist, von dem Jesus gesagt hat, dass er die Welt von ihren Sünden überführen wird (Joh. 14,17). Dabei benutzt der Heilige Geist die Natur (Röm. 1,18), das Wort Gottes (1Tim. 3,16) und das Zeugnis der Gemeinde (Apg. 1,8). Eine evangelistische Gemeinde wird sich demnach immer darum bemühen, Gott als Kommunikator seines Evangeliums im Kontext zu entdecken, und seine Mission unterstützen. Sie wird unbedingt mit Gott in der Evangelisation der Welt zusammenarbeiten! Wenn Gott der Meisterkommunikator ist, die eigentliche Quelle der Wahrheitsvermittlung, dann muss dieser Quelle jeder Raum überlassen werden, damit die Botschaft überhaupt formuliert werden kann.

Freilich bedient sich Gott auch der evangelisierenden Gemeinde. Auch der evangelisierende Gläubige ist eine Quelle der Kommunikation. Aber der Gläubige und die Gemeinde, zu der er oder sie gehört, ist niemals die primäre Quelle der Kommunikation Gottes mit der Menschheit. Vielmehr ist sie aufgerufen, auf die Quelle hinzuweisen. Sie ist Gottes Botschafter. Die Quelle bleibt er! Will sie als Gemeinde evangelisieren,

---

453 Hesselgrave 2010:16.

454 Siehe hierzu Epheser 1,3ff.

so muss sie sich als Kommunikationsagent des Evangeliums in der Welt verstehen. Man kann deshalb auch von der Gemeinde als der sekundären Quelle evangelistischer Kommunikation reden.

Und nicht zuletzt ist auch die Welt, in der die Gemeinde evangelisiert, eine Quelle evangelistischer Kommunikation. Auch die Welt redet über Gott und über sein Bodenpersonal, die Gemeinde. Menschen, die das Evangelium hören, können es auch aus dritter Hand hören. Wie richtig oder falsch die hier vermittelte Botschaft ist, das hängt auch von der Effektivität der Kommunikation der Gemeinde im betroffenen Kontext ab.

3.2. Der Enkodierungs- und Dekodierungsprozess

Wir Menschen verpacken (enkodieren) unsere verbalen und non-verbalen Botschaften und packen die uns zugestellten Botschaften aus (dekodieren) auf dem Hintergrund unserer Erfahrung, des Lebensraumes, der Kultur und Religion. Ein und dasselbe Wort oder dieselbe Tat können völlig unterschiedliche Bedeutungen haben, je nachdem, wer es gesagt/getan hat, unter welchen Bedingungen es gesagt/getan wurde und in welcher Sprache und unter welchen Umständen es ins Bewusstsein des Adressaten tritt.[455]

Grundsätzlich unterscheidet man in der Kommunikationstheorie zwischen verbalen und nonverbalen Codes. Verbale Codes stellen in Sprache und Worte gekleidete Konzepte dar. Hier werden Ideen in gesprochener Sprache ausgedrückt. Nonverbale Codes stellen dagegen Gesten, Bewegungen und Haltungen des Körpers dar, mit denen der Betroffene seine Gedanken zum Ausdruck zu bringen sucht. Dabei kann auch Nonverbales zur Botschaft werden.

Allerdings lassen sich Ideen nicht so leicht übertragen. Wir Menschen leben in einer lauten Welt und unsere Kommunikation geschieht auf dem Hintergrund einer enormen Geräuschkulisse. Was wir sagen und was unsere Hörer hören, muss nicht immer das Gleiche sein. Unsere Kommunikation ist also potenziell auf Missverständnisse angelegt und kann pathologisch verlaufen.

---

455 Siehe hierzu die von Eugene Nida vorgeschlagene Kategorie der Kommunikationszeichen, die jeweils auf einen im Kontext vorhandenen Bedeutungs- und Erlebniszusammenhang hinweisen. Nida 1960:65; so auch bei Hesselgrave 2010:18f.

Oft liegen die Probleme bereits in der Sprache selbst begründet. Wenn jemand von der Bank spricht, kann er sowohl von einer Sitzgelegenheit als auch von einem Geldinstitut reden. Da genügt es nicht, die Wörter zu verstehen.[456] Diese müssen im Kontext gedeutet werden. Oft meinen aber auch die gleichklingenden Wörter in unterschiedlichen Dialekten und sogar Kontexten ganz Unterschiedliches. So bin ich als Kind in einer Umgebung großgeworden, in der das Wort „blöd" gleichbedeutend war mit „schüchtern". Man kann sich die Überraschung vorstellen, als ich in Westdeutschland entdeckte, dass der gleiche Ausdruck hier für „dumm" steht. Da hatte ich mich selbst jedoch bereits mehrfach als eher blöd bezeichnet. Sprachen wandeln sich und mit ihnen auch die Bedeutung von Begriffen.

Zur sprachlichen Problematik kommen kulturelle Vorurteile, die sich im Laufe der Zeit zwischen zwei Volksgruppen oder auch gesellschaftlichen Klassen und sozialen Gruppen entwickeln können. Vorurteile können auch in Bezug auf Kirche, Gemeinde oder Evangelisation existieren. „Bleiben Sie mir bloß vom Leib mit Ihrem Evangelium", hört man dann; und wenn man die Chance hätte, näher nachzufragen, dann würde bestimmt eine negative Erfahrung mit einem Evangelisten genannt werden. Der eine wurde immer wieder auf der Straße auf sein Verlorensein angesprochen, der andere erlebte eine Zeltevangelisation, in der der Evangelist seinen Worten durch seelische Manipulation Nachdruck zu verleihen suchte. Erfahrungen sind wie potenzielle Störgeräusche, die die Botschaft wesentlich verändern können. Dass diese Erfahrungen nicht nur Wörter betreffen, zeigt folgendes Beispiel einer Missionarin unter Indianern in Lateinamerika. Sie trank jeden Morgen ein Glas ausgepressten Limonensaft. Die Indianer bekehrten sich lange nicht. Als sie anfing, nach einer Ursache zu forschen, fand sie heraus, dass die Indianer den Limonensaft als eine Art Empfängnisverhütungsmittel nahmen und nun alle dachten, die Missionarin würde in sexueller Sünde leben. Deswegen reagierten sie auf ihre Predigt mit radikaler Ablehnung.

Auch die äußere Erscheinung kann zu solchen Störungen beitragen. Oder auch Gesten oder Mimik. Wenn ein Deutscher Dinge, die er hört, bejaht, dann wird er meistens nicken. Ablehnung wird dagegen

---

456 In der Literatur spricht man an dieser Stelle von der Interlexikalität oder den falschen Freunden.

mit einem Kopfschütteln angezeigt. Die Inder machen es genau umgekehrt. Wenn man in Europa beim Besuch einen Blumenstrauß mitbringt, dann gilt das als Zeichen der Zuneigung, in Indonesien würde man dagegen dahinter eine Art Inanspruchnahme verstehen.

Kommunikation will daher bewusst konzipiert werden. Hier werden Botschaften so verpackt (enkodiert), dass sie auch verstanden (dekodiert) werden können.

3.3. Kommunikationskanäle

Effektive Kommunikation ist nur dank entsprechender Kommunikationsmittel möglich. Man nennt diese auch Kommunikationskanäle, spricht von Mitteln oder Vorrichtungen, die den Kommunikationsfluss ermöglichen.[457] Der Begriff entstammt der Telefonie, wobei Kanäle technische Vorrichtungen darstellen. Er kann aber auch für alle zwischenmenschliche Kommunikation gebraucht werden und dann jedes Mittel meinen, das man nutzt, um verbal oder nonverbal, aktiv oder passiv sein Anliegen zu kommunizieren. Folgende Darstellung macht das Wesen des Kanals deutlich.

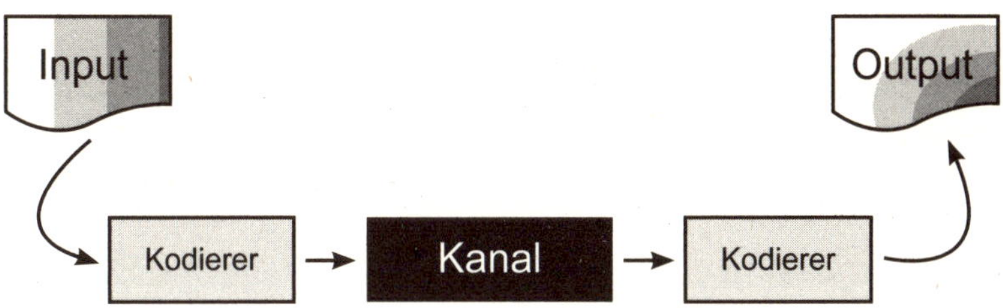

Kommunikationskanal[458]

457 http://de.wikipedia.org/wiki/Kanal_(Informationstheorie).
458 Ebd.

In der evangelistischen Kommunikation können solche Kanäle Handlungen, Gesprächsformate, Traktate, Medienangebote, Presse-Veröffentlichungen und vieles mehr sein. Wichtig ist zu wissen, dass kein Kanal störungsfrei arbeitet. Unsere Kommunikation kann immer auch missverstanden werden. So kann unsere Hilfsbereitschaft gegebenenfalls als Anbiedern, unsere Worte als unzeitig, ja sogar ein verlegenes Lächeln als deplatziert empfunden werden. Will man wissen, ob unsere Botschaft auch angekommen ist, sind wir auf eine entsprechende Reaktion, ein Feedback, des Kommunikationspartners angewiesen.

3.4. Feedback

Erfolgreiche Kommunikation wird immer nach dem Feedback fragen. Wird mir meine Botschaft erkennbar zurückgeschickt? Sind die Reaktionen auf meine Botschaft von mir so einkalkuliert worden? Was ist vermutlich verstanden worden? Will ich das, was verstanden wurde, so stehen lassen? Oder sollte ich es vielleicht korrigieren? Und wenn ja, wie?

Evangelistische Kommunikation kann sich Irritationen, Missverständnisse und Pathologien nicht wirklich leisten. Es geht hier um Gott, um Ewigkeit, um Tod und Leben, um ewiges Leben! Missverständnisse können die Menschen von Gott wegstoßen, sie für die Herrschaft Gottes verschließen oder auf einen religiösen Holzweg führen. Man wird daher sehr genau darauf achten müssen, wie, wann und mit wem man das Evangelium kommuniziert.

3.5. Kommunikationsfeld

Störungen in der zwischenmenschlichen Kommunikation haben wesentlich mit dem Kontext zu tun, in dem die Kommunikation stattfindet. In der Literatur spricht man auch vom Kommunikationsfeld. Dieses Feld birgt für jede zwischenmenschliche Kommunikation Hindernisse und Hürden, die es zu meistern gilt.

Das ist in der evangelistischen Verkündigung nicht anders. Der Kontext, in dem die Kommunikation stattfindet, ist wesentlich von der Kultur der Gesprächspartner bestimmt. Die Kenntnis dieser Kultur ist für eine effektive Vermittlung des Evangeliums unabdingbar.

Das Evangelium wird nur da gehört, wo es auf konkrete Bedürfnisse der Menschen eine Antwort bietet.[459] Oder wie Edward Dayton es einmal so treffend formulierte: „Das Evangelium sollte da ‚kratzen, wo es auch juckt', sonst bleibt es irrelevant für seine Hörer."[460] Was man vor einem Deutschen sagen darf, kann vor einem Türken die größte Beleidigung sein. Was im Rahmen einer Festlichkeit geht, kann im Alltag streng verboten sein. Kommunikationskonditionen dieser Art werden von der jeweiligen Kultur gesetzt und können viele verbalen und nonverbale Fallen beinhalten.

3.6. Kommunikationsziel

Kommunikation verläuft dann erfolgreich, wenn das vom Sender gesetzte Ziel auch erreicht wurde und der Empfänger die Botschaft verstanden oder entsprechend der gesetzten Codes dekodiert hat. Versteht dieser die Botschaft nicht oder missversteht er sie, dann sprechen wir von einer pathologisch verlaufenden Kommunikation, und im Bezug auf Evangelisation bedeutet dies, dass die Botschaft nicht angekommen ist. Pathologisch verlaufende Kommunikation des Evangeliums kann diesem auf Dauer schaden und die Hörer vom Hören der Botschaft des Evangeliums abhalten. Beispiele einer so fehlgeleiteten Evangelisation findet man heute in nahezu allen Ecken unseres Landes. Erfolgreiche Kommunikation des Evangeliums setzt somit voraus, daß der Verkündiger verständlich spricht und handelt. Und ein solches verständliches Reden wird nicht allein am Urteil des Kommunikators, sondern vor allem am Feedback des Angesprochenen gemessen.

4. Religiöse Ansprechbarkeit: der Hörer als Ansatzpunkt

In der Evangelisation werden Menschen auf ihren Glauben angesprochen. Ob sie eine solche Kommunikation zulassen und wie weit sie sich auf diese einlassen, hängt von der religiösen Ansprechbarkeit der Menschen ab.[461]

Der religiöse, spirituelle oder auch geistliche Zustand der Zuhörer

459 Lutzbetak 1988:162.

460 Dayton 1990:118.

461 Zur Korrelation zwischen religiöser Ansprechbarkeit und Kultur und zur Rolle der Religion in der Kultur heute, siehe: Daiber 1997.

kann im Moment der Kontaktaufnahme sehr unterschiedlich ausfallen. Um die Zuhörer leichter einordnen zu können, hat sich die Skala des amerikanischen Missionswissenschaftlers James Engel als hilfreich erwiesen.[462] Sie ordnet die Zuhörer in 14 bis 15 Kategorien ein: von völliger Unkenntnis des Willens Gottes bis zu einem Leben nach dem Plan und Willen Gottes. Die Einordnung der religiösen Kenntnis verläuft nach Engel in sieben Stufen. Engel führt diese religiöse Kenntnis sowohl auf das vermutete Werk Gottes als auch auf die gelebte missionarische Aktion der Christen zurück.

Engelsche Skala

GOTT	EVANGELIST		MENSCH
Überführung	Verkündigung	– 7	Erstkontakt mit dem Evangelium
		– 6	Grundwahrheiten der Bibel verstanden
		– 5	Bedeutung des Evangeliums erfasst
		– 4	Positive Einstellung zu Gott
		– 3	Persönliches Problem erkannt
		– 2	Entschluss zum Handeln
	Aufruf	– 1	Buße und Glaube

WIEDERGEBURT NEUER MENSCH

462 Siehe in Evangelisation und Jüngerschaft. Ein Arbeitsbuch. Wien 1987, S. 143.

Verantwortliche Evangelisation wird sich darum bemühen, den Adressaten da anzusprechen, wo er oder sie „zu Hause“ ist, und ihn dann auf dem Weg des Heils weiterzuführen. Es ist dabei wichtig, sich bewusst Teilziele zu setzen. Engel unterscheidet sieben kommunikative Stufen, auf denen sich der Zuhörer befinden kann, von denen sich wiederum sieben Teilziele evangelistischen Vorgehens ableiten lassen:

Stufe der Ansprechbarkeit	**Aufgabe der Verkündigung**
1. Völlige Ignoranz und Unwissenheit des Hörers in Fragen des Glaubens und des Heils.	Erstkontakt herstellen durch Partizipation am Leben des Hörers.
2. Wachsendes Interesse des Hörers an Fragestellungen des Glaubens.	Grundwahrheiten der Offenbarung so vermitteln, dass diese verstanden werden können. Erst wenn der Hörer Gottes Wahrheit über den Menschen und seinen Zustand begriffen hat, kann ihm das Evangelium erklärt werden. Wie soll er sonst die Gute Nachricht für gut halten, wenn er nichts von seinem schlechten Zustand weiß? Das bevorzugte Kommunikationsmittel ist an dieser Stelle das Gespräch.
3. Intensive Beschäftigung mit der Frage des Heils.	Dem Hörer die Bedeutung des Evangeliums so darlegen, dass dieser die Gute Nachricht als Heilsbotschaft versteht.
4. Innere Bejahung der Existenz Gottes und der Notwendigkeit der Erlösung in Jesus Christus.	Dem Hörer eine positive Haltung gegenüber der Heilsbotschaft abgewinnen.
5. Intensive Beschäftigung mit der eigenen Lage.	Dem Hörer den persönlichen Anspruch Gottes auf sein Leben so darlegen, dass dieser seine eigene Verlorenheit ohne Gott versteht.
6. Entschluss zur Entscheidung.	Den Hörer vor die konkrete Entscheidung stellen.
7. Buße und Glaube.	Seelsorgerliche Begleitung durch den Prozess der Bekehrung.

Johan Lukasse übernimmt die Skala von Engels, passt diese aber zugleich an ein ganzheitliches Vorgehen bei der Evangelisation an. Lukasse arbeitet dabei mit der Vorstellung, die er aus dem Gleichnis Jesu vom Sämann in Matthäus 13 gewinnt. Danach teilt er den Prozess der Evangelisation in drei Schritte ein: Kultivierung (Bodenbearbeitung), Säen und Ernte.[463] Den einzelnen Schritten entsprechen dann die jeweiligen Stufen auf der Engelskala.[464]

Gottes Rolle	**Unsere Rolle**	**Die Antwort des Menschen auf der Engelskala**
Allgemeine Offenbarung	Kultivierung	Kein Bewusstsein für ein höheres Wesen
		Gottesbewusstsein, aber keine Kenntnis des Evangeliums
		Erste Kenntnisse des Evangeliums
Überführung/ Überzeugung		Positive Einstellung zum Botschafter
		Fundamente des Glaubens verstanden
	Säen	Verständnis für die Implikationen des Evangeliums entwickelt
		Positive Einstellung zum Evangelium
		Persönliches Problem erfasst
Wiedergeburt	Ernten	Entscheidung zu handeln
		Buße und Vergebung
		Neue Kreatur
Heiligung		Nacharbeit
		Eingliederung in die Gemeinde

Beide Modelle zeigen, dass die Kommunikation des Evangeliums die kulturellen, sozialen und religiösen Bedingungen, in denen sich der Adressat des Evangeliums befindet, unbedingt berücksichtigen muss. Erst wenn Menschen religiös ansprechbar werden, können sie mit dem Evangelium direkt konfrontiert werden und gegebenenfalls sogar in die Nachfolge Jesu gerufen werden.

463 Lukasse 2010:89.

464 Siehe die Tabelle, Ebd.

5. Evangelistische Kommunikation – Wege und Möglichkeiten

Wer das Evangelium weitergibt und es damit kommuniziert, der muss sich deshalb den oben besprochenen Bedigungen des Kommunikationsprozesses stellen. Und das bedeutet zuerst und vor allem, dass die Verkündigung des Evangeliums sich an den Bedingungen des Kontextes zu orientieren hat. Was, wann, von wem und wie kommuniziert wird, entscheidet auch der Adressat des Evangeliums. Gott muss wirken, der Evangelist muss reden oder tun, der Adressat muss aufnehmen können und wollen. Die rechte Tat zur rechten Zeit getan, das rechte Wort zur rechten Zeit gesprochen, darauf kommt es an. Das rechte Evangelisationsmittel wird so gewählt, dass die betreffenden Menschen es verstehen und einordnen können. Dabei ist es relativ egal, ob es sich um nonverbale oder verbale Kommunikation handelt. Wer das Evangelium effektiv zu den Menschen tragen will, der wird lernen müssen, kontextsensitiv vorzugehen. Die Pluriformität der Gesellschaft verlangt danach, „in den verschiedenen sozialen Bezügen auf vielfältige Weise zu kommunizieren“[465]. Erst recht dann, wenn die Evangelisation gesellschaftsrelevant als transformativ-missionarische Aktion der Gemeinde verstanden wird.

Eine solche Evangelisation wird alle Mitglieder der Gemeinde, alle ihre Gaben und Fähigkeiten einsetzen können. Wenn Evangelisation zum Leben mit Gott anleiten will, dann sind alle Bereiche des Lebens, alle lebensgestaltenden Kräfte, alle Mitglieder der Gemeinde potenzielle Kommunikatoren der Guten Nachricht. Der eine wird es sicher eher vorleben, der andere in seiner guten Tat darstellen, der Dritte im Dialog vorstellen und der Vierte in einer Predigt verkündigen. So wird die Evangelisation zur Sache der ganzen Gemeinde. Alle werden gebraucht, alle kommunizieren, auch wenn nicht alle reden und nicht alle predigen.

Der amerikanische Kommunikationsspezialist John C. Maxwell sagt, dass es bei der Kommunikation einer Botschaft wesentlich darauf ankommt, einen Kontakt zu seinen Zuhörern zu finden. Maxwell schreibt:

> „Wenn ich mir Redner mit den unterschiedlichsten Stilen und Methoden ansehe, dann stelle ich fest, dass sie alle eine Sache ge-

465 Kumlehn 2000:13.

mein haben: Ich habe gesehen und beobachtet, dass alle großen Kommunikatoren die Fähigkeit haben, den Kontakt herzustellen. Sie können den Kontakt mit ihrem Publikum herstellen. ... Die großen Prediger … wenn sie herauskommen zum Predigen, dann ist ihnen bewusst, dass ihre wichtigste Aufgabe nicht darin besteht, eine Botschaft zu bringen. Ihre erste Aufgabe ist es herauszufinden, wo sich die Menschen befinden. Die Botschaft kann nur rübergebracht werden, wenn die Menschen auch zu Hause sind."[466]

Das Bild ist klar und verständlich. Ich kann nur kommunizieren, wenn ich auch gehört und verstanden werde. Meine Zuhörer müssen da abgeholt werden, wo sie „zu Hause" sind. Soll unsere Verkündigung effektiv sein, so muss sie, wie Ernst Lerle es forderte, „kontaktstarke Verkündigung" sein.[467] Sie muss den Zuhörer da abholen, wo sich der Zuhörer gerade befindet.[468]

Das erfordert von der evangelisierenden Gemeinde ein großes Maß an Kenntnis ihrer Hörer und entsprechendes Fingerspitzengefühl im Gespräch mit ihnen. Laut Theodor Christlieb, dem Gründer des Johanneums, ist es nötig,

> „daß der Prediger im Leben der Gemeinde stehe und deren Verhältnisse, Bedürfnisse, Sünden und Gnadengaben wohl kenne. Was geschieht in der Gemeinde, das muss ihn innerlich berühren, darüber muss er sich mitfreuen oder mittrauern und sich beugen. Und daraus fließt ihm dann immer neuer Stoff für die Predigt zu. Sobald der Zuhörer merkt, daß der Prediger ihn und seine besonderen Verhältnisse, Bedürfnisse, Anschauungen, Gefahren, Hindernisse im geistlichen Wachstum, seine üblen oder auch guten Gewohnheiten ganz wohl kennt, sich lebendig in sie hineinversetzt hat, da lauscht er ihm gerne, da merkt er, daß er lernen und profitieren kann."[469]

466 Maxwell in Reimer 2004:49.

467 Lerle 1989.

468 Zur Predigt als Kommunikationsgeschehen und den unterschiedlichen Kommunikationstheorien in ihrer Anwendung auf die Predigt, siehe Pieterse 1987:74-130.

469 Christlieb 1893:262. Ganz ähnlich argumentiert August Tholuck, wenn er fordert, die Predigt als „Nachhall der Erfahrungen ..., welche die Wanderungen

Und was für den Prediger und seine Zuhörer gilt, das gilt auch für die verkündigende und evangelisierende Gemeinde und ihren Adressaten.

In der homiletischen Diskussion in Deutschland[470] ist es vor allem das Verdienst Ernst Langes, der die Predigt als Kommunikationsbemühung zu verstehen suchte und daher konsequent nach der Partizipation des Predigers am Leben des Hörers verlangte.[471] Heute ist die Bemühung um echte Hörer-Meditation zum Standardthema der Homiletik geworden. Für Lange ist die Teilnahme des Predigers am Leben seiner Zuhörer „Voraussetzung von Kommunikation"[472] und damit Voraussetzung zum Gelingen der Predigt. Partizipation muss dabei als echte Teilnahme verstanden werden und nicht nur als Erlangung der Kenntnis über die Situation des Hörers.[473] Mit anderen Worten, erst wenn der Verkündiger mit seinen Hörern lebt, mit ihnen Freude und Leid teilt, vermag er ihnen auch das Wort Gottes zu predigen.

Das scheint für die Verkündigung *in der christlichen Gemeinde* akzeptierte Tatsache. Ist es damit auch auf die zu evangelisierenden Menschen übertragbar? Gilt das Prinzip auch für die evangelistische Verkündigung? Auch wenn diese nonverbal vorgetragen wird? Ich denke ja. Ernst Lange forderte vom Verkündiger nicht nur Lebensnähe zum unmittelbaren kirchlichen Hörer, sondern zu allen Hörern. Für ihn war die Predigt das „Wort für alle".[474]

Doch wie predigt man für alle, ohne Gefahr zu laufen, niemanden mehr wirklich anzusprechen? Wie verkündigt man das Evangelium den Menschen, die auf ihrem Weg zu Gott ganz unterschiedlich weit sind? Mit einer einzigen Tat, Zeugnis oder Rede ist man hier bestimmt überfordert. Wie wir oben gesehen haben, verlangen multioptionale religiöse Räume multioptionale Lösungen. Und das bedeutet in der Umkehrung, dass eine evangelistische Gemeinde sich darum bemühen wird, die Verantwortung

---

durch die Gemeinde die Woche hindurch haben machen lassen", zu begreifen. „Je mehr die Predigt das Ergebnis hiervon ist, desto individueller, örtlicher, treffender wird sie sein", schreibt Tholuck. (Zit. nach Husar 1987:44).

470 Ein ähnliches Verdienst kommt in Nordamerika Merril R. Abbey (1976) und J. R. Nichols (1980), sowie in Südafrika dem südafrikanischen Theologen H. J. C. Pieterse (1987) zu.

471 Lange 1976:30ff.

472 Ebd:31.

473 Siehe hierzu die kritische Auseinandersetzung mit der Kritik R. Bohrens in Husar 1987:90.

474 Lange 1981:103.

für die Evangelisation auf mehrere Schultern zu legen. So werden viele Gemeindeglieder in die Verkündigung einbezogen und der eine lebt vor, die andere dient mit einer guten Tat, der Dritte führt das Gespräch und der Vierte ruft zur Entscheidung. Jeder auf der Kommunikationsebene, auf der die Zuhörer sich befinden und auf der sie bereit sind, mit uns zu kommunizieren.

John C. Maxwell unterscheidet fünf Ebenen, auf denen sich die Zuhörer in Bezug auf die Verkündiger befinden können:[475]

- **Positionsebene.** Dies ist die niedrigste Ebene der Beziehung. Der Verkündiger wird hier als offizieller Vertreter der Kirche, als Evangelist, der mit seiner religiösen Propaganda das Land bereist, oder als gebildeter Akademiker gehört. Eine persönliche Beziehung fehlt dagegen ganz.
- **Erlaubnisebene.** Auf dieser Ebene wird der Verkündiger nicht nur als Angestellter der Gemeinde gehört – die Zuhörer haben bereits eine positive Grundhaltung aufgebaut, sie haben sich auf Gemeinde und ihren Glauben in gewisser Hinsicht eingelassen und beginnen, sich für eine geistliche Botschaft durch die Christen zu öffnen.
- **Beziehungsebene.** Der Verkündiger und seine Zuhörer kennen sich gut. Sie haben Vertrauen zueinander aufgebaut. Die Zuhörer erwarten von der Gemeinde und ihren Verkündigern geistliche Führung.
- **Produktionsebene.** Während die Erlaubnisebene und noch viel mehr die Beziehungsebene eine persönliche Beziehung zwischen dem Verkündiger und Zuhörer voraussetzt, erwartet man auf der Produktionsebene Resultate. Auf dieser Ebene will man mit den Christen sein, weil man durch die Gemeinschaft mit Christen Veränderung im eigenen Leben erwartet.
- **Entwicklungsebene.** Auf dieser Ebene findet bewusste Arbeit an der persönlichen Entwicklung des Zuhörers und seiner Persönlichkeit statt. Der Zuhörer will diese Arbeit an sich selbst und erwartet von der Verkündigung Orientierung im persönlichen Prozess der Heiligung und Umgestaltung in das Bild des Christus.

475 Maxwell in Reimer 2004:49-50.

Menschen, die sich unter die verbale oder auch nonverbale Verkündigung des Wortes Gottes begeben, sind also nicht alle gleich motiviert, gleich offen und ansprechbar. Es ist daher auch unmöglich, alle Zuhörer zugleich und gleich stark anzusprechen. Adäquate evangelistische Verkündigung bewegt sich von einer Ebene zur andern. So kann der Prozess der Evangelisation durch die Gemeinde gestaltet werden. Eine weise Gemeinde wird in neuen Lebensräumen, wo sie sich eindeutig auf der Positionsebene befindet, nicht mit der verbalen Verkündigung beginnen. Das würde die Vorurteile der Menschen den Kirchen gegenüber nur noch unterstützen. Stattdessen wird sie sich darum bemühen, da anzusetzen, wo bereits Beziehungen bestehen, und auf mancherlei Weise das Vertrauen zu den Menschen vertiefen. Das Ziel einer solchen Beziehungsarbeit vor Ort ist es, auf die Produktionsebene in der Kommunikation zu gelangen, um dann letztendlich Entwicklungsprozesse im Leben des Einzelnen und seiner Gruppe in Gang setzen zu können.

Freilich setzt ein solches Vorgehen eine detaillierte Kontext- und Zuhöreranalyse voraus. Wer nicht weiß, wo seine Adressaten wirklich stehen, wird diese auch nicht wirklich erreichen können. Hat man aber eine solche Analyse gemacht und hat die Situation der Menschen vor Augen, so wird man sich darum bemühen, in der Verkündigung da anzusetzen, wo das Evangelium bisher am wenigsten verstanden wird. Nicht der Weise und Verständige, sondern der Einfältige und Nichtwissende wird zum Ausgangspunkt unserer Überlegungen, wenn wir nicht nur einzelne Menschen vor Ort, sondern die Gruppe, die Gesellschaft mit dem Evangelium durchdringen wollen. Martin Luther führte in der Homiletik ein Prinzip ein, das auch für die evangelistische Arbeit der Gemeinde hilfreich ist. Luther verlangte:

> „Alle deine Predigten sollen so einfach sein, wie nur möglich! Nimm keine Rücksicht auf den Fürsten, sondern nur auf die Ungebildeten und Ungelehrten; der Fürst wird auch nicht vom besseren Mehl gebacken sein. ... Wenn ich in meyner predigt solde Philippum vnd andere doctores ansehen, so machte ich nichts guts. Ich predige für die Ungebildeten ganz einfach, und so gefällt es allen. Kann ich Grekisch, Hebreisch, Lateinisch, etc., das spare ich

> in consortium nostrum; do machen wir es so krause, daß sich vnser Hergot druber verwundert."[476]

Luther entscheidet sich im Zweifelsfall immer für den Schwächsten in der Reihe seiner Zuhörer. Für dieses Prinzip benutzt er zwei Schlüsselbegriffe: *demittere* (herablassen) und *condescendere* (herunterlassen). „Kondeszendenz, Herablassung auf ein unterstes soziales Niveau, ist für ihn unablässig wiederholtes und in der eigenen Predigtpraxis immer stärker angestrebtes homiletisches Prinzip."[477] Luther sagte bei Tisch:

> „Ich muss mich doch sehr wundern, dass sie sich nicht herablassen (demittere) können auf das Fassungsvermögen der Zuhörer. ... Es gehen da magde und knechte in die kirchen; den muss man predigen, die bedurffen vnser predigt ... da muss man sich herunterlassen."[478]

Und dass nur wenige Prediger das auf diese Weise beschriebene Prinzip befolgt haben, war schon Luthers bittere Erfahrung. Seine Reaktion ist, typisch für seine Zeit, harsch:

> „Verflucht sei jeder Prediger, der in der Kirche nach Hohem (sublimia) trachtet und nur auf sein Ansehen aus ist, weil er in seinem Ehrgeiz dem einen oder dem anderen zu gefallen sucht! Wenn ich alhie predige, so lasse ich mich auffs tieffste herunter."[479]

Luthers Prinzip der Kondeszendenz ist im tiefsten Sinne christologisch begründet. Es folgt dem inkarnatorischen Vorbild des Herrn Jesus Christus (Joh. 1,1ff) und der davon abgeleiteten Theologie und Praxis des Apostels Paulus (1Kor. 9,19ff).

Gesellschaftsrelevante Kommunikation des Evangeliums wird sich des Prinzips der Kondeszendenz bedienen müssen, wenn sie einen Ansatz zur Evangelisation ganzer Lebensräume finden will. Dass dies

---

476 WA TR III, S. 454,22-455,2. Hier zitiert nach Albrecht 1985:19.

477 Albrecht 1985:19. Siehe dazu: E. Hirsch, „Luthers Predigtweise", in: Luther 25/1954, S. 1-23,14.

478 WA TR V, S. 167, 19-24. Hier zitiert nach Albrecht 1985:19.

479 WA TR III, S. 419,28-420,4. Hier zitiert nach Albrecht 1985:19.

aber nicht einfach ist bei einer Masse von Menschen, welche sich auf den unterschiedlichsten Stufen der persönlichen Entwicklung befinden, ist selbstverständlich. Für die Gemeindearbeit bedeutet dies, dass Verkündigung an einen Ort gebunden ist. Nicht an jedem Ort kann gleichwertig gepredigt werden. Es ist der Besucher, der entscheidet, was und wie man am Sonntag predigt, ob in der Kirche oder anderswo. Johann Hinrich Wichern, der sich angesichts seiner Forderung, die Predigt auf die Straßen und in die Theater der Stadt zu tragen, zunehmender Kritik ausgesetzt sah, schrieb dazu treffend:

> „Aber ist es nicht ein Zeichen von Verfall, dass solche Fragen auch nur möglich sind und dass der Glaube seine Waffen aus der Rüstkammer des Aberglaubens zu entlehnen wagt, als heilige der Ort das Wort, nicht aber das Wort den Ort.“[480]

Nicht der Gottesdienst, nicht die verkündigende Kirche, nicht der sakrale Ort, an dem die Verkündigung stattfindet, sondern die Zuhörer bestimmen Inhalt und Art der Verkündigung. Die Verlagerung der Evangeliumsvermittlung auf unterschiedliche Zeiten und Räume kann und wird sogar der Sache dienlich sein.

Ein Beispiel aus meiner Gemeindepraxis soll das verdeutlichen. In der neu gegründeten Gemeinde B. sahen sich die Gemeindeglieder nicht imstande, ein größeres Versammlungslokal mit mehr Nebenräumen für die sonntäglichen Treffen anzumieten. Als Resultat mussten alle Kinder im Gottesdienst bleiben, was bald zur Herausforderung für die sonntägliche Predigt wurde. Wen sollte der Prediger ansprechen: die Erwachsenen, die Kinder, alle? Welche kleinen Kinder würden 30 Minuten still einer Predigt zuhören können und was würde eine solche Predigt den Kindern bringen? Würden die restlichen, die erwachsenen Gemeindebesucher, den Gottesdienst ohne Erkenntniszugewinn verlassen?

Die Gemeindeleitung in B. entschied sich, eine mehrschichtige Verkündigung in der Gemeinde zu versuchen. Während im Sonntagsgottesdienst die Predigt kindgerecht verpackt wurde, bot man Seminare, Hauskreise und andere Veranstaltungen wahrend der Woche an, in denen die fortgeschrittenen Christen geistliche Nahrung erhielten.

480 Zit. nach Husar 1987:43.

Der Sonntagsgottesdienst dagegen wurde zum Familienfest mit den Kindern, was aber nur wenige Gemeindebesucher störte. Sie erhielten genug geistliche Unterstützung während der Woche.

Nach einem ähnlichen Prinzip führt die berühmt gewordene Willow Creek Community Church ihre Gottesdienste für Kirchendistanzierte durch. Hier stehen im Zentrum der Aufmerksamkeit diejenigen, die das Evangelium erst im Ansatz verstehen. Für alle anderen finden Gemeindetreffen außerhalb des sonntäglichen Gottesdienstes statt.

Das Prinzip ist klar: Verkündigung in einer evangelistischen Gemeinde wird von den geistlich Schwächsten in der Kette her gedacht. Von hieraus entwickelt die Gemeinde ein differenziertes Programm der Verkündigung, das sich unterschiedlichster Wege und Mittel bedient und somit seine Zuhörer da findet, wo sich diese auch wirklich befinden. Auf diese Weise werden die Betroffenen in einen Prozess gestellt. Sie werden zum Leben in Christus geleitet, indem sie von einer Stufe der geistlichen Ansprechbarkeit zur anderen geführt werden. So werden sie das Evangelium im Leben der Gemeindeglieder sehen, aktiv miterleben, hören und schließlich auch verstehen. Nicht permanente Konfrontation, sondern Transformation bestimmt dieses evangelistische Modell. Freilich kommt auch die transformativ-evangelistische Kommunikation nicht ohne den Ruf zur Umkehr aus. Doch wenn dieser erfolgt, dann weiß der Betroffene, was von ihm erwartet wird und warum er oder sie sich entscheiden muss. So ist Evangelisation kein Überfall, sondern das, was das Evangelium sein will – eine gute Nachricht, eine Einladung zum Leben.

6. Kommunikation als Transfervorgang

Jürgen Fritz hat in seinem Aufsatz „Wie virtuelle Welten wirken“[481] ein Verstehensmodell vorgelegt, das auch auf den Bereich der religiösen Kommunikation, also auch auf die Evangelisation anzuwenden ist. Er arbeitet dabei mit dem Konzept des Transfers und der Transformation, wobei er unter Transfer den Prozess der Übertragung zwischen zwei Kontexten und unter Transformation die Wirkung der Übertra-

481 Siehe in: http://www.bpb.de/publikationen/F9RBMC,0,0,Wie_virtuelle_Welten_wirken.html (1.05.2011).

gung auf das Individuum versteht.[482] Der User, der einen virtuellen Raum betritt, nimmt in diese Welt wichtige Informationen, Haltungen, Einstellungen hinein und verlässt diesen dann mit anderen Informationen etc. Dabei kann es zur Transformation, zur Veränderung der ursprünglichen Lage kommen. Dieser Prozess ist für Evangelisation von größtem Interesse, zeigt er doch die Wirkung der Kommunikation auf den Menschen an und eröffnet potenzielle Möglichkeiten für Evangelisation.

Grundlage des Modells ist die Vorstellung vom Leben des Individuums im „Netzwerk Lebenswelt". Ein solches Netzwerk entsteht im Gehirn des Menschen, wenn sich durch Erfahrung und Reflexion Schemata, Reflexionsmuster, bilden, die letztlich unsere Lebenswelt interpretieren und gestalten. Transfers laufen entlang solcher Schemata. Verändert sich ein solches Muster durch entsprechende Transfers, dann reden wir von gelungener Transformation. Transferprozesse laufen auf verschiedenen Ebenen ab. Jürgen Fritz nennt fünf solcher Ebenen:

a. Fact-Ebene – hier werden feststehende Tatsachen vermittelt, die man aus der realen Welt kennt. Hier wird demnach allgemeingültiges Wissen transferiert.

b. Script-Ebene meint persönliche Erfahrung mit bestimmten Lebensabläufen. Eine solche Erfahrung ist immer in einen konkreten kulturellen und sozialen Kontext eingebunden. Jeder von uns hat z. B. „ein Verhaltensscript für die Schule" oder den Besuch im Restaurant. Aber wie wir uns dann am jeweiligen Ort benehmen, hängt stark von der Kultur und dem Kontext ab, in dem wir leben. Solche Scripts sind kulturbedingt und können sehr persönlich gestaltet sein.

c. Print-Ebene beschreibt Verhalten nach universalen, sehr einfachen Handlungsmustern. So geht man immer durch die Tür aus dem Haus, man nimmt immer Wasser durch den Mund zu sich. Man wird immer versuchen, sich mittels der Sprache zu verständigen, und wenn man als Sportler weiterkommen will, wird man

482 Ebd.

immer trainieren. Prints sind also vereinfachte grundsätzliche Formeln, die im konkreten Lebensvollzug auch losgelöst vom Kontext Gültigkeit besitzen.

d. Auf der metaphorischen Ebene werden Verhaltensmuster gebildet, die man jeweils mit einer Metapher zu beschreiben sucht. Hier werden Lebens- und Verhaltenszusammenhänge mit einem Wort oder einem Satz treffend wiedergegeben. Metaphern werden immer auf konkretem sprachlichem und kulturellem Hintergrund gebildet.

e. Auf der soziodynamischen Ebene versucht man hinter den Prozess des sozialen Handelns zu kommen. Man löst sich vom konkreten Handeln und versucht, hinter das Verhalten zu blicken, um auf den eigentlichen Grund des jeweiligen Verhaltens zu kommen.

Transfers laufen nicht nur auf verschiedenen Ebenen, sondern auch in verschiedenen Formen ab. Transfers zielen auf Transformation und beide Begriffe sind wesentliche Faktoren in der Bewusstseinsbildung, auch wenn sie dem Menschen eher selten bewusst sind.

Das gleiche Konzept ist auch für den Transfer des Evangeliums in die Lebenswelt der Menschen anwendbar. Es macht deutlich, dass Transformation des Bewusstseins als komplexer, auf mehreren Ebenen ablaufender Prozess zu verstehen ist. Beides, die Ebenen und die genutzten Formen, spielen eine wichtige Rolle. Und auch die Art der Kommunikation, ob sie nun verbal, non-verbal oder aktional gewählt wird, beeinflusst das Ergebnis wesentlich. Hilfreich hierbei scheint mir das oben diskutierte Kulturschichtenmodell zu sein. Danach ist der Lebensraum in einen materiellen, sozialen, kognitiven und religiösen Bereich einzuteilen. Dabei betritt man einen solchen Raum über den materiellen, sozialen, kognitiven und dann religiösen Bereich. Entsprechend ist auf materieller Ebene aktionale und eher nonverbale, im sozialen und kognitiven dagegen dialogisch-verbale und im religiösen konfrontativ-verbale Kommunikation angesagt. Immer vorausgesetzt, dass man die entsprechenden Ebenen und Formen des Transfers berücksichtigt.

Für eine ganzheitliche Evangelisation würde das bedeuten (siehe die folgende Darstellung), dass man auf materieller Ebene den Menschen vorlebt und ihnen dient, auf sozialer miteinander arbeitet und redet, auf kognitiver diskutiert und streitet und auf religiöser zum Glauben ruft.

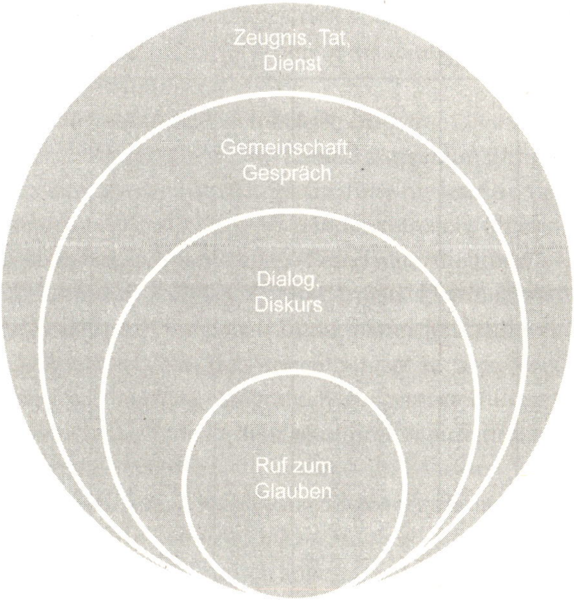

Ganzheitliche Kommunikation des Evangeliums

7. Evangelistische Kommunikation in der Mediengesellschaft

Wir leben in einer völlig veränderten Kulturlandschaft. Menschen werden nicht nur im konkreten Beziehungsgeflecht geprägt. Viel wichtiger werden soziale Netzwerke, die sich des Internets bedienen. Man hat seine Freunde bei Facebook oder einem der anderen Netzwerke. Die Realität wird so zur medialen, ja virtuellen Realität. Wie kommuniziert man das Evangelium in einer Mediengesellschaft? Welche Wege sollte man wählen, wenn man nicht mehr direkt kommuniziert, sondern indirekt? Wie transferiert man Glaube, wie redet man mit einem Menschen über das Heil in Jesus Christus, der sich hinter seinem Avatar, seiner gewählten Scheinpersönlichkeit im Internet versteckt?

In der Predigttheorie wird man sich zunehmend dessen bewusst, dass das Evangelium in der Mediengesellschaft nicht nur mit neuen Mitteln, sondern auch mit neu zu formulierenden Inhalten verkündigt werden muss.[483] In einer Darstellung zur evangelistischen Verkündigung muss man heute unbedingt den Bereich der Kommunikation des Evangeliums in den Medien und in der virtuellen Welt behandeln. Dazu wird es unbedingt nötig sein, diese Welt an sich zu verstehen.

7.1. Virtuelle Realität – Klärungen

Unter virtueller Realität verstehen wir heute die Konstruktion und Wahrnehmung der Wirklichkeit in einer computergenerierten, interaktiven sinnierten Umgebung. Hier wird die physikalische Welt nachgestellt. Der Begriff wurde 1989 durch den Wissenschaftler und Techniker Jaron Lanier geprägt, der „interaktive Simulation von realistischen oder imaginären Umgebungen" definiert. Daneben werden heute eine Reihe weiterer Begriffe wie Cyberspace[484], virtuales Environment, virtuale Welt, künstliche Realität oder auch Virtualität verwendet. Oft werden diese Begriffe auch in ihrer englischen Variante gebraucht. Grundsätzlich unterscheidet man heute zwischen drei Arten.

a. Immersion. Darunter versteht man Systeme, die in hohem Maße eine psychophysische Eingebundenheit in die virtuelle Umgebung ermöglichen. Diese psychophysische Eingebundenheit bezeichnet man als Immersion. Der Benutzer ist so stark vom System eingenommen, dass er das Gefühl entwickelt, die virtuelle Welt wirklich zu erleben, und der Unterschied zwischen der realen und der computergenerierten Welt verdrängt wird.

b. Künstliche Realität ohne Immersion. Der Benutzer betrachtet als außenstehender Betrachter die künstliche Welt. Die Darstellung wird in der Regel zweidimensional ausgeführt und erreicht nur einen sehr geringen Grad der Immersion.

---

483 Siehe z. B. Preul 2000:9-51; Grethlein 2003; Grözinger 2001:211-225.

484 Der Begriff Cyberspace geht auf William Gibson zurück und kennzeichnet in dessen 1984 erschienener Science-Fiction-Erzählung „Neuromancer" ein globales halluzinatorisches Computer-Informationssystem.

c. Augmentierte Realität. Bei dieser Form verschmelzen die virtuelle Umgebung und die reale Umwelt zu einem Bild. Dabei wird die Realität durch Informationen ergänzt und dadurch das Erfassen der realen Gegebenheiten wirkungsvoller gemacht.

Jedes System baut auf dem Zusammenwirken der verschiedenen Ein- und Ausgabekomponenten auf. Dieses Zusammenwirken muss durch eine geeignete Softwarekonfiguration ermöglicht werden, auf die hier jedoch nicht weiter eingegangen werden soll, da es keine universell einsetzbare Konfiguration für alle Konzeptionen von Virtual-Reality-Systemen gibt.

7.2. Religion und virtuelle Welt

Wie kommuniziert man in der künstlich erschaffenen Welt? Welche Möglichkeiten und Chancen, aber auch Gefahren weist eine solche Kommunikation auf? Solche Phänomene stoßen nicht nur auf reges Interesse und Begeisterung. Längst hat sich eine wissenschaftliche Szene etabliert, die sich kritisch mit den Phänomenen und ihren Systemen auseinandersetzt.[485] Das gilt auch und vor allem im Bezug auf Religion.[486]

Es bedarf keiner besonders gründlichen Internetsuche, um festzustellen, wie intensiv das Thema Religion im Cyberspace zu Hause ist. Eine Reihe von Portalen laden Cyberwalker ein, in die Welt des Mystischen und Übernatürlichen einzusteigen.[487] In der Literatur weist man immer wieder darauf hin, dass die hohe Attraktivität des Internets für religiöse Gruppierungen vor allem auf die innere Verwandschaft und die daraus abgeleiteten Analogien zwischen der Welt der Religion und der Welt der computervermittelten Kommunikation zurückzuführen ist. J. Herrmann nannte in seiner Abhandlung zum Thema „Cyberspace" vier Begriffe: Raum, Zeit, Identität und Interaktivität, an denen er solche Analogien festmachte.[488]

485 Zu den unterschiedlichen Aspekten einer kritischen Theorie siehe den Überblick in: http://www.cyberartsweb.org/cpace/theory/theoryov.html.

486 Siehe zum Thema den hervorragenden Aufsatz von Lorne L. Dawson (2001:3-9).

487 Siehe z. B.: http://gresham.kenrickparish.com/cyber.htm (vor allem christliche Quellen).

488 Herrmann 1998.

a. Raum. Der virtuelle Raum ist ein Raum verschiedener und vor allem grenzenloser Möglichkeiten. Hier herrscht eine eigene „Realität". Sie ist dem Betrachter nur geistig zugänglich. Körper, Raum und Zeit treten zurück und es eröffnen sich Räume, Sehnsüchte zu befriedigen, die noch eben Raum und Zeit verhindert haben. „Erlösung durch Kommunikationstechnologie" hat Jörg Herrmann in solchen Räumen vermutet.[489]

b. Zeit. Ähnlich wie der Raum, so spielt auch die Zeit keine Rolle mehr. Im Internet kommuniziert man über Zeiträume hinweg: so als würde die Ewigkeit anbrechen und jener mystische Übergang in eine Dimension jenseits von Zeit würde sich vollziehen. Alles konzentriert sich nur noch auf das „Nun", wie Meister Eckart den mystischen Einbruch der Ewigkeit in die Gegenwart genannt hat.[490]

c. Identität. Das Internet bietet dem User die Möglichkeit, sich eine neue Identität zuzulegen. Hier kann er mehrere Identitäten gleichzeitig leben, ohne dafür belangt oder schief angesehen zu werden. Und mit immer neuen Identitäten kann neues Leben ausprobiert werden.

d. Interaktivität. Im Internet ist der User nicht allein, sondern höchst interaktiv, nicht nur ein Beobachter, sondern bewusster Gestalter. Er kann seine Identität leben, sich immer neu erfinden und ausprobieren. Und niemand kann ihm dabei Grenzen setzen.

Alle genannten Kategorien sind auch bezeichnend für religiöses Erleben. Auch hier sucht man Raum und Zeit und sein Eingeschlossensein in eine determinierte Identität zu überwinden und eigenes Potenzial auszuleben. Die Analogie ist erstaunlich. Daher auch das wachsende Interesse religiöser Menschen für das Internet als Kommunikationskanal für ihre Ideen, Experimente und Überzeugungen. Vor allem extrem-religiöse Gruppierungen scheinen das Internet recht früh für sich entdeckt zu haben. Schnell entwickelte sich eine eigene Cyberreligiosität, die merkwürdige Blüten trieb. Eine kritische Auseinandersetzung

489 Herrmann 1998:291.

490 Ebd.

mit der Religion im Cyberspace begann bereits 1997 mit dem Massenselbstmord der 39 Mitglieder der Cybersekte Heaven's Gate am 26. März 1997. Die New York Times titulierte nach diesem Selbstmord „From porn to cults, the net looks nasty".[491]

Wie Heaven's Gate so nutzen heute unzählige Religionsgemeinschaften das Internet, um ihre Ansichten schnell und effektiv in der ganzen Welt auszubreiten. Dabei wäre es falsch, das Internet einfach als ein neues Kommunikationsmittel in Sachen religiöser Propaganda misszuverstehen. Das Internet mit seinen virtuellen Welten stellt eine Kultur dar, die so noch nie in der Geschichte der Menschheit existiert hat.[492] Diese Kultur bedient sich eigener Mittel, um Menschen in ihren Bann zu ziehen. Hier wird Wissen, Information und Erfahrung transferiert. Und wie werden Lebensbezüge transformiert?

Jürgen Fritz hat in seinem Aufsatz „Wie virtuelle Welten wirken"[493] ein Verstehensmodell vorgelegt, das die Analyse der Kommunikation im virtuellen Raum erleichtern und systematisieren hilft. Sein Konzept des Transfers und der Transformation hilft, die Wirkung der Übertragung von religiösen Inhalten in der VR auf das Individuum zu verstehen. Ähnlich wie in der realen Welt wird auch hier auf unterschiedlichen Ebenen und mittels unterschiedlicher Formen Erfahrung und Transformation der Persönlichkeit angestrebt.

Wie erfolgreich solche Transfers gerade im religiösen Bereich sind, zeigt die wachsende Fülle religiöser Anwendungen im Bereich der virtuellen Systeme. Was begründet diesen Erfolg im Einzelnen?

1. Cyberspace dient als probates Kommunikationsmittel religiöser Ideen. Die unerschöpflichen Möglichkeiten des Internets machen es zum beliebten Kommunikationsinstrument, das vor allem von strategisch vorgehenden kultischen Gemeinschaften gezielt genutzt wird. Hier kann auf allen Transferebenen und -formen erfolgreich kommuniziert und potenziell Bewusstsein transformiert werden. Dabei hat man die gut ausgebildete Schicht junger Leute im Blick. Die Internetforscher Rodney Stark and William Sims Bainbridge weisen mit Recht darauf hin, dass es gute soziologische Gründe gibt, warum sich die Vertreter

491 Zit. nach Dawson 2001:3.

492 Holmes 1997:3.

493 Siehe in: http://www.bpb.de/publikationen/F9RBMC,0,0,Wie_virtuelle_Welten_wirken.html (1.5.2011).

bestimmter Kulte im Internet tummeln. Hier finden sie die zukünftige Elite der Gesellschaft, die, einmal für die Anliegen des Kults gewonnen, bald weitere Tore und Türen in die Gesellschaft öffnen werden.[494] Ein klassisches Beispiel hierfür stellt die Scientology-Sekte dar.[495] Vor allem technisch interessierte und zugleich emotional vernachlässigte Jugendliche finden hier eine spirituelle Heimat, die sie in den traditionellen religiösen Angeboten nicht finden.

2. Das Internet bietet ungeahnte Möglichkeiten für soziales Networking.[496] Hier treffen sich Leute gleichzeitig über weite Distanzen hinweg und beteiligen sich an der Gemeinschaft, ohne dabei je wirklich persönlich zu werden und mit der Möglichkeit, problemlos alternative Identitäten annehmen zu können. Gerade für viele Jugendliche, die sich gegen gesetzte Normen auflehnen, ist dies ein überaus interessantes Angebot.[497] Hier finden sie beinahe unbegrenzt Raum für das religiöse Experiment, ohne dafür sanktioniert zu werden.

3. Experimentelle Räume laden natürlicherweise zur religiösen Grenzüberschreitung ein. Man kann hier die Religion mal „ausprobieren", ohne gleich für den potenziellen Fehltritt sanktioniert zu werden. Da, wo eine solche Grenzüberschreitung unter fiktiver Identität in simulierten Räumen stattfindet, setzen auch die kulturell gesetzten Bedenken aus. Was man unter realen Umständen nie gewagt hätte, steht auf einmal als Option zur Verfügung. Interaktive virtuelle Systeme ermöglichen die Entwicklung und die Praxis virtueller Rituale. Dieses Phänomen ist schon früh beobachtet worden.[498] Heute haben sich digitale religiöse Rituale in vielen Religionen entwickelt. Als Beispiel aus dem Christentum kann die First Cyberchurch gelten, die ein mystisches Portal anbietet, das religiöses Erleben verspricht.[499]

4. Das Internet fördert durch die religiösen Welten, die hier künstlich geschaffen werden können, und durch die Erfahrungen, die man jen-

494 Dawson 2001:4; Dawson 1999:29-30.
495 Peckham 1998.
496 Wellman 1999; Häusler 2007.
497 Holmes 1997:13.
498 Siehe hierzu unter anderem die empirisch angelegte Studie von Schroeder 1998.
499 http://www.godweb.org (20.03.2011).

seits von Raum und Zeit machen kann, eine neue Art von Religiosität. In der Literatur hat man hierfür den Begriff Technoheiden geprägt.[500] Gerade in Zeiten der massiven Abkehr der Menschen von der institutionalisierten Religion und ihren Glaubensvorstellungen übt die Chance, sich selbst seine eigene Patchwork-Religion zusammenzubauen, eine enorme Attraktivität aus.

7.3. Potenzielle Probleme des religiösen Gebrauchs des Internets

Die weite Welt des Cyberspace bietet also enorme Möglichkeiten des religiösen Dialogs und der Erfahrung. Aber das Internet steckt auch voller potenzieller Gefahren. Vier sollen hier genannt werden.

a. Die Gefahr, falsch informiert zu werden. Das Internet garantiert nicht für die Echtheit der hier vorgestellten Information. Die Grenzen zwischen seriösen und falschen Angeboten sind fließend. Der nordamerikanische Internetforscher Kenney schrieb bereits im Jahre 1995: „... das Netz wird die Entwicklung einer schlecht informierten Debatte, nichtbeabsichtigten falschen Information, eines emotional geladenen Disputs und das Anwachsen von Stereotypen dreckiger Verleumdung fördern.“[501]

b. Kontrollverlust über religiöse Texte. Religiöse Texte, die das Fundament aller Schriftreligionen bilden, wurden schon immer missbraucht. Das Internet und die im Internet vorhandenen Zugänge zum virtuellen Ausdruck intensivieren die potenzielle Verdrehung des jeweiligen Originaltextes und ermutigen die Kreation völlig neuer Texte, die gegebenenfalls zu Offenbarungsgrundlagen werden.

c. Ersatzgemeinschaft. Die im Cyberspace praktizierte Gemeinschaft indiziert Gemeinschaft auf Augenhöhe. Hier kann man sich virtuell behaupten und hinter einer Fake-Identität verstecken. Aber kann eine simulierte Gemeinschaft das reale Miteinander zwischen Mensch und Mensch wirklich ersetzen? Bleibt der Teilnehmer am virtuellen Netzwerk letztendlich nicht doch auf sich selbst zurückgeworfen, allein

500 Davis 1995.
501 Kinney 1995:768.

und einsam? Kritiker der sozialen Netzwerke vermuten genau das.[502] Holmes weist auch auf die Gefahr hin, dass die Teilnehmer durch die sozialen Netzwerke „homogenisiert werden", d. h. in eine bestimmte soziale Interessensgruppe eingeschlossen werden.[503]

d. Addiktive Lebenserfahrung. Dass das Internet abhängig macht, darüber streitet man heute nicht mehr. Kinney wies darauf hin, dass im Bereich der religiösen Erfahrung diese Abhängigkeit ganz bestimmte Muster aufweist. Er sprach an dieser Stelle von „addictive facsimiles of life experiences",[504] von Sucht-Mustern in Lebenserfahrungen.

e. Illusionsfalle. Eine Kultur setzt die Rahmenbedingungen, Frames, für den entsprechenden Lebensentwurf. Je unrealistischer diese Frames sind, desto pathologischer wird sich die Gesellschaft entwickeln. Die Frames einer Internetkultur werden in computergenerierten Idealwelten kreiert. Und sie bewähren sich auch nur in solchen künstlichen Welten, wo Umstände per Knopfdruck geändert werden können. Das reale Leben funktioniert so nicht. Auch das religiöse Leben hat sich den Konditionen des kulturellen Alltags zu unterwerfen. Menschen, die ihre Religiosität aus der virtuellen Welt beziehen, leben in der Gefahr, alltagsunfähig zu werden.

7.4. Identitätsfindung, Sinn und virtuelle Welt

Die virtuelle Welt ist im Alltag der westlichen Gesellschaft und Kirche zur Realität geworden. Es ist daher angebracht, eine theologische Wertung vorzunehmen. Gerade wenn es um den potenziellen Gebrauch des Cyberspace in der Verkündigung der Kirche geht, wird eine theologische Wertung unumgänglich. Was die Kirche braucht, ist eine Art Medientheologie, wie Matthias Wallich mit Recht verlangt.[505]

Für den Bereich der Vermittlung des Evangeliums ist dabei die Frage nach der Identitätsfindung von entscheidender Bedeutung. Welche Wege beschreitet man in dieser Frage? Sind sie, theologisch gesehen,

502 So Dawson 1999:33.
503 Holmes, 1997:18.
504 Kinney 1995:774.
505 Wallich 2001:82-91:83.

für die Verkündigung des Evangeliums nutzbar zu machen? Und wenn ja, wie? Angela Reinders schreibt:

> „Identitätsbildung in der realen Wirklichkeit geschieht im sozialen Austausch und unter dem Einfluss von Medien. Parallel zu seiner Identität konstituiert das Selbst den Sinn seines eigenen Daseinsvollzugs. Besonders über die Darstellung medial geprägter Identitätsbildung lassen sich Konkretionen für den Cyberspace erheben."[506]

Im realen Leben (RL) gewinnt der Mensch seine Identität beim Erleben anderer Menschen, indem er die ihm zugewiesenen oder auch gewählten Rollen übernimmt. Das Rollenspiel ist eines der wichtigsten Sozialisierungsinstrumente in der Identitätsbildung des Menschen. Im Rollenspiel nimmt der Mensch sich selbst wahr und der Weg zum „impliziten Selbst" wird frei. Hier testet er sich, reibt sich an anderen, und so entsteht das „explizite Selbst"[507]. Der soziale Raum ist daher eine unbedingte Voraussetzung zum Aufbau einer eigenen Identität. Hierbei übernehmen alle gesellschaftlich aktiven Kräfte eine entsprechende Gestaltungsrolle. Und die Medien gehören fest dazu.[508] Da ist das Internet mit seinen VR-Systemen bewusst eingeschlossen. Nirgendwo sonst wird das Rollenspiel so intensiv gelebt und ist in so unbegrenzter Auswahl möglich wie im Cyberspace.

Mit der Identitätsfindung ist die Sinnfrage unmittelbar verbunden. Was Sinn macht, wird im Wirklichkeitsraum erkundet, in dem sich der Mensch bewegt. Sinn stiftet, was (a) das Unvertraute ins Vertraute holt, (b) Anspruch und Wirklichkeit von vorgegebenen Inhalten harmonisiert und (c) auf Unerklärliches, Transzendentes Antworten ermöglicht.[509] Im Kulturmodell gesprochen, bewegt der Mensch sich in der materiellen, sozialen und kognitiven Lebenswelt, beobachtet, macht Erfahrungen und zieht Schlüsse. Eine wichtige Rolle kommt

---

506 Reinders 2006:36.

507 Ebd:37.

508 Zur Geschichte der menschlichen Indentität als Mediengeschichte, siehe: Reinders 2006:39ff.

509 Zu den identitätsstiftenden Komponenten der Erfahrung, siehe: Nassel 1995:120-122; Luhmann 2000:272-275; Reinders 2006:44-45.

hier der Religion zu, die solche Sinnstrukturen von außen in den Lebensraum des Menschen bringt.

In der virtuellen Welt kann das nun mit erstaunlicher Leichtigkeit virtuell geschehen, sie ersetzt zwar nicht unbedingt alle identitätstiftenden und sinngebenden Strukturen, aber sie übernimmt eine wichtige Rolle des Miterziehers. Hier kann wie nirgendwo sonst die Wirklichkeit simuliert werden, ohne gleich dafür Sanktionen zu erwarten. Und hier kann aus einem unbegrenzten Erfahrungsschatz nach Plausibilität gefragt und damit über Sinn und Unsinn entschieden werden, auch und vor allem nach dem religiösen Erfahrungsschatz der anderen Weltreligionen.

Bezeichnend ist an dieser Stelle der Gebrauch des aus der indischen Reinkarnationslehre stammenden Begriffs des *Avatars* für ein „virtuelles Idol", eine in der Welt des Cyberspace gewählte Gestalt. „In Avataren, verkörperten virtuellen Personen, findet die Suche nach der geeigneten Identität für Aktionen im Cyberface ihren geeigneten anthropomorphen Kanal."[510] Der User bedient sich dieses Bots[511] als seines Agenten, der in seinem Sinne in der virtuellen Welt agiert.

Welche Fragen zur Rolle des Cyberspace in der Identitäts- und Sinnfindung ergeben sich aus dem Gesagten?

a. Leiblichkeit, Materie, physischer Raum. Die virtuelle Welt ist eine nicht-physikalische Welt. Der Avatar als virtuelle Gestalt des Users macht diese Tatsache recht anschaulich. Die Entscheidung der Gestalter des Cyberspace für diesen religiösen Begriff mag zufällig erscheinen, er trifft aber recht genau das Wesen der virtuellen Realität. Avatare im Hinduismus stellen zeitbegrenzte Inkarnationen der Götter dar. Dabei geht es immer wieder um die eine Gottheit, die sich in immer wieder neuen körperlichen Manifestationen darstellt. Diese körperlichen Manifestationen sind nie das Wesentliche. Auf ihre Leiblichkeit kommt es nicht an. Entscheidend ist das, was dahintersteht.[512] Hieraus resultiert eine grundsätzliche Leibfeindlichkeit sowohl im Hinduismus als auch im Buddhismus. Ähnliche Haltungen haben sich ja in der Kirchengeschichte auch in der Gnosis entwickelt.

Auch in der virtuellen Welt wird eine körperlose Identität gelebt.

510 Reinders 2006:56.

511 Kurzwort für Roboter.

512 Siehe in diesem Zusammenhang die Vorlesung zum Hinduismus und die darin diskutierte Literatur; im Überblick auch bei Reinders 2006:60-69.

Der Avatar, die zeitbedingte Inkarnation, ersetzt den Körper. Noch mehr, wie Sherry Turkle richtig bemerkt, erlebt der User das Cyberspace als eine Befreiung des Geistes aus körperlich-materiellen Zwängen.[513] Eine potenziell negative Haltung des Users zu seinem Körper ist die Folge. Diese Haltung kann sich überaus problematisch auf den Werdegang des Menschen auswirken. Karl Rahner warnte davor, allzu leichtfertig Teile dessen, was uns Menschen ausmacht, aufzugeben oder für unwesentlich zu halten.[514] Die Leiblichkeit des Menschen ist der Mensch. Man kann nicht Menschsein jenseits seines Körpers denken. Man kann Kultur nicht ohne ihre materielle Objektivation denken. Hier zu streichen, kann kulturgefährlich werden.

Damit erweist sich die virtuelle Welt theologisch gesehen als potenziell problematisch. Theologische Identitätsfindung wird sich nicht allein in virtuellen Räumen gestalten dürfen. So gut die Räume sind, Identitätsfindung des Menschen kann sich nicht wirklich und nicht ausschließlich im nicht-physikalischen Raum ereignen.

b. Zeit und Unendlichkeit. Ähnlich wie Raum und Körper gestaltet sich auch das Zeitverhältnis im Cyberspace. Zeit wird hier nicht als Lebensprozess, eine Bewegung von Gestern nach Morgen, sondern eher als Intervention von außen gedacht. Der User bricht in die Zeit ein, er kennt keine Zeitbegrenzung, sondern er kennt Zeitfenster, diese aber in einer unlimitierten Abfolge.

Wenn überhaupt, dann wird Zeit zyklisch und nicht linear gedacht, was wiederum die Wiederholung des Zeitvorgangs ermöglicht und, wie Mircea Elliade festgestellt hat, was einer Sakralisierung der Zeit gleichkommt.[515] Zyklisches Zeitverständnis ist in allen Kulturen beheimatet, die religiösen Vorstellungen nachgehen, welche einer Spiritualisierung des Lebensraumes Vorschub leisten.

„Zeit ist die existenzielle Dimension des Menschen."[516] Nichts ist so unmittelbar mit dem Menschsein verbunden wie seine Lebenszeit und nach nichts sehnt sich der Mensch mehr als nach der Auflösung der Zeit in Ewigkeit. Keine religiöse Vorstellung kommt ohne eine entsprechende Festlegung aus.

513 Turkle 2006:75.
514 Rahner 1966:108.
515 Elliade 62.
516 Reinders 2006:99.

Hier wird diese Spannung zwischen Lebenszeit und Ewigkeit virtuell aufgelöst. Zeit wird sakralisiert.

Welche Folgen hat eine solche Umdeutung der Zeit für den Menschen? Wird hier nicht eine Illusions-Falle aufgebaut, die schließlich den Menschen jede Lebenslust für das Jetzt und Hier verlieren lässt? Die Gefahr ist jedenfalls real. Aber ist eine Identitätsfindung, die dem Menschen jede Lust für das Leben in realen Bezügen nimmt, theologisch zu rechtfertigen? Wohl kaum. Jedenfalls nicht aus der Sicht der christlichen Theologie. Und so wird auch an dieser Stelle deutlich zu warnen sein: Religiöse Identitätsfindung, die sich allein des zeitlosen virtuellen Raumes bedient, reicht nicht aus.

7.5. Virtuelle Realität – Chancen und Herausforderungen für Evangelisation heute

Die virtuelle Realität hat längst alle Bereiche der Gesellschaft erreicht und die Kirche ist da keineswegs eine Ausnahme. Zum einen sind ihre Mitglieder an unterschiedlichen Stellen der Gesellschaft direkt in diesen Systemen aktiv, die Kirche selbst stellt sich auf die neuen Wirklichkeiten ein, nutzt das Internet und virtuelle Systeme im Gemeindeleben und Religionsunterricht.[517] Zum anderen stellt sie einen der wichtigsten Konkurrenten der Kirche dar. Statt Information, Gemeinschaft und religiöse Erfahrung in der Kirche zu suchen, bevölkern heute besonders jüngere Menschen die sozialen Netzwerke im Internet. Damit ist die virtuelle Welt gleichzeitig zur Chance und Herausforderung für die Kirche geworden.[518] Denn sie ist keineswegs nur ein Hilfsmittel besonderer Art, das die Vermittlung kirchlicher Inhalte auf neue, interaktive Art und Weise ermöglicht. Wer den Cyberspace betritt, der wird in seinem spirituellen Empfinden wesentliche Veränderungen entgegennehmen müssen, wie Luca di Blasi in seinem Buch zur Cybermystik plastisch nachweist.[519] Und was für die kirchliche Verkündigung insgesamt gilt, das gilt im Besonderen auch für die Evangelisation. Kirche und Gemeinde sind deshalb gut beraten,

517 Vgl. dazu die Sammelrezension von Gerd Buschmann (2000:297-300); dazu: Mertin 2000 (vgl. dazu die kritische Rezension von Sabine Bobert-Stützel in ThLZ 126/2001, 973f); Vogel 2001; u. a.

518 Buschmann 2002.

519 Blasi 2006.

sich dem virtuellen Phänomen kritisch zu nähern. Sie werden sich um eine theologische Einordnung des Phänomens bemühen müssen. Was sind Chancen und wo liegen die potenziellen Herausforderungen in der Nutzung der neuen Medien für die evangelistische Verkündigung?

Virtuelle Systeme bieten enorme Möglichkeiten für die Kommunikation des Glaubens. Die Verbreitung des Evangeliums auf der Datenautobahn geht nicht nur rasend schnell, sondern erschließt der Kirche neue soziale Räume und Netzwerke. Im Internet gilt weder Zeit noch Distanz. Millionen von Menschen können gleichzeitig erreicht werden. Das Einzige, was sie brauchen, ist der Anschluss an einen Computer und das Internet.

Die enormen Chancen für die Kommunikation des Evangeliums durch die neuen Medien sind bereits früh in der Geschichte des Verhältnisses zwischen kirchlicher Kommunikation und virtueller Realität erkannt worden. Hier wurden die Chancen unterstrichen und die unbegrenzten Möglichkeiten gepriesen.[520]Andere warnten dagegen, dass der Einbezug des Cyberspace in die kirchliche Verkündigung zu einer Geisterfahrt für die Kirche werden würde.[521] Zu unpersönlich, zu virtuell ist der hier angebotene Kommunikationskanal. Die Gemeinde sollte daher mit Bedacht ihren Zugang und Gebrauch dieser Systeme als Kommunikationsweg wählen. Nicht alles, was in der Glitzerwelt des Internet so verheißungsvoll dasteht, ist auch geeignet, das Evangelium zu transportieren. Und doch – die Digitalisierung der Bildung und Kommunikation bietet ganz neue Wege der Kommunikation für die christliche Verkündigung und Evangelisation. Da, wo die Kirche sich bewusst und bedacht auf die virtuelle Welt eingelassen hat, machen die bisherigen Erfahrungen auch Mut.[522] So berichtet man über gute Ergebnisse im Bereich der Seelsorge im Cyberspace.[523] Freilich wird man immer noch Chancen und Grenzen des Gebrauchs dieser Systeme gegeneinander abwägen müssen, aber einem mutigen Gebrauch der neuen Medien in der Evangelisation steht prinzipiell nichts im Weg.

---

520 Siehe z. B. Nethöfel 1998.

521 Stoll 1996:Titel.

522 Siehe dazu den Beitrag von Ilona Nord 2009.

523 Siehe hierzu eine gute Einführung bei Rainer Gelhot 2008 oder Valia Kraleva 2008.

8 Methoden evangelistischer Verkündigung

1. Die Unterscheidung ist wichtig

Evangelisation ist nicht dasselbe wie evangelistische Methode. Während der erste Begriff das Anliegen darstellt, verbinden wir mit dem zweiten die Umsetzung. Im englischen Sprachraum hat man den Unterschied mit den Begriffen „Evangelism" für Evangelisation und „Evangelisation" für die Praxis der Evangelisation deutlich zum Ausdruck gebracht. Im Deutschen gibt es die Unterscheidung so nicht. Es ist aber wichtig, die beiden Begriffe voneinander zu trennen, um nicht Gefahr zu laufen, über Methoden zu reden und damit das Ganze des evangelistischen Anliegens zu verwechseln.

Was ist der Unterschied zwischen der Evangelisation und einer Evangelisationsmethode? Wie wir oben gesehen haben, verbirgt sich unter dem Begriff „Evangelisation" die Vorstellung der Mission Gottes, seines Anliegens, die Welt mit sich selbst zu versöhnen. Evangelisation beschreibt somit alles, was sich diesem Ziel unterordnet. Da, wo evangelisiert wird, wird Gottes Reich im Leben, im Wort und in der Tat verkündigt und eingeführt. Und da die Gemeinde Jesu von ihrem Wesen her missionarisch zu verstehen ist, wird alles in ihr potenziell evangelisieren. Wir sprachen an dieser Stelle von der evangelistischen Dimension der Gemeinde, ihre Existenz in der Welt wird somit zur permanenten Evangelisation.

Im Unterschied dazu sucht die intentionale Evangelisation den konkreten Ausdruck für das Evangelium und bedient sich hierfür bestimmter Formen und Methoden. Diese machen den Transfer des Inhalts des Evangeliums in die konkrete Situation der Menschen möglich. Die Methoden, die hierfür gewählt werden, können ganz unterschiedlich sein. Sie können eher präsentischer (Vorleben, Lebenszeugnis, Liebeswerke), proklamatischer (Verkündigung in Wort und Tat) oder auch konfrontativer (Bekehrungsruf) Natur sein. Dabei bestimmt nicht nur die Methode, sondern die Theologie wesentlich, was Evangelisation ist.

In einem Land, in dem biblisches Basiswissen über Gott und Mensch, Sünde und Heil fehlen, wird eine konfrontative Evangelisation auf

Dauer eher abstoßender wirken als beispielsweise ein präsentisches Zeugnis. So haben die Massenevangelisationen nach der Öffnung der Sowjetunion, die sehr direkt und konfrontativ das Evangelium zu den Menschen brachten, letztendlich die Bevölkerung gegen das Evangelium immun gemacht. In China, einem anderen atheistischen Staat, gab es die Möglichkeit der Massenevangelisation so nicht. Hier evangelisieren Christen eher durch ihr Leben und ihr persönliches Zeugnis. Im Unterschied zur Sowjetunion fanden und finden dort Millionen von Menschen zum Glauben an Jesus. Die Hinwendung zum Evangelium ist hier ein überaus positiver Akt. Von einer Immunisierung der Bevölkerung gegen das Evangelium kann hier keine Rede sein.

Man sollte sich immer genau überlegen, für welche Art evangelistischer Aktion man sich im gegebenen Kontext entscheidet. Effektive Evangelisation setzt immer auf die Situation der Menschen, die sie erreichen will. Bernd Schlottoff spricht an dieser Stelle mit Recht von der *bedürfnisorientierten Evangelisation.*[524] Im Laufe der Geschichte haben sich viele Wege und Methoden evangelistischer Verkündigung aufgetan. Ein kleiner Einblick kann dies verdeutlichen.

2. Präsentische Evangelisation

Präsentische Evangelisation sucht danach, das Evangelium unter den Menschen zu *leben.* Reese spricht an dieser Stelle von der Real Life Evangelisation[525] und Petersen von der Lebensstil-Evangelisation. Es geht um ein bewusstes Leben des Evangeliums in den Beziehungen, in die man hineingestellt ist. Beziehungen, die sich sowohl innerhalb als auch außerhalb der Glaubensgemeinschaft befinden. Man ist Licht der Welt und Salz der Erde,[526] dient den Menschen mit guten Werken und die Menschen sehen diese guten Werke und preisen Gott (Mt. 5,16). Präsentische Evangelisation lebt vom authentischen Zeugnis der Gemeinde der Gläubigen inmitten der Welt. Ein solches Zeugnis hat immer missionarisches Potenzial,[527] es verleiht der Gemeinde Autorität[528] und macht sie zum Zeichen des angebrochenen Reiches

524 Schlottoff 2011:122.

525 Reese 2008:58ff.

526 Matthäus 5,13-15. Siehe hierzu die Ausführungen von Petersen 1989:93ff.

527 Kraus 1979:23.

528 Ebd:16.

Gottes.[529] Der Evangelist Ray Comfort bringt dies in seinem Buch *Everyday Evangelism* auf die bezeichnende Formel. Er sagt: „Ich erkenne einen Diamanten, wenn ich ihn sehe."[530] Und Martha Reese sieht im gelebten Zeugnis eine „Freibindung des Evangeliums", das erst so zu seiner vollen Kraftwirkung kommen kann.[531] Auf die Darstellung des Evangeliums im Leben der Gläubigen kommt es wesentlich an. Denn an allererster Stelle im evangelistischen Prozess der Gemeinde steht unser Lebenszeugnis.[532] Es umfasst unser ganzes Leben und ist immer da. Martin Werth bezeichnet die präsentische als „permanente" Evangelisation.[533] Hier kommt die evangelistische Dimension der missionalen Gemeinde am besten zum Ausdruck. Alle und alles in ihr wird so zum Instrument des Evangeliumstransfers in das Bewusstsein der sie umgebenden Menschen.

Dabei kann die evangelistische Präsenz passiv oder auch aktiv gestaltet werden. Unter passiver Präsenz verstehen wir die bloße Anwesenheit der Christen im Lebensraum der Menschen. Das Evangelium wird hier einfach den Menschen vorgelebt. Christen wohnen unter ihnen. Das ist besonders in Kontexten der Fall, die jede aktive christliche Präsenz in der Öffentlichkeit bekämpfen. Heinrich Klassen hat in dieser Hinsicht das Zeugnis als missionarisches Mittel der Kirche in der ehemaligen Sowietunion untersucht[534] und kommt zu dem Schluss, dass es dieses Zeugnis ist, das letztendlich zum Samen für Aufbruch und Erweckung wurde.[535] Vorgelebtes Christsein nutzt dabei jeden Bereich des zugänglichen Lebensraumes, von der Geborgenheit der Familie bis hin zum Arbeitsplatz.[536]

Passive Präsenz zeichnet aber auch Christen in demokratischen Ländern aus, sowohl da, wo Christen sich bewusst konvival verhalten und sich mit dem Gemeinwesen, in dem sie leben, solidarisieren, als auch da, wo sie sich aus der Öffentlichkeit zurückziehen, weil sie diese als „böse Welt" identifizieren. Hier sind es dann vor allem Kreise mit aus-

529 Ebd:155f.

530 Comfort 1995:33.

531 Reese 2008:41ff.

532 Ahn 2006:47.

533 Werth 2004:302.

534 Siehe Klassen 2002, hier Kapitel 4, sowie Klassen 2003:239ff.

535 Klassen 2003:262f.

536 Ebd:243-253.

gesprochen nonkonformistischer Theologie. Der Rückzug aus der Öffentlichkeit ist Programm. Das Gemeindeverständnis ist nach innen fokussiert und vor allem um die Heiligung der Gemeindeglieder bemüht. Diese Kreise genießen oft hohes Vertrauen in der Gesellschaft, sind aber evangelistisch recht erfolglos. Beispiele hierfür findet man heute unter den unterschiedlichen täuferischen Gruppen, wie den Mennoniten in den USA[537] oder einigen russlanddeutschen Freikirchen in Deutschland.[538] Ob so oder anders, Christen können sich aus dem Lebensraum, in dem sie sich bewegen, nicht zurückziehen. Ihr Leben ist immer Botschaft, ob sie es wollen oder nicht.

Aktive Präsenz sucht hingegen die Teilnahme am Leben der Menschen. Während die passive Präsenz oft ein nach innen fokussiertes Verständnis der Christen verrät, geht aktive Präsenz nach außen, setzt sich in Bewegung und lebt nicht nur das Evangelium vor, sondern bringt es durch die persönliche Teilnahme der Christen an der Gestaltung des Sozialraumes in den gesellschaftlichen Diskurs mit ein. Konvivenz ist hier der gesuchte Ausdruck des evangelistischen Selbstverständnisses.

Aktive Präsenz begründet auch die gesellschaftsrelevante Methodik in der Evangelisation. Sie nutzt oft Wege und Mittel der Gemeinwesenarbeit (GWA)[539], um im Sozialraum Veränderungen einzuleiten, die wiederum zum Gespräch über den Glauben und schließlich auch zur Entscheidung für den Glauben an Jesus Christus führen können.

a. Projekte. In einer GWA entwickelt die lokale Gemeinde ein gemeinwesenrelevantes Projekt, in dem zusammen mit den Menschen vor Ort konkrete Bedürfnisse der Einwohner verwirklicht werden. Dabei arbeiten Christen mit Nicht-Christen Seite an Seite an der Linderung der Not, es baut sich Vertrauen zueinander auf, das so wichtig für das Gespräch über den Glauben ist.[540] Solche Projekte können bedürfnis-, berufs- und hobbyorientiert gestal-

537 Eine gute Darstellung der nonkonformistischen Lebensweise der unterschiedlichen mennonitischen Gruppen bietet der amerikanische Soziologe und Theologe Calvin Redekop in seinem Buch „Mennonite Society“ (Redekop 1989).

538 Siehe dazu Klassen 2007:93-148.

539 Zu Begriff und Diskussion, siehe Reimer 2011:21ff.

540 Zum Konzept christlicher GWA, siehe Reimer 2009:241-269 und 2011:19-35.

tet werden. Sie können territorial, bezogen auf einen konkreten Lebensraum, entwickelt werden oder auch kategorial bezogen auf eine Bevölkerungsgruppe, z. B. Alters-, Gender oder soziale Gruppe.[541]

b. Begegnungs- und Gemeinschaftsräume für Menschen, die besondere Bedürfnisse oder Interessen haben. Ein klassisches Beispiel für solche Räume bietet das Mehrgenerationen-Haus, gefördert von der Bundesregierung und an mehreren Orten auch von Kirchengemeinden verwirklicht.[542] Hier helfen Menschen unterschiedlicher Altersgruppen einander, den Alltag besser zu bewältigen.

c. Kulturangebote. Hier muss darauf geachtet werden, dass man die Angebote so weit wie möglich mit den Menschen vor Ort formuliert und gestaltet. Man kann dabei an Filmabende, Konzerte, Theater, Kabarett, Vortragsabende und Ähnliches denken.[543] Besonders in Orten mit einer schwachen Bildungsinfrastruktur für Erwachsene können volkshochschulähnliche Angebote gemacht werden.

d. Sport- und Freizeitangebote. Man staunt, wie viele Menschen in Deutschland ihre Freizeitgestaltung langweilig gestalten. Besonders Arbeitslosen fällt oft die sprichwörtliche Decke auf den Kopf. In die von den Vereinen angebotenen Veranstaltungen traut man sich zum Teil nicht, selbst die Initiative zu ergreifen, dafür fehlt nicht selten die innere Kraft und Motivation. Hier können von der Gemeinde konzipierte und durchgeführte spezielle Angebote hilfreich sein und eine weitere Begegnungsebene bieten, wo sich Christen und Nicht-Christen begegnen. Und wiederum ist es bedeutend, nicht einfach Angebote für die Menschen zu machen, sondern die Zielgruppe bei der Planung einzubeziehen. Besonders Bedürftige reagieren auf speziell für sie konzipierte Angebote nicht selten eher zögerlich. Erst da, wo Menschen sich auf Augenhöhe

541 Siehe Näheres in Reimer 2009:

542 Siehe hierzu das Beispiel des Lenninger Netzes in 73252 Lenningen: http://www.lenninger-netz.de/ (1.7.2011).

543 Ein sehr ansprechendes Projekt in dieser Hinsicht stellt akku dar, z. B. in Dortmund: http://www.akku-dortmund.de/ (1.7.2011).

begegnen, entsteht gesundes Selbstvertrauen und damit auch Vertrauen zu den Christen, die das Programm begonnen haben.

Weitere Aktionen sind an dieser Stelle denkbar. Der Lebensraum der Menschen bietet regelmäßig neue Möglichkeiten für transformativen Einsatz, weil sich in diesen Bereichen auch immer wieder neue Herausforderungen ergeben, Bedürfnisse entstehen. Lebensräume sind ständig in Bewegung, Kulturen sind im permanenten Werden begriffen und so wird eine evangelisierende Gemeinde sich diesen neuen Herausforderungen stellen müssen.

3. Proklamative Evangelisation

Im Unterschied zur präsentischen und permanenten Evangelisation sucht die „kontingente Evangelisation“[544] die konkrete Verkündigung des Evangeliums in Zeit und Raum. Sie wendet sich bewusst an bestimmte Menschen mit dem Wort vom Heil in Jesus Christus. Proklamative Evangelisation wird somit vom Wortgeschehen getragen. Wenn sie als Folge des präsentisch vorgelebten Evangeliums kommt, muss sie nicht mehr alle denkbaren Aspekte des Evangeliums abdecken. Sie kann sich konzentrieren.

In der Regel steht proklamative Evangelisation für direkte Verkündigung des Evangeliums.[545] Laurence Singlehurst schreibt dazu:

> „Evangelisation heißt: den Menschen dort zu begegnen, wo sie sind, und auf vielerlei Art und Weise darauf hinzuarbeiten, daß ihr Verständnis von Gott und von Jesus Christus sich ändert. Das Ziel ist es, daß sie sich für Christus entscheiden.“[546]

Die proklamative Evangelisation folgt im Rahmen der gesellschaftsrelevanten Evangelisation natürlicherweise auf die missionarische Präsenz der Christen vor Ort. Tatsächlich beginnt mit dem ersten Gespräch über den Glauben so etwas wie Proklamation. Freilich setzt sie nicht notwendigerweise das direkte Gespräch voraus, jedoch immer

544 Werth 2004:303.
545 Graham 1984:31f.
546 Singlehurst 1994:14.

die bewusste Weitergabe von Information. Dabei kann (a) reaktive Proklamation von (b) aktiver, (c) situativer und (d) aggressiver Proklamation unterschieden werden.

a. In der **reaktiven Proklamation** ist der Adressat des Evangeliums aktiv. Man teilt ihm nur dann das Evangelium mit, wenn er es ausdrücklich selbst wünscht, und geht nur so weit, wie dieser es möchte. Die aktive Proklamation sucht dagegen bewusst jede Chance, um das Evangelium an den Mann und die Frau zu bringen. Reaktive Formen der Proklamation setzen in der Regel auf Lebenszeugnisse. Hier wird das Evangelium bewusst vorgelebt. Nicht plakativ, und doch deutlich sichtbar. Die Menschen sollen sehen, dass der Christ Jesus nachfolgt. Nur so werden sie früher oder später ihre Fragen stellen und nur so erhält der Evangelist die Möglichkeit, sich zu erklären, und somit die Chance, den Betroffenen zu Jesus zu führen. Reaktive Proklamation will letztendlich Menschen zur bewussten Entscheidung in die Nachfolge Christi rufen.
Klassisch reaktiv proklamiert Petrus das Evangelium in Jerusalem, nachdem er zusammen mit Johannes den Lahmen vor der schönen Pforte des Tempels geheilt hat und dieser durch seine Freudenbekundung im Tempel Aufruhr verursacht. Petrus erklärt, was Gott durch Jesus Christus an diesem Mann gemacht hat. Er predigt das Evangelium, nachdem dieses in der Heilung des Lahmen seinen Ausdruck gefunden hat und Menschen Fragen stellen. Eine große Masse von Menschen folgt seinem Aufruf zur Entscheidung für die Nachfolge Jesu (Apg. 3-4).
Man darf reaktive Proklamation somit nicht mit passiver verwechseln. Hier wird die Vermittlung des Wortes vom Heil gewollt, auch wenn man zunächst auf die entsprechende Frage des betroffenen Menschen wartet.

b. In der **aktiven Proklamation** bemüht man sich, „auf vielerlei Art und Weise“[547] um die verbale und nonverbale Streuung des Evangeliums in den Alltag der Menschen hinein. Das können Veranstaltungen zu allerlei Lebens- und Gesellschaftsthemen sein, in denen man zu den Themen Stellung aus christlicher Sicht be-

547 Singlehurst 1994:14.

zieht. Dabei kann es sich um Vortragsabende, Theater, Konzerte, Kunstausstellungen u. Ä. handeln. Oder man bietet den Menschen Bücher- und Schriftentische an, wirbt auf Plakatwänden, in den Medien und im Internet für den Glauben, man besucht seine eigenen Nachbarn, Kollegen und Freunde und spricht diese bewusst auf den Glauben an.

In der aktiven Proklamation ist nicht der Betroffene, sondern der Evangelist aktiv. Er oder sie fordert die Fragen des Zuhörers regelrecht heraus. Aktive Proklamation meidet jedoch jeden Druck. Auch hier ist die Bekehrung des Evangelisierten das erklärte Ziel, aber die Bekehrung wird nicht erzwungen, sondern man lässt die Entscheidung des Menschen wie eine Frucht reifen, ohne diese jedoch dem Zufall zu überlassen. Der Evangelist wird sich immer wieder darum bemühen, aktiv in den Reifeprozess des Menschen einzugreifen und diesen, wo immer möglich, zu beschleunigen. An dieser Stelle wird gerne die Metapher vom Säen und Ernten bemüht.[548]

c. Eine besondere Rolle kommt in der gesellschaftsrelevanten Gemeindearbeit der **situativen Evangelisation** zu. Wer mit Menschen in transformativen Prozessen steht, erhält immer wieder unerwartete Gelegenheiten, den eigenen Glauben ins Bewusstsein dieser Menschen zu bringen. Man spricht an dieser Stelle auch von der situativen Verkündigung. In der angelsächsischen Literatur benutzt man gar den Ausdruck „apt liturgy“ (Situationsliturgie). Dies ist nach John O'Donohue „ein Dienst des Aufweckens, der den Menschen hilft, über ihre Alltagsroutine hinaus ihren ewigen Ursprung und ihre Bestimmung zu erkennen.“[549] In ihr trifft die Geschichte des Evangeliums auf die Geschichte des betroffenen Menschen, nimmt sie auf und verleiht ihr jene Tiefe, die das Nachdenken und potenziell auch das Gespräch über den Sinn des Lebens, Gott und Mensch ermöglicht.[550]

Situationen, die sich für die situative Verkündigung eignen, können ganz unterschiedlicher Natur sein. Menschen, mit denen wir

548 Singlehurst 1994:15f. Siehe auch das Arbeitsbuch „Evangelisation und Jüngerschaft“ von BAO (Evangelisation 1987:21ff).

549 O'Donohue 1998:325.

550 Morisy 2006.

befreundet sind, geraten in schwierige persönliche Lebenslagen, sie verlieren vielleicht nahestehende Freunde und Verwandte oder geraten in eine Notsituation. Dann ist liebevoller Beistand notwendig. Wenn sich in solchen Lagen Möglichkeiten ergeben, am Beispiel des Evangeliums zu zeigen, wie solche Situationen gemeistert werden können, dann nimmt die situative Verkündigung ihren Lauf.

Situationsverkündigung ist ein essenziell öffentliches Ereignis und muss deshalb die kontextuellen Bedingungen, in denen dieses Ereignis stattfindet, berücksichtigen: die Menschen, mit denen man spricht, ihre Lebenssituation und vor allem die Situation, welche die Verkündigung ermöglicht. Diese Bedingungen setzen der Art und Weise, was man wie sagt, enge Grenzen. Es muss dem Menschen in seiner Situation geholfen werden. Situationsverkündigung ist niemals aggressiv. Sie ist vor allem ein pastorales Vorgehen, vergleichbar mit der Notfallseelsorge. Man steht dem Menschen in seiner Lebenslage bei. Die Christus-Story wird als Ermutigung, Trost und Perspektive ins Gespräch gebracht. Und die Lebenslage des Menschen, die den Anlass zur Verkündigung bietet, darf nicht als billiger Köder missbraucht werden, wie das nicht selten in der evangelikalen Verkündigung geschieht, sondern bietet den Boden dafür, positive Bilder und Symbole in die Erlebniswelt des Betroffenen zu bringen und somit Hoffnung für den nächsten Schritt im Leben zu vermitteln.

Situative Evangelisation rückt damit sehr dicht an öffentlich angebotene Seelsorge und Lebensberatung. Wie effektiv eine solche Methode sein kann, zeigt die Auswertung der evangelistischen Methoden in den Kirchen und Gemeinden Kanadas. Hier kam Evangelisation durch Counselling (Beratung/Seelsorge) auf den dritten Platz. Mehr als 30% der Befragten gaben an, über Beratung und Seelsorge zum Glauben an Jesus gekommen zu sein.[551]

d. **Aggressive Proklamation** zeichnet sich durch Ungeduld aus. Ihre Vertreter suchen immer den direkten Weg zum Herzen der Menschen und werden schon nach wenigen Begegnungen oder gar Worten die Einladung zur Bekehrung aussprechen. Klassische

551 Motz 1990:183.

Evangelisationsabende sind hierfür ein Beispiel. Hier werden Menschen eingeladen, über Themen des Lebens nachzudenken, und am Ende des Abends direkt mit der Lebensübergabe konfrontiert. Ist der Mensch vorbereitet, eine solche Übergabe zu vollziehen, so hat der Abend sein Ziel erreicht, ist er jedoch nicht vorbereitet, so kann der erfahrene Druck als Manipulation missverstanden werden, und statt Bekehrung kommt es zur Verhärtung des Herzens. Aggressive Evangelisation hat deshalb wie alle anderen Formen proklamativer Evangelisation ihre Chancen und Grenzen.

Wichtig ist zu verstehen, dass keine evangelistische Methode ohne Proklamation auskommen wird, wenn sie ihrem Anliegen gerecht bleiben will. Menschen müssen die Botschaft vom Heil in Jesus hören, denn der „Glaube kommt aus dem Gehörten und das Gehörte aus dem gesprochenen Wort Gottes“ (Röm. 10,10ff). Wer Glauben verbreiten will, der muss das Wort von Christus so weitergeben, dass es von den Menschen als Wort Gottes verstanden wird. Verbale Verkündigung hat somit eine „zentrale“ Stellung im Prozess der Evangelisation,[552] auch wenn man sicher nicht von prioritärer Stellung reden kann. Man wird weise abwägen müssen, wann man passiv, wo man aktiv, situativ und wo man gar aggressiv Menschen mit dem Evangelium konfrontiert.

4. Integrative Evangelisation

Orlando Costas bezeichnete Gemeindewachstum als ein „multidimensionales Phänomen“[553]. Evangelisation ist ein integraler Bestandteil des Gemeindewachstums. Richtig verstanden verlangt daher auch Evangelisation nach einem mehrdimensionalen Zugang; sowohl präsentische als auch proklamative Elemente gehören dazu. Beide sind notwendig, wenn Menschen in all ihrer Unterschiedlichkeit zum Glauben an Jesus geführt werden sollen. Mit der Monotonie bestimmter Methoden ist man da bald am Ende. Wir werden, um mit Michael Herbst zu sprechen, den „Mut zum missionarischen Plural“ brauchen.[554] Die drei Be-

552 Klaiber 1990:234f.

553 Costas 1982:43.

554 Herbst 2008:69.

reiche Leben, Gemeinschaft und Zeugnis müssen zu einem harmonischen Ganzen werden, wenn Evangelisation fruchtbar werden soll.[555]

In der Missionstheologie hat man an dieser Stelle den Begriff „Haushalt-Evangelisation“[556] eingeführt, wobei mit Haushalt nicht nur ein Familienzusammenhang, sondern eher eine Lebensgemeinschaft überhaupt gemeint ist.[557] Das Konzept leitet sich vom biblischen Oikos-Begriff ab und spürt der Evangelisation in den Häusern nach, wie sie zur Zeit der ersten Christen üblich war.[558] Eine solche Evangelisation öffnete die privaten Lebensräume weit und lud den entsprechenden Freundeskreis ein, diese Räume mitzunutzen. Ein solches Zusammenleben ermöglichte bald die Entstehung eines Vertrauensverhältnisses in gemeinsamen Lebensräumen und für den Christen Räume für Zeugnis in Wort und Tat. Mark R. Gornik, der sich wie wenige andere mit dem Aufbau von missionarischen Gemeinden in der Innenstadt beschäftigt hat, redet von den drei Dimensionen des Gemeindelebens, die er als Reich-Gottes-Leben, allgemeines Leben und zeugnishaftes Leben beschreibt.[559] Dabei geht es ihm um eine Lebensweise der Gemeinde, die alle Bereiche ihres Daseins und des Daseins ihrer Mitglieder einschließt. Jeder und alle sind für das evangelistische Zeugnis der Gemeinde wichtig. Alle können zum Evangelium etwas beitragen. Die einen mit ihrem Leben, die anderen mit ihren Taten und wiederum andere mit ihren wohlformulierten Worten. So wird die Gemeinde zu einem „auskunftsfähigen Wir“[560]. Und nur so kann sie ihrem evangelistischen Anspruch, eine „Gemeinde für die Straße“ zu sein, gerecht werden.[561]

Arnell Motz stellt in den meisten von ihm untersuchten wachsenden evangelisierenden Gemeinden Kanadas den bewussten Einsatz sowohl präsentischer als auch proklamativer Evangelisationsmethoden fest.[562]

555 Petersen 1987:102ff.
556 Siehe z. B. Runyon 1998:218ff.
557 Ebd:219.
558 Green 1970:194-228; Runyon 1998:219f.
559 Gornik 2002:65-95.
560 Herbst 2008:71.
561 Ebd:65.
562 Motz 1990a:180.

5. Evangelisation als Prozess

Menschen werden nicht über Nacht Christen. Das Evangelium, so einleuchtend es uns Christen erscheint, macht für den nicht-informierten Hörer wenig Sinn. „Die meisten Menschen machen auf dem Weg zur Entscheidung eine Entwicklung durch.“[563] Der Apostel Paulus stellt deutlich fest, dass „die Heiden dem Leben aus Gott entfernt sind aufgrund ihrer Ignoranz und der Verstockung ihrer Herzen“ (Eph. 4,17-18). Mit anderen Worten: Sie nehmen das Leben aus Gottes Hand nicht an, weil sie dieses Leben nicht verstehen.

Ein weiser Evangelist wird sich den Menschen mit Bedacht nähern und je nach der persönlichen Empfänglichkeit seines Hörers passiv oder jedoch eher aktiv evangelisieren. Die Menschen sehen unsere guten Taten, bewegen diese in ihren Herzen und erst dann werden sie die Worte, die wir sprechen, hören und eventuell annehmen können. „Bekehrung erfolgt Schritt für Schritt“, bemerkt Jim Petersen mit Recht.[564] Evangelisation, so verstanden, ist ein zyklischer Prozess, der von der Präsenz über passive und situativ-aktive bis hin zu aggresiver Verkündigung reicht. Johann Lukasse vergleicht einen solchen Prozess mit der Bestellung eines Feldes in der Landwirtschaft. Hier wird das Land erst kultiviert, dann besät, dann werden die Pflanzen gepflegt und erst später, nach monatelanger Arbeit im Feld, wird die Ernte eingefahren.[565]

Abkürzungen sind an dieser Stelle unangebracht, ja sogar lebensgefährlich. Wer zu früh erntet, läuft Gefahr, unreife und deshalb ungenießbare Frucht zu ernten. Und Walter Brüggemann bemüht an dieser Stelle das Bild einer dramatischen Aufführung. Evangelisation als Drama, so Brüggemann, gestaltet sich in drei Akten.[566] Der erste Akt findet im Leben des Menschen vor seiner Erstbegegnung mit der Botschaft statt. Hier entwickelt sich jene Lebensfolie, auf deren Hintergrund die Erscheinung des Botschafters mit seiner Botschaft erst Sinn macht.[567] Im zweiten Akt tritt der Botschafter auf den Plan und verkündet seine Botschaft. Sie wird von den Betroffenen verstanden.[568]

563 Singlehurst 1994:14. Siehe auch Mittelberg 2001:65.
564 Petersen 1989:147.
565 Lukasse 2010:89ff.
566 Brüggemann 1993:16.
567 Ebd:17.
568 Ebd:17f.

Und schließlich ist es der Empfänger der Botschaft, der im dritten Akt seine Antwort findet.[569]

Beide Bilder machen eines deutlich. Evangelisation ist ein komplexes Geschehen. Sie ist mehr als die bloße verbale Mitteilung einer als Gute Nachricht verstandenen Botschaft. Ein solcher Prozess setzt Zeit voraus. Evangelisation findet nicht über Nacht statt. Bernd Schlottoff empfiehlt deshalb, „langfristig missionarische Gemeinden" zu bauen. Er geht von einem Zehnjahresplan aus, den die Gemeinde denken muss, wenn sie missionarisch und evangelistisch erfolgreich sein möchte.[570] Andere bestätigen diese Annahmen.[571] Jedenfalls erweisen sich kurzfristige Pläne in der Regel als problematisch und wenig effektiv. Und Evangelisation, die so komplex zu denken ist, bedarf unterschiedlicher Mitarbeiter. Hier ist im wahren Sinne des Wortes der Einsatz des ganzes Leibes Christi, der ganzen Gemeinde gefragt. Jim Petersen spricht deshalb auch von der „Evangelisation als Team Effort".[572] Nur da, wo alle Gaben der Gemeinden konzentriert auf die evangelistische Aufgabe zum Einsatz kommen, entsteht bleibende Frucht.[573]

Das Gesagte kann man im Zyklus darstellen, der die unterschiedlichen evangelistischen Zugänge aufeinander bezieht und in ein Gesamtgeschehen einbaut, das auf das erklärte Ziel, die Transformation des Betroffenen in ein von Christus beherrschtes Leben, ausgerichtet ist.

---

569 Ebd:18f.

570 Schlottoff 2011:195ff.

571 Keller 2002:73ff; Mettelberg 2001:70ff.

572 Petersen 1989:139.

573 Ebd:140ff.

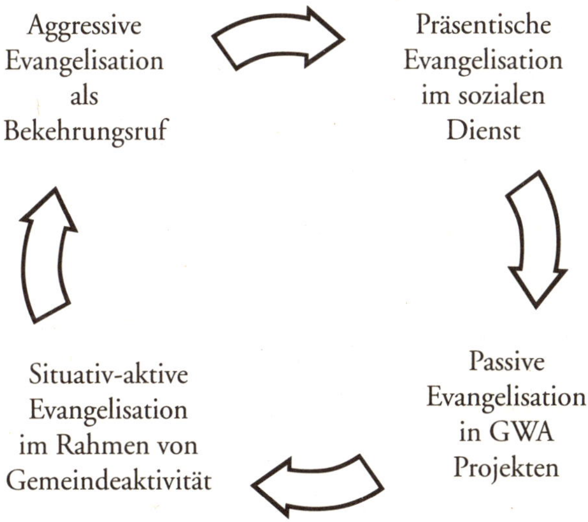

Evangelisation als Prozess

6. Zyklus evangelistischer Verkündigung (ZeV)

Aus der Erkenntnis, dass Evangelisation als Prozess zu denken ist, ergibt sich die Notwendigkeit, von einem *Zyklus evangelistischer Verkündigung* zu sprechen.[574] Ein Zyklus, der „da anfängt, wo sich die Menschen befinden, und sie da hinführt, wo Gott sie haben will"[575]. Hier wird die „Distanz zwischen Indifferenz und Glauben"[576] überbrückt. Man kann auch vom Evangelisationsplan der Gemeinde sprechen.[577]

574 Siehe dazu Reimer 2004:97.

575 Lukasse 2010:99.

576 Petersen 1989:153.

577 Motz (1990:184f) stellt fest, dass sich in den meisten wachsenden evangelistischen Gemeinden Nordamerikas solche Pläne als überaus hilfreich erwiesen haben, da sie die Evangelisation der Gemeinde nicht nur systematisieren, sondern es auch dem einzelnen Mitglied der Gemeinde wesentlich erleichtern, seine eigene Rolle in der Evangelisation zu finden.

Der evangelistische Leiter einer Gemeinde wird darauf achten müssen, dass die von der Gemeinde anvisierten Menschen ihrem Lebenskontext entsprechend angesprochen werden. Hier wird entschieden, in welcher Art und Weise das Evangelium den Adressaten erreicht. Die Gemeinde muss sich dabei ihrer Gesamtvision, alle Menschen zur Erkenntnis der Wahrheit zu führen und das Reich Gottes zu bauen, immer bewusst bleiben. Das beinhaltet also folgende Schritte:

a. Vision = Was ist unsere Botschaft?

Wer evangelisieren will, der sollte wissen, was damit verbunden ist. Effektive Evangelisation kann nur dann stattfinden, wenn die evangelisierende Gemeinde über ein Evangelisationsverständnis verfügt. Und ein solches Verständnis schließt einfache Fragen ein, auf die die Gemeinde Antworten haben sollte. Was sollte der Hörer verstanden haben, um sein Leben unter die Führung Jesu Christi zu stellen? Welche Offenbarungsinhalte muss er gehört und verinnerlicht haben, um zur Erkenntnis der Wahrheit zu gelangen? Aufgrund seines oder ihres Unwissens (Eph. 4,17) ist er oder sie von Gott getrennt. Was muss der Mensch wissen, um den Zustand der Gottlosigkeit zu überwinden? Und was muss die Gemeinde darüber wissen?

Die theologischen Fundamente der Evangelisation, wie sie im ersten Teil dieses Buches diskutiert worden sind, werden hier bedeutsam. Und sie sollten nicht nur von den Leitern, sondern der Gesamtgemeinde verstanden werden. Es ist sehr wichtig, das Evangelisationsverständnis und die entsprechende Begründung aus der Heiligen Schrift schriftlich festzuhalten. Ein solches Verständnis sollte einen wichtigen Teil des Gemeindehandbuchs bilden.[578]

Auf eine kurze Formel gebracht, besagt das Evangelium: Alle Menschen sind Sünder und als solche ohne Gott verloren und alle Menschen sind eingeladen, Erlösung und Vergebung der Sünden aus der Hand des liebenden und barmherzigen Gottes zu erfahren. Diese Vergebung ist nur möglich, weil Jesus Christus für die Sünden der Menschen gestorben ist und damit die Sünde gesühnt hat. Wer sich nun zu

578 Unter einem Gemeindehandbuch verstehe ich eine Sammlung der wichtigsten Beschlüsse und Dokumente einer Gemeinde. Hier findet man die Satzung der Gemeinde, die Struktur-Dokumente oder auch wichtige theologische Begründungen für das in der Gemeinde gelebte Glaubensbekenntnis. Jedes Gemeindeglied sollte über ein solches Gemeindehandbuch verfügen.

Jesus wendet, wer ihm glaubt, wird selig werden.[579] Oder wie es in der Lausanner Verpflichtung heißt:

> „Jesus Christus, wahrer Mensch und wahrer Gott, hat sich selbst als die einzige Erlösung für Sünder dahingegeben. Er ist der einzige Mittler zwischen Gott und Menschen. Es ist auch kein anderer Name, durch den wir gerettet werden. Alle Menschen gehen an ihrer Sünde verloren. Gott aber liebt alle. Er will nicht, dass jemand verloren werde, sondern, dass sich jedermann zur Buße kehre. Wer aber Jesus Christus ablehnt, verschmäht die Freude des Heils und verdammt sich selbst zur ewigen Trennung von Gott. Wenn Jesus als der Erlöser der Welt verkündet wird, so heißt das nicht, dass alle Menschen von vornherein oder am Ende doch noch gerettet werden. Man kann erst recht nicht behaupten, dass alle Religionen das Heil in Christus anbieten. Vielmehr muss Gottes Liebe in einer Welt von Sünde verkündet werden. Alle Menschen sind eingeladen, ihn in persönlicher Hingabe durch Buße und Glauben als Heiland und Herrn anzuerkennen."[580]

Das ist also die Botschaft. Unsere Botschaft. Sie macht ein Zweifaches deutlich:

> a. Alle Menschen ohne eine Beziehung zu Gott sind von Gott getrennt und verloren. Ihr Leben zeichnet sich durch Gottesferne und das Verhaftetsein in der Sünde aus (Eph. 2,1-3). Entsprechend weit sind sie vom Leben aus Gott entfremdet (Eph. 4,17).

> b. Alle Menschen könnten in Jesus Christus gerettet werden und ein Leben aus Gottes Hand, ein Leben mit Anspruch auf den Himmel und die Ewigkeit ererben (Eph. 2,3ff).

Hieraus ergibt sich für die Lausanner Bewegung die Forderung nach Evangelisation.[581]Aus dieser Botschaft des Evangeliums entsteht beides, die Motivation und die Aktion der Evangelisation.[582]

579 Siehe hierzu: Römer 3,23-24; 6,23; Epheser 2,1-10; 1. Johannes 5; u. a.

580 LV Artikel 3.

581 LV Artikel 4.

582 Siehe dazu: Klaiber 1990:203-212.

b. Kontext = Wer ist unser Empfänger?

Wer evangelisieren will, der wird sich mit den Menschen auseinandersetzen müssen, die er zu evangelisieren beabsichtigt. Alle Menschen sind ohne Gott verloren. Alle ermangeln der Herrlichkeit Gottes (Röm. 3,23). Aber nicht alle Menschen sind sich in ihrer religiösen Ansprechbarkeit ähnlich. Der Evangelist muss also wissen, wo sich sein Hörer befindet, wenn er das Evangelium sinnvoll verkündigen will. In welcher Situation lebt der Hörer? Welchem Kulturkreis gehört er an? Wie gebildet ist er? Welche Sprachen spricht er? Wo finden wir ihn? Welche Bedürfnisse hat er?

Diese Fragen sind enorm wichtig, weil sie die Parameter der Evangelisation abstecken. Das Evangelium ist auf Fleischwerdung aus, es drängt in die Lebenswelt seiner Hörer. Und es kann nur in der realen Welt realer Menschen real Fuß fassen. Deshalb wird sich die evangelisierende Gemeinde mit dem Kontext ihrer Hörer auseinandersetzen. Ohne Kontextanalyse ist keine verständliche Evangeliumsvermittlung und damit auch keine effektive Evangelisation möglich.[583]

c. Text = Was versteht unser Empfänger?

Wer evangelisieren will, der braucht einen verständlichen Text. Unsere Zuhörer befinden sich auf unterschiedlichen Verstehensstufen. Um sie mit dem Evangelium adäquat zu erreichen, bedarf es der Erkenntnis, wie man Menschen auf den unterschiedlichen Stufen religiöser Ansprechbarkeit effektiv ansprechen kann und soll. Welche Grundbegriffe des Glaubens sind ihnen verständlich? Was könnten sie missverstehen? Warum? Wo sollte erst vorgelebt, wo gedient und wo geredet werden? Und wie sagen wir das, was schon verstanden werden kann?

Eine evangelisierende Gemeinde wird sich Kenntnisse erwerben müssen, wie man Menschen auf unterschiedlichem Niveau erreicht, oder auch Quellen erschließen, die diese Gebiete abdecken können. Dabei wird schnell deutlich, dass es nicht um einen gemeinsamen Text gehen kann. Menschen auf unterschiedlichen Stufen der religiösen Ansprechbarkeit werden einen jeweils eigenen Zugang brauchen.

583 Eine Hilfe bietet der evangelisierenden Gemeinde die von Tobias Faix und Johannes Reimer herausgebrachte Einführung in die Kontextanalyse, die unter dem Titel „Die Welt verstehen“ 2012 erschien (siehe Faix 2012).

d. Training = Was macht wer, wann und wo?

Wer evangelisieren will, der wird sich darauf vorbereiten müssen. Wenn die Botschaft feststeht, der Hörer in seiner Situation beschrieben worden ist und die Inhalte der Verkündigung feststehen, kann mit der Planung des Evangelisationstrainings in der Gemeinde begonnen werden. Dabei ist wichtig, dass der ganze Leib für diese Aufgabe gebraucht wird. Jeder muss in der Evangelisation seinen Platz finden und es ist die Aufgabe der Verantwortlichen, diesen Platz zu definieren und Freiräume zu schaffen, die den Dienst möglich machen. Eine evangelistische Gemeinde kommt nicht ohne Training und gute Vorbereitung ihrer Mitarbeiter aus.

e. Verkündigung

Wer evangelisieren will, der muss verkündigen. Freilich ist damit nicht einfache Predigt, kein verbaler Beitrag allein gemeint. Verkündigung kann und soll in Tat und Wort geschehen. Je nach Empfänglichkeitsstufe wird sie in unterschiedlicher Art und Weise zu geschehen haben und unterschiedliche Gabenträger werden unterschiedliche Aufgaben übernehmen. Doch geleitet vom Evangelisten werden sie alle dem gleichen Ziel unterstellt sein.

Ein guter Evangelisationsplan wird die ständige Neuorientierung der Schulung und des aktuellen Einsatzes auf dem Evangelisationsfeld verlangen.

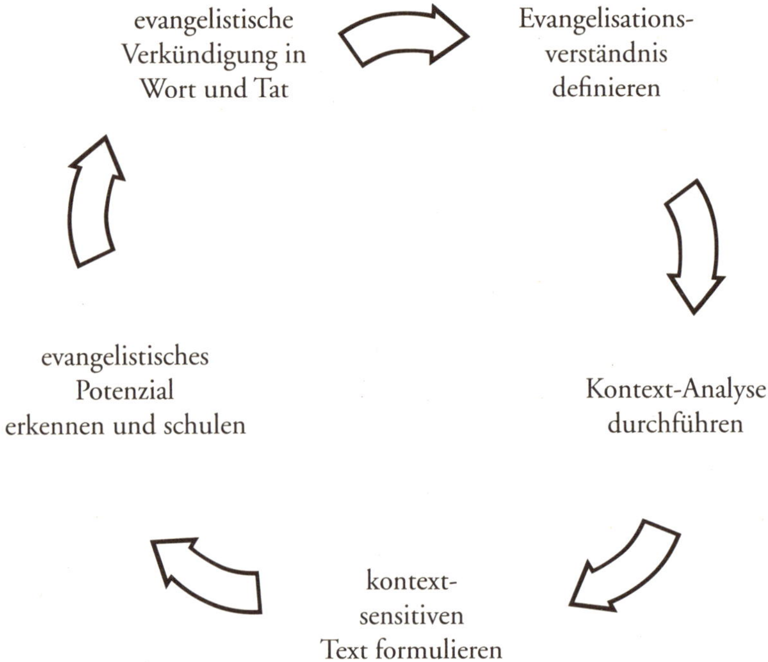

Zyklus evangelistischer Verkündigung

7. Ein praktisches Beispiel

An einem praktischen Beispiel würde sich ein solcher Zyklus wie folgt auswirken: Die Evangeliums-Christengemeinde in Berlin arbeitet seit vielen Jahren unter russischsprechenden Migranten aus der ehemaligen Sowjetunion.[584] Die meisten ihrer Adressaten sind Menschen, die über keinerlei positive Glaubensinformation verfügen. Sie müssen alle Stufen durchlaufen, um zur Erfahrung der Wiedergeburt zu gelangen. Wie wird das gemacht? Folgende Tabelle fasst das zyklische Vorgehen dieser Gemeinde zusammen:

584 Aus Reimer 2004:100-192.

Gemeinde-Vision	Zustand der Hörer	Teilziel	Methode	Personal	Ergebnis
Jünger Jesu	Völlige Ignoranz und Unkenntnis	Kontakt herstellen	Gemeinsame soziale Projekte, Lebensstil-Evangelisation (LE), Präsenz in den Lebensbereichen des Hörers	Die ganze Gemeinde	Erstkontakt in einigen konkreten Fällen hergestellt
Jünger Jesu	Interesse an den Grundwahrheiten des Glaubens	Grundwahrheiten vermitteln	Lebenszeugnis, Persönliche Evangelisation (PE), Literatureinsatz, gezielte Vortragsveranstaltungen	Die ganze Gemeinde mit bewusstem Heranziehen evangelistisch begabter Geschwister (EBG)	In fünf Fällen PE eingeleitet
Jünger Jesu	Intensive Beschäftigung mit der Frage des Heils	Bedeutung des Evangeliums verdeutlichen	PE, persönliches Gespräch, evangelistischer Hauskreis (EHK)	Evangelistisch begabte Geschwister (EBG), Leiter des EHK	Alle fünf Personen in den EHK integriert
Jünger Jesu	Innere Bejahung des Evangeliums	Positive Haltung zum Evangelium vermitteln	Lebensstil-Evangelisation, bewusstes Vorleben der Buße und Vergebung, EHK, Offene Abende (OA) und evangelistische Gottesdienste (EG) in der Gemeinde	EBG, Leiter des EHK, Evangelistischer Prediger im Offenen Abend (OA)	Vier Personen besuchen den OA
Jünger Jesu	Intensive Beschäftigung mit der eigenen Lage vor Gott	Persönliches Problem verdeutlicht	EHK, persönliches Gespräch, OA, EG	EBG	Drei Personen sind einer Entscheidung nahe
Jünger Jesu	Entschluss zur Entscheidung	Den Hörer vor die Entscheidung stellen	EHK, persönliches Gespräch, OA, EG	EBG, Evangelist	Drei Personen haben eine Entscheidung für Jesus gewagt
Jünger Jesu	Buße und Glaube	Den Hörer zur Wiedergeburt führen	Persönliche Seelsorge	EBG, Evangelist	Heilsgewissheit erlangt

Das Beispiel der Berliner Gemeinde zeigt, wie wichtig es ist, bewusste missionarische Teilziele zu setzen und dann auch die entsprechenden Freiräume zu schaffen, in denen missionarische Verkündigung auf dem entsprechenden Niveau vonstatten gehen kann. Sicher sollte man sich nicht sklavisch an diese sieben Schritte binden. Auch methodisch wird man von Situation zu Situation entscheiden müssen. Das hier vorgelegte Schema ist nur ein Raster, das in der Praxis den lokalen Verhältnissen angepasst werden muss. Wichtig ist, dass man gezielt einen Weg vom Ist-Zustand des Hörers zum Endziel der Umgestaltung in einen Jünger Jesu im Auge behält, wie im folgenden Schema festgehalten. Ob dabei vier oder sieben Schritte zu gehen sind, entscheiden die Gegebenheiten vor Ort.

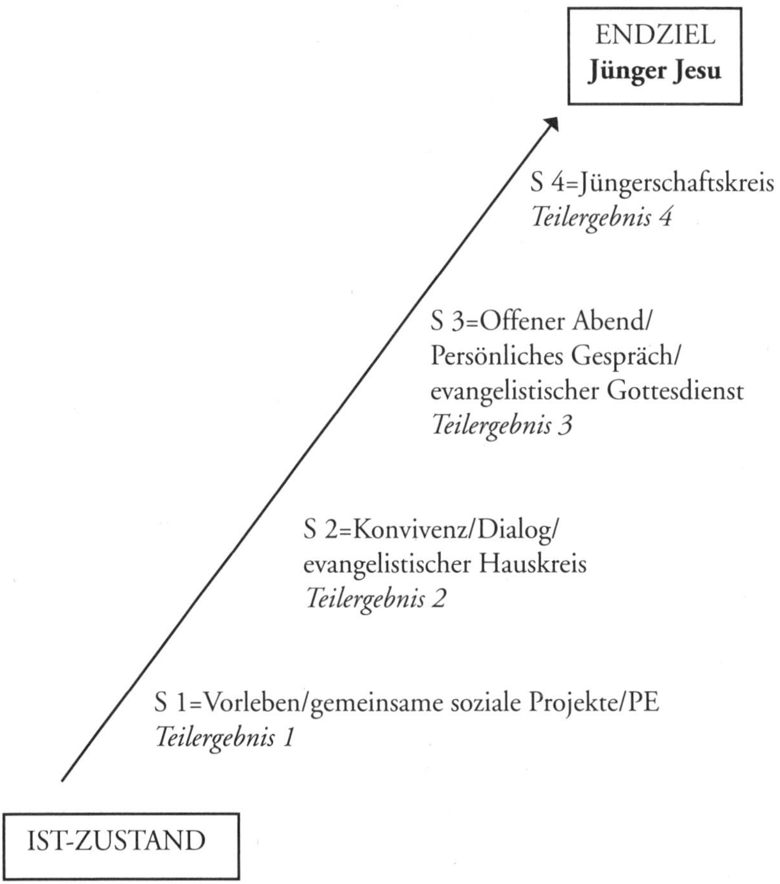

9 Willkommenskultur

1. Gemeinde – jeder ist willkommen

Eine evangelistische Gemeinde ist eine gastfreie Gemeinde. Hier herrscht eine Kultur des Willkommens. Fremde sind ausdrücklich erwünscht. Ihre Anwesenheit wird als bereichernd und ihre Andersartigkeit als Geschenk verstanden. Alle Untersuchungen zur Evangelisation in der frühen Geschichte des Christentums bestätigen diese Annahme.[585] Nichts ist einer solchen Gemeinde mehr fremd als die Pflege einer Monokultur. Ihr geht es eben nicht an erster Stelle um sich selbst, sondern um die von Gott geliebte Welt. Ihretwegen ist sie da.

Monokultureller Gemeindebau ist dagegen auf sich selbst fixiert. Hier baut man Gemeinde für die Christen. Sie sollen erbaut und gepflegt werden. Um ihr persönliches geistliches Weiterkommen und ihre Heiligung geht es an erster Stelle. Wo eine solche kulturelle Einfalt gelebt wird, ist die Gemeinde in der Regel nicht evangelistisch gesinnt. Evangeliation ist hier bestenfalls ein in unregelmäßigen Abständen angebotenes Programm, aber nicht ein Herzensanliegen der Gemeinde.

Ganz anders gepolt ist die missionale Gemeinde. Ihr Herz ist auf die Nöte der anderen, das Anliegen der Mission Gottes in der Welt fixiert. Deshalb ist sie in der Welt und die Welt bei ihr zu Hause. Hier wird niemand ausgegrenzt, weil man will, „dass allen Menschen geholfen werde und sie zur Erkenntnis der Wahrheit kommen" (1Tim. 2,4).

Freilich darf eine *Gemeinde für alle* nicht mit einer *Gemeinde für alles* verwechselt werden. Eine evangelistische Gemeinde ist für alle offen, weil sie allen das Evangelium anbieten kann und will. Sie ist und bleibt jedoch eine Kontrastgesellschaft zur Welt. Nein, eine solche Gemeinde ist alles andere als weltlich. Sie ist weltliebend, der Welt zugewandt, aber nicht von der Welt beherrscht. Sie ist in der Welt, aber nicht von der Welt.[586] Sie ist für die Welt, weil die Welt sie als Botschafterin der Versöhnung braucht. In ihr sind alle willkommen, aber nicht

585 Siehe hierzu vor allem: Baucum 2008; Hiltbrunner 2005; Oden 2002; Koening 2001; u. a.

586 Siehe hierzu Johannes 17,11-19. Jesus betet in seinem hohepriesterlichen Gebet für seine Jünger, die genau in diese Lage gestellt sind – in der Welt, aber nicht von der Welt.

alle haben das Sagen. In ihr findet jeder Aufnahme, aber nur unter Bedingungen, die Gott selbst setzt. Nichts in einer solchen Gemeinde ist dem Zufall überlassen. Aber die Ordnung dieser Gemeinde, ihre DNS, ist die Liebe. Von Gott geliebt hat diese Gemeinde die Liebe zu Gott und ihren Nächsten als ihre eigentliche Lebenskraft erkannt und angenommen. Hempelmann schreibt: „Wir leiten an zu einer Gotteserkenntnis aus Liebe ... Mit unserem Leben antworten wir in *allen seinen Bezügen* auf den, der uns zuerst geliebt hat.“[587]

Die evangelisierende Gemeinde ist somit eine liebende Gemeinde, in der eine Willkommenskultur herrscht. Erst in einer solchen Gemeinde der offenen Arme wird die „evangeliumshungrige“ Welt Eingang suchen.[588] Wer zu ihr kommt, der wird erwartet. Alle Praxis der Evangelisation muss deshalb mit dieser DNS anfangen.

2. Was zeichnet eine Willkommenskultur aus?

Der Begriff der Willkommenskultur enstammt dem politischen Bemühen, Migranten und Flüchtlinge in Deutschland willkommen zu heißen. Willkommenskultur zeichnet sich durch mehrere Faktoren aus. In der politischen Diskussion spricht man von den zwei Phasen der Willkommenskultur: (a) der Phase der Zuwanderungsentscheidung und (b) der Phase der Erstorientierung (siehe Skizze unten).[589] Ist die Willkommenskultur gelungen, kommt es zu einer langfristigen Etablierung des Fremden. Man spricht dann von der Anerkennungskultur.

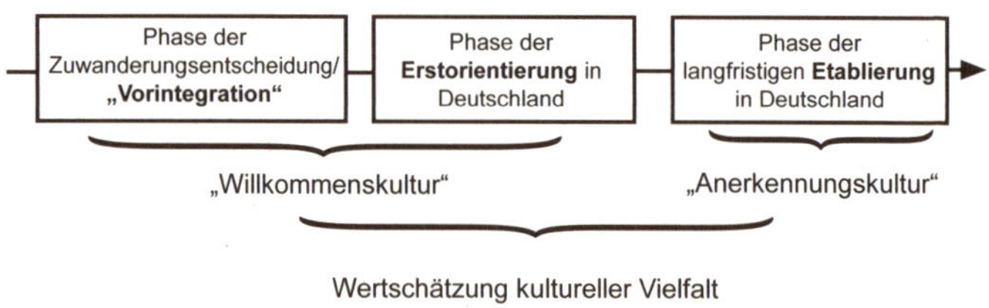

587 Hempelmann 2004:46.

588 Ogden 2008:1ff.

589 http://www.bamf.de/SharedDocs/Meldungen/DE/2011/20110519-nuernberger-tage-integration-willkommenskultur.html.

Überträgt man diese Positionen auf die Kultur einer Gemeinde, dann manifestiert sich die Willkommenskultur zunächst in der Offenheit der Gemeindeglieder ihren Nachbarn und Mitmenschen gegenüber. In dieser Kultur herrscht das Prinzip Gastfreundschaft. Wer mit solchen Gemeindegliedern in Berührung kommt, erfährt Annahme, Liebe und Fürsorge. Hier stehen die Häuser offen. Hier ist der Gast König. Das Markenzeichen einer gastfreien Gemeinde ist das freundliche Gesicht ihrer Mitglieder, die jederzeit die Bereitschaft zeigen zuzupacken, wenn sie nur die Chance und Möglichkeit dazu haben. Eine Kultur der Offenheit beginnt somit nicht in den eigenen vier Wänden des Gemeindehauses, sondern im privaten Raum ihrer Gemeindeglieder, die diesen für ihre Mitmenschen öffnen.

Eine einfache Testfrage legt offen, ob in der betroffenen Gemeinde eine solche Kultur herrscht oder nicht. „Wann haben Sie das letzte Mal einen anders Glaubenden bei Ihnen zu Hause zu Gast gehabt?“, frage ich die Mitglieder liebevoll. In einer gastfreien Gemeinde würde man mir antworten – letzte Woche oder sogar gestern, im Extremfall: letzten Monat. In einer traditionellen Gemeinde wird man sich dagegen nur mit großer Mühe an einen solchen Fall erinnern können, wenn überhaupt. Evangelisation ist aber ohne Gastfreundschaft kaum möglich.

Zum anderen verfügt eine gastfreie Gemeinde über offene Räume in ihrem Gemeindezentrum, in denen der Gast willkommen geheißen wird. Hier stehen nicht nur die Türen des Gemeindehauses weit offen, sondern vor und hinter den Türen erwarten liebevolle Geschwister den Gast, begrüßen diesen freundlich, machen ihn mit Menschen bekannt, die ihn oder sie dann durch den Gottesdienst und danach durch das Gemeindeleben navigieren. Nichts ist für den Fremden wertvoller als freundliche Gesichter, liebevolle Worte bei der ersten Begrüßung und angebotener Beistand bei der ersten Kontaktaufnahme mit der Gemeinde. Ich kenne Gemeinden, die ihre Besucher mit einer Tasse Kaffee oder auch einem Glas Saft begrüßen. Diese Gemeinden haben in der Regel ein weites Foyer in ihrem Gemeindehaus mit Sitzgruppen, wo man sich vor dem Gottesdienst kurz hinsetzen und die ersten ungezwungenen „paar Worte“ mit dem Besucher wechseln kann. Freilich setzt ein solcher Begrüßungsdienst voraus, dass Gemeindeglieder rechtzeitig zum Gottesdienst oder auch den anderen

Gemeindeveranstaltungen kommen. Wer wenige Minuten vor dem Gottesdienst in die Veranstaltung huscht, ist für einen solchen Dienst ungeeignet. Gemeindefremde kommen selten bis nie zu spät zu einer Veranstaltung, die sie besuchen wollen. Zu spät kommen in der Regel nur die Gemeindeglieder selbst.

Die Willkommenskultur zeichnet sich aber auch durch ein auf den Gast zugeschnittenes Programm aus. In einer solchen Gemeinde hat der Fremde immer einen Platz. Das betrifft die gesamte Liturgie der gottesdienstlichen und ähnlichen Veranstaltungen. Man bietet ihnen einen guten Platz im Saal an, eine Übersetzung, falls sie der deutschen Sprache nicht mächtig sind, und sollten sie den Eindruck vermitteln, im Gottesdienst einen Beitrag bringen zu können, dann werden sie dazu ermutigt.

Folgende Beispiele verdeutlichen das Gesagte. Tina wagte sich in einen Gottesdienst, weil sie seit Jahren ihre kranke Mutter pflegte und jetzt, wo diese im Sterben lag, sich schrecklich allein und verlassen vorkam. Die liebevolle Begrüßung an der Tür des Gemeindehauses, die Tasse Tee und das einfühlsame Gespräch mit Helga vor dem Gottesdienst taten ihr gut, und als diese sie dann nach dem Grund ihres Besuches fragte, erzählte Tina sich den ganzen Frust von der Seele. „Wir würden gerne für deine Mutter in diesem Gottesdienst beten", schlug Helga vor. Tina wehrte sich erst innerlich gegen einen solchen Vorschlag. Sie wollte hier niemandem zur Last fallen. Aber dann sagte sie doch zu. Und als man dann für ihre Mutter betete, da war es ihr, als würde jemand sie zum ersten Mal verstehen. Als Helga sie in der Woche nach dem Gottesdienst mit einer anderen Frau besuchte und ihr anbot, stundenweise die Pflege der Mutter zu übernehmen, da konnte sie ihre Tränen nicht länger zurückhalten. Seither besucht sie die Gemeinde regelmäßig. Sie hat eine Heimat gefunden, weil man sie in der Gemeinde verstanden hat und ihr hilfreich zur Seite stand. Sie hat nicht nur liebevolle Worte gefunden, die sie trösten – sie hat Menschen gefunden, die ihr bei ihrer schweren Aufgabe mit der kranken Mutter beistehen.

Leo ist ein anderes Beispiel. Er wanderte als sowjetischer Jude nach Deutschland ein. Seine neue Heimat bot ihm zwar vielfältige Hilfen an, aber schon bald schien ihm die Decke auf den Kopf zu fallen. Er hatte keine Freunde und Bekannte. In Russland hatte man ihn immer wieder zu allerlei Festlichkeiten eingeladen. Sein Akkordeonspiel wurde geschätzt. Er hatte Freunde und er fühlte sich gebraucht. Hier in Deutschland fehlte das alles. Ein Bekannter erzählte ihm eines Tages von unserer Gemeinde und dem russischen Gottesdienst. Wenigstens die Sprache würde er verstehen, dachte Leo und beschloss, den Gottesdienst zu besuchen. Er nahm auch sein Akkordeon mit. Warum? Nun, vielleicht würde man ihn fragen, vielleicht käme sogar eine Einladung zum Geburtstags- oder Hochzeitsfest zustande. Schon an der Gemeindehaustür fiel sein Akkordeon auf. Mehrere Besucher sprachen ihn an. Sie waren alle nett und freundlich. Und dann kam einer der Männer auf ihn zu und fragte ihn, ob er Interesse hätte, im Gottesdienst ein Stück zu spielen.

„Ich bin kein Christ", antwortete Leo.

„Aber Sie spielen Akkordeon und Sie könnten uns eine bekannte Melodie aus unser Heimat spielen", gab der Mann nicht nach. Leos Augen leuchteten. „Ja, das kann ich."

Und dann lud man ihn ein, ganz vorne im Saal Platz zu nehmen. Und im Gottesdienst durfte er dann spielen. Er war gut. Nach seinem Spiel gab es tosenden Applaus, wie in seinen besten Zeiten in Russland. Er spielte noch ein Stück. Und nach dem Gottesdienst umgaben ihn die Menschen, die ihm für sein Spiel dankten. Nein, er hatte nicht viel in diesem Gottesdienst verstanden. Noch nie im Leben hatte Leo sich mit Gott und dem Glauben beschäftigt. Die Predigt klang interessant. Er verstand die Worte und er verstand doch nichts vom Inhalt. Aber die Menschen, die gewann er lieb. Und deshalb kam Leo wieder und wieder und er verstand jedesmal mehr. Schon nach dem zweiten Besuch fragte ihn einer der Gemeindemitarbeiter, ob er bereit wäre, auch mal in einem Altenheim zu spielen. Die Alten seien ja so einsam und nicht wenige von ihnen würden sich freuen, sein Akkordeonspiel zu hören. Und Leo war bereit. Natürlich ging er mit. Und es machte ihm Spaß. Dann wurde er zu einer Goldenen Hochzeit eingeladen. Es dauerte nicht lange und er, der einsame Migrant, hatte Freunde und sogar Bewunderer gefunden. Auch wenn er noch lange nicht verstehen wollte, dass der Glaube dieser Leute auch für ihn Bedeutung hat, begriff er doch bald, dass diese Menschen für ihn lebenswichtig waren. Und er konnte und wollte nicht mehr ohne diese Freunde leben.

Eine gastfreie Gemeinde wird immer wieder nach Möglichkeiten suchen, ihren Gästen Raum zu bieten, nicht nur am Gottesdienst zu partizipieren, zuzuhören, sondern auch aktiv teilzunehmen. Je nach Situation, Begabung und Bereitschaft kann das ein ideeller, musischer oder diskursiver Beitrag sein. Das kann in einem Gemeinwesen-Projekt sein, in internen Gemeindeveranstaltungen oder auch im Gottesdienst.

3. Die Prioritäten stimmen

In einer Gemeinde, in der der Gast König ist, geht es nicht einfach um clevere Methoden, mit denen man die Menschen zum Glauben führen will. Methoden stehen hier, wie Jim Petersen es einmal richtig ausdrückte, an zweiter Stelle. Nicht auf Methoden, sondern auf die rechte Haltung der Gemeindeglieder kommt es an.[590] Zu wissen, dass man für den Nächsten da ist, dass Nächstenliebe der einzig richtige Ausdruck unserer Liebe zu Gott ist und dass die kirchliche Zusammenkunft, in der man den Fremden als Gast willkommen heißt, nur dann Sinn macht, wenn man sie für solche Gäste anbietet, darauf kommt es letztlich an. Die Willkommenskultur lebt von einer Gemeindementalität, die den Missionsauftrag und damit den Einsatz für die Menschen in dieser Welt als oberste Priorität hat. Ist eine Gemeinde dazu nicht bereit, wird man zwar höfliche Formen des Umgangs mit dem Fremden finden und dem Fremden eben auch eine Tasse Kaffee oder Tee anbieten oder sich um eine Übersetzung der Predigt bemühen, doch die Herzenswärme einer Willkommenskultur entsteht so nicht. Diese setzt mehr voraus als Höflichkeit und gute Formen. Sie kommt ohne wahre Liebe zum Menschen nicht aus. Aber wenn sie da ist, dann öffnen sich mit den Herzen der Gemeindeglieder auch die Türen der Gemeinde zur Welt. So wird die Gemeinde zu einer „ansteckenden Gemeinde“[591], in der Gastfreundschaft großgeschrieben wird und Offenheit die Atmosphäre bestimmt.[592]

Mark Mittelberg beschreibt eine solche Gemeinde als Gemeinde mit evangelistischen Werten. Dabei nennt er folgende sieben Werte, die eine solche Gemeinde charakterisieren:[593]

590 Petersen 1989:135.
591 Mittelberg 2001:21.
592 Petersen 1987:90f.
593 Mittelberg 2001:34ff.

a. Menschen sind Gott wichtig. Eine Gemeinde, die sich diesen Wert aneignet, wird niemals Programme, sondern die Menschen, für die sie lebt, in den Mittelpunkt stellen.

b. Menschen sind aus geistlicher Sicht verloren. Leben Menschen nicht mit Gott, so erwartet sie ewige Verdammnis, ein Zustand, den man niemandem in dieser Welt zumuten kann. Eine Gemeinde, die das weiß, wird alles tun, um die Menschen vor einem solchen Schicksal zu bewahren.

c. Menschen brauchen Christus. Niemand kann aus eigener Kraft der ewigen Verdammnis entfliehen. Und es gibt nur einen Namen unter der Sonne, durch den Menschen Heil finden können – Jesus (Apg. 4,12). Eine Gemeinde, die von dieser Einzigartigkeit Jesu Christi weiß, wird alles tun, die Gute Nachricht vom Heil in Jesus in das Bewusstsein der Menschen zu bringen.

d. Menschen brauchen Antworten. Nichts ist so typisch für unser menschliches Dasein wie die allgegenwärtige Orientierungslosigkeit. Die Gemeinde Jesu hat das prophetische Wort. Sie kann sich Gott anvertrauen. Weiß eine Gemeinde von ihrer Sonderstellung, dann wird sie den Menschen in der Welt ihren Dienst anbieten.

e. Die Menschen brauchen Gemeinschaft. Besonders bei uns, im individualistischen Westen, leiden Menschen unter der Vereinsamung. In der Gemeinde finden sie ein neues Kollektiv. Hier wird Gemeinschaft als Gemeinschaft auf Gegenseitigkeit (Koinonia) verstanden. Hier reicht man einander die Hand, unterstützt und trägt einander (Eph. 4,16). Eine Gemeinde, die so lebt, wird sich grundsätzlich als Gemeinschaftsangebot besonderer Art im sozialen Raum etablieren.

f. Menschen brauchen kulturelle Relevanz. Sie sind Kulturwesen. Nichts ist für sie so problematisch wie der Verlust der Kulturkompetenz. Das erleben aber im Zuge der globalen Veränderungen viele Menschen. Die Gemeinde als Gottes Lebensangebot im kulturellen Gewand wird den Menschen zu einer neuen Alltagsrelevanz verhelfen. In ihr werden Menschen befähigt, in der Welt zu leben, auch wenn sie nicht von dieser Welt sind.

g. Menschen brauchen Zeit. In einer Gemeinde, die sich zu den Menschen gesandt weiß und für die das Heil der Menschen zur Priorität geworden ist, wird man sich immer Zeit für die Menschen nehmen.

Mittenbergs Wertekatalog kann man durch weitere Werte ergänzen. So brauchen Menschen *Versöhnung und Mediation, Frieden und Harmonie.* Ihr Leben ist durchzogen von Konflikten. Und die Gemeinde ist Gottes Botschafterin der Versöhnung.[594] Die Gemeinde ist eine „versöhnte Gemeinschaft“[595]. Wer sonst kann den Menschen Wege der Lösung weisen. Sie brauchen *Selbstbewusstsein und ein gesundes Selbstvertrauen.* Wo sonst würden sie sich selbst als neuen Menschen finden, der alle Unzulänglichkeit der eigenen Biografie überwinden kann und in der Wiedergeburt eine neue Identität erhalten, wenn nicht in der Gemeinde der Erlösten.

Eine Gemeinde, die solche Werte verstanden und umgesetzt hat, ist eine menschenzugewandte und menschenfreundliche Gemeinde. Hier wird jene Willkommenskultur gelebt, die die Evangelisation zum natürlichen Charakterzug ihres Lebens macht. Freilich ist eine solche Gemeinde kein Selbstläufer. Evangelistische Werte, so Mittenberg, müssen in der Gemeinde gelernt und eingeübt werden, wenn sie zur Herzenssache der Gemeinde werden sollen.[596] Sie müssen ein Baustein der jüngerschaftlichen Erziehung der Gemeinde sein.

4. Chancenwerk: Gnade als Grundgesinnung der Hoffnung

Eine Gemeinde, in der es um Menschen und ihre Zukunft geht, kann und muss von der Gnade als Grundeinstellung getragen werden. Menschen, wie wir es sind, zeichnen sich durch Unzuverlässigkeit und Un-

594 Zur Versöhnung als Kernkompetenz der Gemeinde, siehe Reimer 2011.
595 Zimmermann 2009:19f.
596 Mittenberg 2001:95ff.

treue aus. „Das Trachten des Menschen ist von Jugend auf böse", lehrt uns die Bibel (1Mo. 8,21). Wir alle haben in Gottes Augen nichts außer Gericht verdient (Röm. 3,23). Deshalb bedurfte es und bedarf es der Gnade Gottes, um uns Menschen neues Leben zu ermöglichen. „Aus Gnade sind wir gerettet, und das nicht aus uns ... wir sind sein Werk! (Eph. 2,8-10). Wer immer zur Gemeinde Jesu gehört, ist hier, weil ihm oder ihr Gnade zuteilwurde. Ohne Gnade kann es keine Gemeinde geben. Wer zu ihr kommt, kommt in den Raum der Gnade. Hier muss man nicht schon sein, hier darf man werden. Und jeder ist grundsätzlich willkommen. Nirgendwo gelten die Worte Jesu so absolut wie hier: „Kommet her zu mir all ihr Mühseligen und Beladenen, ich will euch erquicken" (Mt. 11,28). Zu ihm sind alle eingeladen. Er will allen helfen. Und er hat für alle Erbarmen und Gnade. Weil es für jeden Gnade gibt, ist auch für jeden Hoffnung da.

Die Willkommenskultur der Gemeinde lebt von dieser Gnade Gottes. Sie ist für jeden Menschen offen, weil sie für jeden Menschen Hoffnung hat. Die Gemeinde ist ein wahres „Chancenwerk" Gottes, ein Ausdruck, den Peter Spiegel für sozial innovative und gesellschaftstransformierende Organisationen reservierte[597] und der sehr gut auf die Gemeinde Jesu passt.

5. Gemeinde als lernende Organisation

Die Gemeinde als Chancenwerk Gottes ist eine lernende Organisation. Als solche ist sie in die Gemeinschaft von Menschen eingebunden, die allesamt im Prozess der Veränderung stehen.[598] Es ist eine „transforming community", eine Gemeinschaft der Menschen, die sich auf den Weg der Transformation begeben haben. Sie sind in Christus gerecht gesprochen worden und nun werden sie auch gerecht, sie haben in Christus Heil erfahren und nun werden sie auch in allen Belangen ihres Lebens heil. Sie können den alten Menschen mit all seinen Gebrechen, Sünden und Verdrehungen ausziehen, weil Gott ihnen hierfür in Christus Kraft verliehen hat, und dann den neuen Menschen anziehen (Kol. 3,3ff), auch wenn dieser Prozess ein ganzes Leben lang

597 Spiegel 2011:79.

598 Spiegel (2011:104) bezeichnet so sozialinnovative Gesellschaften, die Gesellschaftstransformation wollen.

dauern wird. Sie wissen, dass Jesus Christus ihr Leben ist (Phil. 1,21), und streben danach, einmal in seine ganze Größe hin zu wachsen (Eph. 4,13f). Sie haben noch nicht alles erreicht, wie der Apostel Paulus es einmal über sich selbst gesagt hat (Phil. 3,7-14), aber sie streben danach. Ihr Lebensziel ist die Verwandlung, die Transformation in die ganze Fülle Gottes (Eph. 3,14ff). Zu diesem Ziel sind sie unterwegs.

Und weil sie unterwegs sind, weil sie Lernende sind, können sie Menschen, die ebenfalls lernen müssen, die ebenfalls unterwegs sind, verstehen und willkommen heißen. Nur als lernende Gemeinschaft kann die Gemeinde Jesu ihren Auftrag erfüllen. Hier kann man Transformation an anderen sehen und diese anderen in ihrem Bemühen unterstützen. Hier werden sie in einen Prozess hineingenommen, in dem alle lernen, alle verwandelt werden und deshalb auch alle Ermutigung und Beistand brauchen.

6. Partizipation – das Herz der Willkommenskultur

Die Willkommenskultur zeichnet sich also durch die Einladung zur Partizipation aus. Wer „Willkommen" sagt, der sollte Anerkennung wollen. Eine Willkommenskultur, die die Anerkennung verweigert, ist an sich fehlgeleitet. In einer gastfreien Gemeinde werden Menschen ermutigt, am Leben der Gemeinde teilzunehmen. Das gilt auch dann, wenn sie noch nicht Christen geworden sind. Das geht natürlich nur da, wo die Gemeinde „weltliche" Elemente in ihr Leben integriert. Und solche „weltlichen" Elemente werden vor allem im Bereich des materiellen und sozialen Dienstes vor Ort liegen. Nur da, wo die Gemeinde ein solches „allgemeines Leben" führt, wie Mark R. Gornik es nannte,[599] d. h. wo die Gemeinde am gesellschaftlichen Leben bewusst partizipiert, kann sie auch zur Partizipation am eigenen Gemeindeleben einladen.[600]

In einer gesellschaftsrelevanten Gemeinde sind das ihre Gemeinwesen-Projekte, da diese grundsätzlich als Initiativen für den Lebensraum entwickelt werden.[601] Hier können alle Einwohner des Lebensraumes

599 Gornik 2002:74.

600 Pate (2008:1ff) macht deutlich, dass es das gesellschaftliche Engagement ist, das am Ende über den Erfolg der Gemeindeevangelisation entscheidet.

601 Siehe hierzu meine Ausführungen in Reimer 2009:245ff sowie Beispiele von Gemeinden, die ein solches Gemeinwesen-Projekt betreiben: Ebd:256ff.

mitmachen, weil die Gemeinde selbst an der Gestaltung ihres Lebensraumes mitmacht. Partizipation der Menschen vor Ort am Leben der Gemeinde setzt somit die bewusste Partizipation der Gemeinde am Leben der Menschen vor Ort voraus. Die bloße Einladung zur Gemeinde und Öffnung der Gemeinderäume für die Einwohner genügt nicht. Erst wenn die Gemeinde ihren kulturschaffenden Auftrag entdeckt und wahrnimmt, wird sie befähigt, anderen Raum in ihrer Mitte zu geben.

So sind in unserer Gemeinde alle Menschen eingeladen, am Ökotag das Dorf aufzuräumen, und niemand wird davon ausgeschlossen, bei der Tafel für Bedürftige mitzuarbeiten. Jeder ist eingeladen, den Brunchgottesdienst vorzubereiten, und wer wollte schon einen Willigen davon abhalten, nach einem Liebesmahl in der Gemeinde zu spülen. Es ist erstaunlich, wie gerne Gäste mitmachen, wenn sie nur dazu ermutigt werden. Und wenn sie erst einmal mitmachen, dann wächst ihr Vertrauen zur Gemeinde – die Basis für jede effektive Evangelisation.

Aber auch im Gottesdienst kann der Gast einen sinnvollen Platz und eine Aufgabe finden, wie das Beispiel von Leo zeigt. Der nicht-gläubige Gast der Gemeinde kann in der Gemeinde ein soziales Zuhause finden, das dann bald auch ein geistliches Zuhause werden kann. Möglich wird das eben nur durch das bewusste Hineinnehmen, die gewollte Partizipation des anderen am Aufbau des Reiches Gottes in der Welt. Evangelisation gelingt da, wo wir nicht für die Menschen Gemeinde bauen, sondern die Menschen am Aufbau des Reiches Gottes partizipieren lassen.

7. Gemeinsames Mahl – Ausdruck der Willkommenskultur

Wo Menschen sich verstehen, arbeiten, feiern und essen sie gemeinsam. In allen gastfreundlichen Gemeinden gehören gemeinsame Mahlzeiten fest zum Programm. Blomberg verwies mit Recht darauf, dass die evangelistische Tätigkeit Jesu nicht ohne die vielen Mahlzeiten, die Jesus mit und bei den von ihm angesprochenen Menschen einnahm, zu denken ist.[602] Ähnliches kann man auch über die Praxis

602 Blomberg 2005.

der Gemeinde in der Antike[603] oder später der monastischen Bewegungen[604] sagen. Das gemeinsame Mahl drückt gegenseitigen Respekt und Akzeptanz, Zuneigung und Interesse an der Kultur des anderen aus. Man hat, so scheint es, das Psalmwort „Schmecket und sehet, wie freundlich der Herr ist!" (Ps. 34,8) wörtlich genommen.

Eine Gemeinde, die ihre Pforten für den Nächsten öffnet, wird gerne ihre Tische decken und mit den Menschen feiern. Das kann bei regelmäßigen gemeinsamen Mahlzeiten in der Gemeinde oder in den Familien der Gemeinde geschehen. Manche Gemeinden unterhalten ein Gemeindecafé, das allen Besuchern vor oder auch nach dem Gottesdienst offen steht. Nicht selten werden solche Cafés auch in der Woche geöffnet, manchmal mit einem gezielten Angebot für Frauen, Männer, Senioren oder auch Kinder. Wichtig ist dabei, das Angebot so zu konzipieren, dass der Fremde sich nicht nur als Gast, sondern bald auch als willkommener Teilnehmer versteht. Partizipation am Tisch ist in einer Willkommenskultur immer auch Partizipation in der Küche.

Anschaulich wird dieses Prinzip in den sogenannten internationalen Festen, wenn man die Teilnehmer einlädt, bewusst ihre eigene Küche vorzustellen und an der Gestaltung der gemeinsamen Feier teilzunehmen. So haben wir als Gemeinde einmal die Kurden unserer Stadt eingeladen, um mit ihnen zusammen einen festlichen Abend zu gestalten. Sowohl die Deutschen als auch die Kurden bereiteten die Speisen vor. Wir sangen deutsche und kurdische Lieder und lauschten deutschen und kurdischen musikalischen Beiträgen. Und wie viel Freude bereitete dann der gemeinsame kurdische Volkstanz! Gerade in multikulturellen Gemeinden kann das gemeinsame Essen und Feiern ein wichtiges Element sein, das dem Fremden deutlich macht – hier bist du gerne gesehen und willkommen.[605]

603 Siehe u. a. Hitbrunner 2005.

604 Zur Korrelation zwischen der Gastfreundschaft, Mahlzeiten und Glaubensvermittlung im westlichen Monastizismus, siehe Bethune 2003.

605 Zur Bedeutung gemeinsamer Aktionen in multikulturellen Gemeinden, siehe Reimer 2011:157ff.

10 Persönliche Evangelisation

1. Der persönliche Ansatz

Das Evangelium ist eine persönliche Botschaft. Sie meint zwar alle Menschen (1Tim. 2,4), aber erfahren und annehmen kann man das Angebot des Evangeliums nur persönlich. Bei Gott wird jeder mit seinen ganz privaten Sorgen, Bedürfnissen und Problemen ernst genommen. Alle Evangelisation mündet daher letztendlich in die persönliche Evangelisation. Gott meint immer den Sünder persönlich, weil er ihn beim Namen kennt und sich um ihn kümmert. Und wenn wir persönlich unsere „Grenzen überschreiten, um einzelnen Menschen das ‚Jesus-Leben' zu bringen"[606], dann betreiben wir persönliche Evangelisation.

Dies ist aber in einer Kultur, die vom Individualismus durchzogen ist, nicht unproblematisch. Wie evangelisiert man in einer Welt, die ihr Inneres für den Blick des anderen verschließt? Wie konfrontiert man den Einzelnen mit seiner Erlösungsbedürftigkeit, wenn doch jeder sein Glück auf seine Weise sucht? In unserer Kultur der Individualisten will man nicht als Sünder nach allgemeingültigen Kriterien gelten, auch, wenn diese der Offenbarung Gottes entstammen. Der Schutz der privaten Sphäre jedes Einzelnen ist bei uns zum wichtigsten Gut der Kultur geworden. Das Evangelium als persönliche Botschaft will aber genau da den Menschen ansprechen. Schließlich geht es um die Umgestaltung des „inwendigen Menschen" (Eph. 3,14f). Wie evangelisiert man also in einer Welt der verschlossenen Herzenstüren?

Nun, das geschieht ganz sicher nicht in der Masse, ganz sicher nicht in der Öffentlichkeit. David Watson hat Zweifel daran, ob man überhaupt evangelisieren kann, wenn man es nicht auf persönlicher Ebene tut.[607] Transfers, die Veränderung bewirken, geschehen in der Regel auf der Skriptebene, macht uns das oben diskutierte Konzept von Jürgen Fritz deutlich. Und diese Ebene stellt die Welt der persönlichen Biografie des Einzelnen dar. Wer sich in sein Ich zurückzieht, kann nur persönlich angesprochen werden. Ein Individualist kann, wenn

606 Wieske 1974:48.

607 Watson 1976:98.

überhaupt, nur unter vier Augen angesprochen werden. Nur hier ist das auf persönlichen Schutz fixierte Individuum geschützt und nur hier wird der Mensch uns an sein Inneres heranlassen. Evangelisation wird dieser Tatsache Rechnung tragen müssen.

Dabei geht es mir weniger um eine methodische Reduktion der Methoden der Massenevangelisation auf den einen Evangelisten, wie das noch in den Anleitungen zur Evangelisation aus der Vergangenheit immer wieder deutlich wird. Hier ging es vor allem darum, das Evangelium verbal über den einzelnen Christen weiterzugeben.[608] Nach unserem Verständnis ist sie umfassender zu sehen. Sie meint das persönliche Vorbild des einzelnen Christen genauso wie die gute Tat und das gesprochene Zeugnis. Nichts wäre fataler als die bloße Instrumentalisierung des persönlichen Zeugnisses zur frommen Indoktrination des noch Ungläubigen. Genau das scheinen aber gewisse Anleitungen zur Evangelisation vorzuschlagen. In dem auch in Deutschland weitverbreiteten Schulungskonzept für persönliche Evangelisation von James Kennedy[609] läuft letztendlich alles auf eine bloße Vermittlung des Evangeliums an den Zuhörer hinaus. Diese Vermittlung wird zwar unter vier Augen betrieben, nimmt aber die persönlichen Themen nur nebenbei auf. Persönlich wird es nur da, wo man einen potenziellen Ansatz zur Verkündigung vermutet.[610] Eine solche Verkürzung ist meines Erachtens nicht zulässig. Günter Wieske schreibt mit Recht, dass die „Persönliche Evangelisation ... die Wiederentdeckung des Alltags und seiner sozialen Kontakte als offene Tür für das Mitteilen der Frohen Botschaft" ist.[611]

Weil Gott jeden Menschen individuell meint und weil in unserer individualistischen Welt persönliche Themen nur persönlich besprochen werden, wird persönliche Evangelisation zur absoluten Notwendigkeit

608 Ein klassisches Beispiel hierfür bietet das Handbuch für persönliche Evangelisation vom Missionswerk Campus für Christus aus dem Jahr 1973. Die „Möglichkeiten der persönlichen Evangelisation", wie sie hier beschrieben werden (Campus 1975:62-64), sind alle solche Reduktionen einer massenevangelistischen Methode auf das Individuum. Ganz ähnlich arbeitet auch James Kennedy in seinem Entwurf zur persönlichen Evangelisation (Kennedy 1981:17-36). Siehe auch Watson 1976:99.

609 Kennedy 1981.

610 Siehe zum Beispiel das Kapitel 2 „Darlegung des Evangeliums" (Kennedy 1981:37ff).

611 Wieske 1974:48.

im evangelistischen Programm einer Gemeinde. Sie schließt nicht nur den evangelistischen Prozess der Evangelisation der Gemeinde erfolgreich ab, sondern wird zum neuralgischen Punkt dieses Prozesses. Findet sie nicht statt, so wird das evangelistische Bemühen der Gemeinde nicht mit der Hinwendung der Menschen an Christus gekrönt. Die Menschen vor Ort werden dann möglicherweise die Gemeinde und ihr Evangelium bewundern, sie werden an den sozial-transformativen Projekten der Gemeinde teilnehmen, aber sie werden keine persönliche Beziehung zu Jesus Christus als ihrem Erlöser finden.

2. Voraussetzungen

Wie kann persönliche Evangelisation in der Praxis geschehen? Wo, wann und durch wen wird sie durchgeführt? Und wie wird man Menschen zurüsten müssen, die sie erfolgreich praktizieren? Solche und ähnliche Fragen wird eine evangelisierende Gemeinde beantworten müssen, wenn sie ihre Mitglieder als persönliche Evangelisten einsetzen will. Erfolgreich evangelisierende Gemeinden folgen in der Regel einem Programm der Zurüstung ihrer Mitglieder.[612] Dabei bezieht man sich auf die evangelistische Praxis Jesu.[613] Mehrere Impulse lassen sich generalisieren und als Empfehlungen aussprechen.[614]

2.1. Evangelisierte evangelisieren

Evangelisieren können nur diejenigen, die selbst evangelisiert worden sind. Heinzpeter Hempelmann schreibt mit Recht: „Von Gott erkannt, erkennen wir Gott und dürfen selber andere zur Gotteserkenntnis anleiten."[615] Menschen, die sich ihrer Hinwendung zu Gott nicht bewusst sind, werden sich immer schwertun, persönlich andere

612 Eines der bekanntesten unter solchen Programmen ist das Handbuch für Gemeindewachstum, im Original als „Evangelism Explosion" von Dr. James Kennedy (1981), dessen Gemeinde in den letzten Jahrzehnten des 20. Jahrhunderts ein phänomenales Wachstum erlebte, das sie direkt auf die von der Gemeinde praktizierte PE zurückführen.

613 Siehe in dieser Hinsicht den Entwurf von Robert E. Coleman (1984:14ff) und David Watson (1976:102-114); Green 1990:264ff.

614 Eine Reihe von praktischen Anleitungen zur persönlichen Evangelisation sind heute in deutscher Sprache vorhanden. Siehe z. B.: Campus 1975.

615 Hempelmann 2004:44.

auf das Evangelium anzusprechen. Man kann sagen, je intensiver die persönliche Bekehrung des Menschen zu Jesus, desto leichter der Zugang zu persönlicher Evangelisation. Aus diesem Grund sollte jedes Gemeindeglied einer evangelisierenden Gemeinde lernen, das eigene Zeugnis der Hinwendung zu Gott zu formulieren und in Worte zu kleiden. Weil es keinen standardisierten Weg zu Gott gibt, hat jeder eine eigene Story zu erzählen, jeder einen individuellen Zugang zu Gott gefunden. Diese Story sollten sie niederschreiben und dann so ordnen, dass man sie immer wieder abrufen kann. Ein Beispiel und zugleich Vorbild finden wir in der Darlegung der persönlichen Bekehrung des Paulus in Apostelgeschichte 9,1-18.

Dieses Zeugnis des Saulus lässt sich recht leicht gliedern. Lukas berichtet erst über den Hintergrund des Mannes (V.1-2), erwähnt dann die Umstände, unter denen Saulus mit Jesus konfrontiert wurde (V.3-4) und geht dann zu der eigentlichen Begegnung zwischen Saulus und Jesus über (V.5-9). Dann folgt die Begebenheit mit Hananias und schließlich die Heilung des Saulus (V.10-19).

Es ist nicht schwer, in diesem Bericht ein gewisses Muster zu erkennen. Es geht dabei um (a) die Vergangenheit ohne eine Beziehung zu Jesus, (b) die Umstände, wie es zu der Begegnung mit Jesus kam, (c) die eigentliche Begegnung mit Jesus (d) die pastorale Nacharbeit der Begegnung zwischen Jesus und Saulus durch einen bevollmächtigten Christen (Hananias).

Ich finde dieses Muster hilfreich, auch den eigenen Weg zu Christus zu beschreiben, und empfehle deshalb jedem Gemeindeglied, sein Zeugnis nach diesen Punkten geordnet niederzuschreiben. Auf diese Weise wird die eigene Bekehrung noch einmal deutlich. Natürlich wird sich diese von der eines Saulus unterscheiden. Jeder hat eben seine eigene, höchst persönliche Geschichte, seinen eigenen Weg zu Gott. Und wer sich dieses Weges bewusst wird, der stärkt seine Möglichkeiten, auch persönlich andere zu evangelisieren. Ein gutes Zeugnis ist niemals eine Kopie anderer Zeugnisse, sondern immer authentisch. Spektakuläre Bekehrungen sind in ihrer Wirkung weder besser noch schlechter. Und sie gehören immer nur zu dem, der aus einem entsprechenden Lebenskontext gekommen ist. Jim Petersen stellt mehrere Karikaturen von christlichen Zeugnisentwürfen vor, die sich in der Regel immer an Dingen orientieren, auf die man nun durch die Hinwendung an Jesus verzichten musste. Dabei ist der Verzicht auf ein rauschendes sündenbeladenes Leben vor der Bekehrung die angeblich interessanteste Variante. Er bezeichnet ein solches Zeugnis mit Recht als schlecht. Nicht was wir verloren, sondern was wir durch Christus gewonnen haben, müsste unser Zeugnis charakterisieren.[616] Und gewonnen haben wir alle das Gleiche – Gnade, Wahrheit und echtes Leben.

Erst das Wissen um meine Beziehung zu Jesus, die Überzeugung, die Wahrheit gefunden zu haben, macht mich als Christen gesprächsfähig und für die Menschen in der Welt interessant. Ich muss meinen Glauben ernst nehmen, ihn über alles schätzen, dann wird er in mir zu einem wirksamen Zeugnis. Jürgen Moltmann schreibt deshalb: „Dialogwürdig ist doch nur eine Religion, die sich selbst ernst nimmt. Eine Religion, die ihre Einzigartigkeit preisgegeben hat, erweckt kein besonderes Interesse. Was ist der Jude ohne das Schema Israel, was der Muslim ohne Islam, was ein Christ ohne den eindeutigen Heilszuspruch Christi?“ Und ergänzt dann: „Als Marxist oder als Muslim wäre ich an einem konzessionierten Christentum so wenig interessiert wie an einer pluralistischen Theologie.“[617]

Nur von ihrer Sache überzeugte Christen können vom Evangelium Zeugnis geben. Und nur vom Evangelium begeisterte Christen sind für die Menschen, die das Evangelium nicht kennen, letztendlich interessant.

Freilich macht die eigene Erfahrung der Annahme durch Jesus uns nicht automatisch zu Evangelisten. Aber zu Jüngern Jesu und damit zu Menschen, die ein verändertes Leben leben, die durch einen neugeordneten Alltag dem Evangelium Gestalt verleihen. Dieser vom Evangelium veränderte Alltag und Lebensstil sind die Eckpunkte der präsentischen Evangelisation. So können die Menschen um uns herum das Evangelium im Vollzug sehen, es an uns studieren, es beobachten und sogar betasten (1Joh. 1,1ff). Die Begeisterung für das Evangelium ist ein unmittelbares Ergebnis der Erfahrung des Heiligen Geistes. Es ist ja der Geist Gottes, durch den wir Jesus Herr nennen, und es ist der Geist, der uns zum Zeugen seiner Kraft macht. Deshalb rief Jesus seine Jünger auf, so lange in Jerusalem auszuharren, bis sie mit dem

616 Petersen 1987:62-63.
617 Moltmann 1989:535.

Heiligen Geist getauft werden würden, denn danach würden sie ganz natürlich seine Zeugen sein (Apg. 1,8).

Freilich ist das zeugnishafte Leben und Reden der Jünger Jesu niemals ein zur Schau Stellen der Beziehung zu Jesus. Das taten die Pharisäer zur Zeit Jesu. Sie zeigten bei jeder Gelegenheit ihre Bereitschaft, nach den Geboten Gottes zu leben. Sie beteten an den Straßenecken und demonstrierten öffentlich ihre Hingabe an Gottes Gebot. Nichts prangerte Jesus so sehr an wie das. Er sprach sogar vom schädlichen Sauerteig der Pharisäer, den er als Heuchelei qualifizierte (Lk. 12,1). Und in Matthäus 6,1-2 lesen wir:

> „Habt acht auf eure Frömmigkeit, dass ihr die nicht übt vor den Leuten, um von ihnen gesehen zu werden; ihr habt sonst keinen Lohn bei eurem Vater im Himmel. Wenn du nun Almosen gibst, sollst du es nicht vor dir ausposaunen lassen, wie es die Heuchler tun in den Synagogen und auf den Gassen, damit sie von den Leuten gepriesen werden. Wahrlich, ich sage euch: Sie haben ihren Lohn schon gehabt."

Die Aussagen Jesu sind klar: Seine Jünger sollen nicht wie die Pharisäer ihren Glauben zur Schau stellen. Sie sollen den Glauben vielmehr natürlich leben, um gegebenenfalls bereit zu sein, Rechenschaft über diesen Glauben abzulegen. Sobald wir unseren Glauben extra bewerben, wenn wir ihn öffentlich zur Schau stellen müssen, sei es durch besondere flankierende Maßnahmen der Gemeinde, sei es durch eine aggressive Frömmigkeit, verliert er seine natürliche Kraft und überzeugt die in Skepsis gefangenen Menschen nicht mehr.

Persönliche Evangelisation setzt somit die Bereitschaft voraus, den persönlichen Glauben in den Beziehungen zu den Menschen und in allen Belangen des Alltags zu leben. Wo das geschieht, entwickelt persönliche Evangelisation eine enorme Überzeugungskraft. Manfred erzählt: „Ich habe jahrelang nach meiner Bekehrung täglich Traktate und Schriften über den Glauben verteilt. Meine Nachbarn wandten sich in der Regel sofort von mir ab, sobald sie mich in der Nähe sahen. Ich sprach sie trotzdem an. Bekehrt hat sich wohl niemand durch diese Art von Evangelisation. Vielmehr galt ich in der Nachbarschaft als frommer Spinner, mit dem man sich lieber nicht einlassen sollte.

Dann begriff ich eines Tages, dass nicht meine Worte und Traktate, sondern mein Leben die beste Predigt des Evangeliums ist. Ich besuchte meine Nachbarn und entschuldigte mich bei ihnen für meinen religiösen Eifer. Langsam normalisierte sich die Beziehung. Ich verbarg auch weiterhin mein Christsein nicht, aber ich hängte es nicht mehr bei jeder Gelegenheit heraus. Und dann passierte es. Eines Tages kam einer der Nachbarn auf mich zu und fragte mich, woher ich denn die Kraft hätte, immer so optimistisch zu sein. Er habe mich seit Jahren beobachtet und wohl diesen Zug an mir bemerkt. Ob das mit meinem Glauben an Jesus zu tun habe, wollte er wissen. Ich bejahte. Und so kam es zu meinem ersten wirklichen Gespräch über den Glauben. Was kein Traktat bewirken konnte, hat die gute Beziehung zu meinem Nachbarn bewirkt.“ Manfreds persönliche Evangelisation trug schließlich Frucht und sein Nachbar kam zur Gemeinde und wurde Christ. Sein persönliches Zeugnis und die Bereitschaft, darüber zur rechten Zeit zu reden, hatten sich ausgezahlt.

2.2. Liebende setzen sich ein

Die lebensverändernde Erfahrung in der Begegnung des Menschen mit dem Evangelium ist allein das Werk Gottes. Paulus kann an dieser Stelle sagen: „Wir sind sein Werk“, und ergänzt dann „geschaffen zu guten Werken, die er zuvor bestimmt hat, dass wir darin wandeln sollen (Eph. 2,10). Wen Jesus freisetzt, den setzt er frei zum Werk. Die Erfahrung des Evangeliums ist somit immer verbunden mit dem Auftrag. Über die Thessalonicher kann Paulus sagen, dass sie sich von den Göttern zu Gott bekehrt haben, *um Gott zu dienen* (1Thess. 1,9). Evangelisierte werden somit zu Trägern des Evangeliums. Und die Kraft, die sie dazu bewegt, ist die Liebe. Von sich selbt kann Paulus sagen, dass er getrieben wird von der Liebe Gottes zu den Menschen, die durch den Heiligen Geist in sein Herz ausgegossen ist (Röm. 5,5).

Wer liebt, der lässt sich bewegen. Wer liebt, der wird den Geliebten niemals im Stich lassen. Persönliche Evangelisation ist eine Frage der Liebe zu den Verlorenen. Es ist diese Retterliebe, die Christen über alle Zeiten und Umstände hinweg zum evangelistischen Dienst bewegte.

Eine evangelisierende Gemeinde wird in ihren Mitgliedern die Liebe zu ihren Nächsten einpflanzen. Nur so werden diese zu Missionaren und persönlichen Evangelisten. Nur so werden sie den Menschen das Evangelium vorleben und ihnen im Sinne des Evangeliums dienen und dann, wo es sich ergibt, auch über das Evangelium sprechen.

Aber lieben kann man nicht allgemein. Wer liebt, der setzt sich mit den Menschen, die er liebt, auseinander. Wer sich um seine Mitmenschen, seine Kollegen und Nachbarn nicht kümmert, wer sich mit ihnen nicht beschäftigt, wird sie auch nie wirklich lieben. Alle frommen Beteuerungen sind an dieser Stelle nicht mehr als Ausreden. Lieben kann man nur konkrete Menschen, die man in ihrem konkreten Kontext kennengelernt und ihre konkreten Herausforderungen und Bedürfnisse verstanden hat. Liebe setzt das Wissen um die Geliebten voraus. Eine Gemeinde, die ihre Gemeindeglieder zur Nächstenliebe erziehen will, wird sich mit der Lebenswelt der Menschen vor Ort intensiv beschäftigen und auf diese in jeder Hinsicht eingehen.

2.3. Attraktive wecken die Aufmerksamkeit

Menschen suchen immer die Gemeinschaft interessanter Persönlichkeiten. Langweilige Biografien ziehen nicht an. Wer liebt und zugleich ein attraktives Leben führt, wird ganz natürlich Menschen in seinen Bann ziehen. Niemand hat diese Wahrheit besser verstanden als die Apostel Christi. Paulus schreibt in Philipper 3,17: „Seid zusammen meine Nachahmer, Brüder, und sehet hin auf die, welche also wandeln, wie ihr uns zum Vorbilde habt.“[618] Er folgte Christus und deshalb rief er seine Leser auf, ihm zu folgen (1Kor. 11,1). Und es ist faszinierend, wie Jesus sich selbst im persönlichen Gespräch in Szene setzt. Im Gespräch mit der Samariterin (Joh. 4,1ff) sagt er zu der Frau, nachdem er sie um Wasser gebeten und so den Kontakt zu ihr hergestellt hat: „Wenn du wüsstest, wer dich um Wasser bittet ..., dann würdest du ihn bitten und er wird dir Wasser des Lebens geben.“ Sie wird neugierig und ein überaus erfolgreiches evangelistisches Gespräch entspannt sich. Watson leitet hiervon sein Prinzip ab, dass das Leben und Reden des Mitarbeiters in persönlicher Evangelisation beim Suchenden Neugierde wecken muss, wenn es zu einer erfolgreichen Begegnung kommen soll.[619]

---

618 Siehe auch 1. Korinther 4,16; 1. Korinther 11,1.

619 Watson 1976:103ff. Siehe dazu auch Petersen 1987:69f.

Eine solche Neugierde entsteht da, wo Offenheit zum Gespräch und Beziehung und eine potenzielle Antwort auf das eigene Problem auf der Seite des Evangelisierenden vermutet werden.[620] Attraktive Menschen sind damit nicht einfach populäre Menschen, sondern vertrauenswürdige Persönlichkeiten, deren Lebensstil Authentizität und Zuverlässigkeit ausstrahlt und denen man mehr zutraut als nur einen Spaß für den Augenblick. In der Tat ist die Frage nach dem Lebensstil eine der wichtigsten Voraussetzungen für effektive persönliche Evangelisation.[621]

Christen, die sich so ins Gespräch bringen, scheuen die Öffentlichkeit nicht. Sie kapseln sich nicht von der Welt ab. Dass das bei Menschen, die bewusst eine Alternative leben, schnell passieren kann, liegt auf der Hand. Jim Petersen warnt vor der Gefahr der Abkapselung, die in der christlichen Lehre von der Absonderung von der Welt implizit mitschwingt.[622] Evangelistisch gesonnene Christen kapseln sich nicht ab, sie sind immer nahe bei den Menschen. Sie rufen weniger zu sich, sondern gehen da hin, wo andere ihr Leben leben. Sie suchen die Gemeinschaft und das Gespräch und sind offen, andere an ihrem Leben teilhaben zu lassen. Und ihr Leben zieht an, weil sie eine offensichtliche Alternative zu den üblichen Lebensentwürfen leben. Dieses Anderssein provoziert zum Nachdenken und zum Gespräch. Michael Green fordert deshalb mit Recht dazu auf, so zu leben, dass die christliche Alternative sichtbar und hörbar wird.[623] Nur so werden Christen zu einem gefragten und gesuchten Gesprächspartner in der Gesellschaft.

2.4. Sensible treffen den Ton

Liebende evangelisieren sensibel, weil sie niemals mit der Tür ins Haus fallen. Wer liebt, der sucht an keiner Stelle Vertrauen und Zuneigung zu erzwingen. Liebende haben in der Regel ein sensibles Ohr für ihren Nächsten und ihre Zunge wird einem solchen Ohr gehorchen. Der geliebte andere setzt hier die Tagesordnung. Er oder sie allein wird Zeit

620 Ebd:109.

621 Green 1990:256f. Jim Petersen titulierte sein Buch mit „Evangelisation – ein Lebensstil" (Petersen 1987).

622 Petersen 1987:80ff.

623 Green 1990:258.

und Raum für das Gespräch bestimmen. Mitarbeiter werden deshalb „sensitiv fragen“[624] und niemals reden, ohne dazu ermutigt worden zu sein.

Persönliche Evangelisation als Liebesaktion ist deshalb alles andere als Propaganda. David Watson macht diesen Punkt am Beispiel des Gesprächs zwischen Jesus und der Samariterin (Joh. 4,1ff) deutlich. An keiner Stelle sucht Jesus die Konfrontation, sondern folgt sehr einfühlsam dem Gesprächsfaden, den die Frau vorgibt. Er führt das Gespräch indirekt, hörersensibel.[625]

Evangelistische Propaganda kann man nicht selten beobachten, wenn wohlmeinende Christen in den Fußgängerzonen unserer Städte völlig fremde Menschen auf den Glauben ansprechen und sie zu bekehren suchen. „Du hast 15 Minuten, um mit dem Fußgänger über seine Sünde zu reden“, sagte mir mein Schulungsleiter, als ich während meiner Bibelschulzeit persönliche Evangelisation lernen wollte. 15 Minuten, um in die intimsten Winkel eines menschlichen Herzens vorzustoßen. Das war wahrlich nicht viel Zeit und verlangte von mir weit mehr als Kommunikationskompetenz. Wen wundert's, dass die meisten von mir angesprochenen Passanten dann auch uninteressiert abwinkten und mich allein stehen ließen. So etwas trägt immer den propagandistischen Geschmack, der den Zeitgenossen an Wahlaktionen einer Partei erinnert. Hier werden Menschen zum Glauben gedrängt.

Persönliche Evangelisation will dagegen die Menschen für das Evangelium durch Tat und Wort gewinnen. Hier lebt man vor, bevor man redet, hier hilft man aus, bevor man erklärt. Hier ist ein wachsendes Vertrauensverhältnis Voraussetzung zur Weitergabe des Evangeliums. Propaganda bleibt immer anonym – Evangelisation will dagegen Beziehung. In der Propaganda sollen Worte allein wirken, im Evangelium ist es dagegen immer das fleischgewordene Wort, das die Herrlichkeit Gottes zum Ausdruck zu bringen sucht.[626] Der Propaganda genügt ein Traktat, Evangelisation braucht dagegen verändertes Leben eines Menschen. Traktate und Worte sind hier bestenfalls flankierende Maßnahmen und können nur dann eingesetzt werden, wenn ein Ver-

624 Green 1990:257.

625 Watson 1976:110f.

626 Johannes 1,1-12. Siehe auch Watson 1976:11ff.

hältnis gereift ist. PE ist somit ein kontextsensitives, auf den einzelnen Menschen abgestimmtes Vorgehen.

2.5. Geduldige haben Erfolg

Persönliche Evangelisation zielt auf Beziehung und arbeitet mit dem Vertrauen der Menschen. Ein solches Vertrauen gibt es nicht über Nacht. Beziehungen brauchen Zeit und Vertrauen will verdient sein. Sie ist deshalb keine einmalige Aktion, sondern ein Prozess. Sie setzt auf Menschen, die Beziehungen zu ihren Nächsten suchen und pflegen. Und beides verlangt nach einem langen Atem. Wie eine Pflanze, die aus dem Saatkorn entspringt, Tage und Monate braucht, bis sie endlich wächst und schließlich Frucht bringen kann, so ist persönliche Evangelisation. Hier wird das Evangelium ausgesät, das zarte Pflänzlein gepflegt, und so kommt dann der Tag, an dem auch geerntet werden kann. Nichts braucht daher ein Mitarbeiter mehr als Geduld. Wie ein Vater von seinem Kind unmöglich erwarten kann, sofort erwachsen zu werden, wird er seine Beziehung gestalten, bis sie reif ist und die Konfrontation mit der Wahrheit Gottes verkraften kann.

Freilich kann das geduldige Gestalten von Beziehungen nicht meinen, dass man sich in all dieser Zeit als Christ versteckt. Man kann und soll sein Christsein niemals verstecken, aber man sollte auch nicht damit hausieren gehen. Der geduldige Mitarbeiter wird immer ein treuer Nachfolger Jesu bleiben, wird immer im Sinne des Evangeliums handeln und jede Chance ergreifen, seinem Nächsten dieses auch zu erklären. Aber all das ohne jeden Zwang.

3. Nur im Team kommt man zum Ziel

Nun sind wir Christen ganz unterschiedlich begabt. Nicht jeder von uns kann gut reden und erklären, nicht jeder hat goldene Handwerkerhände, nicht jeder ist ein natürlicher Gastgeber. So unterschiedlich wir auch sind, wir sind alle berufen zur Evangelisation. Doch erwarten können wir voneinander nicht, dass jeder von uns alles kann. Und deshalb brauchen Christen sich gegenseitig. Paulus bringt das zum Ausdruck, wenn er den Korinthern schreibt, dass sie in der Geschichte der Gemeinde selbst sehen konnten, wie er gepflanzt und Apollos begossen habe (1Kor. 3,16). So ist es in der Evangelisation der Gemeinde, der eine sät, der andere pflegt und der Dritte erntet. Und zu alldem gibt Gott seinen Segen. Oder um es in einem anderen Bild zu sagen, das der Apostel gebrauchte: Alle Glieder reichen einander die Hand und dann wächst der Leib Christi (Eph. 4,16). Evangelisation ist ein Team-Prozess.

Persönliche Evangelisation ist der Weg, um persönliche Beziehungen zu bauen, aber rein persönlich dürfen diese nicht bleiben. Der Christ ist immer nur ein Glied am Leib Christi, und wer ihn kennenlernt, der sollte bald auch den Rest des Leibes kennen. Das persönliche Zeugnis ist nur ein Teil des Gesamtgemeindezeugnisses. Und auf dieses kommt es im Wesentlichen an, wenn Außenstehende nicht nur eine persönliche Freundschaft zu dem einen oder anderen Christen unterhalten sollen, sondern Gott und sein Reich schätzen lernen und sich schlussendlich entscheiden sollen. Jim Petersen erblickt darin ein gewisses Prinzip der Evangelisation.[627] Und der beste Weg hierfür ist die Kleingruppe, der Hauskreis.

4. Zum Programm der persönlichen Evangelisation in der Gemeinde

Eine evangelisierende Gemeinde überlässt nichts dem Zufall. Das ist allerdings schnell getan. Wenn alle persönlich und ganzheitlich evangelisieren, dann ist schnell alles Evangelisation, und wenn alles Evangelisation ist, ist oft nichts mehr Evangelisation. Die ganzheitliche Verkündigung der Frohen Botschaft ist ein bewusster Prozess. Er muss gewollt werden und er sollte gekonnt durchgeführt werden. Hierfür bedarf es der Leitung und der Schulung. Günter Wieske schlug bereits 1974 in seinem immer noch lesenswerten Buch zur persönlichen Evangelisation einen 9-Stufen-Plan vor, infolge dessen die Gemeinde zu einer engagierten Gemeinde werden soll.[628] Dieser schließt die Beschreibung der Lage und des Potenzials der Gemeinde, die Verdeutlichung der missionarischen Aufgabe der Gemeinde, Wahl und Training der Mitarbeiter, Arbeitsmethoden, Einsatz- und Zeitplan ein. Wir könnten auch sagen, persönliche Evangelisation muss sich in einen Gesamtplan für Evangelisation der lokalen Gemeinde einfügen.

627 Petersen 1987:94ff.
628 Wieske 1974:50-51.

Sie ist auf dem Weg vom Istzustand zum Endziel ein wohlbedacht platziertes Instrument der Verkündigung. Wo und wie kann dieses eingesetzt werden?

4.1. Soziale Netzwerke nutzen

Persönliche Evangelisation findet im Alltag statt. Sie nutzt das Beziehungsgeflecht der Menschen. Gemeindeglieder, die sich evangelistisch engagieren, werden sich deshalb als Erstes die eigenen sozialen Netzwerke, in denen sie sich täglich bewegen, ansehen müssen. Wen kenne ich? Mit wem komme ich regelmäßig zusammen? Zu wem habe ich bereits eine Beziehung? Was macht diese Beziehung aus? Wer vertraut mir? Solche und ähnliche Fragen wird man stellen, wenn man persönlich evangelisieren will.

Wir gehen davon aus, dass jeder Mensch in ein Beziehungsgeflecht eingebunden ist. Beziehungslose Menschen sind selten und meist sehnen sie sich nach Beziehung. Der erste Schritt in der Gemeindestrategie besteht darin, die Netzwerke der einzelnen Gemeindeglieder aufzudecken. Das kann am einfachsten und effektivsten an einem Seminartag für die ganze Gemeinde geschehen oder man ermutigt die Mitglieder der jeweiligen Hauskreise, es im HK zu machen. Jedes Mitglied stellt nun auf einem Blatt Papier seine Beziehungen im Lebenskontext der Gemeinde dar. Am Ende liegt vor jedem sein Beziehungsgeflecht als Diagramm vor. Es wäre nun hilfreich, die Beziehungen in (a) Vertrauensverhältnis (rot markiert), (b) Arbeits- und Freizeitverhältnis (grün markiert) und (c) Bekanntschaftsverhältnis (gelb markiert) einzuteilen. Dabei beschreibt das Vertrauensverhältnis eine stabile Beziehung, die sich im Laufe der Jahre bewährt hat, das Arbeits- und Freizeitverhältnis beschränkt sich bei den gemeinsamen Aktionen auf die Arbeit oder die Freizeit und das Bekanntschaftsverhältnis markiert nur eine regelmäßige Begegnung ohne wirkliche Beziehung.

Die Verschriftung des Netzwerkes macht deutlich, wo die Evangelisation ansetzen und, je nach Beziehungsgrad, wie diese vonstatten gehen kann. Ist bereits ein Vertrauensverhältnis etabliert, so wird es eher darum gehen, endlich mit dem Betroffenen auch in ein Gespräch über den Glauben zu kommen. Ist das Verhältnis nur oberflächlich, so wird man sich eventuell um gemeinsame soziale Aktionen bemühen, in denen der Glaube vorgelebt werden kann, um sich so überhaupt erst gesprächsfähig zu machen. Und falls noch keinerlei Beziehung da ist, sollte diese möglicherweise über ein Dienstangebot in der Nachbarschaft bzw. im Kontext der Betroffenen angeboten werden. Natürlich können dabei nicht gleich mehrere Fronten eröffnet werden. Man sollte sich aber auch nicht einfach auf einige wenige Personen zurückziehen. Soziale Netzwerke leben auch und gerade von der Vielfalt der Kontakte.

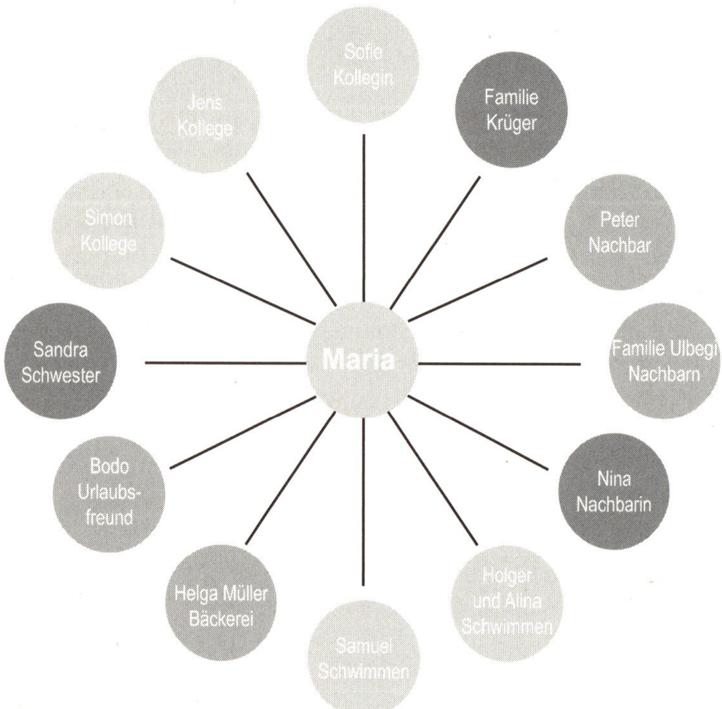

Beziehungsgeflecht von Maria

In unserem Beispiel könnte sich Maria um Folgendes bemühen: ihrer Nachbarin Nina erzählen, wie sie zum Glauben kam, eine bessere Beziehung zu ihrem Schwimmfreund Samuel aufbauen und ein mögliches Dienstverhältnis zu der türkischen Nachbarsfamilie Ulbegi anvisieren.

4.2. Gemeinwesen Initiative

Gemeinden sind vor allem Ortsgemeinden und ihr primäres Evangelisationsziel ist der Lebensraum, in dem die Gemeinde gebaut wird. Nicht immer verfügen Mitglieder einer Gemeinde über Kontakte und Beziehungen vor Ort. Diese werden aber unbedingt aufzubauen sein, wenn die Gemeinde vor Ort evangelisieren will. Früher hat man solche Kontakte über Hausbesuche aufgebaut.[629] Heute werden solche Besuche oft als lästig und sektiererhaft abgelehnt. Man vermutet dahinter Hausierer aller Art und oft weist bereits ein Schild an der Tür solche Gäste als unwillkommen ab. Wagt man es trotzdem, so ist die vor der Nase zugeknallte Tür eines verärgerten Bürgers in der Regel die Quittung.

Die Kontaktaufnahme vor Ort sollte sich deshalb eines anderen Instruments bedienen und zwar der Gemeinwesensarbeit (GWA), wie ich sie in meinen Büchern zum gesellschaftsrelevanten Gemeindebau vorgestellt habe.[630] Im Rahmen einer solchen Aktion sucht man die Einwohner für eine gemeinsame Initiative zu gewinnen. Es geht dabei immer um ein gemeinsames Anliegen. Die Initiative stellt sich dem allgemein empfundenen Bedürfnis der Menschen vor Ort und versucht, alle Mitglieder des Lebensraumes zu gewinnen, sich gemeinsam der Herausforderung zu stellen. Auch hier wird man Hausbesuche machen, auch hier wird man Kontakt aufnehmen und Vertrauen zu gewinnen suchen, aber man tut es nicht, um den Menschen das Evangelium aufzuoktruieren, sondern um seine Lebensverhältnisse im Sinne des Evangeliums zu verbessern. Wo es geht, sollte man sich die Zusammenarbeit mit den entsprechenden sozialen Behörden oder anderen Akteuren im Lebensraum sichern.

Eine solche Initiative bemüht sich um ein Zeugnis durch gute Werke, die Vertrauen schaffen, welches wiederum die Basis für ein eventuelles Gespräch über den Glauben legt. Günter Wieske schreibt: „Vertrauen ist die Voraussetzung dafür, dass der andere mein Zeugnis oder meinen Hinweis auf Jesus anhand eines Bibelwortes oder Traktats mit offenem Herzen anhört."[631]

629 Eindrücklich beschreibt Wieske die Praxis solcher Hausbesuche. Siehe Wieske 1974:60ff.

630 Reimer 2011:183-200.

631 Wieske 1974:63.

5. Das persönliche Gespräch über Jesus

Das persönliche Gespräch über Jesus und die darauffolgende Entscheidung des Betroffenen für ein Leben mit Jesus ist das erklärte Ziel. Freilich sollte man weder das Gespräch noch eine entsprechende Entscheidung gleich bei der ersten Begegnung erwarten. Man sollte es aber auch nicht ausschließen. Menschen sind ganz unterschiedlich weit auf ihrem Weg zu Gott. Wir sollten sie da abholen, wo sie sind, und nicht da, wo wir sie haben wollen. Wichtig ist es herauszufinden, ob ein solches Gespräch für unseren Kontakt interessant ist. Der betroffene Mensch muss das Gespräch über den Glauben und die Gute Nachricht wollen. Man ist gut beraten, entsprechende Signale abzuwarten. Das kann eine Frage des anderen sein, warum man sich für die Belange der Bedürftigen einsetzt, ein Hinweis auf den regelmäßigen Gottesdienstbesuch oder auch ein Zeugnis über den Trost, den man im Glauben angesichts des erlebten Schmerzes, zum Beispiel beim Verlust eines lieben Menschen, erfahren hat. Das kann aber auch das Angebot sein, für den Betroffenen in seiner Situation zu beten.

Geben Sie ihre Hinweise und Signale natürlich, indirekt und immer persönlich. Und erst wenn mit Interesse nachgefragt wird, machen Sie weiter. Vermeiden Sie Standardsituationen. Ihr Gegenüber soll niemals den Eindruck haben, dass jetzt eine erlernte Bekehrungsstrategie einsetzt. Wenn Sie Bibelworte verwenden, dann immer erst im Rahmen persönlicher Erfahrung. Verwenden Sie dabei einen verständlichen Bibeltext. Und texten sie niemals ihre Gesprächspartner zu. Bleiben Sie beim persönlichen Format. Erst wenn der Mensch ihren natürlichen Gebrauch des Wortes Gottes, ihre positiven Erfahrungen damit, ihre Begeisterung spürt, entsteht auch in ihm oder ihr das Verlangen, etwas Ähnliches zu erfahren. Und weil man am Anfang der Reise mit Gott und seinem Wort oft sehr unbeholfen ist, kann an dieser Stelle dann auch der Vorschlag folgen, dem Betroffenen beizustehen und mit ihm oder ihr zusammen das Wort Gottes zu lesen und darüber nachzudenken. Wird der Vorschlag angenommen, gehen Sie sofort darauf ein; wird er abgelehnt, drängen Sie niemals. Alles, was nach Zwang aussieht, ist der Evangelisation letztendlich abträglich.

Das darf jedoch nicht heißen, dass man mit dem suchenden Menschen nur „kuschelt". Ganz und gar nicht. Das Evangelium ist eine Gute Nachricht, aber es ist auch ein Wort vom Kreuz. Hier werden die Sünden der Menschen beim Namen genannt, hier werden Verfehlungen offengelegt, hier fällt Gottes Licht schonungslos auf die Lebenswunden. Man kann nicht über Freiheit in Christus reden, wenn man die Unfreiheit ohne Christus nicht anspricht. Nein, wer sich dem Wort Gottes stellt, der wird bald vor die Entscheidung gestellt. Glaube gibt es niemals in Addition zu allem Liebgewordenen, sondern immer als Alternative zum bisherigen Leben. Und im persönlichen evangelistischen Gespräch werden auch solch schwierige Themen aufgenommen werden müssen. Über nichts anderes würden die Menschen lieber reden, nichts anderes wären sie lieber los, als jene Schattenseiten ihrer Biografie, die wie Rostflecken immer dann hochkommen, wenn man gerade mal fleckenfrei dastehen möchte. Und wenn wir als Befreite unserem Gegenüber unsere eigene Geschichte des Versagens nicht verschweigen, sondern sie bewusst ins Gespräch einbringen, dann wird es auch dem Suchenden leichter gemacht, seine Biografie zu öffnen. Dabei ist es wichtig, dass man nicht nur Geschichten aus der grauen Vergangenheit erzählt, so nach dem Schema: Früher als ich noch kein Christ war ... Christen leben im Heute und alle Christen versagen und sündigen, trotz ihres dazugewonnenen Glaubens. Fehlerfrei ist niemand. Also erzählen Sie, wie Sie heute mit ihren Problemen klarkommen, und verschweigen Sie nicht, wie das damals war.

Freilich kann man über schwierige Themen nur dann miteinander reden, wenn das gegenseitige Vertrauen so stark gewachsen ist, dass das Thema am Ende fast nebensächlich erscheinen muss. „Wir können über alles reden“, sagt man in solchen Fällen. Man wird also den rechten Zeitpunkt für das Gespräch über Schuld und Sünde finden müssen. Und den rechten Ton. Dabei kann es auch passieren, dass man eigentlich keine Worte für den Suchenden findet. Vielleicht ist seine Biografie so ganz anders als die eigene und es gibt wenig Ansatzpunkte für ein Gespräch. In solchen Fällen ist es angebracht, andere Christen mit ins Boot zu holen.

6. Von der persönlichen Beziehung zum gemeinsamen Freundeskreis

Beziehungsnetzwerke wachsen, verändern sich, überlappen, verschmelzen in eins. Diese Dynamik sollte eine Gemeinde für sich und ihre Evangelisation nutzen. Sobald jedes Gemeindeglied das eigene Beziehungsdiagramm dargestellt hat, sollte man die Schaubilder miteinander vergleichen und gemeinsame soziale Kontakte hervorheben. Da stellt sich dann auf einmal heraus, dass sowohl Maria (siehe ihr soziales Netzwerk weiter oben) als auch Jens und Tina aus der gleichen Gemeinde eine gute Beziehung zur Familie Krüger unterhalten (siehe Darstellung unten). Es liegt in der Natur der Sache, dass Maria, die ein gutes Vertrauensverhältnis zu den Krügers aufgebaut hat, die beiden anderen in den Stand ihrer evangelistischen Bemühungen einweiht und sie zur Mitarbeit heranzieht. Möglicherweise passt die persönliche Glaubensgeschichte der beiden anderen viel besser zu den Krügers oder sie sind redseliger als Maria. So wird das eine Zeugnis von Maria durch den Beitrag der beiden anderen multipliziert und intensiviert. Und die Familie Krüger wird eher bereit sein, sich auf den Glauben der drei Gemeindeglieder einzulassen. Wichtig ist allerdings, dass die evangelistische Bemühung abgesprochen wird und koordiniert verläuft.

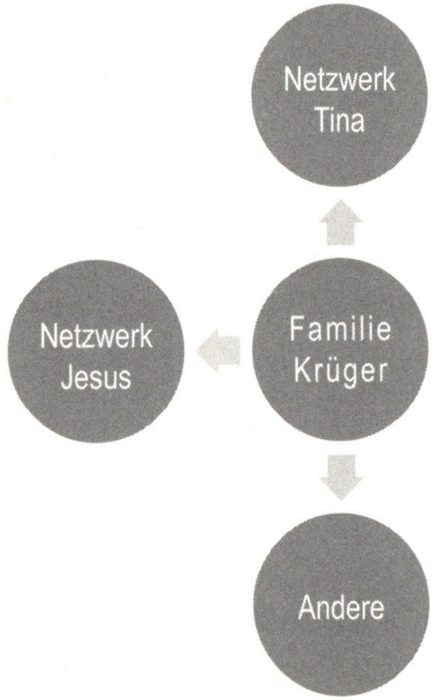

Menschen im Beziehungsgeflecht der Gemeinde

Fehlen solche gegebenen Voraussetzungen, dann sollte sich die Mitarbeiterin Maria darum bemühen, den Krügers weitere Christen aus der Gemeinde vorzustellen. Anlässe dazu gibt es sicherlich genug. Das können persönliche Feiern in Marias Wohnung sein, gemeinsame Initiativen etc.

7. Hilfe, mein Freund will sich bekehren

Wer Menschen Augen und Herz für das Evangelium öffnet, sollte auch in der Lage sein, diese in ihrer Entscheidung für Jesus zu begleiten. Oft beginnt es schon mit der Frage an den Betroffenen, ob er oder sie sich nicht für Jesus entscheiden wollen. Eine Frage, die freilich zur rechten Zeit kommen muss, aber sie sollte kommen. Die meisten Menschen, die längst bereit sind, ihr Leben in die Hand Jesu zu legen, wagen es von sich selbst aus nicht, den ersten Schritt zu tun. Jede Standardisierung einer solchen Frage oder auch des gesamten Prozesses der Bekehrung verbietet sich, obwohl in bestimmten Situationen Hilfsmittel verwendet werden können.

Holger, ein recht schüchterner junger Mann, griff nach den sogenannten Vier geistlichen Gesetzen vom Missionswerk „Campus für Christus", als sein Freund Peter den Wunsch äußerte, sich für Jesus zu entscheiden. „Ich selbst habe mich damals über dieses Heft für Jesus entschieden, Holger", sagte er seinem Freund. „Wenn du willst, gehe ich mit dir die Schritte ab." Als Peter zustimmte, griff Holger nach diesem Heft und Peter wagte es, sein Leben Jesus zu geben. Beatrice kam dagegen zu mir. Ihr Bekannter sei so weit und wolle sich für den Herrn entscheiden, sagte sie ganz aufgeregt. Sie habe ihn gefragt, ob sie es ihrem Pastor sagen dürfe. Und als dieser bejahte, holte sie mich zu Hilfe.

Und natürlich kann man auch selbst mit eigenen Worten und eigenen Mitteln die Menschen im Hingabegebet begleiten. Denn schließlich geht es ja immer nur darum, (a) vor Gott die eigene Reue über das Leben ohne ihn zum Ausdruck zu bringen und Buße zu tun, (b) sich von den Ansprüchen des Satans auf das eigene Leben loszusagen und (c) das ganze Leben unter die Herrschaft Jesu Christi zu stellen. Dazu bedarf es keiner ausgeklügelten schönen Worte, sondern einzig und allein der Bereitschaft, Jesus Christus als den eigenen Herrn und Erlöser anzunehmen.

Ich habe in meinem Leben viele zu Jesus führen dürfen. Im Laufe der Jahre habe ich es für sehr hilfreich empfunden, den Menschen das Hingabegebet vorzubeten. Ich nutze dabei folgendes schlichtes Gebet:

„Jesus Christus, du bist der Sohn Gottes und Erlöser der Welt. Ich danke dir für deine Liebe zu mir. Bitte vergib mir alle meine Schuld. Ich habe ohne dich gelebt, vergib es mir. Hiermit sage ich mich von allen Ansprüchen des Teufels auf mein Leben los. Nimm du mein ganzes Leben in deine Hand. Es soll ab jetzt dir gehören. Danke für deine Vergebung und Annahme. Amen."

Und hat der Betroffene das Gebet gebetet, nehme ich ihn liebevoll in den Arm und frage nach, ob Jesus das Gebet auch erhört hat. Wird dieses freudig bejaht, dann danke ich mit der Person Gott, segne den Neubekehrten und erbitte Gottes Geist für sein Leben. Ist der Mensch aber unsicher, dann lade ich ihn erst einmal zum Gespräch über das Geschehene ein. Erst wenn alles verstanden wurde und die Entscheidung bewusst vollzogen wurde, kommt Heilsfreude ins Leben des Betroffenen. Alle Abkürzungen sind an dieser Stelle potenziell problematisch.

8. Nacharbeit

Persönliche Evangelisation markiert den Einstieg in ein Leben mit Jesus. Damit ist aber die Mission noch nicht beendet. Jesus ruft uns auf, den Menschen nach seiner Bekehrung „zu taufen und zu lehren alles zu behalten, was er uns anbefohlen hat" (Mt. 28,19f). Der Evangelisation folgt die Integration in den Leib Christi, die Gemeinde und die Sozialisation in den Lebensstil und die Kultur, wie Jesus sie gelehrt hat. Das evangelistische Programm der Gemeinde wird deshalb eine persönliche Nacharbeit beinhalten. Auch diese muss sehr persönliche Elemente der pastoralen Betreuung des Neubekehrten miteinschließen, was gegebenenfalls von einem Mitarbeiter übernommen werden kann.

11 Der Hauskreis – Gemeindezelle in Aktion

1. Offene Häuser – Evangelisation in der Antike

Die ersten Christen versammelten sich in Häusern. Wie anders hätte sich die große Jerusalemer Gemeinde, die allein über die zwei evangelistischen Ansprachen des Petrus auf 8000 Mitglieder angewachsen war,[632] auch organisieren können. Hier in der Geborgenheit eines privaten Hauses lernte man aus dem Wort Gottes, feierte gemeinsame Mahlzeiten und erklärte den Interessierten das Evangelium. Keine Frage – das private Haus bot der Gemeinde Jesu während der ersten Jahrhunderte den idealen Raum zur Evangelisation und Jüngerschaft. Und das ist im Laufe der zweitausend Jahre Kirchengeschichte immer wieder der Fall gewesen.

Heute ist das nicht anders. Die evangelistische Gemeinde wird gut beraten sein, ihre präsentische und proklamative Evangelisation in private Räume zu verlegen. Hier ist der Suchende dem veränderten Leben eines Jesus-Nachfolgers am nächsten. Hier wird so deutlich wie nirgendwo anders Gottes Gnade vorgelebt, „modelliert", wie Jim Petersen es einmal so treffend ausgedrückt hat.[633] Der Pastor der weltweit größten Einzelgemeinde mit mehr als einer Million Mitgliedern, der Südkoreaner Dr. David Yonggi Cho, spricht von der Hauszellgruppe als dem „Schlüssel für Evangelisation".[634] Er schreibt: „Unsere Gemeinde betreibt Evangelisation hauptsächlich durch das Hauszellgruppensystem. Jede Zelle wird zum Kern der Erweckung in der Nachbarschaft. Denn dort, wo sich die Hauszellgruppe befindet, findet man auch echtes Leben. Zu einem Treffen, das voller Leben ist ..., fühlen die Menschen sich hingezogen."[635] Seine Gemeinde besteht somit aus Tausenden von Kleingruppen. Der Amerikaner Carl F. George nannte sie einmal eine „Metropole von Mäusen – die Metagemeinde".[636] Eine solche Gemeinde ist flexibel, stellt sich auf den jeweiligen Kontext ein und ist im höchsten Maße

632 Siehe dazu Apostelgeschichte 2 und 4.

633 Petersen 1989:93.

634 Cho 1987:59.

635 Ebd:60.

636 George 1994:57.

persönlich, weil sie im Privathaus ihre eigentliche Basis aufgeschlagen hat.[637]

2. Was ist ein Hauskreis?

Hauskreise sind Kleingruppen, die sich in privaten Räumen treffen, um gemeinsam über Themen des Glaubens und Lebens nachzudenken, zu beten und auf diese Weise einander im geistlichen Leben zu fördern, miteinander an sozialen und gesellschaftlichen Aktionen teilzunehmen, den Menschen und Gott zu dienen. Über Hauskreise ist viel geschrieben worden.[638] Sie gelten seit Jahren als „Bausteine der Gemeindearbeit"[639] und als der beste Weg, Nachfolge Christi zu fördern.[640] Hier können Menschen in ungezwungener Atmosphäre jenseits aller Programme und kirchlichen Setzungen über ihren Glauben oder auch Zweifel reden, diskutieren und streiten und Pläne für gemeinsame Initiativen und Aktionen schmieden. Ein Hauskreis ist ein Arbeitskreis zum Thema Glaube und Nachfolge. Wenn Menschen nach Gott fragen und zugleich die kirchliche Öffentlichkeit scheuen, finden sie hier einen Ort der Annahme und Geborgenheit. Keine andere Form der Zusammenkunft von Christen betont so sehr die Beziehungsebene wie diese. Ja, sie ist die Lebenszelle der Gemeinde, in der Beziehungen erst wirklich entstehen können.[641] Eine evangelistische Gemeinde wird deshalb immer darum bestrebt sein, solche Kleingruppen einzurichten und zu fördern.

3. Wo finden Hauskreise statt?

Hauskreise finden in der Regel in privaten Räumen statt, im Haus von Menschen, die Vertrauen genießen. Im Idealfall sind diese Menschen noch gar nicht christusgläubig. Wer in ein solches Haus eingeladen ist, der wird hier am wenigsten religiöse Indoktrinierung vermuten und deshalb ohne die üblichen Vorurteile der Kirche gegenüber kommen.

---

637 Siehe hierzu den Vergleich zwischen der herkömmlichen Gemeinde und einer zellgruppenbasierten Metagemeinde in George 1994:65ff.

638 Siehe z. B. Masemann 1992; Herbst 2001; u.a.

639 Masemann 1992.

640 Cole 2005; George 1994:68ff.

641 George 1994:68.

Findet ein Hauskreis bei Christen statt, dann sollten die Gastgeber in der Bevölkerung so vertrauenswürdig sein, dass man sich bedenkenlos und gerne zu ihnen einladen lässt. Man sollte nie einen Hauskreis beginnen, ohne dass eine Vertrauensbasis vorhanden ist. Sonst wird der Hauskreis allzuschnell als Kirchenersatz missverstanden und damit auch gemieden. Hauskreise sind ein hervorragendes Mittel zur Evangelisation, aber nur dann, wenn sie auch entsprechend eingeführt werden und über jene Vertrauensbasis verfügen, die erst das Gespräch über persönliche Themen und den gemeinsamen Einsatz im Gemeinwesen ermöglicht.

4. Wie fängt man einen evangelistischen Hauskreis an?

Mehrere Wege sind denkbar. Im Rahmen einer gesellschaftsrelevanten Arbeit geschieht das als unmittelbares Ergebnis der Gemeinwesenarbeit. In einer solchen Initiative arbeiten Christen und Nicht-Christen zusammen. Sie werden sich natürlicherweise regelmäßig treffen, um die gemeinsame Projektarbeit zu besprechen. Und aus der gemeinsamen sozialen Arbeit entsteht eine tragfähige Beziehung und Vertrauen. Private Treffen auch außerhalb des Projekts werden folgen und aus diesen Treffen kann sich dann ein Hauskreis entwickeln. Ja, die Treffen sind sehr bald bereits ein solcher Hauskreis. Denn wer sich privat trifft, der wird auch private Themen ansprechen. Und warum sollte da der Glaube nicht auch Thema sein?

Bei solchen Treffen führt man die neuen Freunde dann auch in den Kreis der Gemeindegeschwister ein. Das kann zum Beispiel ganz ungezwungen anlässlich einer Familienfeier passieren. Und hat man erst mehrere aus der Gemeinde kennengelernt, stößt man ganz natürlich zum Freundeskreis der Gemeinde dazu. Aus der persönlichen Beziehung zu den Christen im Projekt wird somit eine Beziehung zu Menschen gleichen Glaubens, gleicher Prinzipien. Sie leben das Evangelium und ihr Leben wird attraktiv und anziehend. So entstehen Fragen, die nach Antworten suchen, Fragen, die man den zu Freunden gewordenen Christen ohne Scheu und ohne Angst vor Vereinnahmung stellen kann.

Eine andere Möglichkeit bietet das oben besprochene Beziehungsgeflecht in den sozialen Netzwerken der Glaubensgeschwister. Unterhalten hier mehrere Christen zu Menschen Kontakte, so können diese gemeinsam einen Hauskreis anbieten und die Betroffenen dazu einladen. Ähnliches kann man mit Kollegen, Nachbarn oder auch einfach Menschen tun, die am Glaubensgespräch Interesse zeigen und die man über die lokale Presse zu einem entsprechenden Treffen einlädt.

In der Regel ist es dann auch der evangelistische Hauskreis, in dem diese Menschen zum Glauben finden. Hier im Kreis der neuen Freunde hat man bereits über viele persönliche Themen gesprochen. Man hat sich kennengelernt und weiß um die Macken und Sünden des anderen. Der Schritt zur Buße und Umkehr ist um Welten einfacher und leichter als im öffentlichen Raum der Kirche. Nicht einmal die Anonymität des Beichtstuhls vermag mit der Liebeskultur des Hauskreises zu konkurrieren.

5. Ganzheitlicher Hauskreis – der Weg zur Vertrauensmultiplikation

Im Konzept des gesellschaftsrelevanten Gemeindebaus setzt Evangelisation auf den sozialen Dienst. Menschen lernen sich im gemeinsamen Dienst zum Wohl der Gesellschaft kennen, gewinnen Vertrauen zueinander und sprechen schließlich auch über ihren Glauben. So werden Menschen zum Glauben geführt. Und wenn sie das Evangelium annehmen, dann wird ihre Arbeit am Wohl der Gesellschaft nicht abgewickelt, sondern intensiviert. Ein guter evangelistischer Hauskreis wird deshalb immer auch gemeinsam an sozialen Projekten der Gemeinde mitarbeiten. Er wächst aus einer solchen Arbeit heraus und führt wiederum in eine solche Arbeit zurück. Nur ein ganzheitlich aktiver Hauskreis ist auf Dauer evangelistisch relevant. Kreise, die sich nur mit den Inhalten des Wortes Gottes beschäftigen, oft auch Bibelkreise genannt, und die sich sozial nicht aktiv in einer GWA betätigen, werden auf Dauer verflachen und verlieren den Zugang zu den Menschen in der Gesellschaft. Die konkrete Beteiligung am sozialen Bau des Gemeinwesens garantiert dagegen die Präsenz des Hauskreises im Lebensraum und damit auch den Zustrom neuer Interessierter im Hauskreis. Freilich werden dann bald aus dem einen Hauskreis mehrere. Und mit dem Grad des Wachstums des sozialen Engagements der Gemeinde im sozialen Raum wachsen dann auch die Hauskreise und damit die evangelistische Arbeit der Gemeinde.

Über den Hauskreis gelangen die Freunde der Gemeinde dann auch zu den Hauptveranstaltungen der Gemeinde. So schließt sich der Zyklus evangelistischer Verkündigung – man hat persönlich begonnen, in der Kleingruppe weitergemacht und ist schließlich in der kirchlichen Öffentlichkeit angekommen.

12 Evangelistischer Gottesdienst

1. Gottesdienst als Mitte der Gemeinde

Keine andere Veranstaltung zeichnet die christliche Gemeinde so stark aus wie der Gottesdienst. Der Gottesdienst ist die eigentliche Mitte der Gemeinde. Evangelisation der Gemeinde kann deshalb nicht am Gottesdienst vorbei entwickelt werden. Im Gottesdienst offenbart sich Gott dem Menschen, es ist die Veranstaltung, die an erster Stelle seine Gegenwart feiert.[642] Im Gottesdienst sollen Menschen Gott begegnen. Wo das nicht mehr der Fall ist, verliert jeder Gottesdienst seine Sinnbestimmung.[643] Und diese Gegenwart Gottes kennt nur einen Adressaten – den von ihm geliebten und durch die Sünde von ihm entfernten Menschen. Gottesdienst, recht verstanden, ist deshalb immer „ein Gottesdienst inmitten der Menschen"[644], weil sich Gott im Gottesdienst den Menschen nähern will. Damit kann der christliche Gottesdienst grundsätzlich als evangelistisch bezeichnet werden. Nichts ist so richtig wie die Tatsache, dass in jedem christlichen Gottesdienst das Evangelium gepredigt wird und Menschen in die Beziehung zu Gott geladen werden.[645]

Doch so einfach das klingt, so kompliziert erweist es sich in der konkreten Praxis. Gemeindegottesdienste konzentrieren sich in der Regel auf die Sammlung und Zurüstung der Christen. Platz für den Suchenden ist hier selten vorhanden. Er findet hier bestenfalls „missionarische Gelegenheiten"[646]. Und besondere evangelistische Gottesdienste werden nicht selten zu einem spirituellen Event, zum erlebnisorientierten Treff.[647] Manch eine dieser Veranstaltungen ähnelt eher einer Zirkusvorstellung als einem Gottesdienst. Man wird zuweilen den Eindruck nicht los, dass in Sachen evangelistischer Gottesdienste alles

642 Reimer 2010:89.

643 Hybels 2002:89; Reimer 2010:52.

644 Reimer 2010:83.

645 Siehe zur Diskussion, ob der christliche Gottesdienst als „missionarischer Gottesdienst" verstanden werden kann oder gar soll, in Johannes Zimmermanns Darstellung 2010:41-66.

646 Zimmermann 2010:41.

647 Ebd:76.

geht, Hauptsache es lassen sich damit Menschen in die Kirche ködern. Aber wenn alles Gottesdienst ist, dann ist bald nichts mehr Gottesdienst. Der evangelistische Gottesdienst sollte als solcher erkannt werden. Und wer das will, der wird sich die Frage nach den Markern eines biblisch begründeten evangelistischen Gottesdienstes stellen. Gibt es solche Marker? Und wenn ja, welche sind es?

2. Evangelistischer Gottesdienst – die Perspektive muss stimmen

2.1. Gottesdienst – es geht um Gott

Evangelistischer Gottesdienst ist eine Veranstaltung, an der Gott seine Mission wahrnimmt. Wie wir oben gesehen haben, gibt es drei Eckpunkte eines missionalen Zyklus', die die Mission des dreieinigen Gottes qualifizieren:[648] (a) der missiologische Horizont, vor dem evangelisiert wird, (b) die methodologische Form der Evangelisation und (c) der Praxisrahmen, in dem Evangelisation gedacht wird.

Diese drei Eckpunkte ergeben jenen theologischen Denkrahmen, der eine biblische Reflexion der Evangelisation und konsequenterweise auch des evangelistischen Gottesdienstes auf gesunde Beine stellt.[649] Es ist ein trinitarischer Rahmen, was jegliche Priorisierung der drei Prinzipien gegeneinander ausschließt. Der Gottesdienst ist eine trinitarische Selbstoffenbarung Gottes. Hier wird der Mensch seinem Schöpfer und dessen Absichten für sein Leben begegnen. Und hier wird ihm deutlich, wie weit er sich von diesen Absichten Gottes entfernt hat. So entstehen Reue und Buße. Und hier begegnet er aber auch dem gnädigen Gott, der ihm in Jesus Christus als Erlöser entgegenkommt. Er kann so das Angebot der Vergebung und Versöhnung mit Gott hören und sich diesem Angebot öffnen. Und hier begegnet er Gott als dem allgegenwärtigen Geist, der ihn in seiner Lebenslage ernstnimmt und ihn zu sich zieht, ihm neue Lebenshorizonte eröffnet und ein Leben in ungeahnter Fülle zusagt.

Der evangelistische Gottesdienst, der sich auf die Begegnung zwischen Gott und Mensch konzentriert, wird sich deshalb bewusst an

648 Siehe hierzu Reimer 2010.

649 Harvey M. Conn (1997:72f) verlangt in diesem Zusammenhang, dass alle strategischen Überlegungen zum Thema Gemeindegründung „God-centered in focus“ und „Christ-centered in orientation“ sein müssen.

Gott orientieren. Schließlich kommt es auf seine Offenbarung an. Die Gemeinde richtet nur den entsprechenden Raum ein, sie lädt den Menschen zur Begegnung ein. Die Begegnung selbst, also das eigentliche gottesdienstliche Geschehen, entzieht sich der Gestaltungskraft der Gemeinde. Sie wird nie Gott dazu zwingen können, mit den Menschen zu reden, und sie kann niemals mit religiösen Tricks Räume schaffen, die Gott gnädiger und den Menschen williger machen.

Der evangelistische Gottesdienst ist somit an erster Stelle Gottes Dienst, und eine Gemeinde, die einen solchen Gottesdienst ausrichtet, muss sich fragen, was in diesem Gottesdienst Gott selbst Raum bietet. Wo Gott im Gottesdienst nur noch als Idee und Name vorkommt, da ist die Verkündigung des Evangeliums undenkbar. Ein rein auf Menchen ausgerichteter Gottesdienst wird möglicherweise sehr deutlich die Bedürfnisse und Nöte der Menschen unterstreichen und ein tief religiöses Format vorweisen, das Evangelium wird hier jedoch nicht verkündigt. Denn das Evangelium ist die Gute Nachricht von Gottes Zuwendung zum Menschen. Wo das Evangelium gepredigt wird, da wird das Gespräch zwischen Mensch und Gott eröffnet. Und ein solches Gespräch setzt die Anwesenheit beider Gesprächspartner voraus.

Der evangelistische Gottesdienst muss daher von Gott her entwickelt werden.

2.2. Gott lädt ein – die evangelistische Dimension des Gottesdienstes

„In der ganzen Bibel war der Gottesdienst vor allem für Gott da."[650] Gottesdienst ist Gott-zentriert. Was hier geschieht, ist von Gott gewollt, entspricht seiner Absicht, der *missio Dei*. Deshalb können nicht Menschen und ihre Anliegen und erst recht nicht persönliche Ambitionen Einzelner den Gottesdienst inhaltlich bestimmen. Sobald das geschieht, wird der Gottesdienst seiner inhaltlichen Besonderheit beraubt und zur bloßen sozialen Zusammenkunft degradiert.

Klar und deutlich wird dieser Gedanke in der Orthodoxie zum Ausdruck gebracht. Hier wird Gottesdienst als eucharistische Feier am Thron Gottes gesehen. Die Liturgie ist eine göttliche Liturgie. Nicht vergängliche Werte stehen im Mittelpunkt, sondern ewige. Der Him-

650 Kuenn 1998:2; Watson 1976:157.

mel kommt unter die Menschen, wenn diese sich zum Gottesdienst versammeln. Gott feiert seinen Sieg über die Mächte der Finsternis und die Gottesfürchtigen sind eingeladen, an dieser Feier teilzunehmen. Diese Feier ist eschatologischer Natur. Sie geschieht im souveränen Wissen Gottes, dass seine Absichten, sein Ratschluss, also die *missio Dei*, zum Zug kommt. So wird der Gottesdienst zu einer missionarischen Aussendungsfeier, in der die *missio* zur unbedingten *actio Dei* drängt.[651] Und damit wird jeder christliche Gottesdienst zu einer evangelistischen Veranstaltung.

Gott ist also vor allem der Handelnde im Gottesdienst der Gemeinde Jesu. Er ist es, der uns Menschen „den Gottesdienst schenkt."[652] Alles, was den Gottesdienst wesensmäßig ausmacht, muss daher von Gott her gedacht werden. Wenn er einlädt, wenn er den Inhalt bestimmt, dann sind seine Absichten abzufragen. Warum kommt Gott zu uns Menschen herab? Was ist sein Anliegen? Was will er den Menschen, die sich in seiner Gegenwart versammelt haben, sagen? Gott geht es um die Welt, und um seine geliebte Welt zu retten, gibt er sich selbst hin. Gott will retten und Gott rettet, weil Jesus sein Leben dahingab – das ist die befreiende Botschaft. Das ist das Evangelium. Und das ist die eigentliche Mitte des Gottesdienstes.

Gottesdienst ist Gottes Einladung an die Welt. In ihm streckt er seine versöhnende Hand zu den Menschen außerhalb seines Herrschaftsbereichs aus. Der christliche Gottesdienst kann deshalb niemals zum Selbstzweck der Gemeinde gefeiert werden. Gottes missionarisches Interesse ist die Welt und nicht die Kirche. Das eigentliche Problem der Kirche heute besteht in der Tatsache, dass sie ihre Mission vergessen hat.[653] Das eigentliche Problem des evangelischen Gottesdienstes heute liegt in seiner Missionslosigkeit. Die Welt ist Gottes Ziel. Sie will er erreichen! Und wenn er seine Gemeinde zum Gottesdienst einlädt, dann geht es ihm um die verlorene Welt. So gesehen hat jeder Gottesdienst eine evangelistische Intention.

Seine Tagesordnung wird nicht von der Gemeinde, sondern von Gott selbst festgelegt und er richtet sie angesichts der verlorenen Welt evangelistisch aus!

651 Reimer 1998:113f.

652 Paquier 1954:15; zit. nach Kuen 1998:6.

653 Carey 1995:25f.

Wenn Gott uns Menschen also zum Gottesdienst einlädt, dann tut er das aus Liebe. Die Liebe Gottes ist das Wichtigste und sollte alle Momente des Gottesdienstes durchdringen. Gott, der den Menschen hier entgegentritt, liebt sie. Er will die Begegnung. Er sucht das Gespräch. Er möchte Gemeinschaft, weil sein Herz für uns Menschen, für seine Welt schlägt. Der wahre evangelistische Gottesdienst muss daher immer als Liebeserklärung Gottes gestaltet werden. „Im Gottesdienst sind wir von Gott fasziniert und erhalten das Recht, sein Leben zu leben", schreibt M. Perry.[654]

Aus dem Gesagten ergibt sich nun die grundsätzliche Forderung nach der evangelistischen Dimension jedes Gottesdienstes der Gemeinde. Wo immer die Gemeinde Jesu zum Gottesdienst zusammenkommt und Jesus in ihrer Mitte wirken lässt, findet Evangelisation statt. Eine gottesdienstliche Gemeinschaft, die sich an ihrem Herrn orientiert, kann nicht *nicht evangelisieren.*

2.3. Gott dient in Christus – zur messianischen Intention des Gottesdienstes

Gott, den wir im Gottesdienst feiern, kommt uns in Jesus entgegen. Denn in Jesus Christus versöhnt er sich mit der Welt (2Kor. 5,18-19). Und Jesus kam uns als Diener entgegen. Willi Beck bringt diese Tatsache auf den markanten Satz: Im Gottesdienst geht Gott auf die Knie.[655] Er veranschaulicht diesen Satz mit der Fußwaschungsszene aus Johannes 13. Hier dient Jesus seinen Jüngern, wodurch er seiner göttlichen Sendung absolut gerecht wird. Denn, so sagt er über sich selbst, „der Menschensohn ist nicht gekommen, um bedient zu werden, sondern um zu dienen." Jesus ist der Brennpunkt des Dienstes Gottes an den Menschen. Er erniedrigte sich selbst in einer kenotischen Aktion der Liebe,[656] wurde Mensch, um so den Menschen Gottes Herrlichkeit anschaulich zu machen.[657] Als Petrus sich verständlicherweise gegen die Absicht Jesu wendet, ihm die Füße zu waschen, antwortet Jesus: „Wenn ich dich nicht wasche, hast du keine Gemeinschaft mit mir" (Joh. 13,8). Petrus erkennt die Fatalität seiner Weigerung und wil-

654 Zit. nach Kuen 1998:7.
655 Beck 2007:52.
656 Siehe hierzu meine Ausführungen in Reimer 1998:110-111.
657 Philipper 2,5-11.

ligt ein: „Herr, nicht nur die Füße, sondern auch die Hände und den Kopf“ (Joh. 13,9). Beck kommentiert:

> „Der Herr wäscht seinen Jüngern den Dreck von der Straße ab und dient ihnen zum Leben. Er behandelt Füße, die müde sind vom langen Suchen und Warten, nicht abgeholt zu werden. Jesus wäscht Füße, die ein Leben von Gott weggetragen haben, gottlose Wege gegangen sind und in denen der Staub von Verletzungen und Enttäuschungen, von Schuld und Versagen haftet. Jesus reinigt seine Jünger vom Dreck ihrer Ichsucht mitsamt deren Folgen. Hier findet eine Demonstration der Liebe im Kniefall vor den Schülern mit Wasser und Schürze ihren beeindruckenden Ausdruck.“[658]

Gott dient den Menschen, indem er ihnen Jesus gibt (Joh. 3,16). Gottes Methode und Gottes Modell, die Welt mit sich selbst zu versöhnen, heißt Jesus! Ein Gottesdienst, der sich auf Jesus bezieht und Jesus als sein Modell versteht, stellt Erlösung und Heil in den Mittelpunkt. Und dieses Angebot kommt zu uns Menschen in menschlicher Gestalt. Auf einen einfachen Punkt gebracht: Der evangelistische Gottesdienst, der sich an dem messianischen und inkarnatorischen Wesen des Dienstes Jesu orientiert, wird vor allem ein zielgerichteter Gottesdienst sein, der den Besucher bewusst vor die Entscheidung stellt, sich mit Gott zu versöhnen und ein Leben unter seiner Herrschaft zu leben. Ein solcher Gottesdienst will die Besucher zur Umkehr rufen, er kann nur von seiner messianischen Intention her gestaltet werden. In seiner Form und Sprache wird er das inkarnatorische Wesen des Messias abzubilden suchen und kann somit nur kontextueller Gottesdienst sein, der sich der Sprache und kulturellen Ausdrucksformen bedient, die die Menschen vor Ort pflegen. Nichts wäre für einen Gottesdienst im Sinne Jesu befremdlicher als eine kulturell importierte Veranstaltung.

Für die Praxis des evangelistischen Gottesdienstes folgern wir:

a. Wo die Gemeinde Jesu zum Gottesdienst zusammenkommt und Jesus in ihrer Mitte wirken lässt, werden die Gottesdienstbesucher bewusst herausgefordert, ein Leben unter der Herrschaft Gottes

---

658 Beck 2007:50-51.

zu führen. Der Aufruf zur Umkehr ist keine Option, sondern eine messianische Notwendigkeit.

b. Der evangelistische Gottesdienst orientiert sich in seinen Formen, seiner Sprache und Gestalt an der Kultur der Menschen, die zur Ehre Gottes versammelt sind. Er soll vor allem verständlich sein. Und Elemente, die eine solche Verständlichkeit infrage stellen, müssen anderen weichen. Eindrücklich zeigt Paulus die Tragweite dieses Prinzips in seiner Forderung an die Gemeinde in Korinth, keine unkontrollierte und unübersetzte Zungenrede zuzulassen (1Kor. 14,1ff). Und die Verständlichkeit wird hier am Ungläubigen festgemacht. Er soll verstehen, was im Gottesdienst vor sich geht, und setzt den Maßstab für Verständlichkeit. Damit ist jedem Versuch, den christlichen Gottesdienst als subkulturelle Veranstaltung einer Gruppe frommer Menschen zu sehen, eine deutliche Grenze gesetzt. Und das erst recht, wenn es um den evangelistischen Gottesdienst geht. Ein solcher Gottesdienst wird menschennah, lokal und kulturadäquat ablaufen.

2.4. Gott offenbart sich im Geist – zum pneumatischen Charakter des Gottesdienstes

Gemeinde gibt es seit Pfingsten. Die Ankunft des Heiligen Geistes in Jerusalem[659] markiert ihre Geburtsstunde und damit auch die Geburtsstunde ihrer Evangelisation und ihrer Gottesdienste. Der Geist ist es, der die Gemeinde Jesu baut! Und der Geist ist es, der die Menschen in die Gegenwart Gottes führt. Es ist durch den Heiligen Geist, dass Menschen an Jesus glauben (1Kor. 12,3). Er ist es, der die Welt von der Sünde, der Gerechtigkeit und dem Gericht (Joh. 16,8) überzeugen kann.

Der evangelistische Gottesdienst, zu dem Gott einlädt und in dem Christus den Menschen dient, kommt somit nicht ohne das Wirken des Geistes Gottes aus.[660] Er ist es, der hier seine eigentliche Wirksamkeit enfaltet. Er überführt die Menschen von ihrer Sünde, von der Gerechtigkeit und dem Gericht Gottes. Es ist der Geist Gottes,

659 Apostelgeschichte 2,1ff.
660 Watson 1976:168ff.

der bekehrt. Und wo der Geist Gottes bekehrt, da entsteht Glaube. Gemeindebau ist eine Sache des Heiligen Geistes und so ist es auch mit dem Gottesdienst. Wer Gemeinde will, der muss den Geist Gottes wollen. Und wer Gottesdienst will, der wird nicht umhinkönnen, sich auf das Wirken des Heiligen Geistes einzulassen. Er ist der Schöpfer der Gemeinde und er ist der Gestalter des Gottesdienstes. Der evangelistische Gottesdienst ist sein Werk! „Wo der Geist Gottes wirkt, geht es um das Zeugnis in der Welt, die vollmächtige Verkündigung des Evangeliums."[661]

Für die Praxis des evangelistischen Gottesdienstes hat dies folgende Konsequenzen:

a. Der evangelistische Gottesdienst ist eine geistliche Angelegenheit. Wo immer die Gemeinde das Evangelium verkündet, tut sie das in der Kraft des Heiligen Geistes, oder ihre Verkündigung bleibt kraftlos. Der evangelistische Gottesdienst muss als Raum, in dem der Geist Gottes wirken kann, gedacht und aufgebaut werden.

b. Der evangelistische Gottesdienst ist eine charismatische Angelegenheit. Der Geist wirkt durch die Vielfalt der Gaben, die er den einzelnen Mitgliedern der Gemeinde gibt (1Kor.12,4-6). Wo er wirkt, ist kein Platz für Alleinunterhalter. Paulus schreibt in 1. Korinther 12,26: „Wie ist es nun, ihr Brüder? Wenn ihr zusammenkommt, so hat jeder von euch etwas: einen Psalm, eine Lehre, eine Sprachenrede, eine Offenbarung, eine Auslegung. Alles lasst zur Erbauung geschehen." Im paulinischen Gottesdienst war offensichtlich Raum für jeden Christen, Gott und den anderen mit der Gabe zu dienen, die man vom Geist Gottes erhalten hatte. So konnte das Evangelium den Suchenden nicht nur in aller Fülle, sondern auch in der sehr persönlichen Anwendung demonstriert und erklärt werden. Auch im evangelistischen Gottesdienst, in dem der Geist das Sagen hat, ist Raum für die Mannigfaltigkeit der Gaben des Geistes.

---

661 Hahn 2002:280.

c. Der evangelistische Gottesdienst ist eine kraftvolle Angelegenheit. Der Geist Gottes ist die Manifestation der Kraft Gottes in der Welt. Wo er wirkt, da geschehen Zeichen und Wunder. Er ist der Herr des Dienstes der Herrlichkeit, wie er nur im Neuen Bund möglich ist (2Kor. 3,17). Durch den Einsatz der unterschiedlichen Begabungen werden Menschen ermahnt, getröstet, zurechtgewiesen und geheilt. Die Evangelisation des Geistes ist ein Erweis der Macht Gottes in Zeichen und Wundern.

2.5. Gottesdienst als missionale Aktion des dreieinigen Gottes

Evangelisation ist das Werk des dreieinigen Gottes in der Welt. Es ist seine Mission, die sich dem Aufbau des Reiches Gottes auf der Erde widmet. Im Rahmen dieses missionalen Konzeptes findet der Gottesdienst seinen gebührenden Platz. In ihm ist der dreieinige Gott am Wirken. Hier verwirklicht er seinen missionarischen Ratschluss. Wie seine Mission insgesamt, so ist auch der Gottesdienst auf eine Welt bezogen, die ihren Blick von Gott abgewendet hat, eine Welt, in der ein anderer herrscht, der sich „Fürst dieser Welt“ nennt (Eph. 2,1). Eine Welt voller Widerspruch und Gefahr. Um diese Welt zu retten, darum kommt die Gemeinde in ihren Gottesdiensten zusammen. Rolf Hille fasst diese Tatsache in folgenden Worten zusammen: „Im Gottesdienst dient Gott dem Menschen sowohl durch leibhaftige, inkarnatorische Zuwendung als auch durch die inspirierende Gegenwart seines Geistes, die den Verstehenshorizont des Menschen umfasst, erfüllt und erleuchtet.“[662]

Wie wir bereits gesehen haben, ist damit jeder Gottesdienst der Gemeinde in seiner Dimension evangelistisch ausgerichtet und sollte das Ziel verfolgen, den Menschen in die Begegnung mit Gott zu führen. Der spezielle evangelistische Gottesdienst ist an dieser Stelle nur die Zuspitzung der evangelistischen Intention des missionierenden Gottes und seiner Gemeinde. Es wäre falsch, nur ab und zu mal auf eine solche Spitze zu setzen, sonst aber dem Evangelium keinen oder nur wenig Platz im Gottesdienst einzuräumen. Der Gottesdienst würde so seine eigentliche Bestimmung verlieren und aus dem sakralen Raum der Begegnung zwischen Gott und Mensch würde ein ritueller Raum

662 Hille 2005:96.

einer Religion werden, die zwar noch von Gott spricht, diesen aber nicht mehr wirklich erlebt. Wo Gott sich aus dem Gottesdienst verabschiedet, hört dieser auf, Gottesdienst zu sein. Der spezielle evangelistische Gottesdienst ergänzt und vertieft das evangelistische Angebot der Gemeinde nur, er darf es nie gänzlich in Besitz nehmen.

3. Was macht einen evangelistischen Gottesdienst aus?

Gott kommt im Gottesdienst auf den Menschen zu. Das ist auf jeden Gottesdienst der christlichen Gemeinde zu beziehen, ganz besonders aber auf den speziell als evangelistisch entworfenen und angebotenen Gottesdienst. Was muss und was wird eine Gemeinde berücksichtigen, wenn sie den Menschen einen solchen sakralen Begegnungsraum anbietet? Was sind die wesentlichen Charakteristika, die einen Gottesdienst zum speziellen evangelistischen Gottesdienst machen?

3.1. Gott in der Mitte

Im evangelistischen Gottesdienst geht es vor allem um Gott und sein Angebot der Begegnung mit den Menschen. Ihm und ihm allein kommt also die Mitte des Gottesdienstes zu. Es wäre fatal, wenn ein Thema, ein Beitrag oder die Bedürfnisse der Menschen Gott diesen zentralen Platz abspenstig machen würden. Freilich, es geht auch um Menschen, es geht auch um Themen, es geht auch um Beiträge. Aber all das sind Fragen der Gestaltung und nicht des eigentlichen Inhalts. Diesen bestimmt allein Gott.

Es ist wie mit einer Arztpraxis. Sicher ist diese da, weil Menschen krank werden. Sicher würde eine solche nicht benötigt, wenn es keine Krankheiten mehr gäbe. Nun aber gibt es in der Welt all diese Krankheiten und Kranke und deshalb bedarf es dieser Arztpraxis und des Arztes. Aber betritt man die Praxis, dann steht in ihrem Zentrum immer der Arzt. Es ist sein Arbeitsraum. Man kommt zu ihm. Er bestimmt, wie die Räume auszusehen haben und welche medizinischen Geräte gekauft und eingesetzt werden. Er allein bestimmt, wie man den Patienten begrüßt und behandelt. Nichts wäre unvernünftiger, als dem Patienten die Vollmacht einzuräumen, all das selbst zu bestimmen.

Im evangelistischen Gottesdienst ist, analog zum Bild vom Arzt und seiner Praxis, Gott der Handelnde und er allein hat das Sagen. Wer immer einen solchen Gottesdienst vorbereitet, der wird Gott fragen müssen, was und in welcher Art in diesem Gottesdienst nun gesungen, gesagt und angeboten werden muss. Wie keine andere Veranstaltung der christlichen Gemeinde ist der evangelistische Gottesdienst ein spirituelles, ein unmittelbar von Gott und seinem Geist bestimmtes Geschehen.

Das bedeutet in der Konsequenz, dass jeder evangelistische Gottesdienst entsprechend zu konzipieren ist. Einen evangelistischen Gottesdienst „nach der Tradition" kann es somit nicht geben, wenn man ihn als unmittelbare Stätte Gottes aufbauen will. Vielleicht liegt hier eines der größten Probleme der gegenwärtigen Situation in unseren Gemeinden. Hier sind die Gottesdienste dieser Art längst ritualisiert. Man weiß, was alles in einen solchen Gottesdienst gehört, und deshalb kommt man gar nicht mehr auf die Idee, Gott nach der ihm wohlgefälligen Art und Weise des Gottesdienstes zu fragen. Natürlich, man betet um Segen, aber eben um Segen für „unserer Hände Werk", unsere Konzeption. Was aber, wenn der aufgebaute Raum der Begegnung Gott so ganz und gar nicht passt? Wird er sich trotzdem zu uns stellen? Die Ergebnisse der ritualisierten Evangelisation lassen eher daran zweifeln.

3.2. Menschennähe

Wenn wir Gott feiern, der sich den Menschen offenbart, dann wird die Sprache unseres Gottesdienstes den Menschen verständlich sein und die Formen des Gottesdienstes werden den Dialog zwischen Gott und Mensch und den Menschen untereinander fördern. Denn das charakterisiert Gottes Offenbarung in Raum und Zeit: Er kommt zu uns in menschlicher Gestalt und bedient sich unserer Kultur, Sprache und Kommunikationsformen.

Christlicher Gottesdienst muss daher immer als inkarnativer Gottesdienst gefeiert werden. Es werden hier nicht unverständliche Rituale, Formen und Redeweisen bemüht, sondern man stellt sich auf die Alltagswelt des Suchenden ein, um das Evangelium zum Ausdruck zu bringen. Wo immer dieses Prinzip verlassen wurde, man denke da beispielsweise an die lateinische Messe, da machte das verkündigte Evangelium für die Menschen bald keinen Sinn mehr. Soll er aber Sinn machen, dann muss es in diesem Gottesdienst zur Begegnung, zum Gespräch zwischen Mensch und Gott kommen. Ein Gottesdienst, der Gott in seine Mitte stellt und die Menschen zu dieser Mitte einlädt, kann nie eine rein konfrontative Veranstaltung sein, die von einer „Diktatur der Appelle", wie Christian Möller es nannte, geprägt ist.[663]

Aber genau so sind die meisten evangelistischen Gottesdienste in der Vergangenheit aufgebaut gewesen. Gezeichnet von einer aggressiven Proklamation, suchten diese Gottesdienste den Menschen mit seiner Sünde zu konfrontieren und ihn somit vor die alles entscheidende Konsequenz zu stellen. Der klassische evangelistische Gottesdienst war vor allem ein Bekehrungsgottesdienst. Aber so wichtig wie Konfrontation des Menschen mit dem Willen Gottes ist, so problematisch erweist sich ein solches Vorgehen heute. Christian Schwark schreibt in seiner Untersuchung zum Gottesdienst für Kirchendistanzierte mit Bezugnahme auf das Gottesdienstverständnis Martin Luthers:

> „Es muss gefragt werden, wie das biblische Evangelium in der heutigen Situation verständlich gemacht werden kann. Dabei ist eine aktive Rolle der Gottesdienstbesucher durchaus im Sinne Luthers."[664]

Martin Luther unterstützte die aktive Partizipation der Gottesdienstbesucher am Gottesdienst, sicher auch als Reaktion auf die römisch-katholische Messe, die den Gottesdienstbesucher auf eine bloße Zuschauerrolle reduzierte. Nicht zuletzt deshalb schaute er den Menschen „aufs Maul", kopierte ihre weltlichen Melodien und schrieb danach seine Lieder.

In einem Gottesdienst, in dem die Menschen mit ihren Anliegen, ihrer Sprache und ihrem Ausdruck nicht mehr vorkommen, ist auch das Evangelium deplatziert. Denn niemand sonst ist Adressat des Evangeliums als ausgerechnet diese Menschen mit ihren Anliegen, ihrer Sprache und ihrem Ausdruck. Ihnen will Gott begegnen, will mit ihnen reden und sie heilen. Im Bilde der Arztpraxis gesprochen: Der

663 Möller 1988:100.
664 Schwark 2006:65.

Arzt hat in seiner Praxis zwar das absolute Sagen, aber es geht ihm dabei immer um seine Patienten. Er ist da, weil sie kommen. Nicht sein Können, sondern ihre Krankheit ist sein Hauptinteresse. Nicht um seine Heilkunst geht es, sondern um das Heilwerden des Patienten. Dieser Patient bestimmt deshalb auch im Wesentlichen die Tagesordnung der Praxis.

So und nicht anders verhält es sich auch mit dem evangelistischen Gottesdienst. Es sind die Menschen aus der Welt, die das Angebot des Evangeliums annehmen sollen. Um sie geht es der evangelisierenden Gemeinde. Sie hat sie im Blick, und deshalb bestimmen auch sie die Themen, die Formen und die Sprache des Gottesdienstes.

3.3. Einfach und schön

Ein dem Menschen zugewandter und verständlicher Gottesdienst verzichtet auf Elemente, die das gottesdienstliche Geschehen verkomplizieren. Christian Schwark fordert daher mit Recht eine radikale Vereinfachung der Formen und auch des Inhalts eines Gottesdienstes, der die Kirchendistanzierten meint.[665] Der evangelistische Gottesdienst darf weder zur Aufklärungsveranstaltung über kirchliche Traditionen noch zur dogmatischen Vorlesung missbraucht werden. Beides hat seinen Platz im kirchlichen Leben, beides kann enorm wichtig sein, aber nicht im Gottesdienst, der sich anschickt, das Evangelium kirchendistanzierten Menschen zu vermitteln.

Formen und Inhalte des Gottesdienstes sollten sich radikal an den Besuchern orientieren und nicht an den kirchlichen Mitarbeitern, die solche Veranstaltungen vorbereiten und gestalten. Auch hier gilt die goldene Regel: Der Köder muss dem Fisch schmecken und nicht dem Angler. Ob man in einem solchen Gottesdienst singt oder eher tanzt, einen Vortrag hört oder eine Pantomime bewundert – darüber entscheidet die kulturelle Disposition der Hörer. Sie sollen angesprochen werden, sie sollen sich hier wohlfühlen, sie sollen den Inhalt verstehen und die Formen innerlich bejahen.

So wichtig ein Gebet ist, so klar muss es sein, dass die Frage, ob man nun im Gottesdienst öffentlich und laut betet, nicht von vornherein klar ist, sondern erst in der Reflexion der Umstände und im Gespräch

665 Schwark 2006:122.

mit Gott entschieden wird. Gesang, Zeugnis, ja sogar Predigt stehen hier gleicherweise zur Disposition. Alles kann, nichts darf rein rituell zum evangelistischen Gottesdienst gehören. Er muss so inhaltsreich sein, wie seine Besucher es verstehen können, so schön, dass seine Besucher wiederkommen wollen, und so einfach, dass ein ungezwungenes Gespräch über seinen Inhalt entstehen kann.

3.4. Anleitung zur Entscheidung

Ein guter evangelistischer Gottesdienst ist dialogischer Natur. Hier kommen Menschen mit Menschen und schließlich mit Gott ins Gespräch. Niemand wird in einem solchen Gottesdienst zu einer Entscheidung gezwungen. Und doch – der evangelistische Gottesdienst ist vom Angebot einer Entscheidungsmöglichkeit geprägt. Alles in einem solchen Gottesdienst sollte zur Entscheidung des Menschen, das Evangelium anzunehmen und Gott nachzufolgen, getragen sein. Eine Veranstaltung, in der das Evangelium als bloßer Gedankenanstoß, als Diskussionsbeitrag präsentiert wird, ist kein evangelistischer Gottesdienst. An Gott scheiden sich die Geister. Wer in den Raum der Begegnung zwischen Gott und Mensch geführt wird, der steht vor der Lebensentscheidung. Anders geht es nicht.

Freilich bedeutet das nicht, dass man einen solchen Gottesdienst mit Appellen zur Bekehrung spickt. Appelle bewirken in der Regel genau das Gegenteil davon, was man als Evangelist erreichen will. Nicht die Appelle sind es, die die Entscheidung des Menschen für Gott begünstigen, sondern der Anblick des Heiligen, die Aussicht auf ein sinnvolles Leben, das Vorbild eines vom Evangelium transformierten Lebens. Der Besucher eines evangelistischen Gottesdienstes sollte daher geistliches Leben spüren, sehen und erleben, bevor man es ihm oder ihr erklärt. Entscheidungsfreudigkeit wird nicht durch Zwang, sondern durch die Sehnsucht nach Leben geweckt.

Eine evangelisierende Gemeinde ist daher immer auch eine „lebendige Gemeinde". In ihr wird das Evangelium gelebt. Hier kann man verändertes Leben sehen und „mit den Händen greifen" (1Joh. 1,1ff). Wenn man aber den Evangelisierenden ihre Gemeinschaft mit Gott nicht abspürt und ihr verändertes Leben nicht sieht, dann werden die guten Worte zur Farce, die gesprochene Einladung zur religiösen

Hülse. Die Atmosphäre der Entscheidung im evangelistischen Gottesdienst ist somit wesentlich vom Lebensgeist der anwesenden Christen geprägt. Wenn ihr Leben nicht die Sehnsucht nach Veränderung in den Besuchern weckt, dann nutzen die Bekehrungsappelle wenig.

Ist aber der Gottesdienst von einer positiven und einladenden Atmosphäre der Entscheidung geprägt, dann hat auch der Aufruf zur Bekehrung und Buße seinen Platz. Der Apostel Petrus führte uns mit seiner Pfingstpredigt das wohl beste Beispiel eines solchen Aufrufs vor. Zutiefst getroffen von dem, was die Menschen gesehen, erlebt und von Petrus als Evangelium von Jesus Christus gehört haben (Apg. 2), fragen die Zuschauer: „Was sollen wir denn nun tun?" Und Petrus antwortet: „Tut Buße und ein jeder lasse sich taufen ..." (Apg. 2,37-38). Der Appell des Petrus ist eher eine Antwort auf eine Frage als ein Aufruf zur Entscheidung. Im evangelistischen Gottesdienst, der vom Geist des Evangeliums getragen ist, gleicht der Aufruf zur Entscheidung einer ausgestreckten Hand eines Helfers, der dem Ertrinkenden an das rettende Ufer hilft. Es ist eine Antwort auf die entfachte Lebenssehnsucht und kein Knüppel des verdammenden Gesetzes. Genauso wenig wie der evangelistische Gottesdienst einem Gerichtssaal gleicht, in dem die Sünder abgeurteilt werden, darf auch der Aufruf zur Bekehrung nicht mit den Androhungen des ewigen Gerichts kokettieren.

Sicher, wo der Heilige Geist die Menschen von der Notwendigkeit des Heils in Christus überzeugt, da öffnet er ihnen auch die Augen für das Gericht Gottes. Man muss, ja man darf die Konsequenzen eines gottlosen Lebens nicht verschweigen, um Menschen für ein Leben mit Gott zu gewinnen. Eine Entscheidung für Gott ist auch immer eine Entscheidung gegen die Abgötter dieser Welt (1Thess. 1,9). Und eine Entscheidung für ein Leben mit Gott ist auch eine Entscheidung für den Himmel und damit eine Entscheidung gegen die Hölle. Aber es ist nicht die Hölle, gegen die man wettert, die in dem Menschen Lust auf ein Leben mit Gott weckt, sondern das Evangelium vom Reich Gottes! Und dieses Evangelium hat bereits seine Gestalt in der Gemeinde Jesu erhalten. Die Entscheidung des Menschen für Gott wird somit im Wesentlichen auch eine Entscheidung für die Gemeinde Jesu sein. Die in manchen Kreisen üblichen Sätze eines Evangelisten: „Wir wollen euch nicht für eine Kirche, sondern für Jesus gewinnen", ist an dieser Stelle völlig deplatziert und eigentlich falsch. Freilich wollen wir sie nicht für eine bestimmte Kirche gewinnen, aber wie soll denn Nachfolge Jesu aussehen, wenn sie nicht in die Gemeinde führt? Es ist die Gemeinde, die durch ihr Leben die Atmosphäre der Entscheidung im evangelistischen Gottesdienst wesentlich prägt und damit auch eine Entscheidung für Gott und für eine Gemeindemitgliedschaft begünstigt.

3.5. Gottesdienst als Zeugnis

Die Bedeutung des Lebenszeugnisses der evangelisierenden Gemeinde im evangelistischen Gottesdienst ist klar geworden. Damit ist aber auch das Zeugnis als Grundmuster des Gottesdienstes etabliert. In der Tat ist der evangelistische Gottesdienst vor allem ein Zeugnis-Gottesdienst. Der Besucher kann hier das Evangelium spüren, sehen und hören. Und zwar in allen Winkeln der gottesdienstlichen Veranstaltung. Die Art und Weise, wie der Besucher noch vor dem Veranstaltungsort empfangen wird, wie man ihn in den Raum geleitet und begleitet, wie man sich um ihn während der Veranstaltung kümmert und dann anschließend im Gesprächsraum betreut – all das ist Evangelisation. Was die Gemeinde den Menschen in ihrem Alltag am Evangelium vorlebt, wird hier auf engstem Raum konzentriert. Der Besucher sieht die freundlichen Gesichter der Christen, erlebt die Gastfreundschaft und hört dem Zeugnis der Christen zu. Aus all diesem formt sich der Eindruck des Besuchers und damit auch seine Bereitschaft, den Dialog über den Glauben fortzusetzen, oder eher doch abzubrechen. Dieser Eindruck wird wesentlich darüber entscheiden, ob wir den Betroffenen später wieder in der Gemeinde sehen oder nicht.

4. Ortsbezug und kulturelle Relevanz

Evangelistische Gottesdienste werden von ihrem Inhalt her geplant. Und doch spielt nicht nur der Inhalt, sondern auch die Form eine Rolle. Die Inkulturation des Evangeliums betrifft nicht nur die Botschaft, sondern auch den Botschafter und seine Mittel.

Evangelisation findet auf dem Territorium der Welt statt. In Bezug auf den evangelistischen Gottesdienst bedeutet das in der Regel, dass der evangelistische Gottesdienst in neutralen Räumen stattfindet. Dabei sind nicht alle Räume für die Durchführung eines solchen Gottesdienstes geeignet. Mehrere Merkmale eines geeigneten Raumes können an dieser Stelle angeführt werden.

Der Gottesdienst sollte in gepflegten und auf den Besucher hin gestalteten Räumen stattfinden. Rick Warren weist darauf hin, dass die äußere Gestaltung des Raumes einen unmittelbaren Einfluss auf die Bereitschaft der Besucher hat, das Evangelium auch zu hören.[666] Niemand sitzt gerne in einem unheimlichen, seinem Wohlbefinden widersprechenden Raum. Sicher hängt das Wohlbefinden des jeweiligen Menschen stark von seiner entsprechenden Kultur ab. Wo der eine sich wie ein Fisch im Wasser fühlt, da läuft es dem anderen kalt den Buckel herunter. Die Wahl eines neutralen Raumes muss deshalb immer den jeweiligen kulturellen Konditionen folgen.

Der Gottesdienst muss in Räumen stattfinden, die Begegnung ermöglichen. Das ist in zwei Richtungen von Bedeutung: Die Räume müssen den Menschen die Freiheit zur Begegnung vermitteln und sie müssen Platz zur Begegnung bieten.

a. Die Räume bieten den Menschen Freiheit zur Begegnung.
Man stelle sich vor, man würde Kriminelle dazu einladen, in den Räumen einer Polizeiwache zu feiern. Ob es hier zu einer Begegnung kommen würde? Wohl kaum. Oder man lädt Menschen, die noch nie ein Hotel betreten haben, dazu ein, in einem Sternehotel dem Evangelium zu folgen. Werden sie da überhaupt zuhören können? Als die Sowjetunion zerbrach, da wurde es modern, Evangelisationen im großen Kremlsaal in Moskau anzubieten. Die wenigsten Moskowiter hatten diesen Saal je von innen gesehen. Natürlich strömten jetzt Massen zur Veranstaltung. Aber waren diese Massen wirklich imstande, dem Evangelium zu lauschen, oder bewunderten sie eher die reichlich verzierten Wände des Raumes, in denen ihr Schicksal so oft besiegelt wurde? Nein, Räume sind nicht immer geeignet, um zu einem Begegnungsraum zwischen Mensch und Gott zu werden. Manchmal ähneln sie eher einem Minenfeld.

666 Warren 1999:249.

b. Die Räume bieten Platz zur Begegnung.
Der evangelistische Gottesdienst ist nicht einfach eine Programmveranstaltung. Bietet der Saal nur die Möglichkeit zuzuschauen, dann sind die Räume denkbar schlecht geeignet. Hier kann bestenfalls ein Dialog mit dem Hinterkopf des vor mir sitzenden Menschen anvisiert werden. So wichtig ein gutes Programm ist, so bedeutend ist das Gespräch über das Programm. Und ein entsprechender Raum sollte hierfür vorhanden sein.

Evangelistische Gottesdienste sollten in Räumen stattfinden, die frei sind. Die Heilige Schrift lehrt uns, dass die Mächte des Bösen in der Luft herrschen (Eph. 2,1-2). Räume, die permanent zu entsprechenden spirituellen Veranstaltungen gebraucht werden, sind geistlich nicht frei. Man kann in diesen Räumen die Anwesenheit der dunklen Mächte regelrecht spüren. Oft ist in diesen Räumen die „Luft einfach dick". Die evangelistische Gemeinde wird solche Räume vor der Evangelisation spirituell reinigen, sie Gott weihen und ihn bitten, jeden dämonischen Einfluss aus dem Raum zu verbannen.

So wichtig es sein kann, Evangelisation in neutralen Räumen zu gestalten, so wichtig ist es, diese Räume nicht beliebig, sondern gezielt nach kulturellen, kommunikationstechnischen und spirituellen Gesichtspunkten zu wählen.

5. Struktur und Form

5.1. Der Vorraum – Atmosphäre der Begegnung

Der evangelistische Gottesdienst ähnelt in gewisser Hinsicht einem Freundschaftsmahl. Hier werden fremde Menschen in die Familie zum Essen geladen. Und wie bei einem Gastmahl beginnt auch der Gottesdienst mit der Einladung. Eine Einladung zum evangelistischen Gottesdienst ist viel mehr als Werbung. Werbung arbeitet mit dem Produkt, das vermarktet werden soll. Wer einen evangelistischen Gottesdienst bewirbt, der wird das Thema, den Redner oder auch andere Programmpunkte in den Mittelpunkt stellen. Menschen, die auf eine solche Werbung ansprechen, kommen in ein Unterhaltungsprogramm. Sie wollen nicht herausgefordert werden, sie wollen vielmehr genießen oder bestenfalls Neues kennenlernen. Die persönliche Konfrontation, der Aufruf zur Bekehrung wirkt auf diese Besucher deshalb immer ärgerlich. Selten kommen sie ein zweites Mal.

Eine Einladung ist dagegen eine sehr persönliche Angelegenheit und zielt auf Begegnung. Der Einladende ist hier Gastgeber. Man geht zusammen zum Themenabend, man wird zusammen das Programm verfolgen und man ist danach noch zum Gespräch über den Abend zusammen. Vielleicht geht man noch etwas essen oder trinken. Eine solche Einladung setzt daher ein gewisses Vertrauen voraus. Der Eingeladene vertraut seinem Gastgeber und kommt mit. Eine solche Einladung setzt die Präsenz der evangelisierenden Gemeinde im Lebensraum der Menschen voraus. Da wird bereits durch Sein und Tun evangelisiert, bevor man den Raum für die Verkündigung öffnet. Ich spreche in diesem Zusammenhang auch gerne von dem Vorraum eines evangelistischen Gottesdienstes. Hier werden Menschen abgeholt und behutsam in die Gegenwart des allmächtigen Gottes geführt.

Zu einem solchen Vorraum gehört auch das Vorprogramm eines evangelistischen Gottesdienstes. Statt gleich zu den wichtigsten Themen des Evangeliums zu schreiten, greift man zunächst die Themen aus dem Lebensraum der Menschen auf. Man spricht über die gemeinsamen Herausforderungen im Viertel, stellt einen ortsansässigen Musiker oder Autor, Sänger oder auch sonstigen Kulturschaffenden vor. Das gemeinsame Thema, der ortsbekannte Künstler etc. nimmt dem Besucher die Angst, öffnet den Begegnungsraum und stellt eine gewisse Alltagsrelevanz des Gottesdienstes her. Es ist enorm wichtig, dass die evangelisierende Gemeinde dabei als gesellschaftsrelevante und transformative Kraft wiedererkannt wird. Wer vorne auf der Bühne Menschen sieht, die einem noch gestern geholfen haben, Probleme zu lösen, der beginnt in das Geschehen des Gottesdienstes Vertrauen zu investieren, lange bevor dieser Gottesdienst beginnt. Nichts ist so ungeeignet für den Beginn eines evangelistischen Gottesdienstes als der direkte Hinweis auf die Sünde des Menschen. Wenn ein Mensch, der noch kein Wort vom Evangelium gehört hat, bereits als verlorener Sünder begrüßt wird, der mit einem Bein in der Hölle steht, dann werden auch die letzten Reste einer gewissen Offenheit in Ärger und Wut umschlagen. Gottesdienste, die mit Appellen zur Buße und Gebeten der Gnade für die versammelten Sünder beginnen, schließen die Ohren der Besucher und nehmen ihnen die Möglichkeit, in den Raum der Begegnung mit Gott zu kommen. Ein gesellschaftsrelevanter evangelistischer Gottesdienst beginnt dagegen mit dem Vorraum, in dem eine Atmosphäre der Einladung und des gegenseitigen Vertrauens herrscht.

5.2. Thema als Gesprächseinstieg

Evangelistische Gottesdienste nutzen aktuelle Themen als Einstieg ins Gespräch über das Evangelium. Das Thema bildet jene Brücke zwischen der Lebenssituation des Menschen und der Botschaft des Evangeliums, die das Gespräch über das Leben mit Gott eröffnen kann. Das gewählte Thema wird deshalb immer beides berücksichtigen müssen: den aktuellen Bezug zum Leben des Hörers und den inhaltlichen Bezug zu den Fragen des Evangeliums. Je deutlicher das Thema in der Lebens- und Erfahrungswelt des Hörers verankert ist, desto größer wird die Aufmerksamkeit und Gesprächsbereitschaft der Besucher sein. Auf der anderen Seite gilt auch: Je allgemeiner und globaler die Fragestellung des Abends ist, desto geringer sind die Chancen zum echten Gespräch mit dem jeweiligen Besucher.

Jedes Thema muss im Gottesdienst vorgestellt werden. Das kann und soll so kreativ wie möglich geschehen. Gelingt es gar, das Thema durch den Einstieg in den Abend mit dem Smallt Talk im Vorraum zu verbinden, dann hat man schnell den aktuellen Bezug zum Alltag der Menschen hergestellt und kann sich der Aufmerksamkeit der meisten Besucher sicher sein. Ideal ist es, wenn man das Thema durch Menschen vorstellen lässt, die im Viertel bekannt sind und ein natürliches und im Lebensraum bekanntes Verhältnis zur Sache haben. So wird ein Anspiel über eine Situation in der Schule, gespielt von Schülern und Lehrern der örtlichen Schule, ein anderes Echo finden, als wenn es von völlig unbeteiligten Personen vortragen wird. Geht es um eine Situation aus dem Alltag von Arbeitern und ihren Vorgesetzten, so sind Mitarbeiter einer am Ort bekannten Firma bessere Akteure als Schauspieler aus der Nachbarstadt. Es ist auch hilfreich, wenn man das Thema von vor Ort existierenden Vereinen vorstellen lässt. Ob die Akteure dabei notwendigerweise Christen sind, ist weniger entscheidend. Das Gespräch über den Glauben wird sogar mehr Tiefe gewinnen, wenn das Thema von Nicht-Christen oder einer gemischten Mannschaft vorgestellt wird. Im Verlauf des Abends werden Christen genug Raum bekommen, zu diesem Thema Stellung zu beziehen und die Wirksamkeit ihres gelebten Glaubens zu verdeutlichen.

Das eingeführte Thema muss im Laufe des Abends entwickelt werden. Wir schlagen dabei zwei Phasen einer solchen Entwicklung vor: (a) Personifizierung und (b) Generalisierung.

a. Phase der Personifizierung. Hier geht es darum, die Beziehung zwischen dem angesprochenen Thema und dem Erleben des Einzelnen her- und darzustellen. In der Regel wird eine solche Personifizierung durch Zeugnisse von Christen erreicht. Aber man kann sich auch ein Podiumsgespräch oder ein Gespräch in kleinen Gruppen vorstellen. Gerade die letztere Variante nimmt auch den Besucher ins Geschehen und intensiviert damit die Chance zum Gespräch über den Glauben nach dem Abend.

b. Phase der Generalisierung. Hier wird die Allgemeingültigkeit des Themas für das menschliche Dasein behauptet und zwar jenseits aller persönlichen Lebenslagen. Eine solche Generalisierung kann dann bereits der Einstieg in die Verkündigung am Abend sein.

Der Besucher wird somit in ein sehr persönliches und zugleich allgemeinmenschliches Thema hineingenommen. Auch wenn das nicht sein persönliches Problemthema ist, wird er sicher Menschen kennen, denen es genauso ergeht und die nach einer Lösung suchen. Auf diese Weise ist sein Interesse geweckt und eine Antwort aus dem Evangelium kann folgen.

5.3. Verkündigung als Hinführung zum Evangelium

Das Thema des evangelistischen Abends stellt die Brücke zum Evangelium dar. Es ist der Anknüpfungspunkt für die Verkündigung der Guten Nachricht. Im Evangelium zeichnet Gott uns den Weg des Heils in Christus auf (Apg. 4,12). Es bietet dem Problembeladenen die Problemlösung, dem Konfliktverstrickten die Konfliktlösung an, so ganz nach den Worten Jesu: „Kommet her zu mir, alle, die ihr mühselig und beladen seid, ich will euch erquicken" (Mt. 11,28). In der evangelistischen Verkündigung findet die Begegnung zwischen Gott und Mensch statt. Sie ist das Herzstück des evangelistischen Gottesdienstes und des gesellschaftsrelevanten evangelistischen Bemühens der Gemeinde insgesamt. Armin Mauerhofer schreibt mit Recht: „Wenn du alle Hungrigen speist, für alle Armen sorgst und alle Kranken gesund machst, ihnen aber nicht Gottes Erlösungsplan zeigst, hast du sie in ihrer größten Not nicht erreicht."[667]

Wie man evangelistisch verkündigt, welche Form man dabei nutzt, ob man predigt, ein Anspiel bietet, eine Podiumsdiskussion gestaltet oder ein persönliches Zeugnis spricht, das wird wesentlich von den Bedingungen des Kontextes und der Kultur, in der man den Gottesdienst gestaltet, abhängen. Wichtig ist allerdings, dass am Ende des Verkündigungsbeitrags der Hörer verstanden hat, dass sein Problem unmittelbar mit seiner Beziehung zu Gott zusammenhängt und dass eine fehlende Beziehung zu Gott die Probleme der Menschen auslösen und verschärfen und dass schließlich in und durch Jesus Christus die Lösung der Beziehungslosigkeit zwischen Mensch und Gott möglich ist.

Jedem Kommunikator ist natürlich klar, dass eine solche Wende vom aktuellen Thema zu einer grundsätzlich spirituellen Grundlage des Glaubens kein leichtes Unterfangen ist und die Verkündigung hier sehr schnell in eine hülsenhafte religiöse Rede verfallen kann. Gelingen kann sie nur, wenn man das aktuelle Thema entsprechend zu generalisieren versteht und man dabei Fragen nach dem Sinn des Daseins mitberücksichtigt. Von hieraus kann dann wieder der persönliche Lebensbezug gesucht und gefunden werden. Wir gehen deshalb in der Verkündigung den umgekehrten Weg. Haben wir uns in der Themenentwicklung vom Persönlichen zum Allgemeinen bewegt, so nehmen wir in der Verkündigung das Thema im Allgemeinen auf und verdichten es zum persönlichen Anspruch für jeden einzelnen Hörer.

667 Mauerhofer 2010:186.

5.4. Lieder zum Mitsingen

Ein christlicher Gottesdienst und erst recht ein evangelistischer Gottesdienst ist ohne Gesang kaum zu denken. Logan legt Wert darauf, dass in einem Gottesdienst für Fremde Musik und Gesang eine besondere Bedeutung haben müsse.[668] Warum? Welche Rolle spielen Musik und Gesang im christlichen Gottesdienst?

Das Lied, so scheint es, verbindet und schafft Raum zu einem spirituellen Nachsinnen. Es ist ein Ausdruck der Gemeinschaft, des gewollten gemeinsamen Erlebens. Wer singt, kommt sich näher. Und ist das so, so kann es nicht egal sein, was und wie man im evangelistischen Gottesdienst singt. Es wird auch nicht egal sein, wann man im Gottesdienst was und wie singt. Wenn man im Vorraum Gemeinsames betonen will, sollte man dann wirklich ausgesprochen evangelistische Lieder singen, oder wären da gute und inhaltsreiche Volkslieder besser geeignet? Auf jeden Fall sollten die Lieder dem Besucher bekannt sein, und wenn nicht, dann so gestaltet sein, dass man sie schnell gemeinsam lernen kann. Ein hochprofessionell vorgetragenes Chorlied mit geistlichem Inhalt und herausfordernder Botschaft wird niemanden wirklich in einen Gesprächsraum locken, vielmehr stellt sich an dieser Stelle eine Konzertstimmung ein, der Besucher lehnt sich in seinem Sessel zurück und will bald nur noch konsumieren. Die Wahl des Liedgutes für die Einstiegsphase in den evangelistischen Gottesdienst ist demnach von großer Bedeutung für den weiteren Verlauf der Veranstaltung.

Ähnliches muss auch über die Phase der Entwicklung des Themas gesagt werden. Was man hier singt, sollte mit dem Thema zu tun haben. Die Lieder sollten das Thema vertiefen, ohne gleich die Brücke zum Glauben zu schlagen. Erst da, wo der Glaube als Lösungsansatz ins Gespräch kommt, sollte der Glaube auch besungen werden.

Ja, Lieder sind wichtig, aber man kann gerade mit der Auswahl der Lieder sehr schnell aus einem Gottesdienst ein Konzert, aus einem Themenabend eine Singstunde machen. Dann sind die Lieder eher hinderlich und das gemeinsame Singen wird zur Gesprächsblockade.

Aber Lieder erfüllen in einem evangelistischen Gottesdienst auch noch eine andere Funktion: Sie sind die besten Erinnerungsstützen, die man sich vorstellen kann. Ist ein Lied erst einmal zum Ohrwurm

668 Logan 1992:75.

geworden, dann wird man auch den Gottesdienst, in dem man das Lied gelernt hat, nicht mehr so schnell aus dem Kopf bekommen. Damit aber ein Lied zum Ohrwurm werden kann, muss es über eine sehr eingängige populäre Melodie und einen einfachen Text verfügen. Je komplizierter und anspruchsvoller die Musik und der Text, desto weniger geeignet sind sie.

6. Evangelistischer Gottesdienst ist nicht alles

Evangelistische Gottesdienste sind ein wichtiger Teil des Evangelisationsprogramms einer Gemeinde, aber alles sind sie nicht und alles können sie auch nicht leisten. Wer nur auf diese Gottesdienste setzt, wird bald merken, wie wenig Interesse die Evangelisation der Gemeinde in der Bevölkerung findet. Aber da, wo solche Gottesdienste als Höhepunkt einer evangelistisch-transformativen Gemeindearbeit vor Ort angeboten werden und wo sie als offener Gesprächsraum von der Gemeinde gestaltet werden, sind sie ein wichtiger Bestandteil des missionalen Gemeindebaus. Im Gottesdienst können alle anderen evangelistischen Bestrebungen noch einmal gebündelt und auf den Punkt gebracht werden. Hier in der erfahrenen Gegenwart Gottes wird klar, worum es Gott eigentlich geht. Hier kann der Glaube vertieft und die Beziehung zu Gott auf eine neue Ebene gehoben werden. Die Reise zu Gott, die anderswo begonnen hatte, kann hier ihr erfolgreiches Ende finden. Freilich kann ein solcher Gottesdienst auch den Beginn einer solchen Reise markieren. Evangelisation ist, wie wir gesehen haben, ein zyklischer Prozess und der Gottesdienst ein vitaler Bestandteil des Ganzen.

13 Leitung und Evangelisation

1. Ohne Leitung geht es nicht

Evangelisation als Prozess ist ein geleitetes Phänomen. Wird ein solcher Prozess nicht geführt, so erstirbt er bald oder entwickelt sich erst gar nicht. Auf den Zusammenhang zwischen gesunder Gemeindeleitung und Evangelisation hat man wiederholt hingewiesen. Martin Werth spricht von der „kybernetischen Verantwortung für Evangelisation".[669] Und er sieht diese in der jeweiligen Gemeindeleitung verankert.[670] So richtig das ist, so schwierig gestaltet sich eine solche Struktur in der Praxis. Wenn der Pfarrer zugleich der Chef-Evangelist sein soll, wer ist dann für die Seelsorge in der Gemeinde verantwortlich, wer gestaltet das Jüngerschaftstraining, wer sorgt sich um das geistliche Wohl der Gemeinde? Freilich ist die Leitung die verantwortliche Instanz für alle Belange der Gemeinde. Aber wie kann und wie soll eine Gemeindeleitung aussehen, die all dem oben Erwähnten gerecht wird und auch die Evangelisation nicht übersieht.

Die Antwort darauf ist ein Leitungsteam, das sich nach der charismatischen Leitungsstruktur des Apostels Paulus ausrichtet, wie er diese in Epheser 4,11-12 beschrieben hat. Paulus konstatiert: „Gott hat in seine Gemeinde gesetzt zuerst Apostel, dann Propheten, dann Evangelisten, dann Hirten und Lehrer, um die Heiligen zuzurüsten zum Werk ihres Dienstes." Dieser „fünffältige Dienst", wie man ihn in der Literatur auch genannt hat, löst das Problem des auf einen Pastor fixierten Leitungsmodells und ermöglich eine differenzierte und effiziente Leitungsstruktur, die der Evangelisation ihren gebührenden Platz und Verantwortlichen zuweist.[671] Und dieser ist Evangelist.

2. Evangelisten – Gottes besondere Boten

Gott ist der eigentliche Evangelist und die Gemeinde sein wichtigster Agent der Evangelisation. Evangelisation ist somit immer ein Ge-

669 Werth 2004:318.
670 Ebd:326ff.
671 Zum fünffältigen Dienst, siehe Reimer 2004:60-68; Reimer 2009:272-286.

meinschaftsunternehmen, eine kooperative Aktion, ein Prozess, der den Einsatz des ganzen Leibes Christi beansprucht. Und damit dieser Einsatz gelingt, setzt Gott inmitten seiner Gemeinde besonders begabte Evangelisten ein (Eph. 4,11). Sie sind es, die die Heiligen, den Leib Christi, zurüsten sollen zum Werk seines Dienstes. Und wo sie eingesetzt werden, da kommen Menschen zum Glauben und die Gemeinde Jesu erfährt Wachstum (Eph. 4,16).

Freilich stehen die Evangelisten in diesem Dienst nicht allein. Neben den Evangelisten nennt Paulus Apostel, Propheten, Hirten und Lehrer, die die Heiligen „... zum Werk ihres Dienstes zurüsten sollen“ (Eph. 4,11-12). Die Apostel stecken den gesamten Missionsrahmen ab, sodass die Evangelisation nie zu einer reinen Seelenrettungsaktion verkommt, sondern der Heilsplan Gottes, „die Welt mit sich selbst zu versöhnen“ (2Kor. 5,18), im Blick bleibt.[672] Die Propheten erkennen den rechten Ort und rechten Zeitpunkt zur Evangelisation,[673] die Hirten geben den pastoralen Ton an und sichern die geistliche Begleitung[674] und die Lehrer stellen sicher, dass sich keine Synkretismen einschleichen und Gottes Wort rein und unverfälscht verkündigt wird.[675] In einem solchen Powerteam geschieht Evangelisation nach Maß. Und der Evangelist ist das Herz des Unternehmens.

3. Begabung und Berufung zum Evangelisten

Das Substantiv „Evangelist“ kommt nur dreimal im Neuen Testament vor und zwar in der Liste der von Gott eingesetzten Gaben, die für den Aufbau der Heiligen zum Dienst notwendig sind (Eph. 4,11); sodann wird Philippus als Evangelist bezeichnet (Apg. 21,8) und Timotheus wird von Paulus ermahnt, „das Werk eines Evangelisten zu tun“ (2Tim. 4,5). Am Beispiel des Philippus und des Timotheus wird deutlich, was die Aufgabe der Evangelisten in der frühen Kirche war:[676] Philippus predigte vom „Reich Gottes und von

672 Zum besonderen Dienst des Apostels als Missionsstratege, siehe Reimer 2004:72ff.

673 Ebd:103ff.

674 Ebd:123ff.

675 Ebd:143ff.

676 Laut J. Howard Marshall (2000:251ff) war der Evangelist ein in der Urkirche weit verbreitetes Amt, das sich vornehmlich für die direkte Verkündigung des

dem Namen Jesu Christi" (Apg. 8,12)[677] und ähnlich war Timotheus ein Mitarbeiter am Evangelium Christi (Apg. 8,12). Als Evangelisten hatten sich beide der Aufgabe gewidmet, das Evangelium den Menschen, die das Evangelium noch nicht verstanden hatten, zu verkündigen. Das taten sie selbst und auch durch die Gemeinden, welche sie zu einem solchen Dienst zu motivieren suchten. Die kurze und prägnante Definition der Internationalen Konferenz für reisende Evangelisten in Amsterdam 1983 bringt diese Vorstellung auf den Punkt: „Ein Evangelist ist jemand, der vom Heiligen Geist die besondere Gabe bekommen hat, das Evangelium zu verkündigen."[678] Freilich darf die Verkündigung an dieser Stelle nicht als rein verbale Verkündigung missverstanden werden. Sie ist vielmehr im Sinne Jesu als Wort und Tat, als ganzheitliche Aktion zu verstehen.[679]

Der Evangelist als Leiter der Evangelisation der Gemeinde ist vor allem ein von Gott begabter, berufener und eingesetzter Mensch. Gemeinde als evangelistische Gemeinde wird von begabten und berufenen Evangelisten in ihrem evangelistischen Dienst geleitet. In seiner Untersuchung der Tätigkeit von großen angelsächsischen Evangelisten wie Whitfield, Wesley, Finney, Moody oder auch der Deutschen Schrenk und Keller kommt Otto Riecker zu dem Ergebnis, dass es die göttliche Sendung des Evangelisten ist, die im Wesentlichen den Erfolg des Dienstes ausmacht. Riecker schreibt:

Evangeliums an die Heiden, aber auch für die Ordnung der Gemeindeverhältnisse im Sinne der Vorbereitung für die Evangelisation einsetzte. Marshall verweist hier ausdrücklich auf den Dienst des Timotheus, der von Paulus als Evangelist bezeichnet wurde.

677 Siehe mehr bei Green 1990:264ff.

678 Graham 1984:12.

679 Die Gute Nachricht ist eine Nachricht vom allumfassenden Schalom Gottes. So gesehen ist auch die Aufgabe des Evangelisten eine ganzheitliche (siehe dazu die hervorragende Studie von Pedrito U. Maynard-Reid 1997). Evangelisation zielt immer auf Transformation und umfassendes Heilwerden des Menschen und seiner Lebenswelt. Doch während alles christliche Zeugnis eine evangelistische Dimension aufweist (ÖRK 1963:25f), ist nicht jedes Zeugnis von seiner Intention her Evangelisation. Zur Unterscheidung zwischen missionarischer Dimension und missionarischer Intention, siehe Gensichen 1971.

> „Zwischen wahrem innerem Auftrag und geistlicher Fruchtbarkeit besteht eine tiefe Beziehung. In der starken Auswirkung der Tätigkeit der Evangelisten wie überhaupt eines Predigers darf eine *Legitimation*, eine göttliche Bestätigung ihrer Sendung erblickt werden."[680]

Es ist dabei wichtig anzumerken, dass die Berufung zum Evangelisten sich nicht aus einer allgemeinen pastoralen Berufung ableiten lässt. Allen großen Evangelisten, die von Riecker untersucht wurden, ist ein persönlicher Ruf eigen, gegen den sich der Evangelist in der Regel zunächst sperrte. Erst der Schritt in den bewussten Gehorsam brachte dann den „Frieden wie einen Strom"[681].

Der persönliche Ruf geht Hand in Hand mit einer besonderen Geistbegabung, die vom Evangelisten entweder während seiner Hinwendung zu Gott (Bekehrung) oder auch später im Dienst erfahren wird.[682] Und diese Geistbegabung wird dann vom Geist Gottes zur gegebenen Zeit so instrumentalisiert, dass es zum geistlichen Aufbruch kommen kann. Riecker konstatiert: „Das Wirken des Pneuma ist für das Tun des Predigers das konstitutive Prinzip."[683]

Der Evangelist ist somit begabt und berufen, Menschen zu Jesus zu führen. Die Suchenden sind demnach seine Leidenschaft. Sie will und kann er oder sie ansprechen. Das wird vor allem an der Art der Verkündigung des Evangelisten deutlich.

Evangelisten, wie wir sie heute kennen, sind in der Regel wortgewaltige Verkündiger, die von einer Gemeinde zur anderen reisen und Menschen in besonderen Versammlungen zum Glauben rufen. Namen wie Billy Graham, Anton Schulte und Richard Kriese stehen für diesen Typos von Verkündiger in Deutschland. Missionswerke wie Neues Leben, Bruderhand, das Janz-Team oder Zeltmissionen der unterschiedlichen Gemeindewerke beschäftigen solche Evangelisten. Sie kommen, um zu predigen und Menschen zum Glauben zu rufen. Und sie gehen und überlassen der Gemeinde die gewonnenen Seelen zur Nacharbeit. Wenn sie und ihre Werke die Gemeinde vorbereiten, dann eben nur für die von ihnen angebotene Aktion.

680 Riecker 2001:107.
681 Ebd:114.
682 Ebd:119ff.132f.
683 Ebd:163.

An der Tätigkeit der freien Evangelisten und Evangelistinnen wird seit Langem massive Kritik geübt. Mit ihrer exponierten Stellung in Sachen Evangelisation würden sie eher die evangelistische Ausrichtung der Gemeinde verhindern als diese fördern, sagen die Kritiker. Andere verschweigen gar den Dienst des Evangelisten ganz[684] oder sagen erstaunlich wenig.[685] In der Tat stehen den bekannten Vorteilen der besonderen evangelistischen Veranstaltungen – die konsequente Verkündigung des Evangeliums, der klare Ruf zur Entscheidung, die Konzentration aller Kräfte der Gemeinde auf eine evangelistische Aktion – eine Reihe von Nachteilen gegenüber. Welchen Sinn sollen solche Aktionen haben, wenn die jeweilige Gemeinde vor Ort über kaum oder keinerlei Kontakte verfügt? Was kann man von einer allgemeinformulierten Verkündigung erwarten, die zwar deutlich evangelische Inhalte transportiert, aber an den Themen der Menschen vor Ort vorbeigeht, weil ihr weder die Menschen noch ihre Themen bekannt sind? Was kann eine noch so intensiv vorgetragene Predigt wirklich bewirken, wenn das Glaubenszeugnis vor Ort entweder ganz fehlt oder so missverständlich daherkommt, dass man es eher für merkwürdige Sektiererei als für eine wirkliche Lebensalternative hält? Schnell gibt dann auch der beste Evangelist eine merkwürdige Figur eines schlechten Alleinunterhalters ab. Das evangelistische Ergebnis ist dann eher dürftig, nur die Gemeinde hat den Eindruck, wieder einmal missioniert und ihr Soll bis zum nächsten Jahr erfüllt zu haben.

Evangelisation sollte zum Gemeindebau beitragen. Der Evangelist und sein Beitrag dienen laut Epheser 4,11-16 dem Aufbau der Gemeinde. Die heutige Praxis der Massenevangelisation trägt dagegen wenig dazu bei. Woran liegt es? Warum konnten Evangelisten vergangener Zeiten noch so mächtig evangelisieren und Tausende in den Bann ihrer Verkündigung ziehen und heute geht das nicht? Fehlen uns solche Glaubensmänner wie George Whitefield (1714–1770)[686]

---

684 Siehe z. B. Klaiber 1990, Green 1990.

685 So widmet Martin Werth in seiner 400-seitigen „Theologie der Evangelisation" gerade 1,5 Seiten dem besonderen Dienst des Evangelisten (Werth 2004:344f) und auch diese fallen eher kritisch aus.

686 Der Dienst des englischen Evangelisten George Whitefield (1714–1770) nahm erstaunliche Dimensionen an. Seine Veranstaltungen zogen Zehntausende von Menschen in Europa und Nordamerika an und seine Verkündigung löste vielerorts regelrechte Erweckungen aus (Riecker 1962).

oder hat sich die religiöse Situation so radikal verändert? In jedem Fall hat sich die Situation verändert. Der wesentliche Unterschied zu der Verkündigung des Evangeliums in den vergangenen Jahrhunderten ist der Vertrauensverlust der Kirche und ihrer Institutionen in der Bevölkerung. Die Postmoderne wird vom Postchristentum begleitet. Und wo Vertrauen fehlt, da geht und hört man nicht mehr hin. Der Evangelist als Alleinunterhalter wird in einer solchen Situation nur wenig ausrichten. Erst wenn die Gemeinde ihr Vertrauen in der Gesellschaft wiederherstellt, kann auch sein Dienst wieder wertvoll werden.

4. Mitarbeiter in der Evangelisation

4.1. Alle evangelisieren, aber nicht alle auf die gleiche Weise

Evangelisation ist ein Auftrag an die ganze Gemeinde. Alle Gemeindeglieder sind angehalten, sich am Werk der Evangelisation zu beteiligen. Nur so kann permanente Evangelisation Wirklichkeit werden. Doch die Beteiligung aller meint nicht, dass alle das Gleiche tun müssen. Jeder hat individuelle Gaben und wird im Dienst entsprechend eingesetzt werden. Ein weiser Meisterevangelist wird dieser Tatsache immer Rechnung tragen und die Unterschiedlichkeit der Begabung der Glaubensgeschwister positiv in seinen Planungen nutzen.[687] Dabei werden sich vier wichtige Bereiche herauskristallisieren, die für den gesellschaftstransformativen Gemeindebau und seine evangelistische Arbeit von großer Bedeutung sind: (a) missionarische Diakonie als Ausdruck präsentischer Evangelisation; (b) Verkündigung als Ausdruck proklamativer Evangelisation; (c) evangelistische Seelsorge als Begleitung in Buße und Bekehrung und (d) Nacharbeit als Prozess der Sozialisation in den Leib Christi.

4.2. Missionarische Diakonie

In der missionarischen Diakonie kommt die Gemeinde den Menschen in ihrem Lebensraum entgegen. Hier kann sie das Evangelium unter den Menschen leben, den Menschen dienen und so dem Evangelium, wie oben besprochen, Präsenz verleihen. Dabei ist es wichtig, niemals

687 Werth 2004:332ff.

nur für die Menschen da zu sein, sondern immer partizipatorisch mit den Menschen. So arbeitet man zusammen, verbessert gemeinsam die eigene Situation. Hilfe, die die Gemeinde dabei leistet, ist Hilfe zur Selbsthilfe. Hier wird niemand und nichts instrumentalisiert. Die soziale Aktion mutiert nicht im Handumdrehen zum billigen Köder für das Eigentliche – die Evangelisation. So entsteht Vertrauen und damit die Basis für Verkündigung.

Die Gemeinde kann ihren diakonischen Auftrag nicht einfach delegieren. Wie wenig fruchtbar sich ein solcher Versuch erweist, kann man heute am Beispiel der institutionalisierten Diakonie in unserem Land studieren. Während die Kirche hier zu einem der größten Arbeitgeber im Land geworden ist, schlagen sich ihre sozialen Programme nicht oder nur äußerst selten im Wachstum der Gemeinden vor Ort nieder. Geradezu umgekehrt werden erfolgreiche soziale Programme fast zum Sinnbild des geistlichen Verfalls der Gemeinden.[688] Da aber, wo die Gemeinde selbst diakonisch aktiv wird, also gemeindenahe Diakonie betreibt, da ist auch der missionarisch-evangelistische Ertrag beeindruckend.[689]

Alle Gemeindeglieder können am diakonischen Programm der Gemeinde teilnehmen. Es macht Sinn, zum Beispiel alle Hauskreise mit einer sozialdiakonischen Aufgabe zu versehen. In meiner eigenen Gemeindepraxis hat die Koppelung der Hauskreisarbeit an Gemeinwesen-Projekte erstaunliche Resultate gebracht. Dabei muss der anvisierte soziale Dienst nicht gleich orbitant groß sein. Ein Hauskreis kann und sollte sich in übersichtlichen Diensten engagieren, die nicht mehr als einen Abend pro Monat in Anspruch nehmen. Doch dieser Dienst, wie klein er auch sein wird, ermöglicht den Gläubigen den Kontakt zu den Menschen, die Mitarbeit an ihren Problemlösungen, Zeugnis und Vertrauen.

So klein die soziale Aufgabe für den einzelnen Christen oder Hauskreis auch sein mag, sie sollte unbedingt in ein Gesamtprojekt der Gemeinde eingebaut werden. Erst die Konzentration aller Dienste auf ein gemeinsames Vorgehen wird das Image der Gemeinde im sozialen Raum als Ganzes verändern. Die stille Beteiligung der Christen an Ini-

688 Siehe Beispiele in Reimer 2009:256ff.

689 Ebd:258ff; Gornik 2002:65ff; Gibbs 2005:135ff; Barnett 2007; Schlottoff 2011; u. a.

tiativen der Gesellschaft, so gut diese sein mögen, schafft noch keinen Lichtstrahl, der von allen erkannt und eindeutig mit der Gemeinde und Kirche in Verbindung gebracht wird. Es ist gut, wenn Christen im lokalen Sportangebot aktiv mitmachen, aber wenn sie wollen, dass man dadurch auch die Haltung der Bevölkerung zum Glauben und zu Gott verändert, dann bedarf es eines Links zur Gemeinde und ihrer Diakonie.[690] Es ist gut, wenn Gemeindeglieder sich ehrenamtlich den sozial Schwachen widmen und sich z. B. als Tagesmütter, Schulhelfer oder Sterbebegleiter engagieren. Wollen sie aber, dass man ihren Dienst auch mit Gott verbindet, so werden sie darauf achten, dass sie ihre Mitarbeiter über die Gemeinde koordinieren lassen.

Man kann die Beispiele beliebig erweitern. Unsere Gemeinwesenarbeit muss als kirchliche Gemeinwesenarbeit erkannt werden. Nur so bietet sie die Chance, über den Glauben und Gott ins Gespräch zu kommen. Die Trennung der sozialen Arbeit von der Verkündigung wird sich sonst als evangelistisch wenig effektiv erweisen. Auch unsere diakonische Präsenz in der Welt sollte von der Welt als die Präsenz des Evangeliums erkannt werden. Nicht als Köder für den Glauben, sondern als Erklärung unseres veränderten Lebens.

Das Beispiel einer Schweizer Gemeinde in Winterthur soll das verdeutlichen. Als kleine Gruppe von Gleichgesinnten wurde sie im Jahre 1960 von Charles Reichenbach als „Gemeinde von Christen" gegründet. Im Laufe der letzten fünfzig Jahre ist diese Arbeit zu einer regelrechten Gemeindebewegung mit mehreren Tausend Gottesdienstbesuchern angewachsen. Seit 1987 ist Johannes Wirth Pastor der Gemeinde. Er ist in dieser Gemeinde selbst als 22-Jähriger zum Glauben gekommen, hat hier seine Berufung erfahren und gab nach einigen Jahren ehrenamtlicher Mitarbeit seinen säkularen Beruf auf, wurde Pastor und bald auch der wichtigste Kopf der Gemeindeentwicklung.[691]

Wirth beginnt seine evangelistische Tätigkeit mit Straßenaktionen. Jeden zweiten Samstag geht er mit seinen Jugendlichen auf die Straßen der Stadt, bietet den Jugendlichen kostenlos Kaffee und Kuchen an und sucht auf diese Weise das unmittelbare Gespräch. Es sind vor allem Jugendliche am Rand der Gesellschaft, denen das Interesse der

690 Green 1990:544ff.

691 Vonlanthen 2010:4.

kleinen Gemeinde gilt. Immer wieder kommt es nun zu Bekehrungen dieser jungen Leute und fasziniert von deren Lebenswandel kommen bald auch ihre Angehörigen in die nun auf 130 Mitglieder angewachsene Gemeinde.

Die Arbeit mit gefährdeten Jugendlichen macht es bald erforderlich, dass deutliche Akzente auf die soziale Betreuung gelegt werden. Mehrere Häuser werden angemietet, in denen diese Jugendlichen betreut werden. Hier können sie übernachten, erhalten Verpflegung und sozialen Beistand. Gemeindeglieder kümmern sich um ihre Weiterbildung, einen Arbeitsplatz und vieles, vieles mehr. Die Arbeit wächst so schnell, dass Wirth und sein Team bereits drei Jahre später, 1990, die Quellenhofstiftung gründen,[692] die sich um solche Jugendlichen kümmert und geschützte Ausbildungs- und Arbeitsplätze vor allem für psychisch labile Jugendliche anbietet.

Auch Mitglieder anderer Gemeinden helfen dabei mit. Manche wechseln auf Dauer zu der neuen Gemeinde. Etwa ein Drittel des rasanten Wachstums in diesen Jahren sind Transferchristen, die von der sozialen und evangelistischen Arbeit der Gemeinde überzeugt sind. Ein weiteres Drittel rekrutiert sich aus Zuzüglern in die Region und immerhin ein Drittel der neuen Gemeindeglieder kommen dort selbst zum Glauben. Das ist für die Schweiz ein phänomenales Ergebnis und deshalb setzen Wirth und sein Team auch weiter alles auf das Konzept einer ganzheitlichen Evangelisation. Ein großes Areal in Winterthur-Hegi wird angekauft und hier baut die Gemeinde ihr neues Gemeindezentrum, den Mülisaal, der 1999 bezogen wird, aber schon kurze Zeit danach wieder zu klein ist. Die Gemeinde stellt ein Zirkuszelt auf, das nun zu einem weiteren Anziehungspunkt für die Menschen wird.[693]

Das kontinuierliche Wachstum der sozialen Arbeit in der Quellenhofstiftung und in der Gemeinde führt die Gemeinde schließlich zum Entschluss, 2006 ein großes Industriegrundstück unweit des Mülisaals zu erwerben. Hier entstehen nun Hauptsitz und Werkstatträume für die Quellenstiftung und dann die Parkarena, ein Kongresszentrum mit 1250 Sitzplätzen, in dem die Gemeinde nun am Sonntag ihre zwei Hauptgottesdienste und einen Jugendgottesdienst feiert. In der Wo-

692 Siehe hierzu: http://www.qhs.ch/.

693 Vonlanthen 2010:5.

che kann dieses Zentrum von der Bevölkerung genutzt werden, was auch bald rege wahrgenommen wird.

Die Parkarena hat sich zu einem wahren Magneten für die unterschiedlichsten Veranstaltungen entwickelt. „So dienen nicht nur wir den Menschen, sondern auch unser Gemeindehaus", kommentierte Johannes Wirth die multiple Nutzung des Gemeindezentrums in einem Gespräch mit mir. Und darin erblickt der erfolgreiche Pastor auch die Ursache für den Segen Gottes, den seine Gemeinde im Laufe der letzten Jahre erfahren hat. „Wir dienen Gott, indem wir Menschen dienen. Und wo Menschen unsere Liebe erfahren, da entsteht Vertrauen, die einzig effektive Basis für Evangelisation. Bei uns kommen Menschen zum Glauben, weil sie durch uns Gottes Liebe erfahren haben."

Anschaulich wurden diese Worte durch die Praxis der Gemeinde illustriert, als Europa im Frühjahr 2009 durch die Vulkan-Asche-Wolke überzogen wurde. Auch am Flughafen Zürich blieben Hunderte von Menschen hängen. Die Gemeinde erwirkte bei der Regierung die Genehmigung, diese Menschen in ihrer Gemeinde aufzunehmen. Kostenlos versorgte man nun tagelang die Reisenden, bot ihnen Unterkunft und Verpflegung und zeigte ihnen die Schönheiten der Schweiz. Am Sonntag gingen viele dieser gestrandeten mit in den Gottesdienst: Atheisten aus Russland, Muslime aus den arabischen Emiraten, Hindus und Buddhisten aus Indochina und sicher auch manche Christen. Beeindruckt von der Gastfreundschaft der Gemeinde verließen sie Zürich mit einem völlig neuen Eindruck von den Christen. Es mag schon sein, dass der Weg zu einer totalen Hinwendung zu Christus für diese Menschen noch sehr weit ist, aber sie sind auf diesen Weg gekommen. Und das ist der Anfang jeder Evangelisation.

Der Gottesdienstbesuch in der Gemeinde liegt heute bei etwa 1100 Erwachsenen. Mehrere Angebote für Jugendliche, Teenies und Kinder, die ebenfalls Hunderte von Besuchern zählen, kommen dazu.[694] Die Gemeinde wächst Jahr für Jahr um 5–10%.

Das funktionierende Model der GvC hat die Leitung der Gemeinde bewegt, nach dem gleichen Prinzip selbstständige Gemeinden dieser Art in der gesamten Region und eventuell auch darüber hinaus zu gründen. So sind im Laufe der letzten Jahre in Bassersdorf, Wil, Uster

694 Ebd.

und Frauenfeld weitere Gemeinden entstanden. Sie unterstehen alle der strategischen Leitung der Gesamtgemeinde, werden aber operativ durch eigene Gemeindeleitungen geführt. Damit folgt die Gemeinde dem Prinzip einer Multi-Site oder Netzwerk-Gemeinde. Sie sprechen deshalb auch gerne von einer Bewegung. Die Quellenstiftung bleibt dabei ihr wichtigster sozialer Arm.

4.3. Verkündigung

Evangelisation will Menschen zum Glauben an Jesus führen. Und so wollen es auch alle Evangelisten. Ihre Verkündigung, ob im persönlichen Gespräch, einem Zeugnis oder einer Predigt wird sich deshalb immer zuerst und vor allem um die Fragen und Bedürfnisse der Suchenden drehen. Sie hat der Evangelist oder die Evangelistin im Blick. Sie sollen aus ihrem Unglauben geholt und in eine Beziehung zu Jesus geführt werden. Alle anderen Themen sind zunächst sekundär. Genauso soll die Form der Verkündigung nur diesem Zweck dienen.

Im Laufe der Jahrhunderte haben sich viele Formen der Evangeliumsverkündigung etabliert. Evangelisten haben sich als überaus kreativ und kommunikativ erwiesen. So hat sich neben der klassischen evangelistischen Predigt eine Reihe von Kommunikationsformen etabliert, die von medialer Darstellung, Theater und Film, Puppentheater und Pantomime, Ausdruckstanz und Gesang bis hin zur einfachen Talkshow reichen. Allen diesen Verkündigungsformen liegen gleiche Aufbaumuster zugrunde. Sie schließen (a) den Anknüpfungspunkt, (b) das Thema der Verkündigung, (c) den Bezug zur Frage der Beziehung zu Gott, (d) die Hinführung zur persönlichen Beziehung zu Gott und (e) Konsequenzen einer lebendigen Beziehung zu Gott ein.

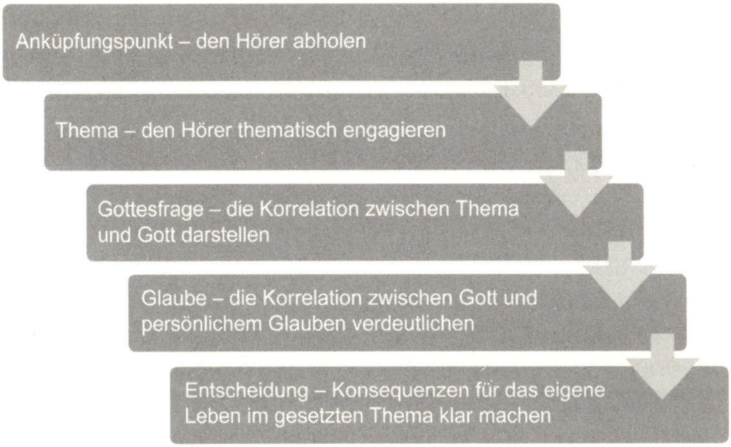

Aufbau evangelistischer Verkündigung

a. Der Einstieg – wo setzt man an? Der Evangelist beginnt seine Verkündigung, indem er bei der Situation seiner Hörer anknüpft. Je aktueller der Anknüpfungspunkt, desto sicherer ist ihm die Aufmerksamkeit seiner Hörer. Und je weltfremder das gewählte Thema, desto größer das Desinteresse der Hörer. So wird man beispielsweise mit dem überaus wichtigen Thema „Leben in der Ewigkeit" sicher kaum jemanden mitreißen können, während das Thema der wachsenden Vereinsamung des Menschen heute bestimmt Interesse weckt. Die Wahl des richtigen Anknüpfungspunktes oder auch des richtigen Themas ist somit entscheidend. Das setzt natürlich voraus, dass man dem Hörer „aufs Maul schaut", wie Martin Luther es zu sagen pflegte.

In einer gesellschaftstransformativen Gemeindearbeit wird eine solche Wahl jedoch nicht wirklich schwerfallen. Hier lebt man mit den Menschen, ist in gemeinsame Projekte involviert. Man weiß also, wo der Schuh drückt. Die Themen der Menschen liegen offen. Und so kann auch eine evangelistische Verkündigung aufgebaut werden, die kontextuell und lebensnahe ist.

b. Das Thema – was Menschen bewegt. Die Themen setzen die Menschen, mit denen man das Gespräch über den Glauben sucht, nicht die Evangelisten. Und weil sie die Themen vorgeben, kann es bei der evangelistischen Verkündigung nie einfach um einen Vortrag oder um bloße Predigt gehen. Vielmehr bemüht der Evangelist sich um ein interaktives Vorgehen. Das kann tatsächlich ein Gespräch sein oder eine in den Vortrag übernommene Spontanreaktion der Hörer. Am Ende wird es wesentlich darauf ankommen, ob der Hörer innerlich mitgegangen ist und mitgedacht und diskutiert hat. Das kann man gut an der Reaktion der Menschen nach einer solchen Verkündigung erkennen. Eine gute Evangelisation löst immer ein Gespräch aus. Man kann aus einer gelungenen evangelistischen Verkündigung nicht unbeteiligt nach Hause gehen. Sie wird entweder Protest oder Freude, positive oder negative Reaktionen auslösen. Und weil man am nächsten Tag wieder zusammen an der Transformation des gemeinsamen Lebensraumes arbeitet, können solche Reaktionen von Gemeindegliedern eingefangen und weitergeführt werden.

c. Und wie redet man da über Gott? Menschen, die Gott nicht kennen, werden selten mit Themen kommen, die einen offensichtlichen Gottesbezug haben. Nimmt man ihre Themen auf, dann wird man sich die Mühe machen müssen, ganz natürlich die Frage nach der Beziehung zwischen Mensch und Gott zu stellen. Nichts wäre fataler, als dem Thema den Gottesbezug aufzusetzen. Bestimmte Themen eignen sich daher auch gar nicht erst für die evangelistische Verkündigung.

Und doch gibt es wohl kaum wirklich lebensrelevante Themen, die ganz und gar ohne Gott auskommen. Schließlich ist er die eigentliche Quelle des Lebens. Wie will man als Christ über Schöpfung, über den Menschen sprechen und dabei den Schöpfer außer Acht lassen? Wie will man Ordnung in die Beziehungen zwischen den Menschen bringen, wenn man den Urquell aller Beziehungen – Gott – außen vor lässt? Wie wollte man über Erziehungsthemen sprechen, wenn man die Anweisungen zur Erziehung in der Offenbarung Gottes missachtet? Gott gehört als Thema in alle unsere lebensrelevanten Themen.

Freilich ist das für den suchenden Menschen ganz und gar nicht selbstverständlich. Der bloße Hinweis auf die Wahrheit wird also weder genügen noch befriedigen. Wie bringen wir dann Gott in unser Thema? Die Antwort ist: Wir müssen über uns reden. Wenn die Themen der Menschen auch unsere Themen sind, dann unterscheiden sich deren Antworten von unseren im Wesentlichen nur durch den Gottesbezug. Wir leben mit Gott, sie nicht. Und wenn unser Leben für die Menschen, die ohne ihn leben, attraktiv ist, dann werden sie diesen Unterschied sehen und hören wollen. In der evangelistischen Verkündigung muss deshalb dem Zeugnis ein überaus prominenter Platz eingeräumt werden. Ob gesprochen oder gespielt, dargestellt oder gezeichnet – der Hörer soll uns wiederentdecken und verstehen, warum wir besser dran sind.

Wieder erweist sich gesellschaftstransformative Gemeindearbeit an dieser Stelle als wichtige Plattform. Denn unsere Hörer haben bereits Christen kennengelernt. Sie haben bereits ihre Fragen geäußert und ihre Vermutungen angestellt, warum die Christen um sie herum so anders sind. Jetzt in der Verkündigung entdecken sie nicht einfach abstrakte Beispiele, sondern das Leben ihrer Mitstreiter, mit denen zusammen sie den Lebensraum gestalten. Und sie beginnen zu verstehen, warum diese so viel Wert auf Gott in ihrem Leben legen.

d. Glaube beginnt mit Vertrauen. Der Einbezug des Zeugnisses in die Verkündigung ermöglich es dem Evangelisten, nun den nächsten Schritt in seiner Verkündigung zu wagen. Er kann jetzt über den Glauben reden. Für die meisten Menschen ist der Glaube eine intellektuelle Annahme der Existenz Gottes oder gottähnlicher Wesen. Eine solche Annahme ermöglicht es den Menschen, transzendente Fragen zu beantworten oder wenigstens so zu tun, als wären diese beantwortet. Doch Christen wissen, dass Glaube vor allem eine Frage der persönlichen Beziehung ist. Nicht an wen man glaubt, ist an dieser Stelle entscheidend, sondern wem man glaubt. Die religiöse Wahrheit der Bibel ist eine Person, nicht ein Konzept. Jesus Christus kann deshalb von sich selbst sagen: „Ich bin der Weg, die Wahrheit und das Leben. Niemand kommt zum Vater, es sei denn durch mich“ (Joh. 14,6).

Glaube ist somit eine Frage des Vertrauens, nicht des allumfassenden Wissens. Auch Christen wissen nicht alles, erkennen die Zusammenhänge nur teilweise. Der Apostel Paulus schreibt: „Unser Wissen ist Stückwerk und unser Weissagen ist Stückwerk" (1Kor. 13,9). Nicht das allumfassende Wissen macht die Alternative in unserem Leben aus, sondern das Vertrauen. Und das Vertrauen kommt aus der Erfahrung.
Der Evangelist wird diese Vertrauensdimension in seine Verkündigung einbinden und mit Erfahrungen, die wir miteinander machen, untermauern. Auch Menschen können unmöglich alles übereinander wissen, aber wenn sie einander vertrauen, dann wagen sie es bewusst, Beziehung zu leben, und ihr Wagnis zahlt sich aus. Für einen Menschen, der bereits gelernt hat, Christen wie guten Freunden zu vertrauen, wird eine solche Wendung in der Verkündigung hilfreich sein. Der Ballast der fehlenden intellektuellen Gottesbeweise wird kleiner. Eine neue Sicht kann sich Bahn brechen.

e. Vor der Entscheidung. Jetzt kann man von der Entscheidung für Gott sprechen. Die thematische Diskussion hat einen Hintergrund geschaffen, hat Fragen formuliert, die nach Antworten verlangen. Man kann angesichts drängender Fragen nicht einfach zur Tagesordnung übergehen. Fragen gehen mit. Erst recht, wenn es die eigenen Fragen waren und sind. Und so geht auch die vorgestellte Antwort des Evangeliums mit. Sie lädt zur Entscheidung ein. Und sie tut es nicht nur aus dem Mund des Evangelisten, sondern auch und vor allem aus dem Leben der Menschen, die ihn Tag für Tag umgeben. In einer gesellschaftstransformativen Gemeindearbeit muss der Evangelist nicht auf Entscheidungen drängen, wie es nicht selten bei Massenevangelisationen geschieht. Die ausgesprochene Einladung ist an sich bereits genug. Die Konsequenzen einer solchen Entscheidung werden ihm nun täglich von Christen vorgelebt.

4.4. Evangelistische Seelsorge

Die Hinführung zum eigentlichen Akt der Umkehr und Lebensübergabe an Jesus geschieht in der seelsorgerlichen Begleitung. Eine solche Begleitung kann aus der persönlichen Beziehung und damit aus der PE, am Rande einer Kleingruppe oder auch im Anschluss an eine Veranstaltung oder einen Gottesdienst angeboten werden. Es setzt die beiden vorangegangenen Akte der Evangelisation voraus. Der oder die Betroffene hat das Evangelium am Vorbild der Christen gesehen und die Botschaft der Guten Nachricht gehört. Das Gespräch verfolgt ein klares Ziel – der Betroffene soll zur persönlichen Umkehr geleitet werden, denn Evangelisation zielt auf die Umkehr des Menschen. Wo Evangelisation nicht mehr bekehren will, hört sie auf, Evangelisation zu sein. Es geht nicht nur um die Darstellung des Evangeliums, sondern um die Hinführung zum Evangelium und die Ermöglichung eines Lebens nach dem Evangelium. Und damit geht es auch um Bekehrung.

Besonders der Begriff der Bekehrung hat im Laufe der letzten Jahrzehnte viel Kritik und Spannung verursacht.[695] Georg Vicedom schrieb bereits im Jahre 1969: „In der gegenwärtigen theologischen Diskussion spielt der Begriff Bekehrung kaum eine Rolle, weil sich das Selbstverständnis des Menschen so gewandelt hat, dass man meint, man könne dem mündigen und damit dem autonomen Menschen, der in Glaubensdingen das Bestimmungsrecht über sich selbst habe, die Umkehr zu Gott nicht mehr zumuten."[696] Das hat sich seither eher noch verstärkt. Der moderne Mensch will nicht bekehrt werden, genauso wenig will er evangelisiert werden. Evangelisation und Bekehrung können nicht voneinander getrennt werden. Und damit kommt der evangelistischen Seelsorge als drittem Akt der Gemeindeevangelisation eine wichtige Rolle zu.

Was ist Bekehrung? Was verstehen wir unter einer Lebenswende, die als Folge der Evangelisation erwartet wird? Der Vater der deutschen Missionswissenschaft Gustav Warneck definierte Bekehrung als Abkehr der Gottlosen von ihrem bisherigen Irrtum und „Zukehr zu der Wahrheit und Heiligung, die in Christo ist".[697] So wie es der Apostel

695 Siehe dazu Kasdorf 1976:147f.

696 Vicedom 1969:59.

697 Warneck in Kasdorf 1976:149.

Paulus über die Thessalonicher schreibt. Diese hatten sich „von den Abgöttern bekehrt, zu dienen Gott“ (1Thess. 1,9). Damit sind die beiden wesentlichen Bewegpunkte genannt, auf die es bei der Bekehrung des Menschen zu Gott ankommt: (a) Sie wenden sich von ihrem alten, gottlosen Leben ab, bekennen dieses als falsch und die Kräfte, die dieses Leben gestalten, als abgöttlich und (b) wenden sich Gott als ihrem Herrn und Erlöser zu. Die Bekehrung markiert damit einen Herrschaftswechsel, das Ende eines Prozesses von der totalen Ablehnung eines Lebens mit Gott hin zum Leben nach dem Willen Gottes.

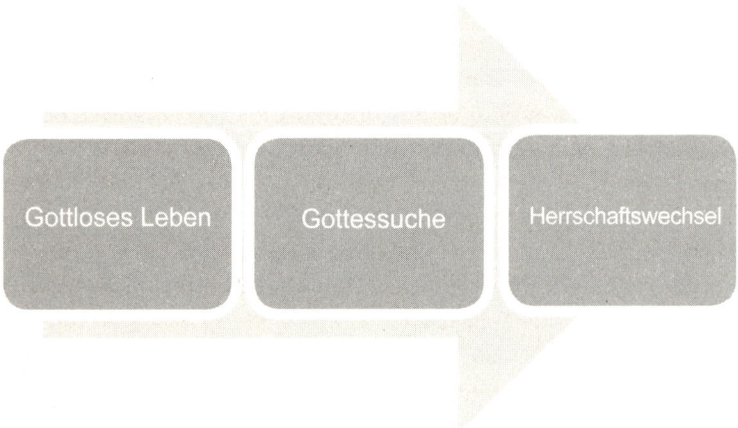

Schritte auf dem Weg zu Gott

Wer sich bekehrt, der wendet sich von seinem alten Leben ab. Und wer einen Menschen zur Bekehrung geleitet, der hilft dem Betroffenen, seinen verlorenen Zustand zu erkennen. Paulus hat seinen Auftrag als Evangelist so verstanden, dass er den Heiden die Augen öffnete, damit „sie sich bekehren von der Finsternis zum Licht“ (Apg. 26,18). Anschaulich hat der Apostel selbst erfahren, wie man ihn aus der Blindheit zum Licht geführt hat (Apg. 9,1ff). Und diese Blindheit sieht er in der Herrschaft des Satans begründet, unter der der gottlose Mensch lebt und als Resultat davon zu einem „Kind des Ungehorsams“ wird, der seinen Begierden verfallen ist (Eph. 2,1-3). Als Evangelist soll er nun den Menschen aus dieser Herrschaft führen (Apg. 26,16). Bekehrung ist somit der Akt der Abkehr, der Umkehr, der Befreiung. Wer sich bekehrt, der wendet sich vom Satan ab, verlässt die Finsternis und akzeptiert Gott als seinen neuen Herrn.

Die Bekehrung ist aber auch ein positiver Akt der Hinwendung. Der Mensch „bekehrt sich zu Gott" (Apg. 26,20) und wendet sich damit seinem neuen Herrn zu (Apg. 9,35), der ihm Leben in der Fülle verspricht und gibt. Mit der Bekehrung tritt der Mensch ein herrliches Erbe an (Apg. 26,16). Er wird wiederhergestellt als Kind Gottes (Joh. 1,12). Der Apostel Paulus gerät regelrecht ins Schwärmen, wenn er die Vorteile dieses Lebens beschreibt.[698] Geschaffen, um zum Lob seiner Herrlichkeit in seiner Welt zu sein (Eph. 1,3ff), als Gottes bestes Werk, geschaffen zu guten Werken, die er zuvor bestimmt hat, dass Menschen darin wandeln sollen (Eph. 2,10).

Wer sich zu Gott bekehrt, der wendet sich damit einem neuen Leben zu, das Alte ist vergangen, Neues ist geworden (2Kor. 5,17). Mit der Bekehrung gelten andere Werte, andere Inhalte, andere Ziele. Und mit der Bekehrung stellt Gott den Menschen in eine andere Lebensgemeinschaft – den Leib Christi. Paulus gebraucht hierfür den Ausdruck des „Einpfropfens". Der Mensch wird vom Geist Gottes in ein neues Kollektiv – die Gemeinde – eingepfropft (1Kor. 12,13). Ab jetzt ist er Mitglied eines ganz bestimmten Volkes, das das Ziel verfolgt, die Welt unter die Herrschaft Gottes zu bringen. Nichts wird ihn nun mehr beschäftigen als Gottes Reich und sein Wille.

Eine so umfassende und weitreichende Wende im Leben eines Menschen geschieht nie in einem Moment. Es ist ein komplizierter Vorgang, der den ganzen Menschen mit allen seinen Lebenskräften in Anspruch nimmt. Schließlich geht es um nichts weniger als um die Änderung des Lebensfundaments, der Grundlagen, auf denen der menschliche Alltag aufgebaut ist. Hier ist man geistig, intellektuell und psychisch gefordert. Auch wenn der Mensch eine solche Entscheidung an irgendeiner Stelle in Zeit und Raum festmacht, stehen hinter der Entscheidung selbst Zeiten des Nachdenkens, der inneren Kämpfe und Prozesse der Umorientierung. Niemand bekehrt sich spontan. Man spricht deshalb auch vom Prozess der Bekehrung.[699]

---

698 Siehe z. B. Epheser 1,3-21.

699 Kasdorf 1976:152.

Ein solcher Prozess schließt mehrere Stufen der Annäherung des Menschen an Gott ein. Hans Kasdorf spricht in diesem Zusammenhang von fünf solchen Stufen: (a) Selbsterkenntnis, (b) Gotteserkenntnis, (c) Sündenerkenntnis, (d) Buße und (e) Heilannahme.[700]

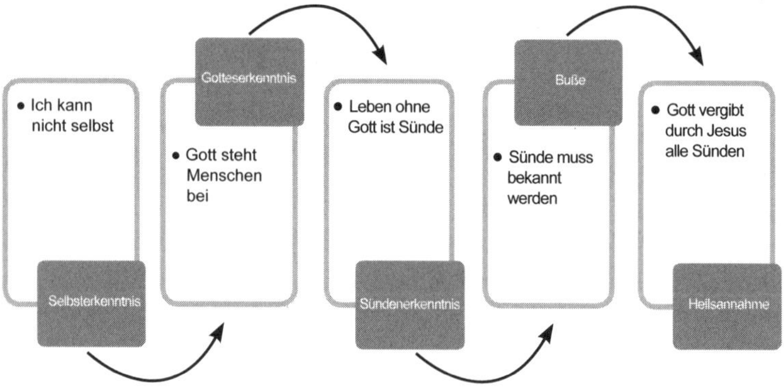

Prozess der Bekehrung

a. Der Gott Suchende kommt aus einer gewissen existenziellen Betroffenheit heraus zu Gott. Man ist in der einen oder auch anderen Weise an die Grenzen menschlicher Fähigkeiten und persönlicher Kompetenz gestoßen. Auch andere Menschen vermögen in der momentanen Lage nicht weiterzuhelfen. „Ich komme so nicht weiter" – dieser Satz zeichnet den Gott Suchenden aus. Die Sehnsucht nach einem außermenschlichen Eingriff wird immer größer. Der Prozess der Bekehrung beginnt mit der Selbsterkenntnis. Je weniger Menschen bereit sind, sich mit dem eigenen Leben auseinanderzusetzen, desto schwieriger und länger ist der Prozess.

b. Die Erfahrung der eigenen Unzulänglichkeit öffnet den Weg zu Gott. Man kann sich nicht zu Gott bekehren, ohne Gott zu kennen. Bekehrung setzt deshalb Gotteserkenntnis voraus. Dabei geht

700 Kasdorf 1976:154ff.

es um die fundamentalen Fragen nach der Existenz Gottes und seinem dem Menschen zugewandten Wesen. Man muss nicht alles über Gott wissen, um ihm zu vertrauen. Niemand wird Gott je erschöpfend erkannt haben, aber alle können das Wichtigste über sein Wesen und seine Liebesbeziehung zu uns Menschen erfahren.

c. Die Beschäftigung mit dem Heiligen Gott öffnet dem Menschen die Augen für seine Sünden. Erst wenn er weiß, was Gott von uns erwartet, versteht er, wie falsch seine eigenen Wege sind. Sündenerkenntnis ist nur auf dem Hintergrund der Wahrheit Gottes möglich. „Ihr werdet die Wahrheit erkennen", sagt Jesus, „und die Wahrheit wird euch frei machen" (Joh. 8,32).

d. Es ist die Sündenerkenntnis, die den Menschen in die Suche nach einem gnädigen Gott treibt. Niemand wird wirklich Buße tun, es sei denn, man hat seinen eigenen verlorenen Zustand erkannt. Buße ist ein Ausdruck der Agonie, der Verzweiflung an der eigenen Sündhaftigkeit und der Bereitschaft, die rettende Hand Gottes zu ergreifen. Fehlt die Sündenerkenntnis, wird die Buße zum religiösen Ritual, einer Art Sakrament, dem man bestenfalls magische Kräfte zuschreibt. Biblisch gesehen ist Buße das jedoch nicht. Nicht das Vertrauen auf den Ritus, sondern ehrliche Zuwendung zum Erlöser, der vergeben kann und vergeben will, ist hiermit gemeint. „Wer aber seine Sünden bekennt ... so ist er treu und gerecht und vergibt uns alle unsere Gebrechen", schreibt der Apostel Johannes (1Joh. 1,8).

e. Freilich ist eine Zusage noch keine Erfahrung. Das Heil in Christus muss angenommen werden. Jesus hat das einmal auf den markanten Satz gebracht: „Wenn es jemand dürstet, so komme er zu mir und trinke, und wer da trinkt, aus dessen Leibe werden Ströme lebendigen Wassers fließen" (Joh. 7,37). Zu wissen, wo das Wasser ist, genügt nicht. Man muss es nehmen und trinken. Zu wissen, dass Jesus die Sünden vergibt, bringt noch kein Heil und Vergebung in das Leben des Menschen. Man muss die Vergebung annehmen. Erst wenn das geschieht, kommen Freude und Friede in das Herz des Menschen.

Begleitet wird der suchende Mensch auf seinem Weg zu Gott von Seelsorgern der Gemeinde, die hierin ihre Begabung und Verantwortung gefunden haben. Eine solche Begleitung orientiert sich an drei wichtigen Stationen auf dieser letzten Etappe des Weges zu Gott.

1. Die seelsorgerliche Begleitung bedarf immer einer Einladung und damit einer bewussten Konfrontation des Menschen mit der Notwendigkeit einer Lebenswende und eines Herrschaftswechsels. Diese Forderung wird heute recht kritisch gesehen. Man kann sicher über die Art und Weise der Einladung reden, und ohne Zweifel wurden hier in der Vergangenheit viele Fehler gemacht und Menschen in die Nachfolge Jesu seelisch gedrängt. Aber die Tatsache, dass jede evangelistische Verkündigung in eine Einladung zur Annahme des Evangeliums münden muss, kann nicht zur Disposition stehen. Ohne Einladung zur Umkehr verliert die Evangelisation ihren Sinn.

Dabei ist festzuhalten, dass eine solche Einladung immer ein Akt der Liebe und Zuwendung Gottes zum Menschen ist. Hier wird nicht die Keule des Gesetzes geschwungen, sondern Worte der Gnade gesprochen. Ja, das Evangelium entlarvt die Sünde mit aller Schärfe des Gesetzes Gottes, aber indem es die Sünde offenlegt, zeigt es uns das Gesicht eines liebenden Gottes, der sein Bestes, seinen eingeborenen Sohn dahingab, „damit alle, die sich an ihn wenden, nicht verloren gehen, sondern das ewige Leben haben“ (Joh. 3,16). Die Einladung zur Buße ist somit keine Drohrede, sondern eine liebevolle Umarmung. In der Regel wird sie auf die Frage des Betroffenen antworten, der seinen verlorenen Zustand erkennt und aufschreit: „Was soll ich denn jetzt tun?“[701] Die Einladung des Evangelisten setzt somit die Erlaubnis des Betroffenen voraus und wird vom Betroffenen selbst ausgelöst. Er oder sie ist es, die den Anstoß zu der Einladung geben. Michael L. Simpson nannte diese Art von Evangelisation „Permission Evangelism“ = Erlaubnisevangelisation. Danach ist es der Gott Suchende Mensch, der die Art und Weise des nächsten Schrittes bestimmt. Der Evangelist und Seelsorger wartet auf die Erlaubnis.[702] Freilich muss das nicht immer verbal geschehen. Manch einer ist durch die Sünde so gezeichnet,

701 So in der Praxis der Urgemeinde – siehe hierzu das Beispiel der Predigt des Petrus und die entsprechende Reaktion seiner Zuhörer in Jerusalem (Apg. 2,37f).

702 Simpson 2003:80ff.

dass ihn jeder Lebensmut verlassen hat und eine entsprechende Frage gar nicht mehr formuliert werden kann. Es ist demnach am Evangelisten zu erkennen, ob Zeichen der Bereitschaft zu einem Bekehrungsgespräch vorliegen.[703]

Solche Zeichen können neben einer direkten Frage unter anderem sein:

a. Ausgesprochenes Interesse des Betroffenen an der Art und Weise, wie der Evangelist selbst sein Leben Gott gegeben hat. „Wie war das denn bei dir?“, fragt man dann. In solchen Fällen sollte man seinen persönlichen Weg zu Gott schildern und ganz nebenbei darauf hinweisen, dass man jederzeit bereit sei zu helfen, zu Gott zu kommen, wenn eine solche Hilfe gewünscht ist. „Du kannst mich fragen, wenn du so weit bist“, das ist ein hilfreiches Signal.

b. Der wiederholte Hinweis: „Für mich kommt das alles zu spät – ich habe zu viel erlebt.“ Der scheinbar abweisende Spruch ist in Wirklichkeit eine indirekte Anfrage zur Beichte. Man kann den Satz so übersetzen: „Ich sehne mich danach, meinen Lebensballast endlich loszuwerden.“ Der Evangelist kann in solchen Fälle anbieten, über all das, was war, zu reden. Geht der Betroffene auf das Gesprächsangebot ein, so bedeutet das, dass er oder sie die Einladung zur Beichte angenommen hat.

c. Emotionale Rührung auf der Seite des Betroffenen, wenn es um ein Leben mit Jesus geht. „Wenn ich so etwas höre, dann kommen mir irgendwie die Tränen“, hört man dann die Menschen sagen. Ein Hinweis darauf, dass man bereit ist, den eigenen Lebensmüll endlich loszuwerden, und die Ahnung, dass am Kreuz Jesu eventuell ein solcher Abladeplatz sein könnte.

d. Intensiver Einsatz für christliche Werte oder gar Projekte. „Ich mache so etwas gerne. Wenn es den Menschen hilft und Gott

703 Ebd:89. Entscheidend ist auch, ob die Gemeinde selbst von der Gesellschaft, in der sie evangelisiert, eine solche „Erlaubnis“, mit den eigenen Kranken zu arbeiten, erhalten hat. Simpson spricht an dieser Stelle von einer „Group-Permission“ (:165ff). Gerade in geschlossenen oder auch gemeindeskeptischen Gesellschaften scheint sein Rat, auf solche „Erlaubnisse“ zu achten, bedeutsam.

gefällt", hört man dann und vernimmt damit die versteckte Botschaft: „Ich will auch gottgefällig leben."

Menschen, die solche oder ähnliche Zeichen von sich geben, sind eigentlich bereit, mit dem Evangelium konfrontiert zu werden, vorausgesetzt, sie kennen es bereits und sind sich der persönlichen Konsequenzen bewusst.

2. Wenn ein Mensch die Einladung, über seine persönliche Beziehung zu Gott zu reden, annimmt und Interesse zeigt, sein Leben mit Gott in Ordnung zu bringen, so wird es zunächst darauf ankommen, den Betroffenen zur Buße zu führen. Es muss klar sein, warum seine Beziehung zu Gott getrennt ist und welche Sünden diese Trennung verursachen. Buße setzt die Beichte voraus. In der Heiligen Schrift lesen wir: *„Wer seine Sünde leugnet, dem wird es nicht gelingen; wer sie aber bekennt und lässt, der wird Barmherzigkeit erlangen"* (Spr. 28,13). Der Sünder ist damit eingeladen, seine Sünden vor Gott auszubreiten.

Dabei ist die Hilfe des Seelsorgers von großem Wert. *„Bekenne einer dem andern seine Sünden und betet füreinander, dass ihr gesund werdet"*, empfiehlt Jakobus (Jak. 5,16). Der anwesende Bruder oder die Schwester können helfen zu unterscheiden, was Sünde und was keine Sünde ist, und stehen dem Betroffenen bei, wenn Kräfte der Finsternis die Hingabe des Lebens verhindern wollen und das Bekenntnis nur halbherzig und die Beichte unvollständig vollzogen wird. Solche Seelsorger weisen immer wieder darauf hin, dass wir Menschen mit unseren Sünden zu einem großen Hohenpriester kommen, *„der versucht ist allenthalben gleichwie wir, doch ohne Sünde"* (Hebr. 4,15). Jesus weiß genau, was Sünden sind und wie es sich anfühlt, wenn man durch diese versucht wird. Er ist selbst durch all unser menschliches Trauerfeld gegangen. Er hat Mitleid! Der Beichtende muss wissen, wie nah ihm der Herr in seiner Beichte ist. Der Psalmsänger drückt es so aus: *„Der Herr ist nahe denen, die zerbrochenen Herzens sind, und hilft denen, die ein zerschlagenes Gemüt haben"* (Ps. 34,19).

3. Auf die Beichte folgt die Lebensübergabe. Hat der Gott Suchende sein gottloses Leben vor Gott benannt und seine Schuld bekannt, so kann er zur Übergabe seines Lebens an Gott schreiten und das ihm

angebotene Heil annehmen. Und geschieht das, so kann der Seelsorger dem Menschen Sündenvergebung zusprechen. Jetzt ist der Akt der Bekehrung vollzogen.

Wo das Heil in Christus angenommen wird, da schenkt Gott dem Bekehrten die Wiedergeburt und die Taufe mit dem Heiligen Geist. Bekehrung ist nicht Wiedergeburt. Sie beschreibt das Bemühen des Menschen, sich Gott zu nähern. Gott, der auf die Bekehrung des Menschen antwortet, erweist ihm die Gnade der Wiedergeburt. Er ist es, der die Macht der Sünde und des Satans über den Menschen bricht, das verdorbene Leben erneuert und damit eine völlig neue Ausgangslage für den Alltag schafft. Paulus spricht an dieser Stelle vom Bad im Geist (Tit. 3,5) oder auch der Taufe im Heiligen Geist (Röm. 6,1ff).

Mit der Wiedergeburt wird der Mensch mit dem Heiligen Geist versiegelt. In Epheser 1,13-14 lesen wir: „Nachdem ihr gehört habt das Wort der Wahrheit, das Evangelium eures Heils, seid ihr in ihm, nachdem ihr geglaubt habt, versiegelt worden mit dem Heiligen Geist der Verheißung, welcher das Unterpfand unsres Erbes ist, bis zur Erlösung des erworbenen Besitzes zum Preise seiner Herrlichkeit." Und in 2. Korinther 1,21.22 bestätigt der Apostel: „Gott hat uns versiegelt und hat das Pfand des Geistes in unsre Herzen gegeben." Jetzt kann der Mensch Gottes Stimme hören und verstehen, denn es ist der „Geist Gottes, der unserem Geist Zeugnis gibt, dass wir Gottes Kinder sind" (Röm. 8,16). Und er ist es, der in den Menschen besondere Gaben des Geistes wirkt, nach denen dann der Dienst benannt wird, zu dem der Mensch berufen ist (1Kor. 12,4-6).[704]

Mit der Wiedergeburt ist der Prozess der Bekehrung abgeschlossen und der Mensch beginnt ein Leben als neue Kreatur in Christus (2Kor. 5,17), im Auftrag des Christus (Eph. 2,8-10) und in der Kraft des Heiligen Geistes (Apg. 1,8; 2Kor. 3,17). Der Evangelisierte wird nun zum Träger des Evangeliums und damit selbst zum Evangelisten.

704 Siehe hierzu meine Darstellung der Gaben des Geistes und die Korrelation der Gaben zu den Diensten in Reimer 2010.

4.5. Befreiungsdienst

Nicht immer verläuft der Prozess der Bekehrung so linear wie oben beschrieben. Bestimmte Menschen sind so tief in die Abhängigkeit der Mächte der Finsternis geraten, dass es besonderer Schritte bedarf, sie aus diesen Ketten zu befreien. Die Anzeichen einer solchen Abhängigkeit werden dem Evangelisten und Seelsorger sicher bald auffallen. Spätestens aber in der Beichte und dem anschließenden Bußgebet sollte klar werden, ob der Mensch besonders befreit werden muss. In der Regel können solche Menschen den Namen des Herrn Jesus Christus nicht aussprechen. Schon beim Versuch, es doch zu tun, fangen sie an zu würgen, es wird ihnen schlecht, ihre Stimme ändert sich, eine andere Gewalt scheint die Kontrolle über ihr Wesen zu übernehmen.

In einem solchen Fall ist der Evangelist und Seelsorger gut beraten, sich selbst Klarheit über die okkulte Vergangenheit seines Gesprächspartners zu verschaffen. Offensichtlich ist in der Beichte nicht alles erkannt, gesagt und bekannt worden. Vielleicht sind dem Betroffenen diese Zusammenhänge selbst kaum bekannt, und wenn doch, lebt er möglicherweise mit der Angst, dass die Offenbarung solcher Kräfte schlimme Folgen für ihn und seine Lieben haben könnte. Jedenfalls gilt es, solche Kräfte zu entlarven und die Abhängigkeit offenzulegen. Das geschieht im Gespräch, begleitet vom Gebet und den besonderen Manifestationen des Heiligen Geistes, so zum Beispiel dem prophetischen Wort.[705]

Erst wenn der wahre Zustand erkannt ist, kann der Seelsorger zum Akt der Befreiung schreiten. In der Regel wird er den Betroffenen durch ein Lossagegebet begleiten, dieses ihm vorsprechen und genau darauf achten, dass er laut und deutlich den Namen des Herrn Jesus Christus anruft. Er wird es nicht gleich können, aber wenn man den Einfluss der Geister von ihm hält, schafft es jeder schließlich und die wunderbare Kraft des auferstandenen Christus macht den Geplagten frei zum Gebet. Es ist dieses befreite Gebet, das schließlich zur Freiheit führt. Der Seelsorger muss dann nur noch den Akt der Befreiung besiegeln und den Befreiten segnen.[706]

---

705 Zum Thema ist viel publiziert worden. Siehe unter anderem das hervorragende Werk von Michael Green (Green 1981:220ff).

706 Siehe mehr bei Neal Anderson.

4.6. Anleitung zur Jüngerschaft

Der letzte Akt evangelistischer Arbeit der Gemeinde ist die Nacharbeit. Menschen, die in der Gemeinde zum Glauben an Jesus Christus finden, sollen getreu dem Missionsbefehl Jesu (Mt. 28,19-20) getauft werden und belehrt werden, alles zu halten, was Jesus ihnen anbefohlen hat. Sie sollen zu Jüngern Jesu werden. Eine evangelistische Gemeinde tut gut daran, einen entsprechenden Jüngerschaftsplan zu implementieren. Michael Green hat vorgeschlagen, die Neubekehrten in einer Art „Discovery Group" (Entdeckungsgruppe) zusammenzuführen und sie in mehreren Treffen in die wichtigsten Glaubenswahrheiten einzuführen.[707] Solche Wahrheiten betreffen die Gottesfrage, die Frage nach dem Heil und der Heilsgewissheit, Gebet und persönliche Beziehung des Menschen zu Gott, die Gemeinde und die eigene Begabung, die Berufung und Platzzuweisung in der Gemeindemission. Andere schlagen ähnliche Pläne vor.[708] In Gemeinden mit einer starken Hauskreistradition übernimmt der Hauskreis die Funktion der geistlichen Erziehung des Neubekehrten, was allerdings nicht immer einfach ist, gehen doch die Interessen im Hauskreis oft weit auseinander. Ein Glaubenskurs oder die oben vorgeschlagene Entdeckungsgruppe kann vom Hauskreis nur bedingt ersetzt werden.

Sehr hilfreich sind Glaubenspatenschaften. An dieser Stelle wird Jüngerschaft persönlich gemacht. Jeder Neubekehrte wird von einem erfahrenen, in der Regel ein dem Neubekehrten vertrauten Menschen, begleitet. Diese treffen sich regelmäßig, gehen die wichtigsten Themen des Glaubens durch, lesen zusammen die Bibel, beten und lernen gemeinsam Gott zu dienen. Da, wo man die geistliche Erziehung durch persönliche Patenschaften ergänzt, ist der gewünschte Erfolg am größten.

707 Green 1990:449ff.

708 Siehe z. B. Wilson 1978:66f; Epp 1993.

Nachwort

„Wir evangelisieren nicht mehr in unserer Gemeinde", sagte mir vor zwei Jahren ein guter Freund. Als ich nachfragte, ergänzte er: „Das bringt ja sowieso alles nichts. Menschen kommen nicht zu uns."

„Wie sollen sie auch, wenn ihr nicht mehr evangelisiert", entgegnete ich ihm. „Vielleicht habt ihr in der Vergangenheit mit guter Absicht an den Menschen vorbeievangelisiert. Wie wäre es mit einem Neustart?"

Wir kamen ins Gespräch und ich entfaltete vor ihm meine Vorstellung einer Gemeinde, die von ihrem Wesen her evangelistisch ist. Ich sprach von der evangelistischen Dimension und Intention der Gemeinde, nannte Begriffe, die auch in diesem Buch einen gebührenden Platz gefunden haben. Vieles davon klang für meinen Freund neu. Etwas unsicher sagte er zum Schluss: „Evangelisation als ganzheitlicher Prozess. Das klingt anders. Wir sollten es versuchen."

Und sie haben es versucht. Mit kleinen Schritten und unter der Begleitung eines Gemeindeberaters wagen sie sich langsam auf das ihnen von Gott zugewiesene Territorium. Sie erkannten ihr Potenzial und ermittelten die Bedürfnisse des Ortes und sind dabei, die ersten Gemeinwesen-Projekte zu verwirklichen. Neulich traf ich meinen Freund wieder. Er enfaltete ein ganzes Feuerwerk an Emotionen, als er zu berichten begann, was in den zwei vergangenen Jahren passiert war. Er habe viele neue Bekannte und Freunde und man würde die Gemeinde nun auch in der Bevölkerung kennen und es baue sich in der Bevölkerung so etwas wie Vertrauen der Gemeinde gegenüber auf. Immer wieder sehe man neue Gesichter auch in den Gottesdiensten. Nein, noch hätte sich keiner dieser Menschen für Jesus entschieden, aber sie würden bereits recht positiv über den Glauben an Jesus reden. „Und sie scheinen uns zu mögen", konstatierte er mit breitem Lächeln im Gesicht. „Einer sagte gar, euch nehme ich es ab, dass ihr Gott kennt."

Mein Freund war zuversichtlich, dass der Tag, an dem diese Menschen auch den Schritt zum Glauben an Jesus machen würden, so weit nicht mehr sei. „Und vielleicht haben sie ihn ja längst getan, nur uns können sie es noch nicht sagen", resümierte er. Und wieder zog ein breites Lächeln über sein Gesicht. Ich glaube und hoffe für ihn.

Gesellschaftstransformierende Evangelisation setzt eine Gemeinde voraus, die sich den Menschen in dieser Welt öffnet. Tut sie das, dann werden sich die Menschen ihr und ihrem Glauben öffnen und werden gemeinsam am Bau des Reiches Gottes aktiv. So gewinnt die Mission Gottes Gestalt. Dieses Buch will dazu einen Beitrag leisten.

Bibelstellen-Register

Altes Testament

Gen. 1,26ff	47
Gen. 12,1-3	47
Lev. 19,18	41
Lev. 25,19ff	43
Jes. 25,6	45
Jes. 40,2	189
Jes. 42,7	53
Jes. 43,19	45

Matthäusevangelium

Mt. 1,21	53
Mt. 4,17	43, 50
Mt. 4,23	30, 57
Mt. 5,13-15	32, 47, 61
Mt. 5,16	34, 58, 182, 228
Mt. 6,5ff	84
Mt. 8,10	53
Mt. 8,11	45, 52
Mt. 8,11-13	52
Mt. 10,1ff	102
Mt. 11,1-6	52
Mt. 11,4-5	16
Mt. 11,28	255, 305
Mt. 15,28	52
Mt. 16,18	31
Mt. 20,28	15, 56, 181
Mt. 22,34ff	56
Mt. 24,20	101
Mt. 28,19-20	48, 69, 83, 333
Mt. 28,20	187

Markusevangelium

Mk. 1,1	30, 49
Mk. 1,14	30
Mk. 1,15	49
Mk. 12,28-34 par	40
Mk. 13,10	30
Mk. 14,25 par	44

Lukasevangelium

Lk. 1,54	52
Lk. 4,18f	29, 30, 40, 43, 52
Lk. 6,35	57, 181
Lk. 9,2	54
Lk. 9,11	54
Lk. 11,2b	44
Lk. 13,28-30	52
Lk. 17,21	49, 184
Lk. 22,27	56
Lk. 22,29f	44

Johannesevangelium

Joh. 1,1-12	176, 178
Joh. 1,14	52
Joh. 1,18	51
Joh. 2,1ff	53
Joh. 3,5	65
Joh. 3,16	39, 40, 86, 167, 289, 328
Joh. 4,1ff	52, 266, 268
Joh. 4,24	106
Joh. 8,32	327

Joh. 12,20-26 73
Joh. 13,4ff 57
Joh. 13,9 289
Joh. 13,13f 56, 57
Joh. 14,6 169, 179, 194, 321
Joh. 14,17 194
Joh. 14,26 64
Joh. 16,7 65
Joh. 16,8 64, 65, 290
Joh. 16,13 64
Joh. 17,13 55
Joh. 17,18ff 50
Joh. 17,20-21 20
Joh. 17,21 37, 50
Joh. 20,21 96, 97, 102

Apostelgeschichte

Apg. 1,5ff 59
Apg. 1,8 31, 51, 65, 67, 96, 97, 99, 176, 194, 264, 331
Apg. 2,1ff 96, 63
Apg. 2,37-38 298
Apg. 2,32ff 31
Apg. 2,42ff 100
Apg. 2,46 99, 101
Apg. 3,6f 97
Apg. 4,12 59, 253, 304
Apg. 4,29 25, 30
Apg. 4,31 25
Apg. 4,32ff 98
Apg. 5,12-16 98
Apg. 6,7 31
Apg. 8,12 310
Apg. 8,29 97
Apg. 9,22 189
Apg. 9,27 189
Apg. 9,29 189
Apg. 10,36-38 54
Apg. 13,1ff 67
Apg. 13,2-12 67
Apg. 15,1ff 103
Apg. 15,5 101
Apg. 15,19 98
Apg. 16,9-10 68
Apg. 18,4 198, 190
Apg. 19,23-20,1 100
Apg. 20,23 98
Apg. 20,31 190
Apg. 21,8 30, 309
Apg. 21,21.24 190
Apg. 21,20-26 101

Römerbrief

Röm. 1,15 29
Röm. 1,18 194
Röm. 5,5 41, 265
Röm. 6,23 168
Röm. 8,1ff 106
Röm. 8,9 65
Röm. 8,14-16 65
Röm. 9-11 106
Röm. 12,2 72
Röm. 15,8 15
Rom. 16,25 30

1. Korintherbrief

1Kor. 1,18-2,5 30
1Kor. 2,4 68
1Kor. 3,16 64, 270
1Kor. 6,19 64
1Kor. 9,16ff 22
1Kor. 9,19-21 54
1Kor. 11,1 266
1Kor. 12,3 64, 65, 290

1Kor. 12,4	31, 64, 67, 122, 187, 291, 331
1Kor. 12,5	64
1Kor. 12,4-6	31, 67, 187, 291, 331
1Kor. 12,7	76
1Kor. 12,13	31, 61, 64, 67, 106, 325

2. Korintherbrief

2Kor. 3,6	68
2Kor. 3,17	64, 68, 83, 187, 292, 331
2Kor. 4,3	30
2Kor. 4,4	30
2Kor. 5,17	31, 172, 295, 331
2Kor. 5,18	31, 32, 47, 59, 60, 70, 82, 168, 288, 309
2Kor. 5,20	190
2Kor. 5,21	31, 46, 172

Philipperbrief

Phil. 2,5	50, 61, 176, 178
Phil. 2,6ff	50

Galaterbrief

Gal. 3,28	59
Gal. 5,1ff	106
Gal. 5,2f	101

Epheserbrief

Eph. 1,3	30, 67, 325
Eph. 1,4	40
Eph. 1,13f	65
Eph. 1,23	54, 61, 106
Eph. 2,1-2	31, 301
Eph. 2,8-10	106, 122, 255, 331
Eph. 2,10	31, 76, 265, 325
Eph. 2,14	106
Eph. 4,11	30, 67, 84, 87, 174, 309
Eph. 4,11-12	84, 87, 309
Eph. 4,17-18	237
Eph. 4,25-32	179
Eph. 6,12	98, 122

Kolosserbrief

Kol. 1,20	28
Kol. 2,16	101

1. Thessalonicherbrief

1Thess. 1,5	188
1Thess. 1,9	87, 265, 298, 324

1. Timotheusbrief

1Tim. 3,16	122, 168, 194
1Tim. 6,18	181

2. Timotheusbrief

2Tim. 4,2	190
2Tim. 4,5	30, 309

Titusbrief

Tit. 2,7	58, 181
Tit. 3,5	65, 331

1. Petrusbrief

1Petr. 2,5	64
1Petr. 2,11	190
1Petr. 2,12	58, 181, 182

1. Johannesbrief

1Joh. 1,1ff	99, 263, 297
1Joh. 1,1-5	179
1Joh. 4,7f	40

Jakobusbrief

Jak. 2,17f	58
Jak. 4,2b-3	35

Hebräerbrief

Hebr. 1,1	52
Hebr. 4,15	52, 330

Personen-Register

Abromeit, Hans-Jürgen 9, 11, 353
Anderson, Neal 332, 344
Antonius der Große 121, 122, 123, 131, 358
Augustinus 62, 112, 126, 127, 128, 129
Bainbridge, Willi am Sims 217
Barclay, W. 44, 359
Becker, Paul 61, 359
Beyer, Karl 8
Beyerhaus, Peter 161, 354
Beutel, Manfred 77,354
Blasi, Luca di 224, 354
Bonifazius 132
Boff, Leonardo 28, 29, 354
Bonhoeffer, Dietrich 36, 161, 354
Bosch, David J. 8, 27, 28, 29, 40, 47, 55, 70, 89, 90, 91, 93, 94, 95, 125, 129, 130, 131, 134, 135, 141, 142, 143, 145, 146, 147, 151, 152, 161, 162, 174, 176, 178, 181, 354
Brueggemann, Walter 355
Caecelius 100
Chadwick, Henry 114
Cho, David Yonggi 279, 355
Cyprian 112, 119, 127, 128
Cole, Neal 28, 355
Coleman, Robert E. 112, 119, 127, 128, 355
Columban 131
Columbus, Christopherus 137
Comfort, Ray 16, 228, 355
Conn, Harvey 79, 285, 355
Costas, Orlando 7, 80, 161, 163, 167, 235, 355
Dayton, Edward 181, 199, 356
Dawson, Christopher 131, 356
Dawson, Lorne L. 215, 217, 218, 220, 356
Descartes, Rene 151
Driscoll, Mark 24, 356

Elliade, Mircea 223, 356
Engel, James 200, 201, 202
Epp, Albert 333, 357
Escobar, Samuel 37, 38, 49, 63, 64, 357
Faix, Tobias 242, 357
Feld, Helmut 132, 357
Fife, Eric 160, 161, 357
Francke, August Hermann 153, 156
Franziskus von Assisi 132, 133, 134, 135, 357
Fritz, Jürgen 210, 211, 217, 259
Frost, Michael 28, 55, 71, 177, 178, 374
Galilei, Galileo 151
Gelhot, Rainer 225, 358
Gibbs, Eddie 75, 314, 358
Glasser, Arthur F. 160, 357
Goppelt, L. 43, 44, 48, 358
Graham, Billy 27, 231, 310, 311, 358
Green, Michael 40, 41, 97, 99. 100, 188, 236, 261, 267, 268, 310, 312, 315, 332, 333, 358
Hahn, Eberhard 37, 65, 291, 359
Harnack, Adolf 97, 359
Hase, Christoph 53, 359
Hempelmann, Hanspeter 248, 261, 359
Herbst, Michael 132, 166, 167, 173, 175, 182, 184, 235, 236, 280, 353, 360
Herrmann, Jörg 215, 216, 360
Hiebert, Paul 79, 92, 93, 94, 360
Hirsch, Allan 177, 178, 357
Innozenz III. 133
Johannes Paul II. 12, 134
Kasdorf, Hans 28, 77, 172, 174, 323, 326, 361
Kennedy, James 260, 261, 361
Kessler, Volker 185
Kirk, Andrew 174, 176, 178, 180, 361
Klaiber, Walter 27, 29, 30, 42, 80, 167, 172, 175, 185, 187. 235, 241, 312, 361
Klassen, Heinrich 228, 361

Klassen, John N. 229, 361
Klement, Herbert 12, 362
Kopernikus, Nikolaus 151
Kopfermann, Wolfram 161, 162, 362
Kraus, C. Norman 227, 362
Kuhn, Thomas 90, 91, 92
Kümmel, H.-W. 43, 50, 362
Küng, Hans 62, 90, 92, 93, 94, 95, 191, 103. 105, 110, 113. 114, 115, 118, 125, 126, 128, 152, 362
Ladd, Eldon 49, 362
Lange, Ernst 205, 362
Lange, Joachim 158, 362
Las Casas, Bartholomäus 138, 139
Lasswell, Harold Dwight 192, 363
Lindner, Herbert 74, 75, 363
Lanier, Jaron 214
Locke, John 151
Luhmann, N. 221, 363
Lukasse, Johan 24, 25, 202, 237, 363
Luther, Martin 141, 142, 143, 145, 146
Lutzbetak, Luis 177, 199, 363
Marshall, Howard 37, 64, 309, 310, 363
Maxwell, John C. 203, 204, 206
Markschies, Christoph 109, 110, 112, 363
McGavran, Donald 27, 77, 28, 29, 363
McNeal, Reggie 88, 85, 71, 364
Meiß, Klaus 364
Menno Simons 148, 149, 354, 367
Mittelberg, Mark 237, 252, 364
Möller, Christian 33, 295, 364
Moltmann, Jürgen 36, 263
Montgomery-Fate, Tom 34, 364
Motz, Arnell 162, 234, 236, 239, 364
Murray, Stuart 48, 52, 55, 364
Nel, Malan 13, 17, 365
Newbegin, Lesslie 96, 160, 365
Newton, Isaac 151

Nord, Ilona 225, 365
Padilla, Rene 79, 365
Palmer, Donald C. 16, 365
Pflaum, Lienhard 13, 16, 366
Philipps, Dirk 149
Philipps, Obbe 149
Penner, Peter 61, 366
Peterse, H. 366
Petersen, Jim 227, 236, 237, 238, 239, 252, 262, 263, 265, 267, 270, 279, 366
Pirmin 132
Posterski, Donald 13, 18, 162, 366
Prill, Thorsten 36, 366
Rahner, Karl 223, 366
Redekop, Calvin 229, 366
Reichenbach, Charles 315
Reimer, Johannes 16, 28, 31, 32, 37, 38, 44, 47, 72, 74, 148, 174, 184, 204, 206, 229, 230, 239, 242, 244. 254, 256, 258, 273, 284, 285, 287, 288, 308, 309, 314, 366.
Reinders, Angela 221, 222, 223
Rosenkranz, Gerhard 109, 111, 132, 367
Saravia, Adrian 142
Scharpff, Paulus 27, 142, 143, 146, 152, 153
Schlottoff, Bernd 87, 227, 238, 314, 268
Schnabel, Eckard 37, 97, 368
Schuster, Jürgen 178, 179, 368
Schwark, Christian 88, 295, 296, 369
Schwenkfeld, Kaspar 146
Shannon, Claude E. 193, 369
Simpson, Michael L. 328, 329, 369
Snyder, Howard 62
Sinclair, Daniel 28, 32, 369
Singlehurst, Laurence 231, 232, 233, 237, 369
Spener, Jakob 153, 157, 369
Stark, Rodney 217
Stenschke, Christoph 97, 369
Stott, John 29, 168, 369

Sundermeier, Theo 39, 369
Tertullian 112, 117, 119, 127,
Tholuck, F. A. G. 157, 204, 205, 370
Vicedom, Georg F. 27, 36, 37, 38, 142, 152, 161, 189, 323, 370
Vogel, Walter 224, 370
Volf, Miroslav 37, 370
Walldorf, Friedemann 11, 12, 24, 37, 370
Wallich, Matthias 220, 370
Warneck, Gustav 141, 142, 323, 371
Warren, Rick 78, 79, 142, 174, 300. 371
Warren, Robert 48
Watson, David 27, 29, 371
Welz, Justinian 144, 145, 146, 150, 174
Wieske, Günter 260, 270, 273, 279, 371
Weaver, Waren 193, 369
Wilkens, Ulrich 37, 40, 41, 43, 44, 371
Wilson, Carl 333, 371
Wirth, Johannes 315, 316, 317
Wright, Christopher 37, 371
Wrogemann, Henning 39, 173, 371
Yoder, John Howard 59, 372
Zimmermann, Johannes 254, 284, 372
Zinzendorf, Nikolaus Graf von 157
Zunkel, Wayne C. 79, 80, 81, 372

Sachregister

Absolutheitsanspruch 169, 186
Apostelkonzil 98, 103
Apostolische Evangelisation 28
Antiochien 67, 111
Arianer 129
Athen 98, 115
Autorität 31, 53, 123, 159, 227
Avatar 213, 222, 223
Basisvertrauen 181
Bedürfnisorientierte Evangelisation 180ff
Beichte 157, 229, 330, 332
Befreiungsdienst 332f
Bekehrung 138, 147, 156, 173, 184, 185, 189, 226, 233, 235, 237, 262, 263, 264, 277, 295, 297, 298, 302, 311, 313, 323, 235, 326, 329, 331, 332
Bekenntnis 102, 111, 112. 240, 330
Benediktiner 131
Bibelschule Wiedenest 8
Buße 42, 102, 133, 146, 184, 277, 285, 298, 302, 313326, 327, 328, 330
Campus für Christus 260, 277
Chile Hegi 370
Christenverfolgung 116
Cyberspace 215, 219, 221, 222, 223, 224
Dekodieren 195
Diakonie 165, 182, 313, 314, 315
Dialog 33, 76, 183, 192, 203, 213, 263, 294, 297, 299, 301
Dienst 309, 311, 313, 314, 315, 331
Dreieinigkeit 37
Ebenbildlichkeit 84, 126
Engelsche Skala 200
Enkodieren 195
Erweckung 152, 156, 158, 159, 173, 188, 228, 279, 312
Erweckliche Predigt 156, 157
Evangelisationstraining 243

Evangelistische Verkündigung 12, 15, 28, 41, 58, 94, 97, 150, 157, 185, 189, 190. 205, 207, 225, 244, 319, 328
Evangelistischer Gottesdienst 285ff; 297, 303, 306, 307
Evangelistischer Hauskreis 279ff
Evangelistische Methoden 226-236
Evangelisation/Definition 27-35
Evangelisation/Theologie 36-69
Everyday Evangelism 228
Franziskaner 134, 135
Freimut 25, 26
Friedensreich 45
Geh-Prinzip 75
Gemeinwesenarbeit (GWA) 239, 273, 282
Gericht 58, 66, 169, 171, 255, 298, 290
Gesellschaftsrelevante Evangelisation 59ff
Gesprächsfähigkeit 189ff
Gnosis 112, 115, 117, 118, 222
Gottesdienst für Kirchendistanzierte 88, 210, 295, 296
Hausbesuche 273
Hausgruppen – siehe Evangelistischer Hauskreis
Hauszellgruppen 279
Heidentum 98, 110, 130
Heil 53, 59, 65, 76. 121, 128, 141, 169, 170, 213. 231, 235, 241, 253, 254, 255, 298, 304, 327, 331, 332
Hingabegebet 277, 278
Inkulturation 54, 73, 176, 178, 299
Jubeljahr 44, 59
Kanada 162, 234, 236
Kelten 131, 132, 135
Kolumbien 16
Komm-Prinzip 76
Kommunikationstheorie 194-198
Kommunikationsmodelle 190-194
Kommunikationsstörungen 196f
Kontingente Evangelisation 73
Kontrastgesellschaft 22, 72, 78, 247
Konvivenz 229, 246

Kultur 247, 249, 253, 278, 290, 294, 299, 300, 305
Kulturverständnis 247ff
Kulturkompetenz 32, 253
Kultur des Willkommens 247-258
Lasswell-Formel 192
Lebendige Krippe 133
Lebensstil-Evangelisation 227, 245
Lutherische Kirche 144
Mennoniten 149, 229
Missio Christi 16, 49-62
Missio Dei 14, 17, 40, 48, 52, 58, 63, 70, 89, 286, 287
Missio Spiritus 63-67
Missional 70
Missionaler Aufbruch 71
Missionale Gemeinde 71
Montanismus 119
Nachfolge Christi 130, 157, 185232, 280
Nächstenliebe 41, 42, 58
Offener Abend 246
Ortsgemeinde 74, 75, 76, 180, 273
Paradigma 92, 93, 94, 160, 161, 165
Paradigmenwechsel 92ff
Partizipation 191, 192, 201, 205, 256, 257, 258, 295
Partnerschaft 182
Perichoresis 38
Permanente Evangelisation 73
Permission Evangelism 328
Persönliche Evangelisation 259-278
Pietismus 152, 153, 156, 159
Präsentische Evangelisation 227-230
Prinzip der homogenen Einheit 77, 78, 79
Proklamation 47, 81, 231-235, 295
Proklamative Evangelisation 231-234
Reziproke Interiorität 37, 38
Russlanddeutsche 229
Seelsorge, evangelistisch 323, 328, 330, 331, 332
Soziale Netzwerke 213, 271, 272, 359

Synagoge 101. 102, 103. 104, 264
Taufe mit dem Heiligen Geist 146, 331
Täufer 146-150
Theater 209, 230, 233, 318
Transformation 34, 48, 60, 63, 69, 72, 74, 90
Urgemeinde 96-108, 328
Verantwortung 31, 41, 47, 48, 74, 77, 80
Versammlung 31, 48, 74, 77, 87
Verkündigung 318-321
Verortung 70,75
Virtuelle Realität 224-225
Wiedergeburt 9, 65, 146, 156
Willkommenskultur 247-258
Zeugnis 17, 19, 23, 25, 33m 58, 84, 99. 133, 165, 185, 194, 213, 227, 228, 260, 262, 263, 265, 270, 274, 299, 305, 310, 318, 321
Zielgruppen 77
Zyklus evangelistischer Verkündigung 239-243

Bibliografie

ABROMEIT, Jürgen. 2005. „Wie kann Christus der Herr auch der Religionslosen werden?“ Von der Volkskirche zur Missionskirche. In: *Missionarische Perspektive für eine Kirche der Zukunft,* hrsg. von Michael Herbst u. a. Neukirchen-Vluyn: Neukirchner Verlag: 69-84.

AHN, Che. 2006. *Fire Evangelism. Reaching the Lost Through Love and Power.* Grand Rapids: Chosen.

ALBRECHT, H. 1985. *Predigen.* Kohlhammer: Stuttgart at al.

ALDRICH, Joseph. C. *Life-Style Evangelism.* Multnomah: Portland.

ALLEN, Roland. 1956. *Missionary Methods: St. Pauls or Ours?* London: World Dominion Press.

BARACKMANN, Floyd H. 2002. *Prakticheskaia Christianskaia Teologie.* Moskva: Duchovnoe vozroschdenie.

BARCELO, Pedro. 1999. Art. Christenverfolgungen. I. Urchristentum und Alte Kirche. In: *RGG,* vierte Auflage. Bd. 2. Tübingen: Mohr Siebeck: 246-247.

BARCLEY, W. 1970. *Der König und sein Reich.* Kassel: Oncken.

BARDY, Gustav. 1988. *Menschen werden Christen.* Freiburg i. Br.: Herder.

BARRETT, D. 2006. Defining Missional Church. In *Evangelical, Ecumenical and Anabaptist Missiologie in Conversation.* Essays in Honor of Wilbert Shenk, ed. by James R. Krabill, Walter Sawatzky and Charles E. Van Engen. Maryknoll: Orbis, S. 177-183.

BEASLEY-MURRAY, G. R. 1986. *Jesus and the Kingdom of God.* Grand Rapids: Eerdmans.

BECK, Willi. 2007. Gottesdienst – die Mitte der missionarischen Gemeinde. Unveröffentlichte MTh Dissertation. Pretoria: UNISA.

BECKER, Paul. 1992. *Dynamic Church Planting. A Complete Handbook.* Vista, CA: Multiplication Ministries.

BERNEBURG, E. 1997. *Das Verhältnis von Verkündigung und sozialer Aktion in der evangelikalen Missionstheorie.* TVG Brockhaus: Wuppertal.

BETZ, Hans Dieter, u. a. 1998. *Religion in Geschichte und Gegenwart.* Tübingen: J. C. B. Mohr.

BEUTEL, Manfred. 1998. *Wie verändere ich meine Gemeinde ohne sie zu ruinieren? Lernen von Willow Creek.* Wuppertal: Oncken.

BEYERHAUS, Peter. 1987. *Krise und Neuanfang der Weltmission. Vorträge, Aufsätze und Dokumente.* Bad Liebenzell: VLM.

------. 1996. *Er sandte sein Wort. Theologie der christlichen Mission.* Band 1: Die Bibel in der Mission. Wuppertal: Brockhaus.

BIDLE, J. W., 1985. *Hospitality in a Growing Church: A Training Guide for Welcomers, Ushers, and Teachers (Evangelism & Membership Growth Resources).* United Church Board for Homeland Ministries, Division of Evangelism & Church Extension.

BLASI, Luca di 2006. *Cybermystik.* Paderborn: Fink Verlag.

BOER, Harry. 1961. *Pentecost and Mission.* Grand Rapids: Eerdmans.

BOFF, Leonardo. 1986. *Jesus Christus, der Befreier.* Freiburg: Herder.

BÖHME, Michael; Naumann, Bettina; Ratzmann, Wolfgang; Ziemer, Jürgen. Hrsg. 2003. *Mission als Dialog. Zur Kommunikation des Evangeliums heute.* Leipzig: Evangelische Verlangsanstalt.

BONHOEFFER, Dietrich. 1972. *Widerstand und Ergebung. Briefe und Aufzeichnungen aus der Haft.* Hrsg. von Eberhard Bethge. Berlin: Evangelische Verlagsanstalt.

------. 1998. *Widerstand und Ergebung: Briefe und Aufzeichnungen aus der Haft.* DBW (WE), Band 8, hrsg. von Christian Gremeis. München: Kaiser.

BORNHÄUSER, Christoph. 1973. *Leben und Lehre Menno Simons'. Ein Kampf um das Fundament des Glaubens (etwa 1496–1561).* Neukirchen-Vluyn: Neukirchener Verlag.

BOSCH, David J. 1980. *Witness to the World. The Christian Mission in Theological Perspective.* Atlanta: John Knox.

------. 1987. Evangelisation. In: *Lexikon missionstheologischer Grundbegriffe*, hrsg. von Karl Müller und Theo Sundermeier. Berlin: Reimer: S. 102-105.

------. 1991. *Transforming Mission. Paradigm Shifts in Theology of Mission.* Maryknoll: Orbis.

------. 2011. *Ganzheitliche Mission.* Marburg: Francke Verlag.

BRAATEN, Carl E. And Jenson, Robert W. 2002. *The Strange New Word of the Gospel. Re-Evangelizing Postmodern World.* Grand Rapids: Eerdmans.

BRANDSMA, Jan Auke. 1962. *Menno Simons von Witmarsum.* Aus dem Niederländischen übersetzt von Bruno Loets. Kassel: Oncken.

BRUEGGEMANN, Walter. 1993. *Biblical Perspectives on Evangelism. Living in a Three-Stored Universe.* Nashville: Abingdon Press.

BUSCHMANN, Gerd. 2000. Internet und PC für Theologen. Ein Buchbericht, in: *Praktische Theologie* 35/2000 (Heft 4), S. 297-300.

------. 2002. CYB-ERLÖSUNG. Das Internet als theologische und religionspädagogische Herausforderung. http://www.theophil-online.de/philosop/mfsoph4.htm.

BUB, W. 1990. *Evangelisationspredigt in der Volkskirche.* Stuttgart: Calwer Verlag.

CAMPUS für Christus. 1975, *Handbuch für persönliche Evangelisation.* Neuhausen-Stuttgart: Hänssler Verlag.

CAPON, Robert Farrar. 1985. *Kingdom, Grace, Judgement, Paradox, Outrag and Vindication in the Parables of Jesus.* Grand Rapids: Eerdmans.

CAREY, George. 1995. *The Church in the Marketplace.* 3rd edition. Eastbourne: Kingsway.

CARSON, D. A. 2005. *Besoming Conversant with the Emerging Church. Understanding a Movement and its Implications.* Grand Rapids.

CHO, David Yonggi. 1987. *Erfolgreiche Hauszellgruppen.* Köln. Christliche Gemeinde Köln.

CHRISTLIEB, Theodor. 1893. *Homiletik.* Hrsg. von Theodor Haarbeck. Basel: Jaeger & Kober.

CLOWNEY, Edmund. 1995. *The Church.* Leicester: IVP.

COLE, Neil. 2005. *Klein und stark – Minigruppen: ein Weg zur ganzheitlichen Nachfolge.* 3. Auflage. Glashütten: C & P Verlag.

COLEMAN, Robert E. 1984. *Des Meisters Plan für Evangelisation.* Neuhausen-Stuttgart: Hänssler Verlag.

------. 1987. *The Masters Plan of Discipleship.* Old Tapan: Flaming H. Revell.

COMFORT, R. 1995. *Everyday Evangelism.* Huntington: Lafayette.

CONN, Harvey M. 1997. Hrsg. *Planting and Growing Urban Churches. From Dream to Reality.* Grand Rapids: Baker.

COSTAS, Orlando E. 1978. *Integrity of Mission. The Inner Life and Outreach of the Church.* New York: Harper & Row.

------. 1982. *Christ outside the Gate. Mission Beyond Christendom.* Maryknoll: Orbis.
DAWSON, Christopher. *Religion in the Rice of Western Culture.* London: Sheed & Ward.
DAWSON, Lorne L. and Jenna Hennebry. 1999. „New Religions and the Internet: Recruiting in a New Public Space." *Journal of Contemporary Religion* 14, 1, 1999:29-30.
------. 2001. „Doing Religion in Cyberspace: The Promise and the Perils" In: *The Council of Societies for the Study of Religion Bulletin.* Vol. 30, No. 1, 2001: 3-9.
DAIBER, Karl-Fritz. 1997. *Religion in Kirche und Gesellschaft. Theologische und soziologische Studien zur Präsenz von Religion in der gegenwärtigen Kultur.* Stuttgart: Kohlhammer.
DAVIS, Erik. „Technopagans". In: *Wired* 3.07 (July 1995).
DAYTON, Edward; Fraser, D. A. 1990. *Planing Strategies for World Evangelism.* Grand Rapids: Eerdmans.
DIETRICH, Veit-Jakobus. 1995. *Franz von Assisi.* Hamburg: Rowolt.
DRISCOLL, Mark. 2006. *Confessions of a Reformissioned Reverend.* Grand Rapids: Zondervan.
------. *Radical Reformission.* Grand Rapids: Zondervan.
DOUGLAS, J. D. Hrsg. O. J. *The Work of An Evangelist.* Minneapolis: WWP.
DUBOSE, Francis M. 1978. *How Churches Grow in an Urban World.* Nashville: Broadman.
EBERLEIN, Paul Gerhard. 1999. *Ketzer oder Heiliger? Caspar Schwenckfeld, der schlesische Reformator und seine Botschaft.* (= Studien zur Schlesischen und Oberlausitzer Kirchengeschichte 6). Metzingen: Ernst-Franz-Verlag.
EBELING, Gerhard. 1962. *Theologie und Verkündigung. Ein Gespräch mit Rudolf Bultmann*, Tübingen: J. C. B. Mohr.
EBELING, Rainer. 2009. Emerging Church – Wiederbelebung alter Träume? In: Ders., Alfred Meier, Hrsg. *Missionale Theologie.* GBFE Jahrbuch 2009. Marburg: Francke, S.145-162.
EICKHOF, Klaus. 2009. *Harmlos-Kraftlos-Ziellos. Die Krise der Predigt und wie wir sie überwinden.* Witten: Brockhaus.
ELLIADE, Mircea.1967. *Das Heilige und das Profane. Vom Wesen des Religiösen.* Hamburg.

ELLIS, Roger and Roger, Mitchell. 1992. *Radical Church Planting.* Cambridge: Crossway.

ENGLE, Paul E. and McIntosh, Gary L. 2004. *Evaluating the Church Growth Movement. 5 Views.* Grand Rapids: Zondervan.

EPP, Albert H. 1993. *Discipleship Therapy.* Henderson, Nebraska: Stairway.

ESCOBAR, Samuel. 2003. *The New Global Mission. The Gospel from everywhere to everyone.* Downers Grove: IVP Academic.

------. 2006. *La Palabra: Vida de la Iglesia.* El Paso: Baptist Spanish Publishing House.

EVANGELISATION. 1987. *Evangelisation und Jüngerschaft. Arbeitsbuch. Wien:* BAO.

EVERETT, Gordon L. 1998. Relationsships: The Missing Link in Evangelistic Follow-Up. In: *Vital Missions Issues. Examining Challenges and Changes in World Evangelization.* Ed. by Roy B. Zuck. Grand Rapids: Kregel: 228-238.

FAIX, Tobias/Johannes Reimer. (Hg.), *Die Welt verstehen. Kontextanalyse als Sehhilfe für die Gemeinde.* Transformationsstudien Bd. 3. Marburg: Francke Verlag.

FEE, Gordon. 2005. *Der Geist Gottes und die Gemeinde.* Erzhausen: Leuchter Verlag.

FELD, Helmut. 1994. *Franziskus von Assisi und seine Bewegung.* Darmstadt: Wissenschaftliche Buchgesellschaft.

------. 2001. *Franziskus von Assisi.* München: Beck.

FELDKELLER, Andreas; Sundermeier, Theo. Hrsg. 1999. *Mission in pluralistischer Gesellschaft.* Frankfurt: Lembeck.

FERM, Robert O. 1958. *Cooperative Evangelism.* Grand Rapids: Zondervan.

FIFE, Eric S., Glasser, Arthur F. 1961. *Missions in Crisis.* Chicago: IVP.

FLACHMEIER, Horst R. 1963. *Geschichte der evangelischen Weltmission.* Gießen und Basel: Brunnen.

FRAZEE, Randy. 2001. *The Connecting Church.* Grand Rapids: Zondervan.

FREYTAG, Walter. 1950. Vom Sinn der Weltmission.. In: *EMZ* 1/1950, S. 1ff.

------. 1961. *Reden und Aufsätze.* Band 1. München: Kaiser Verlag.

FROST, M./Hirsch, A. 2003. *The Shaping of Things to Come. Innova-*

tion and Mission for the 21st Century Church. Peabody: Hendrickson.

------. 2008. *Die Zukunft gestalten. Innovation und Evangelisation in der Kirche des 21. Jahrhunderts.* Glashütten: C&P.

GARRISON, David. 1999. *Church Planting Movements.* Richmond: Overseas Operation International Mission Board of the SBC.

GEITZ, E. R., 1993. *Entertaining Angels: Hospitality Programs for the Caring Church.* Morehouse Group.

GELDBACH, Erich. 2005. *Freikirchen – Erbe, Gestalt und Wirkung.* Bensheimer Hefte, Band 702. Auflage. Göttingen: Vandenhoeck & Ruprecht.

GELHOT, Rainer; Lübke, Norbert; Weinz, Gabi. 2008. *Per Mausklick in die Kirche: Reale Seelsorge in der virtuellen Welt.* Düsseldorf: Haus Altenberg.

GENSICHEN, H-W. 1971. *Glaube für die Welt. Theologische Aspekte der Mission.* Mohn: Gütersloh.

GETZ, Gene A. 1974. *Sharpening the Focus of the Church.* Chicago: Moody Press.

GIBBS, Eddie/Bolger, Ryan K. 2005. *Emerging Churches.* Grand Rapids: Baker.

GOPPELT, Leonhard. 1978. *Theologie des Neuen Testaments.* Göttingen: Vandenhoeck & Ruprecht.

GORDON, G. 2004. *Das habt ihr mir getan – engagiertes Christsein in einer unfairen Welt.* Basel: Brunnen.

GOURDET, S. 1996. Identification in intercultural communication. In: *Missionalia* 24:3, 399-409.

GRÄB, Wilhelm. 1997. Die gesellschaftliche Relevanz des Christentums. Der unendliche Wert der Menschenseele. In: *Was ist das Christentum? Versuch einer kritischen Annäherung.* Eine Ringvorlesung, hrsg. von der Evangelisch-Theologischen Fakultät der Ruhr-Universität Bochum. Waltrop: Verlag H. Spenner.

GRAHAM, Billy. 1984. *A Biblical Standart For Evangelists.* Minniapolis: WWP.

GREEN, M. 1970. *Evangelisation zur Zeit der ersten Christen.* Hänssler: Stuttgart.

------. 1990. *Evangelism through the local Church.* London: Hodder & Stoughdon.

GREGG, R. T. 1964. *The Life of Antonius and the letter to Marcellinus.* New York: Paulist Press.

GRETHLEIN, Christian. 2003. *Kommunikation des Evangeliums in der Mediengesellschaft.* Leipzig: EVA.

GRÖZINGER, Albrecht. 2001. Die Predigt der Gnade und die Conditio Postmoderna. In: Wilfred Engemann, hrsg. *Theologie der Predigt.* Leipzig: EVA 211-225.

GRUNDMANN, Herbert. 1977. *Religiöse Bewegungen im Mittelalter. Untersuchungen über die geschichtlichen Zusammenhänge zwischen der Ketzerei, den Bettelorden und der religiösen Frauenbewegung im 12. und 13. Jahrhundert und über die geschichtlichen Grundlagen der deutschen Mystik.* 4. Aufl., Darmstadt: Wissenschaftliche Buchgesellschaft.

GUDER, Darrell L. 1998. *Missional Church: A Vision for the Sending of the Church in North America.* Grand Rapids: Eerdmans.

HAHN, F. 2002. *Theologie des Neuen Testaments.* Band II. Tübingen: Mohr-Siebeck.

HANDBUCH *für persönliche Evangelisation.* 1973. Campus für Christus: Gießen.

HANSEN, Johannes; Möller, Christian. 1980. *Evangelisation und Theologie. Texte einer Begegnung.* Neukirchen-Vluyn: Neukirchener Verlag.

HANKS, B. 1983. *Everyday Evangelism.* Zondervan: Grand Rapids.

HARDMEIER, Roland. 2009. *Kirche ist Mission. Auf dem Weg zu einem ganzheitlichen Missionsverständnis.* Schwarzenfeld: Neufeld Verlag.

HARNACK. Adolf. 1924. *Die Mission und Ausbreitung des Christentums in den ersten drei Jahrhunderten.* 4. Aufl. Leipzig: Heinrich'sche Buchhandlung.

HASE von, Hans Christoph. 1961. *Diakonie der Gemeinde.* Berlin/ Stuttgart: Lettner Verlag.

HÄUSER, Sascha. 2007. *Soziale Netzwerke im Internet. Entwicklung, Formen und Potenziale zu kommerzieller Nutzung,* Saarbrücken: VDM Verlag.

HEINRICHS, Wolfgang E. 1990. *Freikirchen – eine moderne Kirchenform. Entstehung und Entwicklung von fünf Freikirchen in Wuppertal.* 2. Aufl. Gießen: Brunnen Verlag.

HEMPELMANN, Heinzpeter. 2004. *Theologie aus Leidenschaft. Wie Frömmigkeit und Wissenschaft zur Einheit wurden.* Gießen: Gießen.

HERBST, Michael. 2001. *Und sie dreht sich doch!* Asslar: Gerth Medien.

------. 2008. *Deine Gemeinde komme. Wachstum nach Gottes Verheißungen.* 2. Aufl. Holzgerlingen: Hänssler.

HERRMANN, Jörg. 1998. Cyberspace. Zur Veränderung der Kommunikationsverhältnisse durch Computernetze, In: *Zeitschrift für Evangelische Ethik* 42/1998.

HESSELGRAVE, David J. 1991. *Communicating Christ Cross-Culturally – An Introduction into Missionary Communication.* Grand Rapids: Zondervan.

------. 2010. *Missionarische Verkündigung im kulturellen Kontext.* Eine Einführung. Gießen: Brunnen.

HIEBERT, P. G. 1985. *Anthropological Insights for Missionaries.* Grand Rapids: Baker.

HILLE, Rolf. 2005. Der Gottesdienst – Ursprung und Maßstab der Theologie. In: *Wie feiern wir unsere Gottesdienste? Gemeinde zwischen Tradition und Erlebniskultur.* Hrsg. von Rolf Sons. Wuppertal: R. Brockhaus, S.89-112.

HINSON, E. Glen. 1981. *The Evangelization of the Roman Empire.* Macon, Georgia: Mercer University Press.

HOLL, Adolf. 1979. *Der letzte Christ.* Stuttgart: Deutsche Verlagsanstalt.

HOLL, Karl. 1928. *Gesammelte Aufsätze zur Kirchengeschichte.* Band 1. Tübingen, Mohr.

HOLMES, David. 1997. Introduction: Virtual Politics, Identity and Community in Cyberspace. *Virtual Politics: Identity and Community in Cyberspace*, ed. By David Holmes. London: Sage.

HUSAR, Andreas. 1987. *Missionarische Predigt im Gottesdienst.* Berlin: Evangelische Verlagsanstalt.

HYBELS, Bill. 2002. *Courageous Leadership.* Grand Rapids: Zondervan.

------. 2010. *Mutig führen. Navigationshilfen für Leiter.* 5. Aufl. Asslar: Gerth Medien.

JOHNSON, Ben Campbell. 1987. *Rethinking Evangelism. A Theological Approach.* Philadelphia: The Westminster Press.

JOHNSON, Todd E. 2002. Rethinking Evangelism in the New Century. In: BRAATEN, Carl E. And Jenson, Robert W. 2002. *The Strange New Word of the Gospel. Re-Evangelizing Postmodern World.* Grand Rapids: Eerdmans:118-139.

JONES, Scott J. 2003. *The Evangelistic Love of God & Neighbor. A Theology of Witness & Discipleship.* Nashville: Abingdon.

KALLESTAD, W. 2002. *Mit offenen Armen – wie meine Gemeinde für Gäste attraktiv wird.* Gießen: Brunnen.

KASDORF, H. 1976. *Gemeindewachstum als missionarisches Ziel.* Bad Liebenzell: VLM.

------.1989. *Die Umkehr. Bekehrung in ihren theologischen und kulturellen Zusammenhängen.* Logos: Lage.

KEEVIL, Philipp. 1999. Preaching in revival: Preaching and a theology of awakening. Lanham, Md.: University Press of America.

KELLER, Timothy J., J. Allen Thomson. 2002. *Redeemer Church Planting Center. Renewing cities around the World Through Church Planting. Church Planter Manual.* New York: Redeemer Presbyterian Church. Deutsch: Ders. *Redeemers Handbuch für Gemeindegründer.* Frankfurt a. M.: CMP.

KENNEDY, James. 1981. *Handbuch für Gemeindewachstum.* Bad Liebenzell: VLM.

KINNEY, Jay. 1995. „Net Worth? Religion, Cyberspace and the Future." *Futures* 27, 7, 1995: 768.

KINZIG, Wolfram. 2001. Art. Justin. In: *RGG*, vierte Auflage, Bd. 4. Tübingen: Mohr Siebeck: 719-720.

KIRK, Andrew. 1999. *What is Mission? Theological Explorations.* London: Darton, Longmann and Todd.

KLAIBER, Walter. 1990. *Ruf und Antwort. Biblische Grundlagen einer Theologie der Evangelisation.* Gütersloh: Gütersloher Verlagshaus.

KLASSEN, Heinrich. 2002. *Mission als Zeugnis.* Lage: Logos-Verlag.

------. 2003. Zeugnishafter Lebensstil als missionarisches Mittel. In: *Mission im Zeichen des Friedens. Beiträge zur Geschichte täuferisch-mennonitischer Mission*, hrsg. von Heinrich Klassen und Johannes Reimer. Edition afem-mission academics Bd. 14. Nürnberg: VTR: 239-268.

KLASSEN, John N. 2007. *Russlanddeutsche Freikirchen in der Bundesrepublik Deutschland. Grundlinien ihrer Geschichte, ihrer Entwicklung und Theologie.* Nürnberg.

KLEMENT, Herbert H. Hrsg. 2002. *Evangelisation im Gegenwind. Zur Theologie und Praxis der Glaubensverkündigung in der säkularen Gesellschaft.* Gießen: Brunnen.

KRALEVA, Valia. 2008. *Cyberseelsorge? Neue Medien und Verkündigung.* München: Grin Verlag.

KOPFERMANN, Wolfram. 1990. *Abschied von einer Illusion. Volkskirche ohne Zukunft.* Hamburg/Mainz: Praxis Verlag.

KRALLMANN, Dieter; Ziemann, Andreas. 2001. „Die Informationstheorie von Claude E. Shannon", in: ders.: *Grundkurs Kommunikationswissenschaft: mit einem Hypertext-Vertiefungsprogramm im Internet.* München: Fink.

KRAUS, Norman C. 1979. *The Authentic Witness. Credibility and Authority.* Grand Rapids. Eerdmans.

KUEN, Alfred. 1998. *Den Gottesdienst erneuern.* Wuppertal: R. Brockhaus.

KUMLEHN, Martin. 2000. *Kirche im Zeitalter der Pluralisierung von Religion. Ein Beitrag zur praktisch-theologischen Kirchentheorie.* Gütersloh: Gütersloher Verlagshaus.

KÜMMEL, Hans-Georg. 1976. *Die Theologie des Neuen Testaments nach seinen Hauptzeugen Jesus, Paulus, Johannes.* Göttingen: Vandenhoeck & Ruprecht.

KÜNG, Hans. 1984. *Christentum und die Weltreligionen.* München: Pieper.

------. 1994. *Das Christentum – Wesen und Geschichte.* München: Pieper.

LADD, G. E. 2003. *Bogoslovie Novogo Saveta.* St. Petersburg: Biblija dlja vsech.

Lange, D. 1979. *Eine Bewegung bricht sich Bahn.* Die deutsche Gemeinschaftsbewegung im ausgehenden 19. und beginnenden 20. Jahrhundert und ihre Stellung zu Kirche, Theologie und Pfingstbewegung. Gießen: Brunnen Verlag.

LANGE, E. 1976. *Predigen als Beruf.* Aufsätze, hrsg. von Rüdiger Schloz. Stuttgart/Berlin: Kreuz Verlag.

------. 1981. *Kirche für die Welt.* Aufsätze zur Theorie kirchlichen Handelns, hrsg. von Rüdiger Schloz. München/Gelnhausen: Burckhardshaus.

LARSEN, David L. 1992. *The Evangelism Mandate. Recovering the Centrality of Gospel Preaching.* Wheton: Crossway.

LASSWELL, Harold D.: *The Structure and Function of Communication in Society.* In: Bryson, Lyman (Hrsg.): *The Communication of Ideas. A Series of Addresses.* New York/London: Harper, 1948. S. 37-51.

LAUBACH, Fritz. 2010. *Justinian von Welz: Ein Österreicher als Vordenker und Pionier der Weltmission: Sämtliche Schriften.* Bonn: Verlag für Kultur und Kommunikationswissenschaft.

LERLE, Ernst. 1989. *Kontakstark predigen. Grundzüge bibeltreuer Predigt. Neunhausen-Stuttgart:* Hänssler.

LINDNER, Herbert. 1994. *Kirche am Ort. Gemeindetheorie.* In: Praktische Theologie heute, hrsg. von Gottfried Bitter at al. Band 16. Stuttgart/Berlin/Bonn: Kohlhammer.

LINTHICUM, Robert. 2003. *Transforming Power. Biblical Strategies for Making a Difference in Your Community.* Downers Grove: IVP.

LOEWEN, J. A. 1977. *Culture and Human Values: Christian Intervention in Anthropological Perspective.* 2. Auflage. Pasadena: WCL.

LOGAN, R. E. 1992. *Mehr als Gemeindewachstum. Prinzipien und Aktionspläne zur Gemeindeentwicklung.* Frankfurt a. M./New York.

LUHMANN, Niklas. 2000. *Die Religion der Gesellschaft.* Frankfurt am Main.

LUKASSE, Johan und Kamp, Ted. 2010. *Divide & Multiply.* Hasselt: European Church Planting Consultation.

LUTZBETAK, Luis. 1988. *The Church and Cultures. New Perspectives in Missiological Anthropology.* Maryknoll: Orbis.

MAK-ARTUR, D. F. 1996. *Blogevestvovanie Christovo.* Kiev: IBS.

MALETZKE, Gerhard. 1978. *Psychologie der Massenkommunikation. Theorie und Systematik.* Hamburg: Verlag Hans-Bredow-Institut.

MARKSCHIES, Christoph. 1998. Art. Alte Kirche. In: *RGG.* Vierte Auflage. Tübingen: Mohr Siebeck: 343-360.

MARSHALL, Howard. 2000. Who are the Evangelists? In: *The Mission of the Early Church to the Jews and Gentiles,* ed. by Jostein Adna and Hans Kvalbei. Tübingen: Mohr-Siebeck, S. 251-264.

------. 2004. *New Testament Theology.* Downers Grove: IVP.

MASEMANN, Heino. 1992. *Hauskreise – Baustein der Gemeindearbeit.* Basel: Brunnen.

MAUERHOFER, E. 2010. *Gemeindebau nach biblischem Vorbild.* 2. Auflage. Nürnberg: VTR.

MAYNHARD-REED, Pedrito. 1996. *Complete Evangelism.* Scottdale: Herald Press.

MCGAVRAN, D. 1988. *Effektive Evangelism. A Theological Mandate.* Phillipsburg: Presbyterian and Reformed Publishing Company.

------. 1990. *Gemeindewachstum verstehen – Eine grundlegende Einführung in die Theologie des Gemeindeaufbaus.* Lörrach: Wolfgang Simson Verlag.

MCNEAL, Reggie. 2009. *Missional Renaissance. Changing the Scorecard for the Church.* San Francisco: Jossey-Bass.

MEISS, Klaus. 2007. *Spuren des lebendigen Gottes.* Band 1: *Geschichte der Alten Kirche.* Marburg: Francke Verlag.

MERTIN, Andreas. 2000. *Internet im Religionsunterricht.* Göttingen: Vandenhoeck & Ruprecht.

MITTELBERG, Mark. 2001. *So wird Ihre Gemeinde ansteckend. Evangelisation und Mission neu entdeckt.* Asslar: Gerth Medien.

MONTGOMERY-FATE, Tom. 1997. *Beyond the White Noise. Mission in a Multi-cultural World.* St. Louis: Chalice Press.

MÖLLER, Christian. 1988. *Gottesdienst als Gemeindeaufbau. Ein Werkstattbericht.* Göttingen: Vandenhoeck & Ruprecht.

------. 2004. *Einführung in die Praktische Theologie.* Tübingen: Francke.

MORISY, Anne. 1996. *Beyond the Good Samaritan.* London: Continuum.

------. 2004. *Journeying out.* London: Continuum.

------. 2006. Apt liturgy. To lift Eyes above the Horizon. In: Tim Stratford. *Worship Window of the Urban Church.* SPCK.

MOTZ, Arnell with Posterski, Donald. 1990. Who responds to the Gospel and Why? In: *Reclaiming a Nation. The Challenge of Evangelizing Canada in the Year 2000,* hrsg. v. Gerald Kraft at al. Richmond: Church Leadership Library: 132-152.

MOTZ, Arnell. 1990a. How Churches Are Doing Evangelism. In: *Reclaiming a Nation. The Challenge of Evangelizing Canada in the Year 2000,* hrsg. v. Gerald Kraft at al. Richmond: Church Leadership Library: 177-188.

MURRAY, Stuart. 2001. *Church Planting. Laying Foundations.* Scottdale: Herald Press.

MÜLLER, Damaris J. 2012. Evangelisation und Theater: Zur Korrelation und Praxis im Kontext der Ortsgemeinde. Unveröffentlichte Abschlussarbeit. Ewersbach: Theologische Hochschule Ewersbach.

NASSEL, Armin. 1995. Religion und Biographie. Zum Bezugsproblem religiöser Kommunikation in der Moderne. In: Wohlrab-Sahr, Monika, hrsg. *Biographie und Religion. Zwischen Ritual und Selbstsuche.* Frankfurt am Main, 1995, 120-122.

NEITHÖFEL, Wolfgang & Matthias Schnell. Hrsg. 1998. *Cyber-Church? Kirche im Internet*, Frankfurt/M.

NEL, Malan. 2007. Verantwoordlike evangelisasie in die teewordiheid van God. In: *Theologiese reflection. Practise Teologie in Suid Afrika*, 22/1: 98-117.

NEWBEGIN, Lesslie. 1989. *„Den Griechen eine Torheit. Das Evangelium und unsere westliche Kultur.“* Neukirchen-Vluyn: Aussaat.

NICHOLS, J. R. 1980. *Building the Word: The Dynamic of Communication and Preaching.* San Francisco: Harper & Row.

NIDA, Eugene. 1960. *Message and Mission. The Communication of the Christian Faith.* Pasadena: VCL.

NORD, Ilona. 2009. Die Konstruktion der Wirklichkeit. Zur Bedeutung virtueller Realitäten für die homiletische Diskussion. In: Jürgen Hoberg, Uwe Gerber, Hrsg., *Sprache und Religion.* Darmstadt: WBG.

NUSSBAUM, Stan. 2009. *A Readers Guide to Transforming Mission.* 4. Auflage. Maryknoll: Orbis.

O'DONOHUE, John. 1998. Minding the Threshold: Towards a Theory of Priesthood in Difficult Times. In: *The Furrow*, 49 (6), June 1998: 323-335.

PADILLA, Rene. 1985. *Mission between the Times.* Essays on the Kingdom. Grand Rapids: Eerdmans.

PALMER, Donald C. 1974. *Explosion of People Evangelism. An Analysis of Pentecostal Church Growth in Colombia.* Chicago: Moody.

PECKHAM, Michael. 1998. „New Dimensions of Social Movement/ Countermovement Interaction: The Case of Scientology and Its Internet Critics.“ *Canadian Journal of Sociology* 23, 4, 1998.

PENNER, Peter. 1999. *Nauchite vse narody ... Missia bogoslovskogo obrazovania.* St. Peterburg: Biblia dla vsech.

PETERS, George W. 1977. *Evangelisation – total, durchdringend, umfassend.* Bad Liebenzell: VLM.

------. 1980. Jesus of Nazareth – the first Evangelizer. In: *Studia Missionalia,* Vol. 29: 105-124.

PETERSE, H. J. C. 1987. *Communicative Preaching.* Pretoria: UNISA.

PETERSEN, Jim. 1983. *Evangelisation – Ein Lebensstil.* Marburg: Francke.

------. 1987. *Evangelisation – ein Lebensstil.* Marburg: Francke.

------. 1989. *Living Proof. Sharing the Gospel Naturally.* Colorado Springs: Navpress.

PFAMMATTER, Josef; Christen, Eduard. 1996. *Dialogische Kirche – Kirche im Dialog.* Theologische Berichte Bd. 22. Freiburg: Paulusverlag.

PFLAUM, Lienhard. 1980 – *Evangelisation – was bremst da?* Bad Liebenzell: VLM.

POETSCH, Hans-Lutz. 1981. *Grundsätze evangelistischer Verkündigung.* Oesingen: Harms Verlag.

POSTERSKI, Donald C. 1989. *Reinventing Evangelism.* Downers Grove: IVP.

PREUL, Rainer. 2000. Kommunikation des Evangeliums unter den Bedingungen der Mediengesellschaft. In: ders./Reinhard Schmidt-Rost. *Kirche und Medien.* Gütersloh: 9-51.

PRILL, Thorsten. 2010. Evangelism. Theological Giants and the evangelistic dimension of mission. In: Ders. *Building Up the Church of Christ.* Missiological Essays from the Namibian Evangelical Theological Seminary. München: Grin Verlag: 7-19.

RAHNER, Karl. 1966. On the Theology of Incarnation. In *Theological Investigations.* Bd. 4. Baltimore 1966:108.

RAINER, Thomas. Ed. 1989. *Evangelism in the Twenty-First Century.* Wheton: Harold Shaw Publishers.

RAU, G. 2002. Mission oder Markt: vom Recht der Kirche auf Evangelisation, in: Reformation und Recht (FS G. Seebaß) hrsg. von I. Dingel, Gütersloh: Christliches Verlagshaus, S. 288-299.

RAUPP, Werner. 1998. Art. Welz, Justinian. In: *Biographisch-Bibliographisches Kirchenlexikon.* Bd. 8: Sp. 737-742. Siehe: http://www.bautz.de/bbkl/w/welz.shtml (1.6.2011).

REDEKOP, Calvin. 1989. *Mennonite Society.* Baltimore and London: John Hopkins University Press.

REESE, Martha Grace. *Unbinding the Gospel. Real Life Evangelism.* 2. Edition. St. Louis: Chalice Press.

REIMER, J. 1996. *Menno Simons. Ein Leben im Dienst.* Lage: Logos.

------. 2004. *Leitung durch Verkündigung. Eine unentdeckte Dimension.* Gießen: Brunnen.

------. 2009. *Die Welt umarmen. Theologie des gesellschaftsrelevanten Gemeindebaus.* Marburg: Francke.

------. 2010. *Gott in der Welt feiern. Auf dem Weg zum missionalen Gottesdienst.* Schwarzenfeld: Neufeld Verlag.

------. 2011. Der Dienst der Versöhnung – Bei der Kernkompetenz ansetzen. Zur Korrelation von Gemeinwesenmediation und multikulturellem Gemeindebau. In: *Theologisches Gespräch* Heft 1/2011: 19-35.

------ und LITTAU, Stefanie. 2012. *Gemeinde mit Stil.* Marburg: Francke Verlag.

RIECKER, O. 1953. *Das evangelistische Wort.* 2. Aufl. Mohn: Gütersloh.

------. 1962. *George Whitefield. Ruf an alle.* 2. Auflage. CLV: Bielefeld.

RILEY, John W./Riley, Mathilda W.. 1959. *Mass Communication and the Social System.* In: Merton, Robert K./Broom, Leonard/Cottrell, Leonard S.: *Sociology Today: Problems and Prospects.* New York.

EKD. 2000. *Reden von Gott in der Welt – Der missionarische Auftrag der Kirche an der Schwelle zum 3. Jahrtausend*, hg.: Kirchenamt der EKD, Frankfurt am Main.

ROMMEN, Ed. 1994. *Die Notwendigkeit der Umkehr. Missionsstrategie und Gemeindeaufbau in der Sicht evangelikaler Missionswissenschaftler Nordamerikas.* TVG Brunnen: Gießen/Basel.

ROENFELD, Peter. 2003. *Handbuch für Gemeindegründer.* Lüneburg: Advent Verlag.

ROSENKRANZ, Gerhard. 1977. *Die Christliche Mission. Geschichte und Theologie.* München: Kaiser.

Rudnick, Milton. 1984. *Speaking the Gospel through the Ages: A History of Evangelism.* St. Louis: Concordia Publishing House.

RUNYON, Robert, D. 1998. Principles and Methods of Household Evangelism. In: *Vital Missions Issues. Examining Challenges and Changes in World Evangelization.* Ed. By Roy B. Zuck. Grand Rapids: Kregel: 218-227.

SAAYMAN, W. 1984. „Mission – What?" In: *On being Witnesses. An Introduction on Methods of Mission,* ed. By JJ Kritzinger, PGJ Meiring, WA Saayman. Pretoria: NGKB.

SAMUEL, Viney and Hauser. Albrecht. Eds. 1989. *Proclaming Christ in Christ's Way. Studies in Integral Evangelism.* Oxford: Regnum.

SAUCY, Robert L. 1972. *The Church in God's Program.* Chicago: Moody Press.

SCHARPF, Paulus. 1964. *Geschichte der Evangelisation.* Gießen: Brunnen.

SCHARF, Paulus. 1980. *Geschichte der Evangelisation. Dreihundert Jahre Evangelisation in Deutschland.* Großbritannien und USA: Gießen: Brunnen

SCHÄUFELE, Wolfgang. 1966. *Das missionarische Bewußtsein und Wirken der Täufer. Dargestellt nach oberdeutschen Quellen.* Beiträge zur Geschichte und Lehre der Reformierten Kirche. Bd. 21. Neukirchen-Vluyn: Neukirchener Verlag.

SHENCK, Wilbert. 1983. *Exploring Church Growth.* Grand Rapids: Eerdmans.

SCHERER, James. 1987. Missiology as a Discipline and what it includes. In: *Missiology* 15/1987, S. 507-522.

SCHILLE, Gottfried. 1967. *Die Urchristliche Kollegialmission.* Abhandlungen zur Theologie des Alten und Neuen Testaments. Hrsg. von W. Eichrodt und O. Cullmann. Bd. 48, Zürich: Zwingli Verlag.

SCHLOTTOFF, Bernd. 2011. *Ein Traum von der Gemeinde. Mut zum missionarischen Gemeindebau.* Wuppertal: SCM Brockhaus.

SCHMIDT, Siegfried J./Zurstiege, Guido. 2000. *Orientierung Kommunikationswissenschaft. Was sie kann, was sie will.* Reinbek bei Hamburg: Rowohlt.

SCHNASE, R., 2008. *Five Practices: Radical Hospitality (Five Practices of Fruitful Congregations Program Resources).* Abingdon Press.

SCHNABEL, Eckhard J. 2002. *Urchristliche Mission.* Wuppertal: Brockhaus Verlag.

SCHROEDER, Ralph, Noel Heather, and Raymond M. Lee. 1998. „The Sacred and the Virtual: Religion in Multi-User Virtual Reality." *Journal of Computer-Mediated Communication* 4.2.1998.

SCHULZ, Claudia; Hausschildt, Eberhard; Köhler, Elke. 2008. *Milieus praktisch.* Göttingen: Vandenhoeck & Ruprecht.

SCHUSTER, Jürgen. 2010. Theologie im Kontext. Zur Vielfalt und Einheit kontextueller Theologien. In: *Mission und Reflektion im Kontext. Perspektiven evangelikaler Missionswissenschaft im 21. Jahrhundert.* FS für Klaus W. Müller, hrsg. von Friedemann Walldorf, Lothar Käser, Bernd Brandl. Edition AfeM. Mission Academics Band 31. Nürnberg: VTR, 236-256.

SCHWARK, Christian. 2006. *Gottesdienste für Kirchendistanzierte. Auf dem Weg zum missionalen Gottesdienst.* Schwarzenfeld: Neufeld Verlag.

SHANNON, Claude; Weaver, Warren. 1949. *The mathematical theory of communication.* Urbana: University of Illinois Press.

SIMPSON, Michael L. 2003. *Permission Evangelism. When to Talk – When to Walk.* Colorado Springs: NexGen.

SIMSON, Wolfgang. 1999. *Häuser, die die Welt verändern.* Emmelsbüll: C&P Verlag.

SINGLEHURST, Laurence. 1994. *„Werkzeugkiste" Evangelisation. Sieben Strategien um unsere Mitmenschen für Christus zu gewinnen.* Biel: Jugend mit einer Mission.

SINCLAIR, Daniel. 2006. *A Vision of the Possible. Pioneer Church Planting in Teams.* Bucks: Authentic.

SPENER. P. J. 1964. *Pia Desideria: oder Hertzliches Verlangen/Nach Gottgefälliger Besserung der wahren Evangelischen Kirchen/sampt einigen dahin einfältig abzweckenden Christlichen Vorschlägen ...* 3. Auflage. Berlin.

SPIEGEL, Peter. 2011. *Eine bessere Welt unternehmen. Wirtschaften im Dienst der Menschheit.* Freiburg-Basel-Wien: Herder.

STENSCHKE, Christoph. 2011. Sharing the Gospel. Jesus in the Speeches of Acts. In: *Asian Horizons* Vol. 5, Nr. 4, December 2011: 698-710.

STOLL, Clifford. 1996. *Die Wüste Internet. Geisterfahrten auf der Datenautobahn*, Frankfurt/M.: Fischer.

STONE, Brian. 2007. *Evangelism after Christendom. The Theology and Practice of Christian Witness.* Grand Rapids: Brasos Press.

STOTT, John. Hrsg. 1996. *Making Christ Known. Historic Mission Documents from the Lausanne Movement 1974–1989.* Carlisle: Paternoster.

STOTT, John. 2010. *Das Kreuz. Zentrum des christlichen Glaubens.* Marburg: Francke.

SUNDERMEIER, Theo. 2002. Missio Dei heute: Zur Identität christlicher Mission. In: *Theologische Literaturzeitung* 127/2002/12: 1243-1262.

THIESSEN, Elmer John. 2011. *The Ethics of Evangelism. A Philosophical Defense of Proselytizing and Persuation.* Downers Grove: IVP.

TIMME, Hans. 1979. *Evangelistische Verkündigung in der Volkskirche.* Gladbeck: Schriftenmissions-Verlag.

THOLUCK, F.A.G. 1863. *Werke: Predigten.* 4.Teil. 3. Auflage. Gotha.

TURKLE, Sherry. 1999. *Leben im Netz. Identität im Zeitalter des Internet.* Reinbeck.

URNER, H. Hrsg. 1961. *Der Pietismus.* Berlin.

VICEDOM. Georg F. 1967. *Mission im ökumenischen Zeitalter.* Gütersloh: Gütersloher Verlagshaus.

------. 2002. *Missio Dei. Einführung in eine Theologie der Mission.* Neu hrsg. von Klaus W. Müller. Edition afem. Mission Classics Bd. 4. Nürnberg: VTR.

VOIGT, Karl Heinz. 2004. *Freikirchen in Deutschland (19. und 20. Jahrhundert).* Reihe Kirchengeschichte in Einzeldarstellungen III/6). Leipzig: Evangelische Verlags-Anstalt, Leipzig 2004.

VOGEL, Walter. 2001. Religionspädagogik kommunikativ-vernetzt. Möglichkeiten religionspädagogischer Arbeit im Internet. Münster: LIT Verlag.

VOLF, Miroslav. 1998. *After our Likeness. The Church as the Image of the Trinity.* Grand Rapids: Eerdmans.

VOßHENRICH, Tobias. 2007. *Anthropo Theologie. Überlegungen zu einer Theologie, die aus der Zeit ist.* Paderborn: Ferdinand Schöningh.

VONLANTHEN, Andrea. 2010. Andere machen Kongresse, wir machen Ferien. Johannes Wirth über das anhaltende Wachstum der GvC Chile Hegi in Winterthur. In: *Idea Spectrum* Nr. 12/2010:4-5.

WALCH, J. G. 1730. *Historische und Theologische Einleitung in die Religions-Streitigkeiten der Evangelisch-Lutherischen Kirchen, Von der Reformation an bis auf jetzige Zeiten*, 1. Bd., Jena.

WALLDORF, Friedemann. 2002. *Die Neu-Evangelisierung Europas.* Gießen: Brunnen 2002, S. 47ff.

WALKER, Williston at al. 1985. A History of the Christian Church. New York: Scribner.

WALLICH, Matthias. 2001. Gott im Cyberspace – Thesen zur Medientheologie, in: Religionsunterricht an höheren Schulen 44/2001 (Heft 2), 82-91:83.

WALLS, Andrew. 1996. *The Missionary Movement in Christian History. Studies in the Transmission of Faith.* Maryknoll: Orbis.

WARD, B. 1975. *The Sayings of the Desert Fathers.* London: Mowbray & Co.

WARNECK, G. 1906. *Evangelische Missionslehre.* Gotha: F. A. Perthes.

WARREN, Rick. 1999. *Kirche mit Vision. Gemeinde, die den Auftrag Gottes lebt.* Asslar: Projektion J Verlag.

WATSON, David. 1976. *I believe in Evangelism.* Grand Rapids: Eerdmans.

WEINRICH. William C. 1981. „Evangelism in the Early Church", in the *Concordia Theological Quarterly.* vol. XLV. (January-April 1981):61-74.

WELLMAN, Barry and Milena Gulia. 1999. „Virtual Communities as Communities: Net Surfers Don't Ride Alone." *Communities in Cyberspace*, ed. by Marc A. Smith and Peter Kollock. New York: Routledge.

WENGER, John C. 1963. *Die dritte Reformation. Kurze Einführung in Geschichte und Lehre der Täuferbewegung.* Aus dem Amerikanischen übersetzt von Reinhard Grossmann. Kassel: Oncken.

WERTH, Martin. 2010. *Theologie der Evangelisation.* Neukirchen-Vluyn: Neukirchener Verlag.

WIESKE, Günter. 1974. *Persönliche Evangelisation.* Kassel: Oncken.

WILKENS, Ulrich. 2005. *Theologie des Neuen Testaments.* Bd. 1. Neukirchen-Vluyn: Neukirchener Verlag.

WILSON, Carl. 1976. *With Christ in the School of Disciple Building.* Grand Rapids: Zondervan.

WITTE, Markus. 2001. *Religionskultur – zur Bedeutung von Religion und Kultur in der Gesellschaft.* Beiträge des Fachbereichs Evangelische Theologie an der Universität Frankfurt am Main. Würzburg: Religion & Kultur Verlag.

WIMBER, John; SPRINGER, K. at al. 1986. Vollmächtige Evangelisation. Zeichen und Wunder heute. Asslar: Projektion J Verlag.

WRIGHT, Christopher. 2006. The Mission of God. Unlocking the Grand Narrative. Downers Grove: IVP.

WROGEMANN, Henning. 1997. *Mission und Religion in der Systematischen Theologie der Gegenwart.* Göttingen: Vandenhoeck & Ruprecht.

------. 2003. ‚Gott ist Liebe' – zu einer trinitarischen Begründung ‚Missionarischer Identität' im Kontext des Pluralismus. In: *Zeitschrift für Mission,* 29/2003/4: 295-313.

WUNDERLICH, Thomas. 2010. Freikirche sucht Herberge. In: *Thrugauer Zeitung* 5.3.2010:25.

YODER, John H. 1972. *The Politics of Jesus.* Grand Rapids: Eerdmans.

YOUKEEM, S. H. 1995. Leaving the World for the Sake of the World. Coptic Monastic Mission in 4th and 5th Centuries. Unveröffentlichte MTh Dissertation. Pretoria: UNISA.

ZDERO, Rad. 2004. *The Global House Church Movement.* Pasadena: WCL.

ZIMMERMANN, Johannes. 2010. *Zwischen Tradition und Event. Kirche wächst durch Gottesdienst.* Gießen: Brunnen.

ZUNKEL, C. Wayne. 1987. *Church Growth Under Fire.* Kitchener: Herald Press.